신학박사 논문시리즈 14

무슬림과 의사소통을 위한 새 패러다임

공 일 주 지음

기독교문서선교회

기독교문서선교회(Christian Literature Crusade: 약칭 CLC)는
1941년 영국 콜체스터에서 켄 아담스에 의해 시작되었으며
국제 본부는 영국의 쉐필드에 있습니다.
현재 약 650여 명의 선교사들이 59개 나라에서 180개의 본부를 두고,
이동도서차량 40대를 이용하여 문서 보급에 힘쓰고 있으며
이메일 주문을 통해 130 여국으로 책을 공급하고 있습니다.
CLC는 청교도적 복음주의 신학과 신앙을 선포하는
국제적, 초교파적, 비영리 문서선교기관으로서, 하나님의 뜻에 합당한 책을 만들고
이 책을 통해 단 한 영혼이라도 구원되길 소망하며
이를 위해 주님이 오시는 그날까지 최선을 다할 것입니다.

A New Paradigm for Communication with Muslims

by

Il Joo Kong

Korean Edition
Copyright © 2009 by Christian Literature Crusade
Seoul, Korea

머리말

　예수 그리스도께서 이 땅에 오신 것에는 곧 우리로 하여금 무슬림과 어떻게 만날지를 안내해주는 귀한 가르침이 들어 있다. 무슬림과 살면서 그들과 동일화되는 과정에서 우리도 그들로부터 상처를 받기 쉽다. 왜냐하면 무슬림이 상처를 입고 있을 때 우리도 그들의 상처에 노출되기 때문이다. 무슬림들은 서구 식민지와 십자군 그리고 2003년 미군의 이라크 침공으로 많은 상처를 입었다. 이제는 그들에게 '기독교인'이 되라고 하면 그들의 문화와 전통과 가족을 버리라는 말이 되고 가끔은 자신의 조국을 배신하라는 말로 이해한다. 한국인들이 이라크와 아프가니스탄에서 피랍되지 않았을 때에는 한국인들이 이슬람 국가에서 좀 더 자유롭게 활동할 수 있었다. 그러나 세계 언론이 한국인 피랍 사건을 방송하면서 무슬림들은 이슬람 국가에 상주하는 한국인들 중에 '선교사'들이 있다는 것을 알게 되었다. 그 말은 우리에게 무슬림들에 대한 접근에서 이제는 새로운 모델과 패러다임의 변화가 요구되고 있다는 말이 된다.

　우리가 진정으로 무슬림 앞에서 겸손하면 우리의 관심을 표현할 수 있는 감수성을 우리가 갖게 되고 그들과 복음을 나눌 수 있는 기회도

얻을 수 있다. 그러나 우리가 무슬림들 앞에서 무언가 행동으로 옮기기 전에 다양한 견해들을 갖는 무슬림들로부터 우리가 배울 필요가 있다. 그러려면 우리는 예수님처럼 겸손해야 한다.

> 약한 자들에게는 내가 약한 자와 같이 된 것은 약한 자들을 얻고 자 함이요 여러 사람에게 내가 여러 모양이 된 것은 아무쪼록 몇몇 사람들을 구원코자 함이니(고전 9:22)

무슬림들이 서 있는 곳에서 그들을 만난다는 것은 그들의 문화 속으로 들어가는 것이다. 이슬람을 이해하는 데 가장 좋은 방법은 이슬람의 가장 중요한 내용을 배우는 것이다. 이슬람에서 가장 첫 번째 중심 주제 중 하나는 신 개념이다. 그러나 결론적으로 말하면 꾸란의 알라와 성경의 하나님 사이에 유사한 영역이 많다고 하여 이 둘이 동일하다고 하려는 함정에 빠져서는 안 된다. 〈이슬람과 기독교〉 그리고 〈꾸란과 성경〉의 비교연구가 선행되지 않은 채 선교적 접근과 적용을 하다보면 본래 색깔을 놓치기 쉽다.

무슬림들이 예수를 구주로 믿게 된 후 왜 개종하게 되었는가에 대한 첫 번째 이유가 기독교 안에 있는 하나님의 사랑이었다. 그리스도인들을 통해 무슬림이 크게 영향을 받은 것은 하나님의 사랑이었고 그리스도인들이 하나님과 친밀한 관계를 갖는 것을 보고 크게 감동하였다고 한다. 십자군 전쟁 당시 무슬림의 영웅이었던 살라딘은 성 프란체스코가 보여준 그리스도의 사랑에 감동되어 '내가 만일 프란체스코 같은 분을 일찍 만났더라면 내 생각은 달라졌을 것이다'라고 하였다.

그래서 이 책은 어떻게 무슬림에게 '하나님의 사랑'을 전할 수 있는가를 모색하기 위해 다양한 주제들을 담았다. 이 책은 본래 박사 학위

논문이었으나 이슬람 국가에서 만난 이슬람 학자들의 의견도 이 책에 담았다. 이 논문을 쓰기까지 여러 분들의 도움이 컸다. 필자에게 '모델과 패러다임'을 연구할 것을 권면해준 김승호 교수님과 국제 전화로 글의 내용을 하나하나 자상하게 지도하여 주신 이동주 교수님의 도움이 컸다. 물론 이 책에서 혹시라도 발견되는 오류는 모두 필자에게 책임이 있다. 그리고 사랑과 격려로 기도해 주시는 김삼환 박사님께 머리 숙여 감사를 드린다. 그동안 줄곧 애정 어린 관심을 갖고 지켜봐 주신 장영일 총장님, 두상달 이사장님과 강승삼 교수님, 이현모 교수님, 강석형 박사님, 정홍호 교수님 그리고 필자의 글쓰기를 늘 격려해 주시고 글의 방향도 도와주신 김상복 박사님께 깊은 감사를 드린다. 끝으로 이 책의 출판을 기꺼이 허락해 준 CLC에 고마움을 전한다.

2009년 6월

공일주

CONTENTS

목 차

머리말 - 5

제1장 왜 신 개념을 배워야 하는가? - 11
    1. 기독교와 이슬람은 같은 신을 믿는가?
    2. 동일한 신을 믿는다는 것은 무슬림들의 주장이다?
    3. 성경의 하나님과 꾸란(코란)의 알라, 그 속성이 서로 다르다
    4. 아랍인과의 효과적인 의사소통 방안은 무엇인가?

제2장 꾸란의 알라는 누구인가? - 29
    1. 꾸란 이전의 알라
    2. 꾸란의 알라
    3. 아랍인의 알라

제3장 성경의 하나님은 누구인가? - 101
    1. 하나님의 이름
    2. 하나님의 성품

제4장 아랍인의 신 개념은 무엇인가? - 149
    1. 아랍 기독교인의 신 개념은 무엇인가?
    2. 아랍 무슬림의 신 개념은 무엇인가?
    3. 무슬림의 단일신론은 어떻게 변했는가?

CONTENTS

제5장 무슬림과 어떻게 의사소통 할 수 있을까? - 193

    1. 하나님의 사랑으로 의사소통 한다

    2. 성경으로 의사소통 한다

    3. 꾸란으로 의사소통 한다

제6장 무슬림과 의사소통을 위한 모델과 패러다임 - 247

    1. 상황화 모델

    2. 대화-변증 모델

    3. 필요 중심의 모델

    4. 명예-수치 패러다임

    5. 성육신 모델

제7장 한국교회와 무슬림에 대한 태도 - 283

    1. 헤세드의 눈으로(1장-6장의 결론)

    2. 이슬람을 어떻게 볼 것인가?

    3. 한국의 교회, 꾸란의 어휘를 어떻게 이해할 것인가?

    4. 무슬림에 대한 적절한 상황화는 무엇인가?

    5. 한국의 교회와 이슬람학 과정

참고문헌 - 329

찾아보기 - 341

제1장

왜 신 개념을 배워야 하는가?

1. 기독교와 이슬람은 같은 신을 믿는가?

2008년 한국의 모 공영방송이 '신의 길 인간의 길' 4부작(2008년 6월 29일 ~ 2008년 7월 13일)을 방영하면서 기독교를 폄하하는 사건이 일어났다. 2008년 7월 6일 방영된 2부 '무함마드, 예수를 만나다'에서는 기독교와 이슬람이 같은 뿌리에서 나왔다며 특히 역사적 예수의 실존을 부인하고 예수 그리스도가 신화적 인물이라고 하였다. 꾸란을 전공하지 않은 한국의 학자들이 동원된 이 방송 프로는 기독교는 물론 이슬람에 대한 올바른 이해에서 벗어난 대표적인 프로그램이 되었고 한국 방송인들의 이슬람에 대한 이해가 어느 수준인지를 가늠할 수 있는 계기가 되었다.

기독교와 이슬람이 같은 뿌리에서 나오지 않았는데 같은 뿌리라고 하면서 꾸란에 등장하는 이싸(예수)의 실존을 부인한 것은 전혀 앞뒤가 안 맞는 구성이었다. 꾸란에서는 이싸가 무함마드의 오심(수라[1]61:6)을 예언하고 있어 꾸란까지도 부인하는 방송프로가 되었다.

더구나 '무함마드, 예수를 만나다'에서 인용된 한국어 꾸란 번역에는 "마리아의 아들이며 하나님의 선지자 예수 그리스도를 우리가 살해하였다고 그들이 주장하더라. 그러나 그들은 그를 살해하지 아니하였고 십자가에 못 박지 아니했으며"(제4장 니싸아)라고 쓰여 있었으나, 위 꾸란 번역은 아래와 같이 고쳐야 아랍어 꾸란 원문에 가깝다.

그들이 말하기를 '우리가 알마시흐 이싸 븐 마르얌, 알라의 메신저(Messenger)[2]를 죽였다' 그들이 그를 죽이지 않았고 그들이 그를 십자가에 못 박지도 않았다. 그러나 그들에게 그렇게 보였을 뿐이다(수라 4:157)[3].

모 방송에 인용된 꾸란 번역은 번역이 잘못된 한국어판 꾸란 해설[4]을 인용하였고 꾸란의 장(chapter)만 언급하고 절(verse)을 빠뜨린 실수도 보였다. 수라 4:157처럼 해당 꾸란 구절을 쓰고 '한국어 꾸란(코란) 해설'이라고 썼어야 했다.

---

1) '수라'는 꾸란의 장(Chapter)을 의미한다.
2) 무함마드를 '라술'이라고 하는데 아랍어 성경에 나오는 '라술'(사도)과 어휘는 같으나 꾸란과 성경에서 각각 개념이 다르므로 '메신저'(공일주, 『코란의 이해』(서울: 한국외국어대학교출판부, 2008), 41), 혹은 '사성'(김정위, 『중동사』(서울: 대한교과서, 1995), 75)이라 칭하기도 한다. '사자'라는 말도 있으나 성경에서는 '천사'를 가리키는 의미로도 쓰여 혼동을 피하기 위함이다. '알마시흐'는 메시아라고 번역되나 성경의 메시아의 기능과 다르고, '이싸'는 '예수'라고 하나 성경의 예수와는 다른 분이다. '븐'은 '아들'이란 뜻이고, '마르얌'은 '마리아 혹은 미리암'으로 음역하기도 한다.
3) 공일주, 『코란의 이해』(서울: 한국외국어대학교출판부, 2008), 257.
4) 최영길, 『성 꾸란』(서울: 송산출판사, 1988), 167에 나오는 번역과 동일하다. 공영방송에서 일부 꾸란 구절들을 언급하고 나서 '꾸란'이라고 썼는데, 그것은 '한국어판 꾸란 해설'이란 말로 바로 잡아야 한다.

또 다른 오역 중의 하나는 "나는 하나님 외에 신이 없음을 증언합니다. 또한 나는 무함마드가 하나님의 사도임을 증언합니다"[5]인데 이 구절은 아랍어 "아쉬하드 안나 라 일라하 일랄라 와 아쉬하드 안나 무함마단 라술룰라"를 한국어로 번역한 것이다. 아랍어 원전에 나온 '알라'와 '라술'이 '하나님'과 '사도'로 각각 번역되었는데 한국의 기독교인들이 사용하는 '하나님'과 '사도'의 개념이 꾸란의 개념과 다른데도 이를 전혀 구별하지 않고 방송했던 것이다.

1980년대 초만 해도 한국의 대학에서 가르치는 한국인 교수들은 이슬람의 신 개념으로서 '하나님'이란 말보다는 '알라'라는 말을 더 많이 썼다.[6] 2008년 한국의 공영방송은 '알라, 하나님, 하느님'이라고 하거나 '알라 하나님'처럼 두 단어를 병서하고 있었는데 방송인들도 이슬람에 대한 이해가 부족하다는 것을 스스로 시인하고 있는 셈이었다.

국민일보가 글로벌리서치에 의뢰해 실시한 리서치 결과에 의하면 오늘날 한국인들 중 24.3%가 기독교와 이슬람이 이름만 다를 뿐 사실은 같은 신을 섬긴다고 응답한다.[7] 이런 응답은 아주 크게 잘못된 인식이라고 할 수 있다. 그래서 이 책을 통하여 독자들이 '왜곡되고 편파적이고 단편적이며 일방적인 신 개념의 이해'를 바로 세워가는 계기가 되었으면 한다.

---

5) "한국 이슬람교 중앙회", http://www.koreaislam.org/notice.do
6) 1980년대까지는 한국에서 이슬람의 이해가 극히 일부 무슬림들에게만 한정되어 있었다. 한국의 무슬림들은 해외에서 이슬람 혹은 아랍어 박사를 취득하고 귀국한 인적 자원을 십분 활용하여 그들에게 이슬람에 대한 연구를 하도록 1980년대 말부터 대우재단 지원으로 이슬람 콜로퀴엄이 열렸고, 이를 계기로 1989년 이슬람학회가 발족되었다. 그리고 1997년에는 아랍어문학회가 결성되었고 2001년에는 한국에서 중동 이슬람에 대한 관심이 확산되면서 『이슬람』이란 책이 관심을 모았다. 아프가니스탄의 피랍 이후 한국 정부에 이슬람 전문가가 없다는 후속조치로 2008년 외교 통상부는 아랍 소사이어티를 설립하여, 문화로서의 이슬람과 경제 외교 협력으로서의 이슬람을 강조하기에 이른다.
7) "이슬람이 오고 있다- 한국인의 이슬람에 대한 인식", http://www.kukinews.com/mission/article/view.asp?page=1&gCode=all&arcid=0921098306code=23111819(국민일보 2008.11.27). 국민일보가 글로벌리서치에 의뢰해 2008년 11월 12~13일 제주도를 제외한 전국 만 19세 이상 성인 남녀 700명을 상대로 실시한 이 조사에서 종교인 중에는 기독교인의 22.4% 그리고 천주교인의 33.3%가 이와 같은 답을 했다.

2. 동일한 신을 믿는다는 것은 무슬림들의 주장이다?

7세기 아라비아 반도의 메카와 메디나에서 북쪽으로 쳐들어 온 무슬림들은 기독교인이 믿는 신과 자신들이 믿는 신이 동일하다고 하였다.

> 우리의 일라흐(신)와 너희들의 일라흐(신)가 하나다. 우리가 그에게 복종한다(수라 29:46).

시리아(당시에는 시리아라는 국가명이 아니었음)의 기독교인들은 이슬람이 무엇인지 전혀 알지 못한 채 이슬람에 의하여 정복되었고 이슬람의 참모습을 알고 이슬람을 떠나고 싶었을 때 이미 때는 늦었다. 무슬림들이 배교자에게 행한 처벌이 무서웠고 사회적, 경제적 압박 때문에 이슬람에 머무를 수밖에 없었다.[8] 오늘날 중동 이슬람 국가에 남아 있는 1200-1500만 기독교인들 상당수는 매년 유럽과 서구로 이주하고 있다. 그 이유 중 하나는 기독교인들이 이슬람 사회에서 일정 수준의 직급까지만 승진되고 사회 진출이 제한되어 있기 때문이다.

이슬람의 창시자 무함마드가 632년 갑자기 죽어 곳곳에서 이슬람을 떠나는 아랍인들이 늘자, 632-633년 아부 바크르는 칼을 들고 이들을 진압하러 나섰다. 이슬람 역사에서는 아부 바크르가 이슬람을 배교하는 이웃 부족들을 징벌하러 나선 것을 '릿다'(ridda)[9] 전쟁이라고 했다.

---

8) 요르단에는 아랍 기독교인들이 사는데 2009년 무슬림들 속에서 일하는 일부 기독교인들은 무슬림들의 견제와 눈치를 받기 때문에 그 직장에서 버티기가 힘들다고 한다.

9) 그후 이슬람 정복이 시작되었다. 칼리드 븐 왈리드는 633년 남부 이라크를 공격했고 뒤이어 카타르를 점령하고 바레인 야마마와 알히라를 점령한다. 야지드 븐 아비 수프얀은 팔레스타인 634년에 정복하고 세르지오스(Sergius) 총대주교가 있었다. 아므르 븐

2009년 3월 15일 한국 관광객 18명이 예멘의 하드라마우트에서 관광 중 자살 폭탄 테러로 4명이 숨지고 3명이 부상을 입었다. 한국 정부는 한국인 관광객 4명이 숨진 예멘 테러사건 수습을 위해 대책반을 현지에 파견했는데 18일 정부 신속 대응팀과 유가족이 탄 차량들이 또 다시 자살폭탄 테러를 받았다. 이 뉴스에 대해 아랍어로 된 무슬림들의 댓글 중 예멘 사람 칼릴 무스타파 파룩은 '한국은 세계에서 기독교 선교사를 가장 활발하게 파송하는 국가이고 예멘의 빈곤과 어려움을 이용하여 기독교를 전하려고 왔다'고 썼다.[10]

오늘날 무슬림 중에는 전통 옷을 즐겨 입거나 수염을 기르거나 꾸란을 자주 읽는 이슬라미윤(islamiyyun: 이슬람주의자)이 있는가 하면 종교적인 대화를 즐겨 하지 않는 문화적인 무슬림도 있다. 그렇다고 무슬림이 과격한지 아닌지를 수염 등 외모로만 쉽게 구별할 수는 없다.

'무슬림'이란 '알라가 무함마드에게 '계시'[11]한 것을 꾸란이라고 믿는 사람'[12] 혹은 '술을 안 마시고 간통을 하지 않으며 알라와 무함마드에게 순종하는 사람'을 가리키기도 하지만 '무슬림'의 사전적 의미는 '복종하는 사람'이란 뜻이다. 꾸란에서 기독교와 유대인의 신이 이슬람의 신과 같다고 하면서, 알라에게 복종하는 사람이 무슬림이라면

알아쓰는 가자를 점령하고 홈스와 다마스커스를 635년에 점령한다. 오마르 븐 알캇탑은 팔레스타인과 시리아를 634년에 점령한다. 비잔틴과 헤라클이 이곳을 떠나게 된다. 총대주교 사프로니오스는 637년 예루살렘을 오마르에게 양도한다. 오마르를 솔로몬 성전 앞마당으로 모시고 가서 그곳에서 기도하게 하였는데 알마스지드 알악사가 그 장소에 생기게 되었다. Habīb Badr, et.al. *al-Masīhiyyah abra tārīkhihā fī al-mashriq* (Majlis kanā'is al-Sharq al-'awsat, 2001), 454.

10) "자살 공격이 예멘에서 한국 책임자들을 목표로 하다", http://www.aljazeera. net/NR/exeres/91BD9C36-1CA0-4AED-8853-01655BADD92E.htm?wbc_ purpose=Basic%2CBasic_Current
11) 꾸란의 '계시'와 성경의 계시가 다르므로 이 책에서는 꾸란의 '계시'는 작은 따옴표를 넣어 구별하였다.
12) M. A. Muqtedar Khan, *Debating Moderate Islam* (Salt Lake City: The University of Utah Press, 2006), 133.

왜 이라크 무슬림들은 이라크 기독교인들을 무참하게 살해하는가? 여기에는 표면적으로 금방 알 수 없는 사실이 숨겨져 있다. 요르단의 아랍 기독교인들에게 '무슬림들이 기독교인인 여러분을 어떻게 생각합니까?'라고 물었더니 '무슬림들 중에는 우리 기독교인들을 서슴없이 '카피르'라고 한다'고 하였다.

수많은 분파는 암살과 쿠데타, 관광객이나 소수자에 대한 공격을 통하여 정권의 전복을 기도했다. 러시아의 점령에 맞선 아프가니스탄 전쟁에 참전한 후 귀향한 고참 병사가 과격한 신이슬람주의를 확산시켰다. 이들은 무슬림의 적을 '카피르'로 규정하고 정권을 장악하기 위해서는 폭력도 불사한다는 입장을 취했다.[13]

2003년 이후 이라크에서는 순니파와 시아파 사이에 상대를 '카피르'로 낙인찍고 무자비하게 살해하는 타크피르(takfīr) 문화가 맹위를 떨쳤다. 이라크를 점령한 미군에 대하여 무슬림들은 '카피르'[14]라고 선언하고, 미군과 대항하여 전쟁을 벌였다. 그렇다면 카피르라는 말은 무슨 뜻인가? 카피르라는 말은 본래 '알라의 존재를 믿지 않는 사람'이란 뜻이었다.

---

13) 아이라 M. 라피두스, 『이슬람의 세계사 2』(A History of Islamic Societies), 신연성 역 (서울: 이산, 2008), 1385.
14) 원래 카피르는 '진실을 덮는 사람'이란 사전적 의미가 있다. 이슬람의 진실을 덮는 사람은 모두 카피르에 해당된다. 우상 숭배자는 분명히 카피르이고, 기독교인과 유대교인은 꾸란에서 카피르라고 하나 오늘날 온건한 무슬림은 다소 유연성을 보인다. 그러나 근본주의 무슬림은 기독교인과 유대교인을 카피르라고 하고 심지어 무슬림끼리도 꾸란을 어떻게 해석하느냐에 따라 시아파 무슬림은 순니파 무슬림을 카피르라고 하고 순니 무슬림은 시아 무슬림을 카피르라고 한다. 사실, 카피르는 신의 존재를 믿지 않는 사람이거나 신의 존재를 믿는다고 하면서 이슬람식 기도와 금식 등을 하지 않는 사람이다. 다시 말하면 카피르는 알라와 무함마드를 믿고, 꾸란을 '계시'된 말씀으로 믿으며 이슬람의 여섯 가지 믿음과 다섯 가지 실천사항을 지켜야 하는데 이를 믿지 않거나 지키지 않는 사람이다. 불교도나 힌두교 시크교도는 신의 존재를 믿지 않는 사람이므로 카피르이고 이라크를 2003년에 공격한 미국 군인은 신의 존재를 믿을지 모르나 이슬람식 기도와 금식을 하지 않으므로 카피르이다.

무슬림들의 주장대로 성경과 꾸란의 알라가 같다면 기독교인들은 카피르가 아니다. 그러나 오늘날 무슬림들을 만나면 카피르는 '알라의 존재를 믿지 않는 사람'이거나 '알라의 존재를 믿지만 기도와 금식 등 이슬람이 규정한 실천사항을 지키지 않는 사람'을 카피르라고 한다. 후자의 정의에 따르면 기독교인들은 카피르이다. 오늘날 무슬림들이 기독교인들을 카피르라고 하는 말에 유의할 필요가 있다.

무슬림들이 기독교인 앞에서는 '너희 신과 우리 신이 같다'고 하지만 돌아서면 우리를 향하여 '카피르'라고 한다. 이걸 모르는 일부 기독교인들은 이슬람과 기독교가 동일한 신을 믿는다고 무슬림들의 말에 맞장구를 친다. 이는 이슬람의 진실을 모르는 사람이거나 이슬람을 오랫동안 연구하지 않는 사람의 말이다.

무슬림들도 기독교를 잘 모른다. 요르단 무슬림들은 고등학교 입시 예상 문제에서 "복음 전도 혹은 선교=이슬람 세계를 향한 서구 사상의 침입 수단"[15]이라고 가르친다. 무슬림들의 사상을 잘못 이해한 소치로 이슬람 세계와의 갈등을 빚었다. 그 중 하나는 무함마드를 모욕한 덴마크 풍자만화 사건(무함마드 머리 위에 폭탄을 그린 만화로 이슬람을 풍자한 일)이 있었고 또 다른 하나는 교황 베네딕토 16세[16]의 강연이었다.

이슬람 국가에 사는 아랍 기독교인들도 이슬람을 잘 모른다. 아랍

---

15) 공일주, 『이슬람 문명의 이해』, 210.
16) 베네딕토 16세는 1391년 앙카라에서 비잔틴 황제 마누엘 2세(Manuel II Paleologus)와 페르시아인 학자가 만나 꾸란과 성경에 대한 대화를 언급하면서 '신앙과 이성'(Belief and reason)이라는 맥락에서 다음과 같은 비잔틴 황제의 말을 인용하였다. "무함마드가 가져다 준 것 중 새로운 것이 무엇인지 보여 다오. 오직 악한 것(evil)과 비인간적(inhuman)인 것만 발견하게 될 뿐이다. 무함마드가 전한 신앙은 칼로써 전파하라고 명한 것이다." 베네딕토 16세 교황은 "신앙이 폭력에 의하여 전파되었다고 하는 것은 비합리적인 면이 있다"고 덧붙였는데도 이슬람 세계는 즉각적인 교황의 사과를 요구하였다("Can We Dialogue with Islam? What 38 Muslim scholars said to the pope in a little-known open letter.", http://www.christianitytoday.com/ct/2007/february/26.108.html?start=2).

기독교인들은 이슬람 문화에 젖어 무슬림인지 기독교인지 전혀 분간이 안 되는 경우가 많다. 헌법상 레바논의 대통령은 마론파 기독교인이어야 하는데 그가 기독교인이라고 하여 기독교인들에게 유리한 것은 거의 없다.

3. 성경의 하나님과 꾸란의 알라, 그 속성이 서로 다르다

성경의 하나님과 꾸란의 알라는 같은가? 다른가? 신 개념에 대한 선행연구로는 도시히꼬 이주쭈(Toshihiko Izutsu)의 『꾸란 속의 신과 인간』(*God and Man in the Koran*), 사무엘 즈웨머(Samuel Zwemer)의 『무슬림의 신론』(*The Moslem Doctrine of God*), 카렌 암스트롱(Karen Armstrong)의 『신의 역사』(*A History of God*), 압드 알마시흐(Abd Al-Masih)의 『이슬람에서 알라는 누구인가』(*Who is Allah in Islam*), 프란스 제거스(Frans J. L. Zegers)의 『알라가 신인가』(*Is Allah God*)라는 저서들이 있다.

도시히꼬 이주쭈(Toshihiko Izutsu)는 일본 게이오(Keio)대학교 문화언어학 연구소 교수 재직시 『꾸란 속의 신과 인간』이란 책을 썼는데, 이슬람 이전의 알라의 개념과 꾸란 속의 개념을 자세히 서술하였다. 그는 이슬람 이전의 알라 개념과 아랍 다신숭배자가 보는 아랍 기독교인의 신 개념 그리고 꾸란 속의 알라를 역사 언어학적 관점에서 기술하여 알라의 개념이 역사적으로 어떻게 정립되어 왔는가를 설명하였다.

바레인에서 1905년에 발간된 사무엘 즈웨머의 『무슬림의 신론』은 이슬람의 알라와 기독교 하나님이 완전히 대립된다(opposite)고 썼다. 그는 알라의 99가지 이름을 분석하고 '랍브'(rabb)라는 어휘가 이 99가지에 속하지 않았지만 알라의 이름으로 자주 쓰인다고 말한다.[17]

---

17) S. M. Zwemer, *The Moslem Doctrine of God* (New York: American Tract Society, 1905), 76. 사무엘 즈웨머는 무함마드는 우리 위에 있는(above us) 하나님을 가르치고,

마지막 장에서 그는 무함마드의 알라의 개념은 불충분하고 불완전하며, 무익하고 왜곡된 개념[18]이라고 결론짓고 이슬람의 알라에는 하나님의 아버지 되심(fatherhood)이 없고 사랑의 속성이 결핍되어 있고, 알라는 절대적으로 불변하는 공의로운 신이 아니며, 알라의 속성에는 조화(harmony)가 결핍되어 있다고 하였다.[19] 레이먼드 럴(Raymund Lull, 1315)도 이슬람의 단일신론의 약점은 바로 이 조화의 결핍이라고 하였다는 것을 인용하면서, 사무엘 즈웨머는 모든 알라의 속성 중 가장 가치 있는 개념이 전달될 뿐만 아니라, 이들 속성 간에 존재하는 조화와 균등을 잘 나타내 주어야 한다[20]고 하였다. 그리고 그는 십자가 없이는 신의 속성 교리에는 통일성이 없고[21] 예수 그리스도가 무함마드보다 우월하듯이 기독교의 유일신관이 이슬람의 단일 신관(monotheism)보다 우월하다고 결론짓는다.[22]

반기독교적인 글을 쓴 카렌 암스트롱(Karen Armstrong)은 그의 책 『신의 역사』에서 유대교, 기독교, 이슬람의 신 개념을 설명하면서, 가브리엘을 자주 '계시'의 성령(Holy Spirit of revelation)과 동일시하여[23] 성경의 성령과 꾸란의 루후 알꾸두스[24]의 차이를 구별 짓지 못하였다.

모세는 우리 위에 있는 하나님과 우리와 함께 하시는 하나님을 가르치며, 예수 그리스도는 우리 위에 있는 하나님, 우리와 함께 하시는 하나님, 우리 안에 계신 하나님(God above us, God with us and God in us)을 가르친다고 하였다.
18) Ibid., 107.
19) Ibid., 110-116.
20) Ibid., 114. 이슬람 신학에서 자비와 진리가 같이 만날 수 없고 의로움과 평화가 서로 입맞춤하지 못한다. 알라가 죄인을 용서하는 유일한 방법은 그의 법을 취소하거나, 그에게 벌을 주지 않고 그 죄를 묵과하는 것이다(115).
21) Ibid., 116.
22) Ibid., 120. 본 논문에서는 아라비아 반도의 여러 신 중의 최고신이었고 삼위일체를 반대하는 꾸란의 알라의 개념을 표현하기 위하여 단일신 혹은 단일신론이란 용어를 사용한다.
23) Karen Armstrong, *A History of God* (New York: Ballantine Books, 1993), 138.
24) 루후 알꾸두스는 영문 꾸란 번역서에서 성령(Holy spirit)이라고 하나 알 바이다위 꾸란 주석에서는 천사 지브릴을 가리킨다고 하였다. 루후(rūh)는 spirit(영), soul(혼),

그는 "신(God)의 이름은 무슬림의 경전에서 중심적인 역할을 한다"[25]고 하여 알라와 신(God)을 구별 없이 쓰고 있다. 그리고 "무함마드는 알라를 고대 아라비아의 만신전(pantheon)의 최고신으로 믿었고 알라라는 이름이 '그 신'(the God)을 의미하며 유대교인과 기독교인이 예배하는 하나님과 동일시(identical) 되었다"[26]고 하였다. 그는 꾸란의 알라와 기독교의 신이 같다고 하면서도, "꾸란에서 알라는 야훼(YHWH)보다 더 비인격적(impersonal)이며, 알라에는 성경 하나님의 정념(pathos)과 연민(passion)이 결핍되어 있다"고 하였다.[27]

독일인 이슬람 전문가 압드 알마시흐는 그의 책 "이슬람에서 알라는 누구인가?"라는 제목으로 무슬림의 사고 안에서 알라, 그리스도 신앙의 빛 안에서 알라 그리고 알라의 참 모습을 서술하였다. 그리스도 신앙의 빛 안에서 알라는 삼위일체도 없고 아버지도 없고 아들도 없고 성령도 없고 사랑도 없다고 하였다. 그는 또 알라의 99가지 이름을 나열하고 동일 특성을 같은 것끼리 분류하고 나서 어느 특성의 비율이 많은 지, 표로 만들어 일목요연하게 볼 수 있게 하였다.

프란스 제거스(Frans J. L. Zegers)는 그의 책 『알라는 신인가?』에서 기독교 초기에 기독교 안에 있었던 도케티즘(Docetism), 영지주의(Gnosticism), 아리우스(Arianism) 그리고 네스토리우스(Nestorius) 등이 꾸란에 영향을 주었다고 진술하고 무함마드는 성경을 본 적이

---

life(생명)라는 뜻으로 꾸란에서는 이 어휘가 가끔은 천사 지브릴 혹은 생명, 자비, 호기를 가리킨다(Deeb al-Khudrawī, *A Dictionary of Islamic Terms* 〈Beirut: Al-yamamah, 1995〉, 168-169). 알꿈무스 이브라힘 루까(Al-Qummus Ibrahim Luqa)는 그의 책 *al-Masihiyyah fī al-Islām* (*The Good Way*, 97)에서 꾸란의 루후 알꾸두스는 지브릴, 이싸의 루후, 기쁜 소식, 이싸로 하여금 죽은 자를 살리게 한 위대한 분 중 하나를 가리킨다고 했다.
25) Karen Armstrong, *A History of God*, 150.
26) Ibid., 135.
27) Ibid., 143.

없는 것 같다고 썼다. 무함마드가 아랍인의 고대 우상인 '알라'를 꾸란에 삽입하여 꾸란 안에서 그 색깔을 바꾸었다고 하였다.28) 이상의 선행 연구들을 종합해 보면, 성경의 하나님과 꾸란의 알라에는 서로 공통점도 있고 다른 점도 있다.

 기독교인이 무슬림에게 복음을 전한다면 여러 방식들 중 그들과 접촉점이 되는 공통점(common grounds)을 찾는 것이 수월할 수 있다. 그런데 그 공통점 중의 하나가 이 책에서 다룰 신 개념이다. 오늘날 무슬림들이 신 개념에서 기독교와 공통점이 있는지를 알아보기 위하여 설문을 실시하여 보았는데, '기독교는 이슬람을 대적한다고 여기느냐'는 설문에29), 전혀 대적하지 않는다고 응답한 사람은 전체의 81%이었다. 그 이유로서 두 종교가 하늘의 종교이므로 다를 것이 없다(0.7%) 그리고 모든 종교는 알라로부터 한 뿌리를 두고 있다, 기독교는 원래 없었던 종교로서 변질되어 성경의 내용이 왜곡되어 있다, 두 종교 간에 적대감이 없는 것은 각자에게 종교의 자유가 있기 때문이라(12%)고 답하였다. 여기서 주목할 것은 무슬림 학생들이 기독교가 진짜 무엇인지 모르고 있다는 것과 모든 종교가 한 뿌리를 갖는다고 잘못 알고 있다는 점이다. 또 응답자 중에는 기독교가 아예 세상에 없었던 종교라고 터무니없는 답변을 하고 있다. 기독교는 이슬람에 대적한다고 답한 응답자가 전체의 19%를 차지하고 있는데 그 이유로는 기독교인들이 자신들의 신앙에 따라 살지 않기 때문이라고 하였다.

 '이슬람과 다른 것이 기독교에 있다면 그것은 무엇이냐'고 묻는 질문에는 이슬람과 전혀 다를 것이 없다고 한 응답자가 12% 그리고 기독교를 잘 모르겠다고 한 응답자가 전체의 12%이었다. 그 밖의

---

28) Frans J. L. Zegers, *Is Allah God* (Lulu.com, 2008), 84.
29) 2006년 요르단대학교 남녀 대학생 26명에게 실시한 설문지 조사이다.

대답으로서 이슬람은 샤리크(sharīk: 알라와 대등한 자)를 두지 않는다, 종교와 윤리와 기도가 서로 다르다, 무슬림은 기독교의 예언자를 믿는데 그들은 이슬람의 예언자를 안 믿는다, 모든 종교가 알라의 단일성을 찾는다, 이슬람은 한 분 신을 믿는데 기독교는 그리스도를 믿는다, 예수를 하나님의 아들이라고 하는데 알라는 누굴 낳지도 않았고 태어나지도 않았다, 기독교와 이슬람간의 차이는 조금 있다. 가령 여성의 옷 입기 등, 신앙생활, 예배 방법, 생활방식, 축일 등이 다르다, 어느 메신저(Messenger)를 믿느냐가 서로 다르다, 교리와 메신저가 서로 다르다, 샤리크를 두는 사람은 카피르(infidel)[30]이다, 행동과 관습이 서로 다르다, 서로 다른 것이 있어서 양립하지 못한다, 서로 따르는 관례가 다르다, 여러 면에서 다르고 가장 중요한 것은 기독교인이 깨끗하지 못하다, 예수 그리스도에 대한 신앙이 이슬람과 크게 다르다고 하였다.

이 설문 내용 중 기독교와 이슬람이 서로 다를 것이 없다고 하는 응답자는 이슬람의 알라가 기독교의 하나님과 같다고 답하였다. 역시 무슬림들에게도 신 개념에 대한 혼동이 있다.

4. 아랍인과의 효과적인 의사소통 방안은 무엇인가?

레바논의 리아드 까시스(Riad Kassis)는 그의 책 『예수가 읽은 대로 왜 성경을 읽지 못하는가』(*Why don't We read the Book that al-masih read?*)에서 왜 아랍인들이 구약을 읽지 않는가를 설명한다. 오늘날 아랍 기독교인들이 아랍어 성경 읽기에서 어떤 어려움이 있는지를 알면 우리가

---

30) 카피르(kāfir)는 알라의 존재를 믿지 않거나 신을 믿는다고 하면서 이슬람식 기도와 금식 등을 하지 않는 사람이다. 이슬람 근본주의자들 중에는 상대 이슬람 종파(72 종파)를 카피르라고 하기도 한다.

아랍 기독교인들에게 어떻게 성경을 가르칠 것인가를 알 수 있다. 그렇게 하면 아랍인 기독교인들과 효과적인 의사소통을 할 수 있기 때문이다.

리야드 까시스는 그의 책에서 아랍인들이 구약을 읽지 못하는 이유를 다음 네 가지로 열거한다. ① 구약의 일부 내용에서 아랍인에게 거부감을 주는 윤리적 도덕적인 문제 ② 이스라엘의 시온주의에 의하여 야기된 정치적인 문제 ③ 신약과 구약을 연결짓는데서 오는 해석학적 문제 ④ 구약에 비과학적이고 잘못된 역사적 정보와 진부한 문화적 내용이 있다고 생각하는 역사적인 문제 등이다.[31]

그는 아랍인들이 교회 안에서 인용하기를 꺼려하는 윤리적인 문제의 예로서 사사기 11장의 입다 딸을 번제로 드린 일과 사사기 19장에서 어느 레위 사람의 첩, 21장에서 베냐민 여인들의 멸절과 실로의 여성들, 열왕기하 2장 23-25절에서 엘리사의 42명 아이 살해, 여호수아 6장 21절에서 여리고의 남녀노유와 우양의 멸함 등을 그 예로 들었다.

하디 간투스(Hadi Ghantous)는 위 책에 대한 서평에서 '엘리사가 42명의 아이를 살해한 것은 열왕기상·하의 전체 줄거리와 엘리야-엘리사라는 연결고리에서 엘리사의 아이 살해 사건을 생각해 봐야 한다고 독자에게 권한다. 엘리사는 고대 이스라엘 역사에서 시작된 예언자직을 자신이 갖고 있으면서 그가 이런 예언자직의 종언을 선포하는 장본인이라는 점을 고려해 보라고 했다. 입다의 딸이 희생된 것도 과거 우가리트 신화의 인간화라는 점이 고려되어야 한다고 했다.

정치적인 문제로는 시온주의자들이 현대 이스라엘의 건국(1948)을 구약에서 언급된 약속의 성취라고 잘못 해석한다는 것을 예로 들었다. 오늘날 아랍교회들은 오늘의 이스라엘이 구약의 약속의 성취라고 해석되는 것을 막으려고 구약을 자주 인용하지 않는다. "땅"과 "선택받은

---

31) *Theological Review*, XXIX/2(The Near East school of Theology, 2008), 146.

백성"이란 말을 어떻게 해석하느냐에 따라 기독교 안에서 서로 차이를 보이고 기독교와 이슬람 간에서도 이 두 주제에서 큰 차이를 보인다. 이런 점에서 한국에서 중동으로 파송된 목회자들이 현지 아랍교회나 아랍 신학을 전혀 모르고 아랍교회에서 바로 사역하는 것은 적절하지 않다. 왜냐하면 아랍 기독교인과 아랍 무슬림들이 성경을 어떻게 이해하고 있는지, 아랍 기독교인들의 성경 이해가 한국 기독교인과 어떻게 다른지를 반드시 알아야 하기 때문이다.

리야드 까시스는 신약과 구약의 해석학적 문제는 약속 성취 모델, 신약에서 구약의 중심 개념 찾기, 신약에서 구약의 예표적 사용, 구약에서 예수 그리스도가 중심에 오게 하는 해석 등 네 가지 관점에서 신약과 구약 간의 관계를 살펴보라고 한다.[32] 아랍인들은 성경적, 신학적 해석에서 서구 신학이나 한국의 신학이 도입되는 것을 꺼려한다.

그러면 아랍 기독교인이 아닌 아랍 무슬림들에게 복음을 전하려는 사람이라면 성경은 물론 이슬람의 경전 꾸란과 무슬림들의 세계관도 잘 알아야 복음의 핵심을 바르게 전할 수 있다. 이슬람의 언어인 아랍어를 한국의 일반대학교에서 배웠거나 중동의 이슬람대학교에서 배운 사람은 아랍교회에서 설교 통역을 제대로 할 수 없다. 왜냐하면 아랍어 성경 용어와 꾸란의 어휘가 같더라도 그 의미가 조금씩 다르거나 아예 다른 경우가 많기 때문이다. 아랍인과 커뮤니케이션을 정확하고 올바르게 하려면 7세기 아랍어와 21세기 아랍어 간의 어휘 의미 차이도 잘 알아야 한다. 가령 9세기의 아랍어 책에 쓰인 '카탑'(katab)은 당시에는 '필사했다'(copied)라는 의미이었으나 오늘날에는 '썼다'(wrote)라는 의미이므로 이 차이를 모르면 텍스트의 바른 이해가 어렵다.

아랍 무슬림에게 복음을 효과적으로 전하려면 중동 문화에 맞는

---

32) Ibid., 148.

의사소통 방안을 강구해야 한다. 케네스 베일리(Kenneth E. Bailey)는 『중동인의 시각으로 본 예수』(Jesus Through Middle Eastern Eyes, 2008)라는 책에서 이런 내용을 다수 소개하고 있다. 중동인의 시각으로 쓴 그의 자료는 아랍인의 문화와 세계관을 잘 표현한 것으로서 우리에게 관심을 끌게 한다. 특히 중동 문화에 적합한 성경 말씀으로는 무슬림이 신약의 다른 기자들보다 마태(특히 5-7장 산상수훈)나 누가 등 예수님 제자들의 기록을 더 높이 평가하고 있어 가령 탕자(눅 15:11-32)의 이야기를 무슬림과 대화에 사용해 볼 수 있다.

이슬람 국가에서는 복음을 전할 수 없도록 이슬람 정부가 비밀경찰을 통하여 단속하고 무슬림에게 복음을 전하는 사람은 사회의 안녕과 국가 안보를 해친다는 명목으로 추방시키므로 무슬림과의 의사소통은 미리 계획된 접근과 훈련이 필요하다. 무슬림들도 세상 사람들에게 이슬람을 전하기 위하여 다양한 방법과 훈련된 인력을 사용하고 있다.

> 우리는 이슬람 문화의 전파에 의하여 우리의 메시지를 적절하게 전달할 수 있었고 모스크 지원, 꾸란 배포, 이슬람 유산 연구와 파트와(fatwa: 꾸란과 순나에 근거하여 법적 판단을 내린 결정문) 그리고 자선 사업에 더 많은 관심을 기울이고 민족적 정체성을 고취함으로써 이슬람을 잘 전할 수 있었다. 무슬림들 중 온건 무슬림들을 통하여 이슬람의 메시지를 전하고 가장 앞선 방법으로 고도의 자격을 갖춘 인적 자원을 활용하였다.[33]

---

33) "아랍 에미리트의 두바이에서 2008년 한 해 무슬림이 된 숫자가 2,763명", 「걸프 투데이」(Gulf Today) 2009년 1월 29일자. 여러 국적의 사람이 두바이의 이슬람 사업과 자선활동 부서의 활약으로 이슬람의 관용적인 메시지가 주효하여 2008년 한해 두바이에서 이슬람으로 개종한 사람이 2,700명이 넘는다고 발표하였다. 72개국에서 온 2,763명이 이슬람을 받아들였는데 전년도에 비하여 71% 증가한 수치라고 한다. '우리는 새 신자가 된 무슬림을 각별히 돌보고 있고 그들이 참 무슬림이 되도록 다국적 언어로 된 시청각 자료들, 책들, 강의들, 훈련 프로그램 등 그들이 필요로 하는 모든 것을 지원하고

	C1	C2	C3	C4	C5	C6
그리스도 중심의 공동체	문화와 언어에서 무슬림 공동체에 이국적인 교회	비무슬림으로 두드러지지만 무슬림들이 사용하는 언어를 사용	이슬람 문화적 요소 (옷, 음악 예술 등)를 사용함	성경적으로 받아들여질 수 있는 일부 이슬람의 실천 사항 포함됨	이싸의 무슬림 추종자라는 정체성이 있음	공동체의 종교적 생활에 활동적이든 아니든 비밀신자
자기 정체성	기독교	기독교	기독교	이싸의 추종자	이싸의 무슬림 추종자	사적으로 기독교인 혹은 이싸의 추종자 혹은 이싸의 무슬림 추종자
무슬림의 인식	기독교	기독교	기독교	일종의 기독교	이상한 무슬림	무슬림

그리스도 중심의 공동체

이슬람권에서 전방 개척 선교34)를 모토로 하는 내부자 운동(Insider movement)35)은 기존의 교회 개념 대신에 하나님 나라 개념을 접촉점으로 제시한다. 마크 하알란(Mark Harlan)은 전방 개척 선교를 주창하며 내부자의 교회개척은 새로운 커뮤니티를 만드는 것이 아니라

있다고 하였다. 이들 중 몇 명은 직접 자신이 찾아와 이슬람을 믿겠다고 하였다고 하면서 1,869명이 여성이었다고 밝혔다.
34) 타문화권에 가서 미전도 종족 지역이나 미전도 종족에게 복음을 전하여 건강한 토착교회를 세울 때까지의 사역을 의미해왔다(강승삼, "한국교회 세계 선교 운동의 평가와 미래 25년의 전망", 10-95).
35) Mark Harlan, *Insider Rethinking on Church & Church Planting*, 제13차 한인 세계 선교사 대회 자료집(2008), 186.

기존의 커뮤니티를 변혁(transform)시키는 것36)이라고 하였다. 기존 커뮤니티에 복음만 들어가면 된다는 것으로 우리가 생각하는 교회 건물을 따로 세울 필요가 없다는 것이다. 최근 내부자 운동이 나오기 전에는 이슬람권 선교에서 존 트라비스(John Travis: 가명)가 제시한 C1-C6 스펙트럼37)이 활발히 논의되었다.

존 트라비스의 스펙트럼이 각 단계별 구별이 명확하지 않아서 일부 내부자 운동의 리더들이 존 트라비스의 스펙트럼을 사용하지 않는다고 하나, 풀러신학교 마틴 악카드는 '이는 정치적인 제스처이고 실제 내부자 운동의 원리는 존 트라비스의 이론에 힘입은 바가 크다'고 하였다. 내부자 운동이 내부자 사역을 위한 하나님 나라 재발견38)을 촉구하는 운동이라고 한다. 하나님의 나라는 하나님이 통치하시고 하나님이 지배하는 것이며, 하나님 나라는 현재적인 영적 실제로서 작은 것이며 보이지 않는 권위이지만, 예수를 따르는 자가 들어가는 영역으로서, 그것은 여기 지금 그리고 거기 미래 모두가 된다는 것을 주목한 것이다.

데이비드 헤셀그레이브(David J. Hesselgrave)는 그의 책 『타문화 커뮤니케이션』(Communicating Christ Cross-culturally)39)에서 선교사가 예수 그리스도를 전하는데 효과적인 커뮤니케이션 방법으로 다음 일곱 가지를 제시하였다. 그 일곱 가지는 세계관, 인지 과정(사고방식), 언어 형식(사상을 표현하는 방법), 행동 유형(행동 방식), 사회 구조(서로 반응하는 방식), 매체의 영향(메시지를 전달하는 방식), 동기 부여 요인(의사 결정 방법)

---

36) Mark Harlan, *Insider Rethinking on Church & Church Planting*, 197.
37) 존 트라비스(가명)는 무슬림 상황에서 그리스도 중심의 공동체를 서로 다른 형태로 도식화하였다(Keith E. Swartley, *Encountering the World of Islam* <Downers grove: IVP press, 2008>, 379).
38) Kim Gustafson, "우리 개인의 삶과 내부자 사역을 위한 하나님 나라의 재발견"(2008), 제13차 한인 세계 선교사 대회 자료집, 88.
39) David J. Hesselgrave, *Communicating Christ Cross-culturally* (Zondervan Publishing House ,1991, second edition), 164-178.

등이다.[40]

릭 브라운(Rick Brown)은 문화는 어느 종족 커뮤니티에서 전수되고 공유된 관습(conventions)이라고 정의하고, 전체 커뮤니티가 공유하든 안하든 간에 일부 사람이 갖는 핵심 신앙과 가치관의 틀이나 네트워크는 세계관(worldview)이라 했다.[41] 데이비드 헤셀그레이브는 무슬림과 유대인에게 기독교 신앙을 의사소통 하는데 있어서의 어려움은 이 둘 간의 세계관이 서로 달라서가 아니라, 기독교인과 유대인 그리고 무슬림이 친구로 만나지 못하는 데 있다[42]고 하였다. 존 트라비스가 제안한 '이싸의 추종자' 라는 말을 오늘날 아랍 무슬림들에게 하면 그들은 이 사람이 '기독교인이구나'라고 생각할 것이다. 그런데 문제는 최근 정치적 이슬람의 확산으로 무슬림들이 '기독교 선교사'를 '시온주의를 부추기는 자'로 인식한다는 것이다. 선교사를 복음을 전하는 사람이 아닌 시온주의를 부르짖는 사람으로 규정하여 기독교 선교를 정치적 의미로 해석하고 있다는 것이다.

---

40) Ibid., 164.
41) Rick Brown, "Contextualization without Syncretism", *International Journal of Frontier Missions*, 23:3 Fall 2006, 127.
42) David J. Hesselgrave, *Communicating Christ Cross-culturally*, 278.

제2장

꾸란의 알라는 누구인가?

1. 꾸란 이전의 알라

1) 아람어의 신 개념

오늘날 아랍어 어휘의 상당수가 아람어에서 왔다는 것은 아랍의 여러 학자들이 인정하는 바다. 더들리 우드베리는 알라(Allāh)라는 어휘는 기독교 시리얀어에서, 와히(Wahy)는 적어도 유대-아람어와 기독교 에티오피아어에서, 나비(Nabī)는 시리얀어보다는 유대-아람어에서, 인질(Injīl)은 분명히 그리스어에서 온 것인데 아마도 에티오피아 기독교인을 통하여 무함마드에게 전달된 것으로 여기고, 끼블라(Qiblah: 기도의 방향)라는 어휘는 분명히 무함마드 이전부터 사용되었다[1]고

---

1) J. Dudley Woodberry, "Contextualization among Muslims: Reusing Common Pillars", *International Journal of Frontier Missions* (Vol. 13:4, Oct-Dec, 1996), 173-

하였다. 쌀라(Salāh: 의식적인 기도)는 유대-아람어에서 왔다고 하나 시리얀어 어휘에서 온 것에 더욱 가능성이 많다고 하고[2] 핫즈(Hajj: 순례)는 히브리어에서 왔다고 했다.[3]

물론 기본적인 의미는 어느 정도 남아 있으나 기독교나 이슬람의 사상 체계 안으로 이 어휘들이 들어간 다음에는 각 경전 안에서 서로 다른 의미 차이를 보였다. 마치 '알라'의 아랍어 어휘가 성경과 꾸란 등 각기 서로 다른 텍스트 안에서 그 의미가 분명해 지는 것처럼 '쌀라'(의식적인 기도)나 '나비'(예언자) 등의 어휘도 역시 꾸란과 성경에서 각각 서로 다른 의미를 갖는다.

성경에서 '아람'이란 어휘가 처음 등장하는 곳은 왕하 5장에 나오는 아람 왕의 군대 장관 나아만의 이야기에서다. 아랍인이 정복한 후 시리얀(siriyyān; Syriac)[4]이란 어휘에서 수리야(sūriyya: 오늘날 시리아, syria)[5]라는 어휘를 파생시켰다. 그리고 '시리얀'[6]이란 어휘는 예수 그리스도 이후에 이 지역에

174.
2) Odisho M. Gewargis Ashitha, *Hilqa De Leshana, Assyrian-Arabic Dictionary* (Baghdad: Matba'a ofset. 1997), 435.
3) J. Dudley Woodberry, "Contextualization among Muslims: Reusing Common Pillars" *International Journal of Frontier Missions*, 174.
4) 오늘날 '시리아'(syria)는 '시리얀'이란 어휘에서 온 단어이다.
5) 시리아 기독교(Syrian Christianity)는 로마 제국 하에서 4세기부터 7세기까지 신학적 논쟁에 휘말린다. 시리아 기독교는 이슬람이 들어오자 비잔틴 세계와 결별한다. 그리고 시리아 기독교는 5세기 그리스도론 논쟁의 결과로 다음 세 가지 주요 교리 그룹(doctrinal groups)으로 나뉜다. 첫째, 알렉산드리아파의 그리스도 전승을 따르는 오리엔트 정교회(시리아 정교회, 아르메니아 정교회, 콥트 정교회, 에티오피아 정교회와 더불어 성육신한 그리스도 안에 인성과 신성의 하나 됨을 강조한다. 451년 칼케돈 공의회의 교리적 정의를 거부한다). 둘째, 안디옥파의 그리스도 전승을 따르는 동방의 교회(Church of the East)로서 성육신한 그리스도 안에 신성과 인성을 구별하는 것을 강조한다. 셋째, 칼케돈 공의회의 신조를 받아들이는 마론파교회, 시리얀어로 예배하는 안디옥의 비잔틴(Rum) 정교회, 말키파교회(알렉산드리아파와 안디옥파의 중간을 지향하는 교회). 마론파교회는 십자군 이후 로마 가톨릭에 속한교회가 되었다. 시리아 정교회(Syrian Orthodox)는 단성론자 혹은 야곱파로 잘못 불리고 동방의 교회는 네스토리아교회로 잘못 불린다(Ken Parry, et. al., *The Blackwell Dictionary of Eastern Christianity*, 467-468).
6) 앗시리아인(Assyrian)은 니느웨의 고대 앗수르인들의 후손이라고 믿는다.

복음을 전하였던 그의 사도들에 의하여 알려지게 되었다. 이들은 모두 본래 시리아에 살았거나 팔레스타인에서 온 기독교인들이었다. 그런데 그들 조상이 믿었던 기독교 신앙을 이어받은 자손들 은 자신들의 기독교 신앙이 돈독하다는 것을 나타내기 위하여 예수 믿기 전의 이름은 버리고 모두 시리얀어로 된 새로운 이름으로 불리었다.[7] 그 당시 그들의 이름이 아랍어로 되어 있으면 비기독교인으로 여겼다. 아랍 기독교인들도 과거 선조들은 기독교 이름을 고집하였으나 20세기에 들어오면서 많은 아랍 기독교인들이 무슬림의 이름을 차용하여 자녀들의 이름을 짓고 있다. 그것은 부모들이 자녀 이름을 이슬람식으로 바꿔 주어 초면에서부터 사회적 냉대를 받지 않도록 하기 위함이다.

오늘날 이라크에 가서 시리얀어를 무슬림들에게 물으면 시리얀어가 기독교인들의 언어라고 말한다. "아람"이라는 어휘와 "시리얀"이란 어휘가 동의어[8]로 쓰이기도 한다. 그러나 1세기경 유대인 학자들은 히브리어를 할 수 있었으나 농부들은 아람어[9]로 말하고 페니키아 해안에서는 페니키아어를 사용하였으나 갈릴리 바다 주변에서는 시리얀(Syriac)[10]어가 사용되었다. 이 말은 "비옥한 초승달 지역

'네스토리아'라는 경멸스런 용어를 피하기 위하여 19세기 이후 성공회 사이에 널리 알려진 용어가 앗시리아이다. 대략 1900년까지 동방의 교회를 대변하는 민족들을 표현하기 위하여 앗시리아(시리얀 어로는 "아슈리야")라는 용어가 쓰인 것이다(Ken Parry, et. al., *The Blackwell Dictionary of Eastern Christianity*, 67).

7) Sameer abduh, *al-siriyyaniyyah- al-'arabiyyah* (Dimashq: Dar alā al-din, 2000), 20.
8) Sameer abduh, *al-siriyyaniyyah- al-'arabiyyah*, 17.
9) Sameer abduh, *al-siriyyaniyyah- al-'arabiyyah*, 49. 시리얀어는 동부와 서부 방언으로 나뉘는데 서부 방언은 시리아, 메소포타미아, 시나이 반도 지역의 방언이고 동부 방언은 이라크와 페르시아의 방언이다. 세 번째 방언으로는 팔레스타인의 방언으로 예수 그리스도가 구사한 방언이다
10) 나바뜨인들의 문화는 시리얀어(아람어) 글자를 사용한 아람 문화였다. 남부 아라비아와 지중해를 연결해 주는 중간 지점에 페트라가 있었는데 페트라에는 아랍 민족들이 아랍어를 말하면서 글자는 아람어를 빌려 쓰고 있었다. 나바뜨인들의 아람어 방언은 그 지역 주민들이 사용하는 아랍어 방언에 영향을 점차 많이 받았다. 4세기부터는 아랍어의 영향력이 압도적이어서 페트라에 살던 나바뜨 사람들은 아람어 대신에 아랍어를

"(팔레스타인, 레바논, 시리아, 이라크 등)에서 쓰이던 아람어의 한 방언이 시리얀어이었다는 것이다. 그러나 팔레스타인의 그리스인 도시에서는 그리스어가 쓰이고 남부의 일부 부족들은 아랍어를 쓰고 있었다.[11]

아랍 지역에 기독교인들이 있었다는 가장 오래된 기록은 성경에 나온다. 바울은 갈라디아서(1:15-17)에서 그가 개종한 뒤 아라비아[12])에 갔다고 썼다. 이슬람이 7세기 아람어를 사용하는 지역을 점령한 뒤, 압바시야 혁명(759년) 때부터 십자군(1095-1291)까지 아직도 기독교인들의 인구가 중요한 비율을 차지하고 있었는데 이 기간 중에 아랍어는 교회의 예전에도 사용되었다. 그후 수세기 동안 높은 수준의 아랍 기독교 문학이 아랍어로 쓰였으나 대부분 오늘날까지 전해 내려오지 않는다. 아랍어를 사용하는 기독교인들이 오순절에 아랍어로 베드로의 설교를 들었다. 이렇게 아랍어를 사용하는 초대교회의 기독교인들은 예멘, 바레인, 카타르 등지에 살고 있었다.[13] 물론 그 당시 '아랍'(사막의 유목민, 베두인)이라는 의미와 오늘날 우리가 익히 아는 '아랍'(아랍어를 쓰고 아랍 문화를 자랑스럽게 생각하는 사람)과는 의미가 다르다.

이처럼 시리얀어, 히브리어, 아람어와 아랍어로 쓰인 모든 자료들은

사용하게 되었고 5세기에는 나바트 글자의 흘림체에서 아랍어 알파벳이 생겨났다.
11) Kenneth E. Bailey, *Jesus Through Middle Eastern Eyes* (Downers grove: IVP press, 2008), 292.
12) 성경의 행 2:11과 갈 1:17(고후 11:32)에 나오는 아라비아는 오늘날 아라비아의 지리적 경계와 다르다. 바울이 말하는 아라비아는 대부분 학자들이 알호란(시리아 남서부와 요르단 북부 지역)과 다마스커스의 동부 주변 지역들을 가리킨다고 하고 일부 학자들은 시나이 반도를 가리킨다고 한다(George Shehatah Qanawati, *Al-masihiyyah wa-al-Hadarah al-Arabiyyah*, 58). 혹은 메소포타미아의 서부 지역, 시리아와 팔레스타인의 동남부에서 스웨즈까지 이르는 지역을 가리킨다. 로마 시절에는 다마스커스의 남부에서 나바뜨인들이 일으킨 왕국들을 가리킨다(Frederick William Danker, *A Greek-English Lexicon of the New Testament and other Early Christian Literature*, 127). 성경에서 예수 그리스도가 태어난 뒤 사내 아이들을 살해한 헤롯(마 2:16-18)의 아버지는 이두메(Idumea)출신의 아랍인이었고 어머니는 나바뜨 왕국의 수도 페트라 출신이었다(Kenneth E. Bailey, *Jesus Through Middle Eastern Eyes*, 56).
13) Kenneth E. Bailey, *Jesus Through Middle Eastern Eyes*, 12. 행 2:11.

당시 중동의 다양한 문화가 있었음을 암시하고 있다. 그들 중 대부분이 서구의 그리스 혹은 라틴 문화보다는 예수의 셈어(semitic) 세계와 더 밀접하게 관련되어 있었다. 그 중 가장 초기의 저서들로는 에프렘(Ephrem)14)의 글, 복음이 시리얀어로 번역된 3개의 번역본 그리고 페시따(Peshita) 성경 등이 있었다.

오늘날 전해 내려오는 8세기 초의 아랍 기독교 전승들을 살펴보려면 저명한 중동 신약학자 아부 알파라즈 압둘라 븐 알따입 알마쉬리끼(Abu al-Faraj Abdullah ibn al-Tayyib al-Mashriqī, 1043년 사망)의 저술을 참조할 수 있다. 그는 신약을 시리얀어에서 아랍어로 번역하였다.15) 초기 기독교인들은 신약을 라틴어, 콥트어, 아르메니아어 그리고 시리얀어로 번역하였으나 5세기 경 이러한 번역 노력이 중단되었다.

아랍어의 '알라'는 아람어의 '알라하'('alāhā)에서 온 말이라고 한다.16) 아랍 기독교인 신학자 마틴 악카드는 '알라'라는 단어가 아람어에서 왔다고 주장한다. 그 이유는 아람어 '알라'를 발음할 때 강세음화(인두음화) 현상이 뒤따르는데 이런 현상은 아람어의 독특한 현상이라는 것이다. 그러나 무슬림들은 '알라'를 신의 고유명사17)로 대체로 아랍어의 정관사 알['al]과 본래 명사 일라흐['ilāh]가 합쳐져서 된 명사 '알라'(al-lāh)라고 한다.

시리얀어의 알라하('alāhā)는 이 단어의 끝에 오는 정관사 하[hā]와 본래

---

14) 에프렘(306?-73)은 교회 예전을 시리얀어로 한 교부들 중의 가장 중요한 사람이다. 기독교인 부모에게서 태어났고 니시비스(Nisibis: 터키 남동부의 지명)의 야고보를 따라 니케아 공의회에 참석하였다. 363년 니시비스가 사산조에 편입되자, 그는 에뎃사(현 터키의 우르파)로 갔다. 그는 아리우스파를 반대하고 니케아 공의회 결정을 따랐으며 동서방에서 그를 정통파로 받아들이고 있다. 전통적 시적 형태의 찬송과 시적 형태의 가르침(mēmrā; Verse homily)에 대한 글을 남겼다.
15) Kenneth E. Bailey, *Jesus Through Middle Eastern Eyes*, 12.
16) H. A. R. Gibb and J. H. Kramers, *Shorter Encyclopaedia of Islam* (Leiden: E. J. Brill, 1974), 33.
17) 공일주, 『아랍문화의 이해』, 149-150.

명사 알라[alā]가 합쳐진 것이다. 그리고 시리얀어에서 알라하 이외에 '일'['īl]은 신의 이름이고 일 알라하['īl 'alahā]는 '주 하나님'(al-rabb al-'ilāh)이라는 뜻이다.[18] 무함마드 이전에 '알라'는 아랍인들 사이에서 신의 이름으로 불리고 '알라하'는 아람인들 사이에서 신의 이름으로 쓰였다. 이슬람의 창시자 무함마드의 아버지 이름이 압드 알라(압둘라: 알라의 노예, 혹은 알라의 숭배자)인 것을 보면, 알라라는 단어는 무함마드 이전에 등장하고 있었음이 틀림없다. 이미 이슬람이 시작되기 전부터 알라라는 말이 있었다. 아라비아 서남부 지역에서 '알라'라는 신을 섬기던 아랍 이슬람 세력이 북쪽 이라크, 시리아 지역으로 침입하러 왔을 때 이 지역의 주민들은 아람어를 사용하고 있었다.[19]

히크마트(Hikmat Kachouh)는 요한복음 1장 1절과 1장 18절에 나오는 '알라'를 조사한 결과 예수를 가리키는 말로 사용된 '하나님'이 [ilah, ilāh, allah, al-ilah, allāh, alā, al-'āl, al-alāh] 등 8가지 어휘로 사용되었다고 했다. 이 어휘들 중에서 가장 초기 사본에 일라흐[ilah]가 쓰였고, 알라[allāh]는 후기 사본에 쓰였다.[20]

무함마드는 이슬람을 기독교인과 유대교인들에게 전하기 위하여

---

[18] Odisho M. Gewargis Ashitha, *Hilqa De Leshana, Assyrian-Arabic Dictionary*, 11.
[19] 현대 신학자들이 의견의 일치를 보인 것 중에는 예수님의 주기도가 아바(Abba)라는 아람어로 시작되었다고 한다. 예수님 당시 히브리어는 문어(Written Language)이어서 당시 사람들이 일상생활에서 사용하는 구어(Spoken language)인 아람어로 그의 제자들이 기도를 하게 하였으나 1세기에는 아람어 화자인 유대인(Aramaic-speaking Jew)들이 아람어가 아닌 히브리어로 주기도문을 암송하였다. 성경에서는 아바(막 14:36; 롬 8:15; 갈 4:6)라는 단어 바로 다음에 그리스어 ho pater(아버지)가 바로 따라 나온다. 아람어 [Abbā]에서 마지막 [ā]는 정관사를 가리킨다(Kenneth E. Bailey, *Jesus Through Middle Eastern Eyes*, 95-97). 아바는 한 때 아람어가 쓰였던 레바논, 시리아, 요르단, 팔레스타인에서 아직까지도 부모들이 자녀들에게 어려서 가르쳐 주는 어휘라 한다. 요르단에서는 갓난아이는 abba(압바), amma(암마)라고 하고 좀 더 크면 baaba(바바), maama(마마), yaa ba(야-바), yaa ma(야-마)라 하고 학교에 가면 abi(아비), abuui(아부이)라고 한다.
[20] Hikmat Kachouh, "The Arabic Versions of the Gospels: A Case Study of John 1:1 and 1:18", *The Bible in Arab Christianity*, edited by David Thomas, Leiden, 2007, 36.

이슬람의 알라와 기독교의 하나님이 같다고 했다. 그러나 꾸란에서 '알라'는 기독교에서 말하는 성부 하나님, 성자 하나님, 성령 하나님의 의미가 들어있지 않다. 만일 한국의 무슬림이 이슬람의 알라와 기독교의 하나님이 같다고 하면 그는 이슬람의 알라를 잘 모르는 무슬림이거나 기독교 하나님을 잘 모르는 비기독교인이다. 무슬림들은 절대로 아버지 알라, 아들 알라, 성령 알라 등으로 부르지 않는다. 물론 한국의 일부 무슬림들이 사용하는 '알라 하나님'이라는 표현도 그들의 신 개념에 따르면 '하나님 하나님'이라는 말이 되므로 이것 역시 적절하지 않다. 이슬람에서는 이싸가 하나님의 아들이 아니라고 한다. '하나님'이란 용어가 한국의 교회 안에 정착되기까지는 다음과 같은 과정을 거쳤다.

> 로스는 한국인들이 섬기는 21개의 신들을 소개한 뒤 마지막으로 '하나님'(Hananim)을 소개하면서 용어 문제를 언급하고 있다. 한국인들은 'Lord of Heaven'의 뜻인 이 용어로 언제나 한문의 '上帝'(Shangti)를 번역하며, '神'(Shēn)은 언제나 '귀신'(Kueishēn)으로 번역하는 데, 이 둘은 늘 결합되어 있다. 모든 사람들로부터 나는 '하나님'이라는 이름을 들어왔다.21)

로스(Ross)는 하느님(하나님)을 '하늘의 주님'(Lord of Heaven)의 개념으로 처음부터 끝까지 사용하였다. 유일한 인격신으로서의 '하나님'이란 말이 1930년대 초에 완전히 확립되어 1939년 9월 제28회 장로회 총회에서 '하느님'이란 말을 배척하고 '하나님'만 사용한다는 결정을 내렸다.22) 그리고 약 40년간의 신학화 작업과 10여 년간의 기독교 문서의 사용

---

21) 『대한 성서공회사 I』 (서울: 대한 성서공회, 1993), 200.
22) 류대영, 옥성득, 이만열, 『대한 성서공회사 II』 (서울: 대한 성서공회, 1994), 182, 184.

검증을 거친 후 기독교 용어로 확정되었다.[23]

2) 이슬람 이전의 아랍인의 신 개념

이슬람 이전(자힐리야) 시대에는 인간 중심(homocentric)의 사회이었다. 그래서 인간 이외의 다른 것이 들어설 수 없어 인간이 중심 개념이었다. 지상에서 인간의 지위와 다른 부족과의 관계 그리고 그가 속한 부족에서 그의 지위 등이 가장 중요한 문제였다. 물론 당시의 사람들은 인간보다 우월하고 인간에게 보이지 않는 힘, 즉 알라와 진(jinn) 등의 존재를 믿고 있었다. 그러나 이슬람 이전에 이들의 존재는 그들의 삶에서 협소하고 제한된 관심의 영역으로 제한되어 있었다. 알라와 진 등 이들 어휘들은 인간과 버금가는 독자적인 주요 개념적인 원리가 되지 못하였다. 그 결과 아무런 긴장의 분위기는 없었다. 그러나 이슬람이라는 새로운 세계에서는 인간과 알라 간의 의미론적 긴장이 생겨났다. 이런 관계는 간단하고 일방적인 것이 아니고 다양하고 상호적인 관계이었다. 인간과 알라와의 관계는 다음 네 가지 서로 다른 관계에서 개념적인 분석이 이루어졌다.[24]

① 존재론적 관계: 인간 존재의 궁극적인 원인으로서의 알라와 지상에서의 대리자로서의 인간이다. 신학적으로 말하면 창조주와 피조물이라는 알라와 인간 사이의 관계이다.

② 의사소통 관계: 의사소통의 관계는 언어적 형태나 비언어적 형태를 갖는다. 이슬람에서는 위로부터 아래로 내려오는 의사소통의 언어적

---
23) Ibid., 188.
24) Toshihiko Izutsu, *God and Man in the Koran* (Tokyo: The Keio Institute of Cultural and Linguistic Studies, 1964), 76-77.

형태를 와히(wahy)라고 하고 반대로 아래로부터 위로 향하는 것을 두아(du'a)라고 한다. 위에서 아래로 내려오는 의사소통의 비언어적 형태는 표적(표시: āyāt)들이 내려온다는 신적 행위를 가리키고 아래로부터 위로 가는 의사소통은 의식적인 기도(salāh)이며 좀 더 넓게 말하면 예배 행위이다.

③ 주-종 관계: 알라의 입장에서는 알라가 주님(rabb)이고 모든 개념이 알라의 위대함, 주권, 절대적인 능력과 관련되어 있고 인간 입장에서는 인간은 알라의 종('abd)으로서 인간과 관련된 모든 개념은 겸손, 겸양, 절대적 순종이다. 거만함과 교만함과 자만심, 혼자 제멋대로 하겠다는 것은 알라와의 관계에서 부정적인 의미를 갖는다.

④ 윤리적인 관계: 알라의 개념 속에 구별되는 두 개의 서로 다른 면에 근거한다. 무한한 선, 자비, 용서, 은택이란 면에서의 알라 그리고 진노, 엄중함, 공의라는 면에서의 알라가 서로 대립한다. 따라서 인간 측에서는 한편으로는 감사함(shukr)과 다른 한편으로는 신을 무서워하는 태도(taqwa)[25]가 있다. 감사와 두려움은 믿음이라는 영역에서 설명된다. 즉 이만(믿음)[26]과 반대되는 쿠프르(kufr)는 감사할 줄 모르는 것 그리고 알라의 존재를 믿지 않는 것(unbelief)과 상관된다.

---

25) 타끄와(Taqwā)는 그 의미가 변천하여 오늘날에는 종교적인 용어로서 알라를 두려워하여, 알라를 마음에 두고 바른 행실을 한다는 의미를 갖고 있다.
26) 무슬림과 무으민(신자)을 구별한다. 전자는 무슬림들이나 쉐이크 앞에서 이슬람의 신앙고백(알라 이외에 신은 없다. 무함마드는 알라의 메신저이다)을 하면 무슬림이 되고 부모로 인하여 무슬림이 된 사람들은 아잔(기도하러 오라는 외침) 뒤에 이 고백을 따라 하거나 기도 중에 되풀이 하면 된다고 한다. 그러나 무으민은 신자로서 믿음이 있어야 한다는 조건이 붙는다. 이슬람 종교를 더 깊이 아는 사람이고 이슬람 종교를 실천하는 사람이 무으민이다. 이런 무슬림들은 알라의 복을 빌려고 모든 일을 시작하기 전에 "알라의 이름으로"라고 말한다.

꾸란에 알라라는 단어가 쓰이기 시작하자 메카의 아랍인들이 즉각적인 반응을 보여 무슬림과 카피르 간에 알라의 본성(nature)에 대한 격렬한 토론이 벌어졌다. 당시 알라라는 단어가 무슬림과 다신 숭배자 간에 흔했던 단어인데도 말이다. 이슬람 이전에 알라(al-ilāh, allāh)는 메카에서 하나 밖에 없는 단일신은 아니었으나 메카 인들에게 중요한 신이었다. 그 이름도 오래된 것이었다.[27] 두 개의 남부 아랍어 비문에 그 명칭이 나타난다. 주전 5세기에 리흐얀(Lihyānite) 비문에서는 'HLH'라고 쓰여졌고, 리흐얀 사람들은 그 신을 시리아에서 가져온 것이라 한다. 리흐얀은 아라비아에서 이 신을 숭배한 첫 중심지이었다. 신을 가리키는 그 명칭은 이슬람이 등장하기 5세기 전 싸파(Safa) 비문에서 할라흐(hallāh)라는 이름으로 쓰였다. 이슬람 이전에 기독교인들의 아랍어 비문에서도 알라라는 단어가 등장한다. 그것은 요르단의 옴무 알지말('Umm al-Jimāl: 요르단 암만에서 시리아 국경으로 가는 길에 위치함)에서 발견되었는데 6세기 것으로 추정한다.[28]

이슬람 이전의 메카 사람들은 특별한 위험에 처하였을 때 부르는 창조주를 알라라고 불렀는데 이런 내용은 꾸란의 구절들(31:24, 31; 6:137, 109; 10:23)에 잘 나타나 있다. 이것으로 보아 꾸란의 알라는

---

27) 아라비아 반도에는 'Allāh(알라, 아랍 지역), Al-ilah al-majhūl(알지 못하는 신, 아랍 지역), al-ilahah(시리아의 신), al-hajar al-aswad(검은 돌, 태양신, 메카와 흠스와 나바뜨에 있었음), dūshara(알히자즈 지역의 신), dhū al-khalaSah(아라비아 반도의 신), dhū al-sharā(알히자즈의 신), dhū ghābah(알히자즈의 신), al-rahman, al-rahīm(아라비아 반도의 신), raDū(아라비아 반도의 신), sahr(달 신, 아라비아반도와 아람의 신), sīn(달 신, 아라비아 반도와 아람의 신), shams(태양 신, 아라비아 반도), 'athtar(아라비아 반도의 신), al-'uzzā(아랍인들의 신), 'ashtar(아랍인의 신), 'amm(달 신, 아랍인의 신), al-qamar(아라비아 반도의 신), al-qays(아라비아 반도의 신), manāt(아랍인의 운명의 신), yaghūth(아라비아 반도의 신) 등의 신들이 있었다(Henry S. Abboudi, *Mu'jam al-Hadārāt al-Sāmiyyah*, 24-29).

28) Philip K Hitti, *History of the Arabs* (N.Y: ST. Martin's Press. Inc. 1970), 101.

꾸라이쉬(무함마드가 속한 부족 이름)의 부족신 개념을 갖고 있다.[29] 이슬람 이전 시대와 이슬람 시대가 서로 대별되지만 알라라는 어휘를 두고 서로 완전하게 구분이 이뤄진 것 같지는 않다. 이슬람 이전 시대의 알라의 개념이 품고 있는 모든 관계적인 요소들 중에서 이슬람이 등장하면서 그 일부는 새로운 종교적 개념과 양립할 수 없는 것들이 있음을 무슬림들이 알았다. 그래서 무함마드는 이들 잘못된 개념 그리고 이 잘못된 개념을 지지하는 사람들과 꾸준히 싸워나가야 했다. 가장 못 마땅한 요소 중의 하나는 알라 옆에 다른 신을 두는 쉬르크(shirk, 알라 자리에 다른 것을 두는 것)이었다. 이런 다신 숭배적 요소를 제외하면 알라의 본래 개념은 이슬람의 알라 개념과 매우 근접하였다. 그래서 꾸란은 여러 구절에서 그렇게 알라의 개념을 잘 이해하고 있는 사람들이 왜 이슬람을 거부하느냐고 묻고 있다. 이슬람 이전의 아랍인들이 갖고 있는 알라의 개념 중 관계적 의미를 알아보기 위하여 다음 세 가지를[30] 고려해 보아야 한다.

첫째, 다신 숭배 혹은 다신 사상(pagan)[31]들이 알라의 개념을 어떻게 이해하고 있었느냐 하는 것이다. 이슬람 이전의 아랍인들이 알라에 대하여 갖고 있는 의미이다. 이슬람 이전의 문학뿐만 아니라 꾸란의 어떤 구절에서도 이런 의미를 찾아볼 수 있다.

둘째, 이슬람 이전의 유대인이나 기독교인들이 그들 하나님에 대한

---

29) Philip K Hitti, *History of the Arabs*, 101.
30) Toshihiko Izutsu, *God and Man in the Koran*, 99.
31) paganism이란 단어는 기독교에서는 신을 믿지 않는 것을 의미하는 용어인데 이슬람에서는 통일된 신앙체계가 아닌 종교 사상(religious perspective)이며 여러 영향에 수용적인 것으로서 많은 신들이나 영들을 섬기는 다신 숭배라 할 수 있다(Reja Aslan, *No God But God*, 〈Cox & wyman Ltd: Arrow Books, 2006〉, 6). 아랍어로는 pagan을 wathani(와사니)라고 한다.

'알라'의 개념을 어떤 의미로 사용하였는가를 찾아보는 것이다. 이런 경우 아랍어 알라는 성경의 하나님을 말한다. 성경의 알라는 유일신적[32] 개념이고 꾸란의 알라는 단일신이었다.

셋째, 알라와 무함마드를 믿지 않는 다신 숭배자 아랍인들이 알라라는 이름하에 하나님의 성경적 개념을 어떻게 이해하고 있었는가 하는 점이다. 가령 베두인 시인이 기독교 왕을 찬양하는 시를 지었을 때 이런 개념이 등장한다. 이런 경우 그가 의도했건 하지 않았건 그가 다신 숭배자이었음에도 기독교인의 시각으로 알라의 개념을 사용하였다. 이런 경우 그가 알라의 기독교적인 개념을 깊이 이해하든 피상적으로 이해하든 시인뿐만 아니라 그 시를 듣는 청중들에게 상당한 영향력을 끼쳤을 것이다.

3) 아라비아 다신 숭배자들의 알라 개념

이슬람 이전의 아랍인[33]들의 종교적 시각에 나타난 알라의 개념은

---

32) 유일신이란 단 하나 밖에 없는 신을 가리키고(우리말 사전, 한글학회, 어문각, 2008, 1,791), 일신교는 오직 하나의 신만을 믿고 받드는 종교로서 유일신교와 비슷한 말이다(1,870). 그러나 단일신교는 많은 신 가운데서 어떠한 신을 특히 높은 신이라 하여 숭배하는 교(503)이다.

33) 고대 아랍인들은 연대기적 구분에 따라 다음 3그룹으로 나뉜다. 아리바(Aribah: 순수 아랍인: 소멸된 아랍인 baida), 무타아리바(muta'arribah: 초기의 귀화한 아랍인), 무스타으리바(musta'ribah: 나중에 귀화한 아랍인)등이 있었다. 아리바는 노아의 자손 이람(Iram)과 라위드(lawidh)의 자손들로 순수한 아랍인들이었고 그리스도 때 이미 소멸하였다. 이들 중에는 아말렉, 아드, 사무드, 따슴, 자디스, 주르훔 등이었다. 아드가 어디인지를 불분명하여 알렉산드리아, 다메섹, 예멘들이라고 하고 사무드는 예언자 쌀리흐의 도시로 알려져 히즈르와 서부 알히자즈 지역의 와디 알 꾸라에 위치한다. 무타아리바는 예멘, 하드라마우트, 히즈르(나바뜨인들의 유적지로 페트라의 남부에 위치) 등지에 거주한 아랍인들이다. 까흐탄의 아들 야으룹에 속한 것으로 알려지고 함단, 따이, 마드히즈, 킨다, 라큼, 아즈드와 갓산 들이다. 무스타으리바는 이스마엘 자손에 속한 것으로 알려지고 아리바 아랍인들 중 주르훔의 마지막 왕 무다드 븐 바시르의 딸과 혼인한 이스마일을 지칭하므로 일명 이스마일 자손(Ismailiyyah)이라고 한다. 그들은 북부 아랍인들이고 마아드, 나자르, 무다르 들이다(Najmah sayuti, *The Concept of Allāh as*

아래와 같다.[34]

① 알라는 우주의 창조주이다
② 알라는 비를 내리는 자이며 지상의 모든 생물에게 생명을 주시는 자이다
③ 가장 엄숙한 맹세의 대상이다
④ 순간적인 단일신의 대상이다
⑤ 알라는 카아바(ka'bah)[35]의 주인이다.

그러나 꾸란은 다신 숭배자들이 알라를 천지의 창조주로 인식하지 못하였다고 말한다. 다시 말하면 꾸란 이전의 알라 개념과 꾸란 속의 알라 개념이 서로 달랐다.

> 우리(알라)가 너(무함마드)에게 '계시'하였다. 무쉬리쿤(우상숭배자)이 아닌 하니프(단일신 추종자: henotheism), 이브라힘의 종교(millah)를 따르라(수라 16:123).

마땅히 그들이 알라만을 숭배하여야 했다는 것이다. 그리고 순간적인 단일신론의 대상이란 다신 숭배자 아랍인들이 임종을 앞두고 살아날

---

the Highest God in Pre-Islamic Arabia 〈Montreal: McGill University, 1999〉, 14-16).
34) Toshihiko Izutsu, God and Man in the Koran, 101.
35) 오늘날 무슬림들은 카아바에서 알라가 세상을 창조하였다고 믿고 있고 아담이 카아바를 건설하고 이브라힘이 재건축하였다고 하고 하늘에서의 집을 반영한 것이라고 한다. 메카의 옛 이름은 박카(bakkah)이고 무슬림에게 복과 인도함(수라 3:96-97)을 준다고 믿으며 카아바의 돌은 원래 흰색이었으나 인간들의 죄로 인하여 검게 변하였다고 한다. 현재는 메카의 알샤이비 가문이 카아바 문지기를 맡고 있고 메카 시장이 왕을 대신하여 전체 관리를 맡는다. 카아바를 덮는 금박의 까만 천(kiswa)은 순례 전에 교체되는데 교체된 키스와는 조각으로 나뉘어 중요 인사들에게 보내진다.

가망이 없는 순간에 혹은 죽음의 위험 앞에 그리고 바다의 위험에서 알라에게 도움을 청하는 경우 순간적으로 알라가 그들의 종교가 되는 것이다. 이슬람 이전 아랍인들은 가장 거룩하고 엄숙한 맹세의 순간에는 알라의 이름으로 했다. 또 알라는 중앙 아라비아의 가장 귀중한 성소이었던 카아바의 주인이었다. 이것은 이슬람 이전의 시나 꾸란에서도 볼 수 있다. "그들로 하여금 이 집(카아바)의 주인을 숭배하도록 하라"(수라 106:3). 이슬람 이전의 아랍인들에게 알라는 그 집(카아바)의 주인(rabb al-Bayt), 카아바의 주인(rabb al-Ka'bah), 메카의 주인(rabb Makkah)으로 알려져 있었다.

4) 유대-기독교인들의 알라 개념

자힐리야(이슬람 이전 시대) 말기에 이르면서 알라의 개념이 점차 하나로 모아지고 있었다. 다신 숭배자 아랍인은 단일신론에 대한 이해를 위하여 기독교인과 유대인들에게 물어볼 필요를 느끼고 있었다. 특히 알히라(al-Hira: 현 이라크 지역)의 기독교 왕들이나 갓산(Ghassān: 현 시리아 지역)의 왕들을 찬미하는 시를 쓸 때 특히 더 그러하였다. 베두인 시인이었던 알나비가(al-Nābighah)는 알 히라의 기독교 왕이었던 알 누으마 븐 알문디르(al-Nu'mah ibn al-Mundhir)를 찬양하는 시에서 알라라는 단어를 썼다.[36]

> warabba 'alayihi 'allāh 'ahsana Sun'ihi wa kāna lahu 'alā al-ba
> riyyah nāSir(알라가 그에게 가장 좋은 은총을 허락하여 그가 사람들을 이길 승리를 주었다)

---

36) Toshihiko Izutsu, *God and Man in the Koran*, 110.

이슬람 이전 시대에는 시인들이 갖는 사회적 지위가 아주 높았다. 시인들이 한 말 특히 아주 유명한 시인들이 한 말은 정신적인 힘을 가져 사람들이 상황에 따라 그 시인을 두려워하기도 하고 숭배하기도 하고 사랑하기도 하였다. 시인들은 사회적으로 민족적으로 귀중한 자산이었다. 그 당시 시는 개인의 감정이나 사상의 표현 등의 문제가 아니었다. 시의 어구는 당시 대중들의 표현이었다. 유명한 시인들의 시적 어휘들과 말은 삽시간에 그 부족 안에 퍼지고 나아가서는 아랍 세계 전체로 퍼져나갔다. 그래서 그 시인은 여론을 이끌어가는 역할을 담당하였다. 그러므로 아랍 시인 알나비가가 사용한 '알라'라는 말은 단순히 개인이 좋아하는 용어라기보다는 기독교인이 수용하는 의미도 포함되고 간접적으로는 다신 숭배자 아랍인들의 종교적 시각을 반영하기도 하였을 것이다. 그래서 이들 다신 숭배자들에게 기독교인들이 어떻게 알라를 이해하는지 그 개념을 가르쳐주었을 것이다. 나아가서는 그가 다신 숭배자들의 신에 대한 개념을 기독교인들이 갖고 있는 하나님의 개념으로 인도하기 위하여 거의 무의식적으로 점진적인 동일시를 꾀했을 수도 있다. 그리고 다우드(Dāwūd), 술라이만(Sulaymān), 이싸('īsā)라는 어휘들이 이슬람 이전 아랍인들에게 사용되고 있었다.[37]

이슬람 이전 시대의 유대인과 기독교인의 문화적 상황을 보면 그 당시에는 아랍인들이 기독교 세력들에 둘러 싸여 있었다. 우선 아비시니아가 기독교인들이었고 아랍인들이 크게 감탄한 상당히 높은 문명을 가진 비잔틴 제국도 역시 기독교인들이었다. 비잔틴 로마의 완충국이었던 갓산 조[38]는 기독교 소국의 단성론자들이었으며 637년

---

37) Philip K. *Hitti, History of the Arabs*, 106.
38) 북으로는 유프라테스 강에서 남으로 페트라에 이르는 지역의 소국으로서 비잔틴 행정구역이었던 다마스커스, 팔미라(타드무르), 보스라가 제외된 영토이었다.

갓산 조의 마지막 토후[39] 자발라(Jabalah) 2세는 무슬림 정복자들에 의하여 토후 직을 그만 둘 수밖에 없었다. 이슬람이 정복하기 전 갓산 조는 각 부족장들이 이미 독자적인 행보를 하고 있었다.

페르시아 완충 국가이었던 라큼 왕조(수도는 al-Hirah: 이라크 쿠파 북부 지역)[40]는 페르시아 문화 유입의 주요 통로가 되었고 나중에는 아랍어를 사용하는 네스토리아(Nestorian) 기독교를 아라비아에 스며들게 하는 주요 중심지가 되었다. 네스토리아 기독교인들은 헬레니즘과 이슬람 간의 주요 연결점이 되었고 아라비아 북부의 문화적 사상이었던 아람, 페르시아, 헬레니즘의 사상을 다신 숭배가 있던 아라비아 반도 중심부에 전달하는 중간 매개체가 되었다.[41] 알히라의 네스토리아 사람들이 페르시아 국경에 사는 아랍인들에게 영향을 준 것처럼 알히자즈[42] 지역의 사람들은 갓산의 단성론자들의 영향을 받았다.

이슬람 이전 4세기 동안 시리얀어(아람어)를 사용한 아랍인들은 아랍 세계를 비잔틴과 시리아를 이어주는 가교 역할을 하였다. 아라비아의 남부에서 시작된 이슬람을 향한 북부 아라비아의 기독교 영향력은 그다지 크지 않았다. 실제로 갓산 조의 단성론자나 아랍어와 시리얀어를

---

39) 왕이란 칭호는 당시 비잔틴 황제(caesar)에게만 붙여진 이름이었고 갓산 조는 족장(raʾīs al-qabīlah) 혹은 토후(Sheikh)로 불리었다. 갓산의 알하리스 븐 자발라(al-Hārith ibn jabalah, 529-569년 재위)는 토후 그리고 그가 단성론 지지자였기에 총대주교(Batrīq)란 칭호를 갖고 있었다.
40) 라큼 왕조는 왕이 우상숭배자로 544년 갓산 조와 싸워 갓산 토후의 아들을 사로잡아 여신 알웃자(아프로디테)에게 바쳤다. 당시 기독교 부족이었던 바누 타밈(Banū tamīm)에게서 기독교 교육을 받은 알누으만 3세 왕이 570년 처음으로 네스토리아 기독교를 받아들였으나 명목상 기독교인이었다. 602년 페르시아로 끌려간 왕자가 그곳에서 죽자 라큼 왕조는 종말을 고하고 말았다(George Shehatah qanawati, *Al-masihiyyah wa-al-Hadarah al-Arabiyyah.* 75-76).
41) Philip K. Hitti, *History of the Arabs*, 106.
42) 알히자즈 지역은 메카와 메디나가 있는 지역을 통틀어 일컫는 말이다. 이슬람 이전, 알렉산드리아에는 단성론자들이 교회를 주도하고, 예루살렘은 칼케돈 공의회 결정을 따라 인성과 신성을 받아들인 대주교가 교회를 이끌고 있었고, 바벨로니아 그리고 유프라테스와 티그리스강 지역은 네스토리아를 따랐다.

사용하던 라큼 왕조의 네스토리아교회가 종교적 사상과 신앙을 전파하는데 충분할 만큼 활력을 갖지 못하였다. 비록 이슬람 이전의 시인들이 기독교 사상과 기독교 용어에 어느 정도 익숙해 있었을지 몰라도 기독교가 아라비아의 북부에 깊이 뿌리를 내리지 못하였다.[43] 상당수 아람어 어휘들이 고대 아랍어 어휘 속으로 들어갔다.

이슬람 이전 시대의 시인이었던 알아으샤 알아크바르(al-'A'sha al-'Akbar)는 나즈란(예멘과 접경해 있는 사우디아라비아 남서쪽의 도시)의 비숍(bishop)들과 개인적으로 절친한 접촉을 갖고 있었다. 메카에는 기독교인 노예와 바누 아사드 븐 압드 알 웃자(Banū 'Asad b. 'Abd al-'Uzza) 가문의 기독교인들이 있었다.

아라비아에 영향을 끼친 단일신론(monotheism)은 유대인의 공헌도 있었다. 유대인들의 거류지가 메디나, 알히자즈 북부 지역의 여러 오아시스에 있었다.[44] 야스립(Yathrib: 나중에 메디나로 불림), 카이바르(Khaybar), 파닥(Fadak), 타이마(Tayma)[45], 와디 알꾸라(Wādi al-Qurā) 등지에는 이주한 유대인들이나 유대교로 개종한 사람들이 살고 있었다. 기독교가 나즈란에 기반을 두었고 예멘과 알히자즈에 유대인이 있었을지라도 북부 아라비아의 사람들에게는 그다지 큰 영향을 준 것 같지 않다.[46] 메카에는 실질적으로 유대인들이 없었을지라도 메카 사람들은 적어도 유대교의 기본 개념에는 익숙해 있었을지도 모른다.

유대-기독교 종교 개념은 이슬람 이전 아랍인들에게 영향을 줄 준비가 되어 있었다. 그 예로 무함마드가 역사의 무대에 처음 나타났을 때 네스토리아 기독교인이었던 와라까 븐 나우팔(Waraqa b. Nawfal)[47]이

---

43) Philip K. Hitti, *History of the Arabs*, 107.
44) Ibid., 107.
45) 공일주, 『이슬람 문명의 이해』(서울: 예영 커뮤니케이션, 2006), 204-206.
46) Philip K. Hitti, *History of the Arabs*, 107.
47) 알하리리(Al-Hariri)는 『목사와 예언자』(*Qiss and Nabi*)라는 책에서 와라까 븐

무함마드의 첫째 부인 카디자에 의하여 소개되었다. 그러나 무함마드와 꾸란에 유대교와 기독교가 직접적으로 영향을 주었는지는 분명하지 않다. 무함마드 이력의 초기에 나타난 단일신 사상의 주요 근원은 유대인이나 기독교인과 직접적으로 접촉한 것이 아니고, 당시 아라비아 반도에 퍼졌던 일반적인 유대교와 기독교의 분위기 때문이었다.[48] 꾸란을 연대기적으로 살펴보면, 무함마드의 기독교와 유대교에 대한 이해는 그의 생애에 걸쳐 조금씩 진전된 것이 확실하다. 그가 처음에는 기독교인과 유대교인들을 구분하지 못하여 경전의 백성('ahl al-Kitab)이라고 불렀으나 나중에는 모세오경과 복음서를 구분하기도 하였다.

알 부카리는 그의 하디스(무함마드 언행록)에서 "어떻게 '계시'가 무함마드를 찾아가고 있었는가?"에 대하여 "창조한 너의 주님의 이름으로 읽어라"라는 말이 무함마드에게 내려왔다고 했다. 그런 일을 전혀 경험하지 못한 무함마드는 당황하여 불안하고 어찌할 줄 몰랐다. 이때 그의 아내 카디자는 그를 안심시켜주고 강한 확신을 주기 위해서 권위 있는 자가 필요하다고 판단하였다. 그 권위는 그녀의 조카 와라까 븐 나우팔 븐 아사드 븐 압드 알웃자에게서 왔다. 그는 이슬람 이전 시대에 기독교로 개종하였는데 히브리어로 된 복음서를 필사하였고 아래 대화가 있을 당시에는 나이가 많아 시력을 잃고 있었다.

카디자가 말하기를 "조카, 무함마드의 말을 들어보게." 와라까가 그에게 물었다. "무함마드여, 무얼 보았소?" 알라의 메신저(무함마드)가 본 것을 알려주었다. 와라까가 말하기를 "이것이 무사 븐 이므란에게 보냈던

나우팔은 에비온파(Ebionite)라고 한다(Imad N. Shehadeh, "A Comparison and a Contrast Between the Prologue of John's Gospel and Qur'anic Surah 5", 73).
48) Harry Gaylord Dorman, *Toward Understanding Islam* (New york: Bureau of Publications, 1948), 4.

나무스⁴⁹⁾예요. 너의 예언자 시절까지 내가 젊었더라면 좋겠네. 네 부족이 너를 쫓아낼 때까지 내가 살아있다면 좋을 것을…." 알라의 메신저가 말했다. "정말 그들이 나를 쫓아냅니까?" 그가 대답하기를 "그렇다네." 자네가 말하고 있는 것과 같은 것을 가져온 사람은 그 누구도 적으로 대할 걸세. 자네가 쫓겨날 그 때까지 내가 살아있다면 내가 자네를 힘껏 도울 수 있을 텐데.⁵⁰⁾

와라까 븐 나우팔은 무함마드에게 일어난 이상한 일을 들었을 때 유대-기독교의 유일신론의 전승에 속하는 권위를 무함마드에게 주었다. 그의 말이 무함마드에게 확신을 가져다주었고 이것이 유대교와 기독교를 떠나 새로운 종교를 세워가는 단초가 되었다.

이런 전승을 보면서 한 가지 결론을 내릴 수 있는 것은 당시 메카에서 이슬람이 시작되고 있었을 때 아랍인들 사이에 알라에 대한 개념이 이미 상당히 발전하고 있었거나 점차적으로 발전하고 있었다고 할 수 있다. 알라는 하늘과 땅의 창조자, 인간에게 은택을 주기 위하여 땅에 비를 주는 분, 맹세의 거룩함을 지켜보는 전능하신 알라, 종교적 관습을 만드시는 분으로 기억하고 있었다. 이것이 바로 이슬람 이전 원주민의 종교들이 갖고 있었던 알라의 개념이었고, 알라의 단일신론적 개념이 아랍인들 사이에 점차 퍼져가고 있었다.⁵¹⁾

5) 하니프의 신 개념

---

49) 꾸란에서는 모세 율법을 타우라라고 한다. 일반적으로 나무스라는 단어는 그리스어 노모스(nomos)에서 온 것으로 히브리어 토라와 대응하는 단어이다. 이 하디스에 나오는 '나무스'가 무엇을 가리키는지는 확실하지 않다. '나무스'라는 말은 일반적으로 율법을 가리키는 말인데 일부 무슬림들은 여기서 나무스는 지브릴 천사를 가리킨다고 말한다.
50) Muhammad Muhsin Khan, *Summarized sahih al-Bukhari* (al-Medina: Maktaba Dar Us-Salam, 1994), 51.
51) 공일주, 『코란의 이해』, 100.

이슬람 이전의 단일신 추종자를 하니프(hanīf)라고 부른다. 하니프라는 단어는 오랫동안 논쟁이 되어 온 어휘이다. 레바논의 이슬람 학자 필립 힛티(Philip Khuri Hitti, 1886-1978)는 하니프라는 단어를 나바뜨인들을 통하여 아람어에서 빌려온 차용어[52]라고 한다. 하니프들은 금욕적인 수도 생활을 하고 묵상을 통하여 초월적인 현상을 설명하고자 하였다.[53] 꾸란에서 하니프라는 단어는 특히 메디나 수라에서 여러 차례 다신 숭배자를 가리키는 무쉬리쿤(mushrikūn)이라는 단어와 대조적으로 쓰였다. 하니프라는 단어는 꾸란에서 이브라힘의 이름과 관련되기도 했다.

이브라힘이 유대인도 기독교인도 아니었으나 (알라에게 순종한) 하니프이었고 무쉬리쿤이 아니었다(수라 3:67).

꾸란은 이브라힘의 이름과 관련된 이 단일신교가 참 종교라고 말하고 있다. 이슬람 이전의 아랍인들 중에서 하니프와 관련되어 알려진 사람들 중에는 우마이야 븐 아비 알 쌀트('Umayyah b. 'Abī al- Salt, 624)[54]와 무함마드의 부인 카디자의 조카인 와라까 븐 나우팔은 하니프[55]이었다. 그런데 일부 작가들, 역사가들 그리고 유럽의 신학자들은 하니프가 안디옥교회와 일찍이 분리된 아리우스파(Arian)에 기원한다고 하였다. 즉 그들이 아라비아와 여러 지역으로 흩어져 나즈드와 알히자즈[56] 지역으로

---

52) Philip K. Hitti, *History of the Arabs*, 108.
53) Najmah Sayuti, "The Concept of Allāh as the Highest God in Pre-Islamic Arabia" (Montreal: McGill University, 1999), 13. 시리얀어 "hanpa"(다신 숭배하는 이단: pagan heretic)에서 유래되었다고 한다.
54) 무함마드의 두 번째 조카이다.
55) Philip K. Hitti, *History of the Arabs*, 108.
56) 나즈드(najd)는 현재 사우디아라비아의 중앙에 위치한 고원지대(762-1,525m)로 서쪽에는 알히자즈 지역과 예멘이 경계하고 동쪽에는 바레인이 경계를 이루고 있으며 리야드가 가장 큰 도시이다. 알히자즈(al-hijāz)는 서쪽의 티하마(tihāmah)와 동쪽의 나즈드를 분리하는 장벽이란 이름에서 유래하고, 아까바만에서 지잔(Jizan)에 이르는

이동한 것은 유대 성전이 무너진 주후 70년 이후에 일어났다[57])고 주장한다. 와라까 븐 나우팔은 네스토리우스교회 의전(taqs)을 아랍어화한[58]) 하니프[59])이었으며, 당시 하니프들은 할례를 행하고 알바이트(메카)에 순례도 하였다.[60])

우마이야 븐 아비 알쌀트는 이슬람 이전 문학에서 독보적인 시인이었다. 그는 사우디아라비아 따이프(Tayf)에 사는 사끼프(Thaqif) 부족의 시인이었다. 이슬람의 하디스에서도 그의 이름이 등장하는데 그와 무함마드는 특별한 관계이었다. 그는 이슬람 이전 시대에 참 종교를 추구하였던 시인으로 알려져 있다. 그는 무쉬리쿤도 아니었고 유대교인도 기독교인도 아니었으며 반체제 인사와 같았다. 그러나 그가 살아온 신앙적 분위기를 보면 그는 유대교인에 가까웠다. 그의 유대교적인 배경은 예멘에 기원하고 히브리어와 아람어를 공부하였던 것으로 전해지고 있으며 이들 언어로 쓰인 성경을 읽었다고 한다. 전승에 의하면 그는 거친 천으로 만든 옷을 입고 다녔고 술을 금하였으며 이브라힘이나 이스마일처럼 하니프 종교를 추구한 사람으로 알려졌다. 그는 아랍인들 중에 예언자가 세워질 것을 확신하고 있었고 예수 그리스도 이후에 6명의 예언자 중 5명은 이미 세상에 알려졌으나 나머지 한 사람이 남았는데 그 예언자가 자신이기를 고대하고 있었다. 그의 말이 사실인지 무함마드가 아랍인들의 예언자임을 자처하고 역사에 등장하자 그는 실망하여 이슬람을 거부하는 캠페인을 벌였다. 그는 메카의 꾸라이쉬 사람들을 선동하여 무함마드 반대

남북으로 기다란 홍해 연안 지역이다. 젯다가 큰 도시이고 이슬람의 성지 메카와 메디나가 위치한 지역이다.
57) Husein al-'ūdāt, *al-Arab al-Nasārā* (Dimashiq: al-ahali, 1992), 25.
58) Tharwat Qadis, *al-Kitāb al-muqaddas fi al-tārikh al-arabī al-mu'āsir* (al-qāhirah: dār al-thaqāfah, 1999), 22.
59) Ibid., 22.
60) Husein al-'ūdāt, *al-Arab al-Nasārā*, 24.

운동에 나섰고 우후드('uhud, 625년) 전투에서 살해된 다신 숭배자들을 슬퍼하는 시를 쓰기도 하였다. 그런데 우후드 전투에서 외가의 사촌 우트바('Utbah)와 샤이바(Shaybah)가 죽임을 당하자, 그의 부족들을 권하여 무함마드에게 복수해달라고 하고서 그는 예멘으로 돌아갔다. 그는 다음 글과 같이 죽을 때까지 무함마드에 대한 반목적인 태도를 버리지 않았다.[61]

> 이 병이 나를 죽게 하는도다. 나는 하니프가 참된 종교인 것을 알고 있다.
> 그러나 무함마드에 대한 의심이 나에게 있다.

이런 하니프의 알라에 대한 이해는 무슬림들의 알라에 대한 이해와 다르지 않다. 이슬람 이전에 이슬람을 닮은 종교적 사상을 가진 하니프가 있었고 꾸란은 하니프 이후에 등장한 새로운 종교이다. 즉 이슬람이 하니프와 연결되어 있다. 그러나 꾸란과 전술한 우마이야 븐 아비 알살트 간의 차이도 감지되는데 영국의 동양학자 해밀턴 깁(Hamilton A.R. Gibb, 1895-1971)은 아라비아에 있는 이슬람 이전의 단일신론에 대한 글에서 다음과 같이 설명한다.[62]

> 우마이야 븐 아비 알살트의 시에도 윤리적인 가르침이 동일하게 있으나 꾸란처럼 긴박성과 열정은 없어 보인다. 즉 잔나(파라다이스)와 지옥에 대한 우마이야 븐 아비 알살트의 생생하고 육감적인 설명은 메카 사람들과 따이프 사람들에게 큰 영향을 주지 못한 것 같다.
> 하니피야(hanīfiyyah: 하니프 종파)는 강력하게 조직된 운동은 아니었고 이슬람 이전 아랍 사회는 다신 숭배 사회이었으므로 하니프들이 서로

---

61) Toshihiko Izutsu, *God and Man in the Koran*, 114.
62) Hamilton A. R. Gibb, "Pre-Islamic Monotheism in Arabia", *The Harvard Theological Review*, Vol. LV. Number 4, 1962, 280.

뿔뿔이 흩어져 있었다.

6) 타우히드 개념

이슬람 이전에 알히자즈(메카와 메디나의 주변)는 베두인(유목민)들의 주요 거점 지역이었다. 베두인의 사고방식은 이성적 깨달음보다는 삶에 대한 육감적이고 물질적이었다. 그래서 그들을 종교 생활로 초대하는 일에는 오랜 시간이 필요했다. 한마디로 이슬람 이전에는 사람들이 종교적 침체기에 빠져 있었다고 말할 수 있다. 꾸란에는 경전(모세오경과 복음서)을 보라고 하는 무함마드의 초대가 있었고 유대 공동체와 기독교가 아랍인들에게 경쟁적으로 영향력을 행사하고 있었다.[63]

알히자즈 지역과 메카에서는 우상숭배(paganism, wathaniyyah)가 점차 사라지고 타우히드(Tawhīd)가 퍼져가고 있었다. 당시 아라비아 반도 특히 예멘과 알히자즈 지역과 북부지역에는 유대교와 기독교 이외에 이들과 별도로 아랍 사람들을 타우히드로 초대하고 있었다.[64] 이런 모든 것들이 이슬람의 등장을 도왔고 이슬람은 점차 메카와 메디나 그리고 알히자즈 지역까지 퍼져갔다.

(1) 예멘의 '랍브 알사마와트'와 '알라흐만'

유대인과 기독교인들이 아라비아 남부로 들어온 이후에 그들이 예멘 사람들에게 영향을 주어 다음 두 가지 타우히드 신앙이 생겨났다. 하나는 별들과 달과 태양 숭배를 버리고 하늘의 신(rabb al-samā')을 섬기는 것이었다. 이들은 한 분의 신을 숭배하라고 요구하였는데 그 신의 이름이

---

63) Yusuf Durrah al-Haddad, *al-Quran wa-al-Kitab* (Lebanon: al-maktabah al-bolisiyyah, 1982), 120.
64) Ibid., 120.

'랍브 알사마'이었다. 히브리인들에게는 시편과 예언서에서 여호와라는 이름 대신에 유일신('Ilāh al-tawhīd)을 하늘의 신('Ilāh al-samā')이라 하였다. 성경에는 에스라 6장 9절에서 "하늘의 하나님께 드릴 번제"라고 말한다.

두 번째는 예멘에서 유일신의 이름으로 자비(al-rahmah)의 의미를 가진 알라흐만(al-rahmān: 자비한 자)[65]이 있었다. 출애굽기 34장 6절에서 "여호와라 여호와라 자비롭고 은혜롭고 노하기를 더디하고"라고 하여 여호와 하나님이 자비롭다고 한다. 유대인과 기독교인들의 영향을 받은 알라흐만에 대한 신앙은 점차 발전하였고[66] 신에 대한 숭배가 알라흐만이라는 이름으로 이루어지기도 하였다. 당시 기독교인들에게는 알라흐만의 이름이 '알라'라는 신의 이름과 동의어이었으나 꾸란은 알히자즈 지역에 알라흐만 숭배자들이 있었음을 전해준다.

(2) 메카와 알히자즈 지역의 '알라'

메카와 알히자즈 지역에서는 이슬람 이전에 '알라' 숭배가 일어나고 있었다. 이는 꾸란과 하디스와 이슬람 이전의 시에 잘 나타나 있다. 이슬람 이전에는 '알라'가 꾸란의 신 이름으로 자리 잡기 전이고 이슬람의 신 이름도 아니었다.[67] '알라'는 무함마드 이전에 알히자즈 지역에 퍼진 지고하신 절대신(al-jalālah)의 이름이었다. 알라는 하늘과 땅의 창조주이었다. 무함마드가 태어나기 전에 그의 가정에 '알라' 숭배가 있었다. 천사들을 숭배하는 무쉬리쿤들과 대조적으로 꾸란은 한 분의 신을 믿는 메카와 히자즈 지역 사람들의 신 '알라'를 강조한다.

---

65) al-rahmān에서 마지막 글자 [n]은 남부 아랍어에서 정관사로 사용되었는데 이 [n]은 알히자즈 아랍인들에게는 정관사 al-에 해당하는 자음이었다.
66) Yusuf Durrah al-Haddad, *al-Quran wa-al-Kitab*, 122.
67) Ibid., 123.

(3) 북부 아라비아의 '알라힘' 과 '랍브 알바이트', '랍브 알라민'

요르단의 페트라에서 시리아의 팔미라에 이르는 북부 아라비아에서는 독자적인 유일신 신앙이 있었는데 '알라힘'과 '랍브 알바이트', '랍브 알라민' 등의 신 이름이 꾸란에 모두 사용되었다. 꾸란에 이름이 언급된 사비교[68]의 자료에는 '알라힘'(al-rahīm: 자애로우신 분) 숭배가 나온다. 사프와(Safwa) 자료에도 이 단어가 등장하는데 그들의 언어에서는 정관사가 하[hā]이었기 때문에 [h r h m]이라고 쓰여 있었다. '알라힘'의 숭배는 '알라흐만'의 숭배와 같았다. 알라힘은 꾸란의 "비스밀라히 알라흐만 알라힘"(자비롭고 자애로운 알라의 이름으로)에서 형용사로 쓰이고 있다.

아라비아의 남부에는 나즈란의 카아바[69]가 있었고 알히자즈에는 메카의 카아바, 나바뜨 아랍인들에게는 페트라의 카아바 등이 있었는데 랍브 알바이트라는 별명을 가진 두 알샤라(dhū al-sharā)를 숭배하고 있었다. 두 알샤라는 아랍어 두 샤라(dū shārā)에서 온 말이다. 나바뜨인, 그리스인, 로마인들의 자료에도 등장하는 어휘이다. 두 알샤리는 메카의

---

68) 왜냐하면 중동에서는 만다아(Mandaeans)들이 숩바(subba: 단수형 숩비⟨subbi⟩)로 더 잘 알려져 있고 그 이유는 꾸란에 사비(sabi'un⟨영어로 Sabians: 전향자란 뜻⟩)라는 어휘가 있었기 때문이다. 이브라힘, 무사, 이싸, 무함마드는 거짓 예언자들이라고 규정하고 만다아들은 세례요한을 알라의 가장 존경받는 메신저로 믿는다. 사비들은 영지주의 사비와 비영지주의 사비 둘로 나뉜다. 지면에서 인간의 죄들을 깨끗하게 하기 위하여 누흐의 홍수가 있어서 그 홍수 기간에 물에 잠긴 것을 되풀이하기 위해 지금도 사비들은 물속에 몸을 침수시키는 것을 반복한다. 아랍어 어휘 '사비'는 사바아(한 종교를 그만두고 다른 종교에 입문하다)라는 단어에서 파생되었다고 한다. 사비들은 무함마드 이전에 존재하였고 시편을 읽었다고 이슬람은 전한다. 유대교에 가깝다고 하나 전혀 다르다. 신앙고백이 '알라 이외에는 신이 없다'이다. 이들은 만다아(manda')로 알려져 있는데 만다아는 아람어이고 히브리어로는 맛다아(madda': מַנְדַּע)에서 왔다. 단 2:21(지혜자에게 지혜를 주시고), 5:12(다니엘의 마음이 민첩하고 지식과 총명이 있어)과 '지혜와 지식'이란 말과 연관되어 있다. 만다아들은 스스로를 영지주의자로 여기나 윤리에서 서로 다르다. 사비교는 만다아 사람들의 종교이다. 아담, 누흐, 세례 요한을 예언자로 믿는다. 이라크 남부와 이란의 쿠제스탄에 주로 산다. 가장 위대한 스승은 세례요한이고 성직 계급이 있다. 주일 예배를 드린다. 무슬림들은 이들을 사비이아라고 부르고 만다아는 반기독교적이다. 현재 만다아교는 이라크에서 종파로 인정받지 못하고 있다.

69) 카아바는 순례객이나 방문객이 가는 곳이란 의미일 수 있다.

카아바에 있던 흑석처럼 집에 모셔두었다. 원래는 높은 바위 위에 모셔둔 신이었고 사람들이 매년 12월 25일 카아바로 순례를 갔다[70]고 한다. 아랍인들은 카아바의 우상 숭배를 다신 숭배로 여겼다가 나중에 알라만을 믿는 단일신론(tawhīd)으로 발전시켰다.

팔미라(아랍어로는 타드무르: Tadmūr)에서는 꾸란에 언급된 '랍브 알알라민'을 숭배하고 있었다. 이 어휘의 동의어들로는 알알리(al-'alī: 지고한 자), 말리크 알아바드(mālik al-'abad: 영원의 주인), 알라흐만, 알라힘 등이 있다. 325년 니케아 공의회에 팔미라의 주교 마리누스가 참여하였고 아랍인들은 팔미라와 알히라[71] 그리고 알히자즈 지역들을 왕래하였다.

알히자즈에 '알라 아크바르'라는 표현이 셈족 아랍인들 사이에 널리 쓰이고 있었다. 원래는 랍벨(rabbel)이라고 하였고 아랍어로는 알라 카비르(신은 위대하다)이었다.[72] 이사야와 욥기에 이런 표현이 나오고 알히자즈 사람들과 꾸란에서는 알라 아크바르(알라가 더 위대하다)라는 말이 등장하였다. 알라 아크바르라는 말은 무슬림들의 기도에서 늘 되뇌이는 말인데, 알라와 나머지 실재 사이 그리고 알라 자신과 인간이 알라에 대하여 말하는 모든 것 사이에서 알라가 더 위대하다는 것을 선언하는 것이다.[73]

이상과 같이 아라비아의 여러 지역에 신을 지칭하는 이름들이 서로 달랐으나 단일신 숭배가 있었고 그 중에서 '알라'가 꾸란에 등장하면서 '알라'를 중심으로 신 개념의 일치가 일어나고 있었다.

---

70) Yusuf Durrah al-Haddad, *al-Quran wa-al-Kitab*, 125.
71) 알 히라(al-hirah)는 이라크 중앙에서 약간 남쪽에 위치한 도시이며, 이슬람 이전의 역사 자료에 자주 등장한 옛 도시명이다. 현재는 쿠파 남쪽에 위치하고 있다. 5-6세기 라큼 왕조(Lakhmids)의 수도였다. 라큼 왕조는 사산조의 완충 지대 역할을 하였고 당시 시리아에 세워진 갓산(Ghassanids) 조는 비잔틴 제국의 완충 국가이었다. 혹자는 이라크 북부에 있는 하트라(Hatra)가 최초의 아랍 국가라고 한다.
72) Yusuf Durrah al-Haddad, *al-Quran wa-al-Kitab*, 126.
73) Karen Armstrong, *A History of God*, 149-150.

2. 꾸란의 알라

이슬람 이전과 꾸란과의 큰 차이는 알라라는 단어였다.[74] 꾸란에 의하면 알라는 최고의 신이고 단일 존재(being)이었다. 꾸란의 세계는 신중심주의이었다. 그리고 이 세상의 모든 것들은 인간이건 인간이 아니건 모두가 알라의 피조물이다. 모든 피조물들은 알라보다 한없이 열등한 존재들이다. 알라는 피조물의 중심에 있다. 이런 의미에서 알라와 버금가는 것은 아무 것도 없다. 알라는 꾸란의 어휘들 중에서 가장 높은 핵심어휘이었다. 모든 어휘들을 주재하는 것이다. 이제 꾸란의 알라의 개념을 어휘적, 역사적, 신학적 그리고 텍스트적인 측면에서 살펴보려고 한다.

1) 어휘적인 측면

사실 초기 무슬림 해석학자들은 주저 없이 꾸란에 쓰이는 많은 종교어휘가 유대교와 기독교에 기원을 둔 것으로 생각하였다. 어원론적으로 보면 알라(Allāh)는 그 어원이 기독교 시리얀어(syriac) 혹은 아랍어 '알라'에서 왔고 무함마드 이전 오래 전부터 사용되었다. 시리얀어는 예수 그리스도가 사용한 아람어(Aramaic)의 자매어이다.[75]

음성학적으로 보면, 이슬람의 신명 알라(Allāh)는 한글에서 발음되는 것처럼 '알라라고 발음하지 않고 [l]이 강세음화(인두음화)되어 발음된다. 강세 자음으로 발음되는 알라[ˈalˤlˤah]에서 강세자음[lˤ]은 으뜸 조음이 치경이나 치간이고 버금조음이 인두에서 이뤄지므로 구강의 전방지역에서

---

74) 공일주, 『코란의 이해』, 73.
75) Kenneth E. Bailey, *Jesus Through Middle Eastern Eyes*, 12.

혀끝을 포함한 제1차적 좁힘 그리고 목젖소리와 인두음이 나는 자리 사이의 인두에서 뒤 혀가 제2차적으로 후진 하향 운동하는 것이 그 특징이다.[76] 아랍어 강세 자음의 후진 성향의 크기는 다음절어 전체에 영향을 주어 아랍어 강세자음의 우-좌 방향(선행방향)과 좌-우 방향(후행방향) 모두에 영향을 준다. 알라[allāh]라는 단어에서 우-좌 방향의 자음 [a]에 대한 강세음화가 좌-우 방향의 자음[ā]에 대한 강세음화보다 더 강하다.[77]

알라[allāh] 단어가 강세음화가 곁들여져 알라[ˈɑlˌlɑh]로 발음되는 경우, 알라 단어 앞의 자음이 [a]모음으로 끝나는 경우에만 강세음화가 일어나고 알라 어휘 앞에 [i, u] 모음이 오면 알라에는 강세음화가 일어나지 않는다. 꾸란에서 알라의 발음은 다른 아랍어 강세 자음(인두음화 자음) 발음의 특성을 지녀 매우 둔탁하고 무거운 느낌이 들도록 발음한다. 오늘날 이슬람 국가에서는 이런 강세음화 현상이 없이 발음하는 것은 기독교인들의 발음이고 강세음화가 있게 발음하는 것은 무슬림들의 발음이라고 하나 무슬림들도 구별 없이 발음하는 사람들이 많다.[78]

알라라는 단어를 형태론적으로 분석하여 보면, 일부 이슬람 학자들에게는 allāh=al+'ilāh라고 하여 'ilāh가 신(god)이고 그 단어에 정관사 ['al]이 접두되면 the god=God이 된다고 설명한다.[79] 그러나 아랍어는 원래 세 어근이 기본이 된다. 가령 '키탑, 막탑, 쿠톱'(kitāb, maktab,

---

76) 공일주, 『아랍어 음성학』 (서울: 송산출판사, 1993), 139.
77) Ibid., 145.
78) 그러나 실제로 이집트에서 온 무슬림에게 어떻게 발음하는지 물어보니 그는 가볍게 기독교인들처럼 발음하다가 다시 물으니 무슬림들의 강세음화된 발음이 맞다고 하였다.
79) 사우디아라비아의 국기에는 이슬람의 신앙고백이 칼 그림과 함께 쓰여 있는데 그것은 아래와 같다. "Allāh 이외에 'ilāh(신)이 없고 무함마드는 알라의 메신저이다." Allāh와 'ilāh를 구분하고 있다.

kutub) 등의 어휘에는 기본 어근 [k, t, b]가 들어 있다. ['ilāh]는 어근이 왈리하(waliha: 얼빠지다, 미치다)와 관련 된다[80])고 보는 학자들도 있다. 그런 풀이에 의하면 왈리하의 어근은 [', l, h] 혹은 [w, l, h]가 될 수 있다. 일라흐['ilāh]의 복수형은 알리하['ālihah](여러 신들)이며, 일라히['ilāhī]는 아랍 기독교인들에게 '나의 하나님'이란 의미로 사용된다. [', l, h]의 세 어근에서 파생된 어휘들로 알라홈마('Allāhumma: 오 알라여: 알라를 높여 부르는 말)[81]), 알리흐('ālih: 다신 숭배자의 신), 알리하('ālihah)와 일라하('ilāhah: 여신)란 어휘들이 있다.[82])

2) 역사적인 측면

이슬람 이전에 아랍의 칼브 부족은 '와드'라는 우상을, 따이프의 사끼프라는 부족은 '알라트' 우상을, 꾸라이쉬 부족과 바니 키나나 부족은 '알웃자' 우상을, 아우스 부족은 '마나트' 우상을 그리고 그 밖의 사람들은 '후발' 우상을 섬겨 메카의 카아바에 이 우상들을 상징하는 돌을 두었다.[83])

꾸란에는 알웃자, 알라트, 마나트 세 여신에 대한 내용이 나온다. 알웃자 여신은 꾸라이쉬 부족이 숭배하는 우상이었고 이 여신의 숭배자들은 인간을 제물로 바쳤다. 알라트는 '알라'라는 단어의 여성형 명사로서 그 우상은 사각형 돌이었다. 마나트는 운명의 여신으로 메카와 메디나

---

80) 공일주, 『아랍 문화의 이해』 (서울: 대한교과서, 2000), 151.
81) 알라홈마는 기원문에 사용되고 아랍 기독교인은 이 어휘를 사용하지 않고 무슬림들만 사용하는 표현이다.
82) Hans Wehr, *A Dictionary of Modern Written Arabic* (Beirut: Librairie du Liban, 1974), 24.
83) Karen Armstrong은 반기독교적인 저술가인데 그의 책 *A History of God* (147)에서 알히자즈 지역에 잘 알려진 알라트와 알웃자의 사당은 각각 따이프와 나클라(nakhlah)에 있었고, 마나트의 사당은 홍해 근처의 꾸다이드(qudayd)에 있었다고 한다.

사이의 길가에 있던 꾸다이드 마을에 있던 검은 돌이었다. 성경에는 이사야 65장 11절에 '므니'(운명의 신)가 나오는데 무니(meniy)는 남성명사로 거짓 신이며 운명의 신을 가리킨다.[84] 후발은 360개의 우상 신(pagan gods)들 중 가장 위대한 신이었는데 그의 몸은 인간의 형상으로 되어 있고 홍옥수로 만들어졌으며 그의 팔은 금으로 되어 있었다. 360개의 우상 이외에 카아바의 주인이며 보이지 않는 신 '알라'가 있었는데 '알라'는 꾸라이쉬 부족의 최고신이었다. 당시 여러 우상들을 숭배하던 아랍인들이 무역의 교통로이었던 메카를 지나갔고 순례객들은 메카에 있던 각 부족들의 우상에게 절하고, 여유 있는 시간에는 아랍시를 써서 카아바 벽에 걸개로 만들어 걸쳐 두었다.

서기 450년 경부터 이슬람이 시작되는 610년까지 전해 내려오는 종교시에도 '알라'라는 단어가 언급되고 있었다.[85] 알라라는 단어가 알나비가(al-Nābighah)와 같은 이슬람 이전 시대의 시인들에게서 자주 언급되었고 특히 알무알라까(al-mu'allaqat)[86] 시집에는 이 단어가 자주 등장한다. 알무알라까에 나오는 알라의 용례를 보면 알라는 다음과 같은 의미를 갖는다.[87]

① 알라는 주시는 자("알라가 너에게 주었던 그림을 몰랐더냐?")

② 알라는 존재케 하시는 자("알라는 그 밖의 다른 존재가 갖지 못하는 특징을 갖는다")

---

84) Warren Baker and Eugene Carpenter, *The Complete Word Study Dictionary*, Old Testament, 629. 아랍어로 마니야(manīya)는 운명이라는 말이다.
85) Najmah Sayuti, "The Concept of Allāh as the Highest God in Pre-Islamic Arabia", 7.
86) 카아바 신전 벽들에 걸려있는 것들이란 의미에서 나온 명칭이다.
87) Imad N. Shehadeh, "A Comparison and a Contrast Between the Prologue of John's Gospel and Qur'anic Surah 5" (Dallas Theological Seminary, Th.D Dissertation, 1990), 79-80.

③ 알라는 장수케 하시는 자("우리는 알라에게 장수함을 구할 것이다")

전술한 바와 같이 메카의 카아바(ka'bah)는 메카 순례객들의 연례적인 순례 중심지이었고 카아바를 알라의 집(house of Allāh)이라고 불렀다.[88] 이브라힘의 종교이었던 하니프들은 메카의 카아바를 순례하고 있었다. 하니프들은 사람들에게 하나의 신, 알라를 예배하라고 가르쳤고 여러 우상들보다 더 위대한 '알라'가 있다고 가르쳤다.

10세기에 반기독교 논쟁을 일삼은 이븐 하즘(Ibn Hazm)은 『종교들과 이단들과 종파들의 분별』(al-FiSal fi al-Milal wa-al-'Ahwa' wa-al-Nihal)[89]이란 책에서 아랍인들이 알라 이외의 천사들과 후르 아인(Hūr 'Ayn)[90]을 숭배하였다고 한다.

3) 텍스트적인 측면

기원전 5/4세기 사마리아 오경(모세오경)이 확정되었고 느바임(예언서들: 여호수아, 사사기, 사무엘상, 사무엘하, 열왕기상, 열왕기하, 이사야, 예레미야 에스겔, 호세아부터 말라기까지 12개 소예언서)은 기원전 3세기 그리고 케투빔(성문서들: 시편, 욥기, 잠언, 룻, 아가, 전도서, 애가, 에스더, 다니엘, 역대기상·하, 에스라, 느헤미야)은 기원후 100년경에 문서가 고정되었다.[91] 무라토리안 정경(Muratorian Canon, 170년)은 히브리서, 야고보서,

---

88) Ibid., 80.
89) Ibn Hazm, *Al-FiSal fi al-Milal wa-al-'Ahwa' wa-al-Nihal*, Part 2 (Beirut: Dar al-kutub al-'ilmiyyah), 278-281.
90) 후르 아인(Hur 'ayn)은 잔나(jannah)에서 알라의 아울리야(알라가 선택한 자들)를 위하여 창조된 여성들로서 알라에게 복종하고 장수한다(Ibn Hazm, *Al-FiSal fi al-Milal wa-al-'Ahwa' wa-al-Nihal*, Part 2. 281).
91) 베르너 H. 슈미트, 『구약성서 입문 I』, 차준희, 채홍식 역 (서울: 대한기독교서회, 2001), 26.

베드로전후서를 정경에서 제외하였고 구 시리얀역(Old Syriac Version, 2세기 말)은 베드로후서, 요한2서, 요한3서, 유다서, 요한계시록이 빠져 있었다. 구 라틴역(Old Latin Version, 200년)은 베드로후서, 야고보서, 히브리서가 빠져 있으나 다른 책이 대신 추가되지는 않았다.[92] 그리고 우리가 오늘날 가지고 있는 27권의 신약성서가 모두 정경으로 채택된 것은 카르타고 회의[93](Council of Carthage, 397년 8월 28일)에서였다. 이처럼 성경은 주후 4세기에 이미 확정되어 있었으나 750년 이전에는 아랍어 성경전서가 아랍어로 번역되지 못하였다.

신약성경의 번역은 초기 전도자들이 복음을 전하기 위하여 여러 민족의 언어로 번역될 필요를 느꼈는데 신약이 150-250년 사이에 시리얀어로 번역되었다. 이 번역을 페시따(Peshita)라고 하는데 오늘날까지 내려오는 이들 번역의 350개 사본은 5세기의 것이다. 3세기에는 유럽과 북아프리카에서 사용된 고대 라틴어로 번역된 신약이 있었고 3세기 혹은 4세기에는 콥트어로 번역된 성경이 있었다.[94] 그러나 분명한 것은 이슬람 이전에 아랍어로 성경전서(신구약)가 모두 번역되었다는 증거는 없다.[95]

성경의 일부가 히브리어 성경과 아람어 성경에서 아랍어로 번역되었다. 이슬람의 하디스에서는 이슬람 이전에 와라까 븐 나우팔(무함마드의 부인 카디자의 사촌)이 히브리어 책을 읽고 아랍어로 설명할 수 있었다고

---

[92] 찰스 C. 라이리, 『평신도 신학 입문』, 이한규 역 (서울: 두란노, 2002), 157.
[93] The Council of Carthage, on 28 August 397 issued a canon of the Bible restricted to: Genesis, Exodus, Leviticus, Numbers, Deuteronomy, Josue, Judges, Ruth, 4 books of Kingdoms, 2 books of Paralipomenon, Job, Psalter of David, 5 books of Solomon, 12 books of Prophets, Isaias, Jeremias, Daniel, Ezechiel, Tobias, Judith, Esther, 2 books of Esdras, 2 books of Machabees, and in the New Testament: 4 books of Gospels, 1 book of Acts of the Apostles, 13 letters of the Apostle Paul, 1 of him to the Hebrews, 2 of Peter, 3 of John, 1 of James, 1 of Judas, and the Apocalypse of John.
[94] Josh MacDowell, *Thiqatī fī al-Tawrah wa al-Injīl* (Stuttgart: Call of Hope), 47-49.
[95] Tharwat Qādis, *al-Kitāb al-Muqaddas fī al-Tārīkh al-Arabī al-Mu'āsir* (Cairo: Dār al-Thaqāfah, 1999), 29.

한다.[96] 그는 히브리어 성경과 아람어 성경을 아랍어로 번역하는데 관심을 가지고 있었다.[97]

8세기 스페인에서 당시 잘 알려진 제롬의 라틴어 성경을 비숍 요한(John)이 아랍어로 성경의 일부를 번역하였는데 그 시기는 대략 724-750년이었다. 당시에는 시편 일부, 선지서 일부, 성경의 이야기나 사복음서 일부와 바울 서신 일부 등이 번역되었다.[98]

현존하는 가장 오래된 아랍어 신약 번역본[99] 중의 하나는 867년에 번역된 시내 사본 151(Mt. Sinai Arabic Codex 151)[100]이다. 이 번역본에는 복음서와 계시록이 제외[101]된 나머지 신약 내용이 아랍어로 번역되어 있다. 시내산 아랍어 번역본은 주석이 딸린 아랍어 번역본으로서 성경 본문, 주석, 어휘 설명 등이 포함되어 있고 1800년대 시내산의 캐서린 수도원(St. Catherine monastery in Mt. Sinai)에서 발견되었다. 이 번역본에서 고전, 길, 엡, 빌, 골, 살전, 살후, 딤전, 딤후, 딛, 몬, 히, 약, 벧전, 요일, 벧후, 요2, 요3, 유다서들은 꾸란에서 사용된 "자비롭고 자애로운 알라의 이름으로"(bismi allāhi al-rahmān al-rahīm)라는 말로 시작하고 있다. 그러나 로마서와 사도행전은 "아버지와 아들과 성령, 한 분

---

96) Muhammad Muhsin Khan, *Summarized Sahih al-Bukhari* (Riyadh: Maktaba Dar us-Salam, 1994), 51.
97) Tharwat Qādis, *al-Kitāb al-Muqaddas fī al-Tārīkh al-Arabī al-Mu'āsir*, 30.
98) Ibid., 30.
99) 근대 아랍어 성경 번역은 1847년 나시프 알야지지가 시작하여 1851년 파리스 알시드야끄가 다른 학자들의 도움을 받아 아랍어 번역을 마쳤다. 오늘날 아랍 개신교와 정교회가 사용하는 아랍어 성경은 1864년 엘리 스미스와 밴 다이크(일명 Smith-Van Dyck 본)가 레바논의 베이루트에서 번역한 것이다(공일주, 『중동의 기독교와 이슬람』, 75).
100) Harvey Staal, *Mt. Sinai Arabic Codex 151* (Louvain: Lovanii, 1985).
101) 1950년 1월 시내산 탐험의 미국 대표단에 의하여 조사와 분류 마이크로 필름 작업이 진행되었는데 이 책은 가장 오래된 아랍어 신약 번역본이다. 이 시내 번역본 151(Codex 151)은 바울 서신이 이슬람력 253년(서기 867년) 라마단 달에 아랍어로 쓰였다고 한다.

하나님의 이름으로"(bismi al- 'Āb wa-al-ibn wa-al-rūh al-qudus al-ilāh al-wāhid)로 시작되고 고린도후서는 "하나님, 아버지와 아들과 성령의 이름으로"(bismi allāhi al- 'Āb wa-al-ibn wa-al-rūh al-qudus) 시작하고 있다.102)

사실, 사도행전은 성령과 교회, 복음의 행전으로서 선교 역사를 잘 보여주는 책이고 고린도후서는 바울의 마음과 생각, 감정이 가장 잘 드러난 책이며 로마서는 기독교 교리서뿐만 아니라 온 세상을 향한 하나님의 복음서이기에 시내산 번역본 151에서 "아버지와 아들과 성령의 이름으로" 시작된 것이 아닌가 한다.

시내산 번역본 151은 비쉬르 븐 알시리(Bishr Ibn Al-Sirri)가 번역한 것으로 그의 주석이 덧붙여져 있다. 비쉬르 븐 알시리는 아랍 무슬림들이 정복한지 200년 뒤에 시리아 다마스커스에 살던 네스토리아 기독교인이었다.103) 시내산 번역본 151은 로마서부터 신약의 일부를 아랍어로 번역하였는데 아랍어 번역의 동기는 무슬림들에게 복음을 전하기 위한 목적에서 비롯되었다.104) 그러나 레바논의 아랍 침례신학교 히크마트 교수는 무슨 목적으로 시내산 번역본 서두에 "자애롭고 자비로운 알라의 이름으로"라는 꾸란식 표현법을 썼는지 잘 모르겠다고 했다. 그 밖의 대부분 어휘들은 오늘날 아랍 기독교인들이 교회에서 사용하는 어휘와 유사하다. 그런데 성령을 가리키는 어휘로서 루후 알꾸두스(rūh al-qudus)105) 혹은 알루후 알꾸두스(al-rūh al-qudus)106)를

---

102) Harvey Staal, *Mt. Sinai Arabic Codex 151*, 90.
103) "The Treasures of St. Catherine's Monastery ", http://www.arabicbible.com/bible/codex151_article.htm.
104) Ibid.,
105) Harvey Staal, *Mt. Sinai Arabic Codex 151*, 302, 행 19:23.
106) 8세기 아랍기독교인들은 성령을 루후 알까스뜨(ruh al-qasT: 정의 혹은 진리의

같이 사용하고 있고 하나님의 아들은 '이븐 알라', 예수 그리스도에 대해서는 '야수아 알마시흐'라고 쓰여 있었다.

이것으로 보아, 867년 아랍 기독교인들은 당시 무슬림들과 분리된 게토화(ghettoized)된 사회는 아닌 것 같다. 시내산 번역본 151이 이렇다 할 일관되고 통일된 신학이 없어[107] 이슬람의 알라와 기독교의 하나님을 동일한 의미로 여겼는지는 확인할 길이 없다. 시내산 번역본 151은 번역자 나름대로의 기독교적 개념에 대한 그의 이해가 어떠하였는가를 살펴볼 수 있고, 각 페이지 하단에 있는 주석이 당시 중동의 문화적 배경에서 성경을 이해한 그 당시 사람들의 신학을 이해하는 데 도움이 된다.

십자군 이후에 아랍 기독교인들과 무슬림들이 극한 대립으로 치닫게 되고, 그 때부터 아랍 기독교인들도 순수한 아랍 기독교인들만의 용어나 표현법을 개발하기 시작하였다. 시내산 번역본 151이 아랍어로 쓰여 있어, 아랍어 철자법의 형성과정도 살펴 볼 수 있다. 오스만 꾸란 정경본이 653/654년경에 확정되었고 꾸란외 아랍어 자음과 모음에 대한 표기는 7세기와 8세기를 거치면서 완성되었다. 그런데 시내산 번역본 151에는 아랍어 자음 함자가 도입되지 않았다.[108] 867년까지도 아랍어 함자[109] 글자가 널리 활용되지 못하고 있었다는 것은 꾸란과 다른 책에서 아랍어 철자법에 큰 문제가 있었다고 말할 수 있다. 사실 이슬람 역사에서는 아랍어 글자 체계에 구별 표시(자음을 표시할 때 자음 위, 아래에 점을 넣거나 모음을 표기)가 도입된 것은 우마위야 왕조의 이라크 통치자 알핫자즈 븐

영)라고도 하였다.
107) Imad N. Shehadeh, "A Comparison and a Contrast between the Prologue of John's Gospel and Quranic Surah 5", 84.
108) Havey Staal, *Mt. Sinai Arabic Codex 151*, xiii.
109) 함자(Hamzah)는 아랍어 28개 자음 중 첫 번째 자음으로 성문 폐쇄음 [']이다. 성문 폐쇄음이란 후두의 성문에서 호기가 막혔다가 터져 나오는 소리를 말한다(공일주,『아랍어 음성학』).

유수프(Al-Hajjāj ibn Yūsuf: 661-714) 시절[110]이라고 한다. 아랍어 자음에 쓰인 구별 점들은 아람어에서 따왔다. 그런데 시내산 번역본 151은 아랍어 첫 글자 함자(hamzah)와 모음 표기 그리고 구별 점들이 복잡하여 이 자료를 연구한 학자들이 해독하는데 상당한 어려움이 있었다고 한다. 꾸란은 무함마드 당시 구두로 전달되었고 15개의 글자로 28개의 소리(음소)를 표현하였다. 이런 불완전한 글자 체계는 꾸란이 하늘에서 왔다고 하는 무슬림들의 주장을 무색케 한다.

시내산 번역본 151에서 로마서와 고린도후서와 사도행전이 삼위일체 하나님의 이름으로 시작한 것은 당시 동방 기독교가 무슬림의 타협할 줄 모르는 단일신론(Uncompromising monotheism)에 대한 반작용에서 이런 표현법을 쓴 것으로 보인다. 교회사에서 삼위일체[111] 교리가 3세기에 시작하여 4세기에 중요한 발전을 이루었는데 특히 니케아 공의회(325년)와 콘스탄티노플 제1차 공의회(381)에서 알렉산드리아의 이단 아리우스(Arius)에 대한 대책으로서 이루어졌다.[112]

---

110) 공일주, 『아랍어 음성학』, 131.
111) 삼위일체론에서 하나님의 단일성(일체)을 너무 많이 주장하면 양태론(modalism) 이단이 되는데 양태론은 하나님이 한 분 계시는데 역사를 통하여 창조 때에는 성부 하나님으로 나타나시고, 구원을 이루실 때는 성자 하나님으로 나타나시고 그리고 성화를 이뤄 가실 때에는 성령 하나님으로 나타난다고 주장한다. 한 분 하나님이 세 가지 양태로 나타나셨다는 것이다. 다시 말하면, 기능(functioning)에 따라 어떤 때는 아버지로, 다른 때는 남편으로 그리고 또 어떤 때는 아들로 나타나는 것을 말한다. 만일 삼위의 구별을 너무 많이 주장하면 "삼신론"(tritheism: 3개의 독립적이고 동등한 신격)이 생긴다.
112) Ken Parry, et. al., *The Blackwell Dictionary of Eastern Christianity* (Oxford: Blackwell Publishers, 2001), 494.

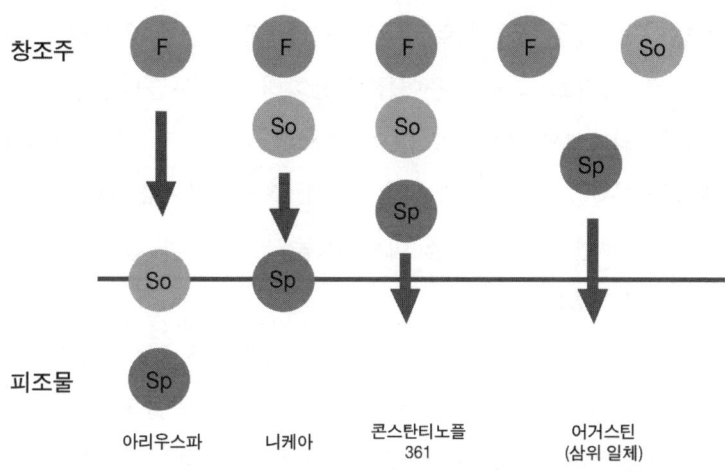

성부 성자 성령

꾸란에서 이싸(예수)와 그의 어머니를 상당히 높이 공경하는 것을 알게 된 동방 정교회 신학자들은 이슬람을 기독교의 이단(heresy)[113]으로 분류했다.[114] 꾸란의 타협 단일신론이 비잔틴 시대에 동방교회에 퍼져 나가자 동방 기독교의 신학자들은 삼위일체론을 더 강조하는 쪽으로 나아갔고, 닛사의 그레고리(Gregory of Nyssa)는 "세 신이라고 말하는 것은 옳지 않다"(That is not correct to say Three Gods)라는 논문[115]을 내 놓기도

---

113) 이단(Heresy〈정통 신학 교리[sound doctrine]를 반대하는 운동〉)은 heterodoxy(이단: 비정통)와 거의 유사하다. heterodoxy는 orthodoxy(정통)의 반대이다. 요르단신학교 동방교회사 교수 Chris Dowson은 heterodoxy는 일반적인 개념이고 Heresy는 가령 아리우스 이단(Arian heresy)처럼 구체적인 운동(often refers to a specific movement)을 가리킨다고 하였다. 이단은 자기가 믿는 종교, 종파의 교리에 어긋나는 이론이나 행동을 가리키고, 종교는 신이나 초자연적인 존재의 능력을 믿고 숭배하여 삶의 평안을 추구하는 정신 문화의 한 갈래이다(한글학회, 우리말 대사전, 1831, 2054). 이슬람은 다른 신앙 체계(belief system)를 가지므로 기독교와 다른 종교라고 할 수 있다.
114) Ken Parry, et. al., *The Blackwell Dictionary of Eastern Christianity*, 484.
115) Ibid., 484.

했다.

7세기 이슬람 정복 이후[116]에 아랍 기독교인들이 꾸란이나 이슬람화된 어휘나 표현법을 공통으로 쓴 것은 기독교인들이 무슬림을 기독교 이단으로 여기고 그들의 용어를 공용화하거나 무슬림들에게 복음을 전하려는 의도에서 썼을 수도 있으나 확실하지는 않다. 십자군(1095-1291) 이후에는 아랍 기독교인들과 무슬림들이 극한 대립으로 치닫자 그때부터 아랍 기독교인들은 순수한 아랍 기독교인들만의 용어나 표현법을 독단적으로 개발하였다.

1865년 엘리 스미스(Eli Smith)에 이어서 코르넬리우스 벤 다이크(Cornelius Van Dyck)가 아랍 기독교인들의 도움을 받아 히브리어와 헬라어에서 아랍어로 성경을 번역하였는데, 이때에는 무슬림 아랍어에서 사용되지 않는 시리얀어(syriac)의 종교 및 교회 용어를 일부 채택하였다.[117] 당시 꾸란이 채택한 성경 인물의 이름 중 '야흐야'는 아랍어 상응어인 '유한나'로, '이싸' 대신에 '야수아'[118]를 채택하면서 꾸란 고유의 어휘나 문체 사용을 의식적으로 피하고자 하였다.

---

[116] 아랍 기독교인들은 이슬람에 의하여 정복된 원인을 다음 세 가지라고 하였다. 하나는 시리아와 이집트의 기독교인들이 비잔틴 지배 하에서 자유가 없었다. 두 번째는 네스토리아파들이 "이슬람의 정복을 기독교인들이 저지른 죄에 대한 벌"이라고 생각하였다. 세 번째는 이슬람의 정복은 칼케돈이라는 잘못된 길을 갔기 때문에 그들을 처벌하기 위함이라고 생각하였다(Habīb Badr, et.al. al-Masīhiyyah abra tārīkhihā fi al-mashriq, 461). 조지 샤하타 까나와티는 이슬람화 운동의 세 가지 원인으로 첫째, 물질적 사회적 동기(인두세를 면제받고 정부 고위직에 임용될 수 있는 자격을 얻으려고), 둘째, 이슬람의 혼인제도(무슬림 남자는 기독교인 여성과 혼인이 가능하고 그들의 자녀들은 운명적으로 무슬림이 된다), 셋째, 이슬람의 교리의 단순성과 기독교와의 공통점을 들었다. 또 무슬림들의 아랍어 도입은 이슬람화 운동과 병행되었고 아랍 부족들이 시리아와 이집트 지역으로 유입되었다(George Shehatah Qanawati, *Al-masihiyyah wa-al-Hadarah al-Arabiyyah*. 52).

[117] J. Dudley Woodberry, *Contextualization among Muslims Reusing Common Pillars* (International Journal of frontier Missions, Vol 13:4, 1996) 171.

[118] '이수아'는 헬라어이고 '이슈아'나 '야슈아'는 아람어이고 '야수아'는 아랍어이다.

4) 신학적인 측면

꾸란의 주요 메시지 중 하나는 타우히드(단일신론)이다. 무슬림들의 알라에 대한 정의를 보면 알라는 창조주, 전능하신 분, 전지하신 분으로 알려진다. 아랍 기독교인들은 창세기 1장 1절의 하나님은 알라(Allāh)라고 하고 창세기 2장 4절과 창세기 3장 1절의 여호와 하나님은 알랍브 알일라흐(al-rabbu al-'ilāh) 혹은 알랍브(al-rabb)[119]라고 하였다.

그러나 무슬림들은 언제나 그들의 신을 알라(Allāh)라고 불렀다. 이걸 보고 무슬림이 성경의 하나님과 똑같은 단일신을 믿는다고 얼른 결론을 내리기 쉽다. 기독교와 무슬림과 유대인들이 단일신을 믿는다고 해서 동일한 신이라고 말할 수 있을까? 압둘 마시흐는 이슬람의 알라의 특징을 다음과 같이 명쾌하게 설명하였다.

> 이슬람에는 아버지도 아들도 성령도 없다. 아버지 하나님의 돌보시는 보호도 없고 전능자와 인격적인 접촉도 없고 모든 죄악을 사함 받은 확신도 없고 성삼위일체를 깨달을 가능성도 없고(고전 12:3; 롬 8:8-10, 15-16), 성령의 열매도 없고(갈 5:12-26), 영생에 대한 확실한 소망도 없다(요 11:25-26; 벧전 1:3; 계 1:7-18). 성령이 없는 곳에는 영적인 생각도 없고 영적인 삶도 없다.[120]

팔레스타인 사람 기독교인 이마드 샤하다(Imad N. Shehadeh)는 기독교와 이슬람의 알라(Allāh)는 정체성(identity)은 같으나

---

119) 20세기 후반에 중동 성서 공회 이름으로 발간된 아랍어 공동번역(al-tarjamah al-'arabiyyah al-mushtarakah)은 엘로힘은 '알라'로, 여호와는 '알랍브'로 번역하였고, 2002년 아랍 무슬림들을 대상으로 번역된 '알키탑 알샤리프'는 엘로힘과 여호와 모두를 '알라'로 번역하고 있다.
120) 압둘 마시흐, 『무슬림과의 대화』, 이동주 역 (서울: CLC, 2001), 22.

본성(nature)에서는 서로 다르다고 하였다.[121] 그는 알라의 본질에 대한 이슬람의 알라의 속성(attributes)[122]과의 관계가 알려질 수 없다고 하였다.[123] 이슬람에서 말하는 알라의 속성 중에는 알라의 전능하심과 그의 뜻만을 강조한다. 그런데 알라의 본질 안에서 서로 관계를 갖는다는 것을 인정하지 않고 알라의 속성만을 알라에게 관련지으려다가 이슬람의 두 신학파 아쉬아리파와 알무으타질라파가 서로 갈등을 빚었다.[124]

알무으타질라파는 알라의 단일성(unity)과 정의를 강조하였는데 알무으타질라파는 13세기에 사라지고 일부 시아파에게 오늘날까지 알무으타질라 교리와 유사한 부분이 남아있다.[125] 10세기에 등장한 알아쉬아리파는 알라의 전능함에 더 많은 비중을 두면서 알무으타질라파와 서로 갈라섰다. 알아쉬아리파는 오늘날 순니 신학에 계속 남아 무슬림들에게 강력한 영향력을 행사하고 있다. 알무으타질라파는 알라의 속성들을 그의 본질과 동일시하므로 알라의 단일성을 강조하고, 알라의 속성(attribute)과 알라의 본질(essence)이 하나이며 동일하다고 말한다.

알아쉬아리파는 알라의 속성들이 알라와 동일하지 않다고 했다. 가령, 알라의 능력이라는 속성은 알라 자신과 동일하지 않고 알라만이 갖는 능력(Allah's power is not other than Allah)이라고 하였다.[126]

---

121) Ibid., 85. "It can be concluded that Islam believes in the same Yahweh of the Bible. Christians, Muslims, and Jews are talking about the same God. However, though His identity is the same, His nature is not."
122) 어떤 한 가지 주제 안에 본질적으로 존재하는 특질이다. 찰스 C. 라이리, 『평신도 신학입문』, 44.
123) Imad N. Shehadeh, "A Comparison and a Contrast between the Prologue of John's Gospel and Quranic Surah 5", 85, 288.
124) Imad N. Shehadeh, "A Comparison and a Contrast between the Prologue of John's Gospel and Quranic Surah 5" 289.
125) Jon Hoover, *Islamic Monotheism and the Trinity*, Forthcoming in the Conrad Grebel Review, 2009년 레바논 근동신학교 강의안, 2009, 7.
126) Ibid.,

알아쉬아리파는 알라가 우주에서 유일한 창조주라고 주장하고 알라는 그의 창조에서 협력자가 없다고 했다. 그들에게 알라는 창조주이고 인간 행동을 포함하여 알라가 모든 것을 결정하며 인간에게 자유의지가 없다. 알아쉬아리파에게 인간은 인간 행동이 발생하는데 아무런 역할이 없다.

알무으타질라파는 이와 대조적으로 인간은 그의 행동의 주인이다. 알라는 인간에게 책임을 지우고 그들의 악행만 처벌한다. 알무으타질라파는 인간의 행동은 인간이 전적으로 책임을 지도록 알라의 역할을 전적으로 부정하나 알아쉬아리파 신학자들은 알라의 전능하심(omnipotence)을 보장하기 위하여 인간의 능력을 부정했다.[127]

이마드 샤하다가 이슬람의 알라와 기독교의 하나님의 정체성이 같다고 주장한 그 표현에 문제가 있다. 정체성(identity)이란 "어떤 사물의 실재 대상을 구성하는 모든 것에서 동일함"[128]을 뜻한다. 신의 비공유적 속성과 공유적 속성[129]을 받아들이는 기독교 신관과는 달리, 이슬람의 신관은 공유적 속성을 거절한다.

이슬람과 달리 성경의 하나님은 인간에게 친밀하게 알려주려고 자신을 계시하고 싶어하는 하나님이시다. 하나님은 신실하고 그의 성격에 어긋난 일은 안 한다. 그는 결코 변덕스럽거나 불의를 행하지 않는다. 그는 그의 백성들로 하여금 그의 속성과 약속 안에서 그를 믿게 한다. 인간은 하나님의 형상으로 창조되어 하나님과 대화에 참여하고 하나님의 영의 인도함을 받는다. 그러나 꾸란에서는 알라를 영이라고 하지 않고,

---

127) Fazlur Rahman, *Major Themes of the Quran* (Kuala Lumpur: Islamic Book Trust, 1999),15.
128) "sameness in all that constitutes the objective reality of a thing" (Merriam Webster's Collegiate Dictionary), http://dictionary.reference.com/browse/identity
129) 비공유적 속성은 영원성, 무한성과 같이 하나님에게만 있는 속성이고 공유적 속성은 지혜 공의와 같이 상대적 혹은 제한적 의미에서 인간에게서도 발견될 수 있는 속성이다. 공유적 속성을 인간이 가지고 있는 것은 인류가 하나님의 형상으로 창조되었기 때문이다(찰스 C. 라이리, 『평신도 신학입문』, 46).

알라는 하나님의 아들이라고도 하지 않으며, 알라는 아버지라고도 부르지 않는다.

기독교인과 무슬림들이 같은 신을 섬기는가에 대한 질문에는 반드시 "예, 아니오"라고 대답해야 하는 함정이 있다. 여기서 이 질문을 좀 더 명확하게 하기 위하여 다음 몇 가지로 나눠 생각해 보자. 첫째, 기독교인들의 하나님에 대한 개념(idea)과 무슬림들의 알라에 대한 개념은 같은가? 둘째, 기독교인의 하나님에 대한 개념과 무슬림의 알라에 대한 개념에는 공통점이 있는가? 셋째, 꾸란에서 사용된 알라의 개념이 성경에서 사용되는 여호와 하나님과 동일하게 사용할 수 있을 만큼 둘 사이에 공통점은 충분한가?130) 일부는 예라고 답할 것이고 일부는 아니오라고 답할 것이다. 그 이유 중 하나는 신 개념을 분석하는 기준과 신 개념에 대한 신학적 지식이 각기 다르기 때문이다.

3. 아랍인의 알라

1) 과거 아랍 무슬림들의 알라 개념

이슬람 이전 아랍인들에게 최고의 절대신으로 알라(Allāh)가 있었다. 그 어휘가 무슬림들의 주장대로 아랍어에서 왔다고 한다면 그 어원은 알일라흐('al-'ilāh)이었을 것이고, 이 어휘가 쌀라(Salāh)처럼 아람어에서 왔다면 그 어원은 알라하('alāhā)이었던 것이다.

메카 사람들은 알라가 창조주이고 최고의 섭리자(수라 13:16; 29:61,63), 위급 시 순간적으로 불렀던 신의 이름(수라 10:22; 16:53), 다른 여러 신들과

---

130) Colin Chapman, *Cross and Crescent* (Downers Grove: IVP, 2007), 243.

구별되는 신(수라 6:148; 37:168)이었다. 그러나 꾸란에서 무함마드의 알라에 대한 견해와 이를 해석하는 당시 메카 사람들의 알라에 대한 견해가 달랐고, 무함마드와 메카 사람들이 사용한 어휘들의 의미도 서로 달랐다. 메카 사람들은 알라 이외의 다른 신들을 숭배하였는데, 수라 53장 19-20절에서는 이 신들이 알웃자(al-'uzzā), 마나트(manāt), 알라트(al-lāt)라고 하였다. 일부 메카 사람들은 이 신들을 알라의 딸들로 해석하였다(수라 6:100; 16:57). 그들은 보통의 상황에서는 알라보다는 말라이카(mala'ika: 천사들)를 숭배하였으나 극한 상황에서는 알라를 찾았다. 그리고 다신 숭배자들은 알라와 진(jinn) 사이에 혈족 관계가 있다는 주장(수라 37:158)을 했고 진을 알라의 파트너로 삼았다(수라 6:100)[131]. 일부는 알라와 진에게 제물을 바쳤고(수라 6:128) 도움을 구했다(수라 72:6). 무함마드는 알라 이외에 천사들과 진 그리고 사탄이 있다고 믿었다. 무함마드 당시의 메카 사람들은 알라 이외에 천사들을 믿고 왈리(saint: 알라가 선택한 사람) 숭배를 하였다. 무함마드는 자신이 이런 상황을 개혁하는 사람으로 여겼다.

2) 무함마드의 알라 개념

무함마드의 알라에 대한 개념은 오늘날 모든 무슬림들이 이슬람 신앙을 고백하는 샤하다(shahādah)와 꾸란에 잘 나타나 있다.

라 일라하 일라 알라(lā 'ilāha 'illa 'allāh): 알라 이외에 신이 없다.
메신저(사성: 무함마드)에게 순종하는 자마다 이미 알라에게 순종한 것이다(수라 4:80).

---

131) H. A. R. Gibb and J.H. Kramers, *Shorter Encyclopaedia of Islam*, 33.

이 구절에 대하여 꾸란 주석가 알꾸르뚜비는 위 구절에서 "메신저는 무함마드를 가리키는데 무함마드에게 순종하는 자는 이미 알라에게 복종한 자이고, 무함마드에게 불순종한 자는 알라에게 불순종하는 자"라고 말한다.[132] 무함마드에게 순종하지 않는 자들은 알라가 무함마드를 그들의 보호자로 보내지 않는다고 꾸란은 강조한다.

메카 사람들이 숭배한 여러 신들을 거부한 무함마드는 알라 이외에는 신이 없다고 했다. 그로 인하여 메카에서 알라가 여러 신들 중 최고신이란 지위를 얻었다. '알라'는 무슬림들에게 신에 대한 고유 이름이 되었다. 이슬람 이전에는 알라가 전체 아랍인들의 어휘 뭉치에서 어느 한 가장자리를 차지하였으나 이슬람의 등장으로 알라가 모든 꾸란 어휘의 중심에 자리하게 된 것이다.[133]

> 너희들의 신은 한 분 신이고 알라흐만 알라힘 이외에 신이 없다(수라 2:163).

> 알라는 그분 이외에 신이 없다고 증거한다(수라 3:18). 너희들의 신은 한 분의 신이다(수라 16:22). 그분은 알라인데 그분 이외에는 신이 없다(수라 59:22).

> 알라, 영존하시고 피조물을 생존케 하는 그분 이외에 신이 없다. 그는 졸지도 않으시고 주무시지도 않으시며 하늘들과 땅에 있는 모든 것이 그에게 속해있다(수라 2:255).

---

132) 『꾸란 주석』4:80 , http://quran.al-islam.com/Tafseer/DispTafsser.asp?l=arb&taf=KORTOBY&nType=1&nSora=4&nAya=80.
133) Toshihoko Izutsu, *God and Man in the Koran*, 41.

'알라'만이 신이라고 강조하는 꾸란에서 알라의 본성(nature)에 대한 개념들은 광범위하고 서로 다르다.[134] 무함마드의 신앙고백에는 알라에 대한 두려움이 필수요소였다. 이슬람 이전에 알라는 메카 사람들에게 희미하게 멀리 떨어진 존재였다. 알라가 창조한 것을 통상적으로 돌보지 않는 이신론적 신 개념이었다.[135] 그러나 무함마드는 알라가 목에 있는 경동맥보다 더 가깝다[136]고 했다(수라 5:16). 메카 사람들은 알라를 주저 없이 무시하기도 하였으나 무함마드는 알라가 질투하시고 복수하시는 신으로, 종국에는 이 신에게서 심판을 받는다[137]고 말했다.

무함마드는 알라의 가장 뛰어난 이름들(al-'asmā' al-husnā)중 일부를 사즈으(각운이 있는 산문) 문체로서 꾸란에 기술하였다. 가장 뛰어난 이름이란 말이 꾸란에 여러 차례 등장한다(수라 7:180; 17:110; 20:8; 59:24). 이 이름들은 알라에 대한 무함마드의 인식을 가장 직접적으로 표현한 것이다.

알라의 뛰어난 이름들은 꾸란(86개), 하디스(99개), 알티르미디(al-Tirmidhī: 100개), 알가잘리(al-Ghazālī, 99개) 등의 분류에 따라 그 단어들의 수효가 각각 다르고 이들 이름이 확정된 데에는 특별한 규칙이 없다. 알잘랄라인 주석(tafsīr al-Jalalayn)에는 알라의 뛰어난 이름이

---

134) H. A. R. Gibb and J.H. Kramers, *Shorter Encyclopaedia of Islam*, 34.
135) 공일주,『코란의 이해』, 113.
136) 문맥상으로 볼 때 이 구절이 말하고자 하는 것은 알라와 인간 사이의 내적이고 인격적인 관계가 아니라, 알라는 인간의 모든 악한 생각들을 알기 때문에 인간이 조심해야 한다는 것이 분명하다(요하힘 그닐카,『성경과 꾸란』, 오희천 역 〈서울: 중심, 2005〉, 110-111.
137) S. M. Zwemer, *The Moslem Doctrine of God*, 48. 꾸란에는 죽음의 시간과 심판의 날 사이에 죽은 자의 영혼은 무의식(unconscious)이라고 하였는데 이런 특징은 네스토리아파들이 갖는 신앙과 같아 여러 정황들로 볼 때 무함마드에 대한 기독교 영향은 네스토리아파의 영향인 것 같다. 당시 알히라의 네스토리아파와 나즈란의 네스토리아파들이 메카에 와서 그곳에 기독교적 영향을 주었다(Harry Gaylord Dorman, *Toward Understanding Islam*, 5).

99개라 하였으나 실제 꾸란에서는 이 수효보다 더 많다고 주장하는 학자들이 있었는데 무함마드 븐 알나와위(Muhammad ibn al-Nawawī)는 어느 수피 무슬림 종단이 알라가 1,000개의 이름을 갖고 있다고 하였다.[138] 사실, 오늘날 무슬림들이 사용하는 염주는 33개씩 되어 있어 3번 반복하면 99개가 된다.[139] 일부 알라의 이름들은 꾸란에서 그대로 나타나 있지 않고 일부는 동명사형에서 파생되었거나 일부는 신학적 표현에 근거하여 알라의 이름들로서 모아 둔 것이다. 또 이들 99가지 이름들이 꾸란에 나오는 모든 알라의 이름들을 다 기록한 것이 아니다. 단지 무슬림들이 보기에 가장 좋은 이름들 즉 부정적인 의미를 갖는 이름들은 제외하고 뛰어난 이름들만 적어 둔 것이다. 예를 들면 알라는 방해한다(disturbing), 위선자를 속인다(deceive), 약삭빠르게 의표를 찌른다(outwit), 불신자를 파멸의 길로 타락하게 한다(astray) 등은 알라의 99가지 이름에서 빠져 있다.[140]

독일인 이슬람 학자 압둘 마시흐가 분석한 바에 의하면 알라의 99가지

---

138) Abd al-Masih, *Who is Allāh in Islam* (Villach: Light of Life, 1999), 83-84.
139) Merciful, Compassionate, King, Most holy one, peace, Faithful one, Protector, Unique & Might one, Super strong one, Supreme or proud one, Creator, Maker, Fashioner, Forgiving one, Dominant, Bestower, Provider, Opener, Omniscient, Restrainer, Spreader, Abaser, Exalter, One who exalts & raises to honour, Destroyer, All-hearing one, All-seeing one, Ruler, Just, Subtle one, Aware one, Clement, Grand one, Most forgiving one, Grateful one, Exalted, Great one, Powerful Guardian, Strengthener, Reckoner, Majestic, Pure & Generous one, Watcher of all, Approver, Comprehensive, Ultimately Wise, One who shows sympathy, Most Glorious one, Raiser, Witness, Right & the Truth, Advocate, Strong, Firm, Friendly Protector, Praiseworthy one, Counter, Beginner, Restorer, Quickener, Killer, Living, Subsisting, Finder, One glorified, One and Only, Eternal, Mighty & Powerful, Prevailing one, One who brings Forward, Deferrer, First, Last, Outwardly Manifest & Evident one, Inward, Governor, Exalted, Righteous Benefactor, One who causes & receives, Avenger, Pardoner, Kind & Indulgent one, Ruler of the Kingdom, Lord of all majesty& Honour, Equitable one, Collector, Rich one, Enricher, Giver, Withholder, Distresser, Profiter, Light, Guide, Incomparable Magnificent one, Enduring one, Inheritor, Director, Patient one(Abd al-Masih, Who is Allāh in Islam, 85-87)
140) Abd al-Masih, *Who is Allāh in Islam*, 89.

이름을 비슷한 속성들끼리 모아보니 자비와 용서, 전지, 능력이 가장 많은 비율을 차지하고 이들 속성들이 전체 이름들 중에서 81.75%를 차지한다고 했다.[141] 압둘 마시흐가 인용한 잘랄 아부 다우드(Jalāl Abū Dāud)의 알라 이름들에 대한 분류와 각 항목별 비율은 다음과 같다.

① 알라의 존재와 영원(1.75%)
② 알라의 단일성(1.75%)
③ 알라의 능력, 전능(21.83%)
④ 알라의 영광, 완전함(3.9%)
⑤ 알라의 전지, 아시고 보신다(25.66%)
⑥ 알라가 원하는 것에 대한 절대적 의지(10.4%)
⑦ 알라는 피조물의 창조주(1.13%)
⑧ 모든 것을 소유하고 근원이 됨(2.15%)
⑨ 알라가 피조물에 대한 보호와 관심을 둠(1.9%)
⑩ 알라는 친절하고 참으심(2.71%)
⑪ 알라는 자비하시고 용서함(34.26%)
⑫ 알라는 벌을 주고 심판한다(1.2%)
⑬ 알라가 다른 존재와 구별됨(0.64%)

꾸란에서 무함마드가 언급한 알라의 뛰어난 이름들(수라 7:179; 17:110; 20:8; 59:23-24)의 주요 특성들을 위와 같이 큰 항목별로 나눠 살펴보면 주로 알라의 자비하심[142]과 알라의 전능하심 그리고 알라의 전지하심이 주요 내용이라는 것을 알 수 있다. 반면에 성경에서 흔히 볼 수 있는

---

141) 압둘 마시흐 & 잘랄 아부 다우드 (1998).
142) "이슬람의 종교는 자비의 종교"라고 한다(「알두스투르 신문」, Awdah abu Awdah의 글 "비스밀라히 알라흐마니 알라힘의 꾸란 설명의 비밀", 2008.11.31).

여호와 하나님의 사랑과 구속하심, 영광에 대한 속성들은 99가지 알라의 이름들 속에서 찾아볼 수 없다. 또 이들 이름 속에는 알라를 거룩, 빛, 평화라는 말로 정의되는 것도 찾을 수 없다.[143] 물론 99가지 알라의 이름 이외에 알라의 다른 속성들이 꾸란에서 발견되기도 한다.

3) 이슬람 신학파의 알라 개념

무함마드가 주장한 '알라' 중심주의의 영향은 그가 죽은 후 발전을 거듭하였다. 무슬림들이 희랍교회의 신학을 접하면서 신의 위격(person)에 더 많은 관심을 갖게 되었다. 당시 라틴교회는 죄론에 대하여 강조하였고 개혁교회는 성경에 대하여 더 강조하였다. 신의 위격에 대한 이슬람의 상대적 강조는 '알라'의 단일신론(tawhīd)이 발전하여 이슬람 신학 사상의 가장 중요한 부분을 차지하게 되었다.

무슬림들은 단순히 알라의 이름들에 대한 생각을 뛰어넘어 이제는 신의 특성(Sifah)에 대한 질문을 하게 되었다. 신의 특성은 뛰어난 이름 뒤에 있는 추상적인 특징들(abstract qualities)이라고 하였는데, 예를 들면 까디르(qadīr, 할 수 있는) 뒤에는 꾸드라(qudrah, 능력)가 있다고 했다. 그러나 알라의 본질(dhāt)에 이런 특성을 어떻게 관련시키느냐가 이슬람 신학에서 가장 중요한 문제였다. 오랜 논쟁 끝에 특성들은 알라의 본질 안에 영원히 존재하는 것으로 알라 자신이 아니라고 하였다. 사실, 알라의 본질 속에 내적인 단일화를 어떻게 이루느냐, 꾸란에 나오는 알라에 대한 묘사를 어떻게 공정하게 다루느냐 그리고 이들 특성들 중에 1차적으로 중요한 특성이 무엇인가와 이들 특성 중 물질세계와 관련지을 수 있는

---

143) H. A. R. Gibb and J.H. Kramers, *Shorter Encyclopaedia of Islam*, 34.

것이 무엇인지를 결정하는 것이 난제이었다.[144] 그리고 그들은 알라에게 99개의 위격(persons)이 있다고 말해야 하는 위험에 직면하게 되었다.[145] 비록 알라의 이름들 속에는 나와 있지 않을지라도 알라의 특성들 중 하나로서 '말'(speech, kalām)이 있어야 한다는 생각을 하기 시작하였다.[146] 이는 곧 로고스(logos)를 실체화하고 있는 기독교인들의 말을 듣고 이에 대하여 이슬람에는 '말'이 있다고 함으로써 기독교인들에게 꾸란을 방어하기 위함이었다.

또 다른 영향은 희랍 철학이었다. 무슬림들 중 희랍 철학을 공부한 사람들은 희랍 철학의 도움을 받아 알라의 본성(nature) 문제를 논의하기 시작하였다. 그러나 이슬람은 종교적, 철학적으로 타우히드(단일신론)만은 지켜내야 했다. 그런데 타우히드를 고집할수록 알라의 본성은 점차 막연하게 그려지고 부정적인 의미로 서술될 수밖에 없었다. 예를 들면 알라는 모든 것을 아는 자(al-'alīm, knower)이므로, 알라는 지식('Ilm)의 특성을 가져야 했다. 그렇다면 그의 지식은 무엇에 대한 것인가? 알라 안에 있는 지식인가 혹은 알라 밖의 지식인가? 전자라면 알라 안에 이중성이 있었다는 말이 되고 후자라면 알라의 지식은 알라 밖의 무언가에 의존해야 한다는 것이 되어 알라는 결국 절대적이지 않다는 결론에 다다랐다. 이런 신학적 사고가 발전하면서 전통주의, 이성주의, 수피즘 등 서로 다른 이슬람 신학의 흐름[147]들이 나타났다.

---

144) H. A. R. Gibb and J.H. Kramers, *Shorter Encyclopaedia of Islam*, 545.
145) Ibid., 37.
146) Ibid., 37.
147) 이슬람 신학은 알라의 개념, 알라가 존재한다는 것에 대한 존재론적, 우주론적인 증명, 알라와 세상과의 관계의 우주론, 자유의지와 선악과 상벌, 운명이란 점에서 알라 질서의 신정주의적 윤리, 공동체에 대한 신의 통치의 적용을 위한 정치, 이성과 '계시' 간의 관계, 예언자들과 신비주의에 관련된 상상의 기능과 종교언어의 쓰임새 등이 이슬람 신학적 논쟁의 주제였다(John L. Esposito, *The Oxford Dictionary of Islam*, 320).

(1) 전통주의

전통주의(traditionalism, naql)는 오랜 옛날부터 무슬림들 사이에 인정되고 그들 안에 가르쳐 온 교리를 받아들이는 것이다. 그들은 꾸란, 순나(하디스에 나타난 대로 무함마드의 관례), 무슬림들의 합의('ijma')에 근거한 증거를 따른다. 과거의 전통을 있는 그대로 전수받았으므로, 꾸란, 순나, 합의를 벗어난 비평이나 확대는 안 된다고 했다. 가령 수라 20장 5절에서 "자비의 주는 그의 옥좌에 자리를 잡았다"라는 구절을 있는 그대로 믿어야 하고 이에 대해 이의를 제기하면 안 된다고 했다. 그러므로 알라가 어떤 모양으로 앉아 있는지 물어보아서도 안 되고 인간이 앉아 있는 모습과 알라가 앉아 있는 모습을 비유해서도 안 된다. 즉 기록된 말을 그대로 믿으라는 것이다. 이런 부류의 사람들은 '어떻게'라고 묻지 말고 비유도 하지 말라(bilā kayfa & lā tashbīh)라는 말로 그 특징이 드러났다.

이것은 영구불변의 입장은 아니었지만 곧 차별(mukhālafah)이라는 교리를 만들어냈다. 차별이란 알라의 모든 것이 인간과 서로 다르다는 것이다. 비슷한 것으로 생각하지 말라는 것이다. 이것을 '신의 차별성'(tanzīh: 탄지흐)[148]이라고 하는데 탄지흐로 인하여 무슬림 신학자들은 알라가 피조물과 혼동될 위험을 미리 제거하였다. 그래서 알라의 본성은 무슬림에게 항상 신비로워야 했다. "자비를 베푸는 자들 중의 가장 자비로운 자이다"(수라 7:151)라고 꾸란이 알라를 지칭하면 이것은 알라가 인간이 갖는 자비의 특성을 가졌다는 것을 의미하지 않았다.

알라는 인간에게 알라의 이름들을 주었으나 인간은 그 이름들의 의미를 알 수도 없고 물어서도 안 된다. 알라는 이런 분이 아니고 알라는 저런 분이 아니라는 식의 부정적인 표현을 사용하였다.

---

148) 이 단어의 의미는 "신이 피조물과 같지 않다"는 뜻이다. 인간이 갖고 있지 않은 성품으로 알라가 피조물과 구별된다는 것이다. 알라가 인간과 달라 매우 독특하다는 점에서 인간 속성의 신 결부 배제설이라고도 한다.

그리고 알라의 본성을 찾을 수 있는 가능성을 인정하느냐 혹은 거부하느냐에 따라 의견들이 나뉘어졌다. 거기에는 무함마드와 그의 2대 추종자들(al-salaf)의 신앙을 따르자는 권면에서부터, 절대자는 알 수 없는 자(unknowable)이므로 신비로운 것은 묻지 말라는 극단적인 그룹이 생겨나기까지 매우 다양해졌다. 그러나 이슬람에서 후자는 불가지론(agnosticism)으로 발전하지 않았고 알라의 주권에 의지하는 방향으로 나아갔다. 무슬림의 주류는 이 후자의 입장을 취하고, 오늘날 이슬람의 공식 신학(formal theology)은 '알라의 차별성'(탄지흐)을 더욱 강화하고 있다. 즉 인간의 마음속에 떠오르는 것은 언젠가 사라지지만 알라는 인간의 그것과 다르다는 말을 무슬림들이 자주 하게 되었다.

(2) 이성주의

두 번째 신학 흐름은 이성주의(rationalism)이다. 이성(reason, 'aql)을 사용하자는 그 필요성을 모두가 인정하는 신학파이다. 신학적 진리의 근거가 무엇이냐에 크게 관심을 가졌던 알무으타질라파는 이런 신학적 흐름의 발전을 지속시켰다. 인간의 이성을 수단으로 하여 그들의 신학을 만들어갔다. 알라의 신론 연구에서, 그들은 알라의 특성들이 언급되는 것을 싫어하였다. 이들 특성들은 알라의 단일신론에 반대가 된다고 생각하였다. 적어도 이 특성들은 알라의 본질(essence) 중의 하나가 아니라고 생각했다. 그들은 알라의 본질 중의 하나 혹은 알라의 본질 그 자체라는 이 두 가지를 모두 거절함으로써 알라에 대한 희미한 단일신론적 개념을 갖게 하였다.[149]

이슬람력 4세기(서기 11세기)에는 정통 이슬람(orthodox islam)이 논리적인 토론(kalām) 방식을 사용하면서 논리적 방식을 무슬림들이

---

149) H. A. R. Gibb and J.H. Kramers, *Shorter Encyclopaedia of Islam*, 38.

온전히 받아들이는 분위기이었으나 극단적인 전통주의자들은 이런 신학 흐름을 거부하였다. 그 중 알아쉬아리파150)는 엄격한 정통노선을 따랐다. 그 노선은 '어떻게 라고 묻지 말고 비유도 하지 않는다'는 것이다. 이 문구에서 앞의 부분은 알무으타질라151)를 거부하는 내용이고 뒷부분은 '인간 속성의 신 결부'(tajsīm)를 거부하는 것이었다. 그래서 알아쉬아리파는 형이상학적 개념을 발전시켰고 나중에 알라의 본성에 대한 무슬림들의 개념을 만들어갔다.

알무으타질라파도 '인간 속성의 신 결부'(anthropomorphism)152)는 반대하였으나 꾸란이 영원하다기 보다는 창조되었다는 것을 가르쳤다.153) 인간 속성의 신 결부는 알라를 인간의 용어로 설명하는 것을 말하는데 알무으타질라파와 알아쉬아리파가 반대하였다. 알무으타질라파는 신의 명령(command)154)이 모든 행동의 옳고 그름을 결정하는 유일한 기준이라는 아쉬아리파의 견해를 거부하였다. 알무으타질라파는 이성으로 궁극적 진리에 도달할 수 있다고 믿었다. 다른 무슬림들은

---

150) 10-12세기에 순니 이슬람의 신학파이었던 아쉬아리파(Ash'arī)는 알무으타질라파의 이성주의와 한발리파의 문자주의의 중간을 택한 학파이었다. 종교적 진리를 이성적으로 접근하면서도 경전의 '계시'를 유일한 확증의 자료로 간주하였다. 샤피이파가 아쉬아리파에 협력하였고 10세기에는 말리키파에 동화되었으나 11세기 한발리파에게는 거부당하였다.
151) 알라의 절대적인 독특함, 단일성과 정의를 강조한 8세기 신학파는 알무으타질라파(al-Mu'tazilah)이다. 이 학파는 정의와 단일신론('ahl al-'adl wa al-tawhīd)으로 알려져 있다.
152) 브리태니커 영어 사전에서 이 단어는 인간의 형태 혹은 인간의 속성 속에 신성이 나타난 것을 가리키거나 사물(동물이나 식물)에 인간의 특성이 있다고 생각한다(의인화)는 말이다. 강물이 급류로 변한 것을 '강물이 화났다'고 하는 것이 의인화이다. 인간의 육체적 혹은 정신적 특질을 신격(diety)으로 간주하는 것이란 종교적 의미에서 시작된 용어이나 19세기 중반 이후 인간의 사고와 행동 모두에게 적용하는 것으로 바뀌었다. 그런데 이슬람에서는 인간의 속성을 신에게 결부시키는 것을 "anthropomorphism"(인간 속성의 신 결부)라고 하는데 꾸란은 이런 인간 속성의 신 결부를 거절한다(John L. Esposito, *The Oxford Dictionary of Islam* (Oxford University Press, 2003), 21).
153) John L. Esposito, *The Oxford Dictionary of Islam*, 222.
154) 꾸란에서 명령('Amr: command)은 운명(Qadar)과 관련된다. 알라의 명령을 따르지 않는 것은 법에 복종하지 않는 것이다. 꾸란에 의하면 알라의 명령에 복종하고 순종하는 사람이 무슬림(Muslim)이다. 전능한 자 혹은 운명지어 주는 자(Qādir)가 명령을 내리는 자('Āmir)이다(Fazlur Rahman, *Major Themes of the Quran*, 13).

이성으로 알라의 본성(nature)을 알 수 없다고 확인하였다.[155] 이성으로 알라의 본성을 알 수 없다고 한 무슬림들은 인간의 능력으로 알 수 없고 알라가 가르쳐 준 것만 받아들이고 믿기만 하면 된다고 했다.

알마투리디(Al-Māturīdī)[156]는 알라의 영원한 특성(quality) 중에 '존재하게 함'을 덧붙였고 이 특성의 다른 이름들로는 '창조함, 생명을 갖게 함, 생존하게 함' 등을 예로 들었다.[157] 또 카라미야파(Karrāmites)[158]들은 알라의 본체(substance, jawhar)라는 말을 사용하여 본체는 "어느 한 곳에 국한되지 않는, 현존하는 존재"(an existing being not in a place)를 의미한다고 생각하였다. 한발리 학파와 카라미야 학파들은 현존하는 존재의 의미로 알라의 몸(jism)이라는 용어를 사용하였다.[159]

(3) 수피즘

세 번째 이슬람 신학의 흐름은 수피즘(아랍어로 tasawwuf, 영어로 sufism: 신비적 방법을 통하여 영혼의 갈망을 추구함)이었다. 알라에 대한 인간의 지식을 초자연적인 근거에서 찾는다. 구두 기도를 통하여 묵상을 발전시키고 인간 영혼이 알라와 개인적인 친분 상태를 추구한다.[160]

---

155) H. A. R. Gibb and J.H. Kramers, *Shorter Encyclopaedia of Islam*, 39.
156) 아부 알만수르 알마투리디(Abu al-Mansur al-Maturidi: 956년 사망)는 순니파 신학자이다. 이슬람 법학파 하나피파와 밀접하게 관련되어 있으나 꾸란의 문자적 해석을 반대한다. 꾸란과 순나에 규정된 종교적 의무를 충실히 수행하면 구원이 보증된다고 믿는다.
157) H. A. R. Gibb and J.H. Kramers, *Shorter Encyclopaedia of Islam*, 40.
158) 아부 압둘라 무함마드 븐 카람(Abu 'Abd Allāh Muhammad b. Karram)이란 사람의 이름에서 따온 학파이다. 이 신학파는 꾸란의 본문을 아리스토텔레스 철학의 일부와 관련짓는 노력을 기울였고 이들의 추종자들은 알라는 그가 말하기 전에 말하고 있었다고 주장하고 예배자들이 있기 전에 예배를 받았다고 하였다. 세상이 영원하다는 교리는 꾸란의 창조와 조화되었다. 세상은 알라의 의지에 의하여 창조된 것이 아니고 kun(있으라)이라는 말에 의하여 창조되었다.
159) H. A. R. Gibb and J.H. Kramers, *Shorter Encyclopaedia of Islam*, 40.
160) Ibid., 149-150.

이슬람 초기부터 무슬림들은 개별적으로 인간 영혼 안에는, 메신저들이나 예언자들[161]이 가르쳐준 진리를 개인적으로 보완하기 위하여, 알라를 직접적으로 알고 그에게 도달할 수 있는 능력이 있다는 입장을 가지고 있었다. 무함마드 자신도 예언자직에 대한 질투가 있었기에 그의 마음 속에 이런 입장이 있었다. 알라와 합일을 추구하는 수피들에게 알라는 직접 체험의 대상이었고 수피가 아닌 무슬림들은 알라가 간접 지식의 대상이었다.[162]

이슬람 역사에서 정도의 차이는 다르지만 묵상에서 높은 황홀경까지, 알라와 합일, 자아 소멸 그리고 때로는 범신론적 수행들이 있었다. 이슬람의 첫 몇 세기 동안에도 이와 관련된 교리는 개별적으로 서로 갈등을 보이다가 점차 다수의 지지자들이 나타났다. 수많은 탁월한 신학자들이 대외적으로 이를 인정하였으나 일부 국가는 수피즘을 인정하고 일부는 거부하였다. 수피(Sūfī) 수행 방식은 일부는 금욕주의로, 일부는 사색적인 수행을 통하여 알라를 찾고 때로는 최면술의 도움을 받기도 하였다. 수피의 발전과정에 신플라톤주의, 기독교 신비주의[163], 불교, 일원론(monism)의 영향이 있었다.[164]

---

161) 꾸란에서 메신저는 경전을 받은 자이고 메신저는 예언자가 될 수 있으나 예언자는 메신저가 될 수 없다.
162) 공일주, 『코란의 이해』, 77.
163) Rashīd Nājī al-Hasan, *Hadha Huwwa Al-Tasawwuf* (Homs: Matba'a al-Yamamah, 1996), 17-29. 라쉬드 나지 알하산은 수피즘을 기독교의 영향(Vonkremer, Noldeke, Goldziher, Nicholson, Wonsink 등), 희랍의 영향, 페르시아의 영향, 인도의 영향(Horten, Blocket, Oleary, Brown & Massignon 등)이 아니고, 무함마드와 그의 교우들의 삶에서 시작되어 이슬람의 꾸란과 순나(무함마드의 언행록)에서 성장하고 꽃을 피웠다고 주장한다.
164) H. A. R. Gibb and J.H. Kramers, *Shorter Encyclopaedia of Islam*, 39.

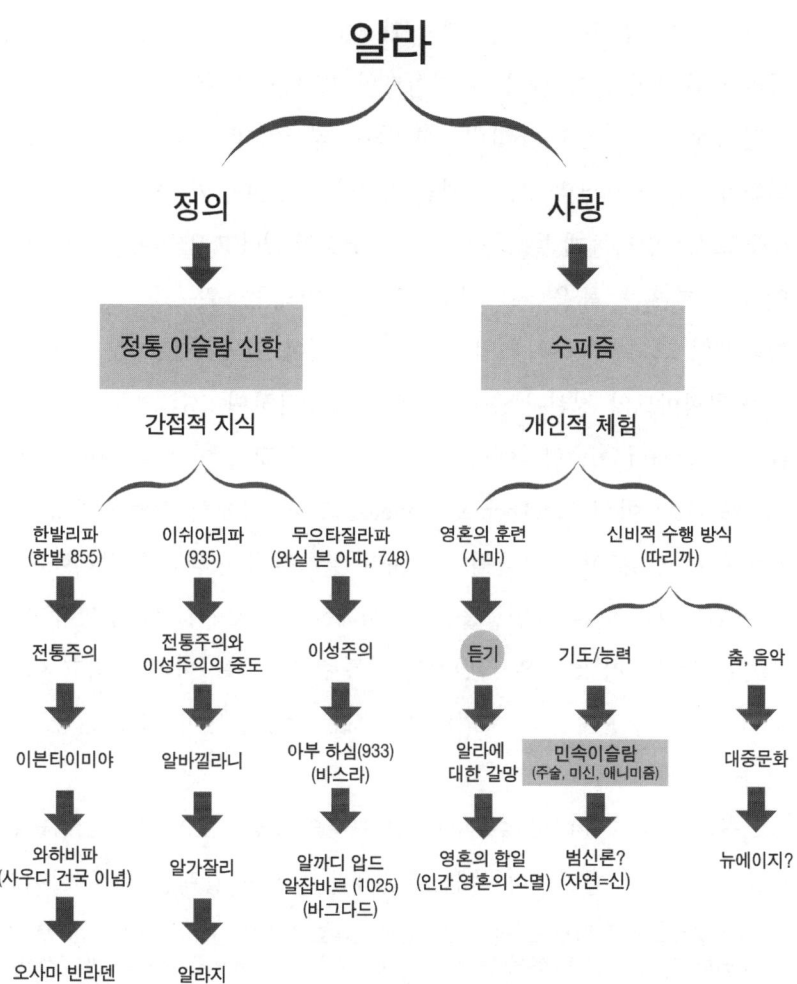

알라의 정의와 사랑

　수피즘의 제도를 만든 것은 알가잘리(al-Ghazālī: 1111년 사망)의 업적이었다. 범신론적 요소를 제거하고 이슬람 신학이란 천 속으로 수피의 실타래가 엮어져갔다. 그리고 이성과 전통이 영혼의 갈망(islamic spirituality) 속에 포함되었다. 신학과 법률학의 학문적 연습은 이성에 근거하고 수피즘은 신과 인간과의 관계에서 감정과 상상력에 의존한다. 알라에 대하여 알가잘리는 무함마드의 개념을 그대로 따랐다. 알라는 인간에게 그의 '루후'(soul)[165]를 불어 넣어(수라 15:29) 주었으므로 인간의 루후는 세상의 모든 것과는 다르다고 하였다. 인간의 루후가 신을 추구하므로 알라에게 돌아가려고 하는 열망이 있다고 믿었다. 알가잘리는 인간의 루후가 몸을 지배하는 것처럼 알라는 우주를 다스린다고 했다.[166] 그의 견해에는 범신론적 위험성이 있었음에도 무슬림들은 그가 무함마드의 정신에 근접하고 있다고 생각하여 그를 전혀 의심하지 않았다. 그래서 이슬람사에서 알가잘리는 기독교의 어거스틴(Augustine, 354-430)이나 아퀴나스(Thomas Aquinas, 1254년 사망)와 맞먹는 대학자로 간주된다. 만일 어느 무슬림 신학자가 알가잘리와 의견을 달리한다면 그는 알가잘리의 본래 입장을 잘못 이해한 것으로 생각할 정도이었다. 오늘날 알가잘리 신학은 극단적인 전통주의자, 와하비파 그리고 이븐 타이미야의 추종자들을 제외하고는 모든 무슬림들이 그를 존중하고 받아들인다.[167]

그러나 그 무엇보다도 수피 체험의 모델은 무함마드의 하늘로 올라간 설화에 있다. 무함마드가 하늘로 올라간 사건의 강력한 환상이 여러

---

165) 무함마드 따끼 알딘 알힐랄리와 무함마드 무흐신 칸의 『고귀한 꾸란』(The Noble Quran)에서는 꾸란 15:29의 "루후"를 "soul"(혼)이라고 번역한다. 알꾸르뚜비 주석서는 "루후"와 "나프스"(soul)는 "동일한 대상을 가리키는 두 개의 다른 이름"이라고 한다. 그러나 오늘날 무슬림들은 루후가 무엇인지 잘 모르겠다는 사람들과 '루후'와 '나프스'가 같다고 하는 사람 그리고 이 둘 사이가 의미가 다르다고 하는 사람들로 의견이 분분하다. '루후'는 대부분 '하야'(생명, 생기)를 의미하나 자비나 지브릴 천사를 가리키기도 한다. 꾸란(수라 42:52a) "그래서 우리(알라)가 우리의 명령으로 너(무함마드)에게 루후(생명)를 내려 주었다." 즉 루후로 인하여 몸이 생명을 갖는다고 한다. 그런데 알나프스(soul)는 꾸란에서 "알라는 그들이 잠자고 있어 살아 있는 동안의 산 자의 영혼(나프스)들과 죽은 자의 영혼들을 가져가신다(수라 39:42a)고 하여 '영혼'이라는 의미 이외에도 여러 의미들이 있다. 결국 '루후'와 '나프스'는 서로 동의어로 쓰이기도 하고 그 의미를 구분하기도 하므로 그 문맥에서 의미가 결정된다고 보면 정확하다.
166) H. A. R. Gibb and J.H. Kramers, *Shorter Encyclopaedia of Islam*, 40.
167) Ibid., 40.

수피들에게 기록되었는데 특히 안달루시아(오늘의 스페인)의 이븐 아라비(Ibn 'Arabī, 1165-1240), 모로코의 이븐 아지바('Ahmad Ibn 'Ajiba, 1747-1809) 등이 있다. 수많은 수피 교사들에게는 하디스(무함마드 언행록)가 그들 가르침의 중요한 시금석이 되었다. 하디스는 무슬림의 윤리와 율법의 주요 근거이기는 하지만 무함마드가 무슬림들의 윤리와 행동의 모범이 되어 초기 수피들의 모든 교재에서 무함마드가 모든 수피의 내적 경험과 매일 의식 그리고 삶의 신비적인 모범으로 강조되었다. 꾸란은 무함마드가 밤에 알마스지드 알하람(메카)에서 알마스지드 알악사로 여행하였다고 기록한다.

> 그의 종('Abd)을 밤에 알마스지드 알하람에서 알마스지드 알악사로 여행하게 한 분에게 찬양을 드린다(수라 17:1a).

위 꾸란 내용에 대한 주석이 분분하나 다음 세 가지[168]로 정리된다. 첫째는 비교적 오래된 하디스(부카리의 하디스[169], 카이로, 1278, 2권 185: 무슬림 하디스, 1290, 1권 59)에서 이 구절이 무함마드가 하늘로 올라간 것을 암시하는 구절로 풀이한다. 그래서 이런 하디스에서는 알마스지드 알악사(al-masjid al-'aqsā)를 가장 먼 예배처소라고 번역하여 하늘을 의미하는 것으로 해석하고, 이런 경우 밤 여행('isrā')[170]을 하늘로

---
168) Ibid., 183.
169) 이슬람의 하디스에는 가장 완벽한 '사히흐'(정확한) 그리고 중간 정도인 '하산'(좋은) 그리고 '다이프'(약한) 하디스 등 셋으로 나뉜다.
170) 무함마드의 밤 여행에 대한 이야기는 다음과 같다. "어느 날 밤 무함마드가 메카의 카아바 근처의 이웃집(움무 하니의 집이라고도 함)에서 잠을 자고 있었다. 날개 달린 동물인 부라끄(burāq)를 타고 온 지브릴 천사가 그를 잠에서 깨웠다. 무함마드와 함께 이 동물을 타고 함께 예루살렘까지 여행을 갔다. 가는 도중에 그들이 선한 세력과 악한 세력들을 만났다. 예루살렘에서 그들은 이브라힘, 무사, 이싸를 만났다. 무함마드가 이맘(기도 인도자)이 되어 쌀라(기도)를 하고 그때 모든 다른 예언자들도 그곳에 모였다. 예루살렘에서 예언자들을 무함마드가 만났다는 것은 성경의 예수가 변화산에서 만난

올라감(miʻrāj)[171]과 동의어로 사용한다. 두 번째 설명은 꾸란의 현대 주석서에만 나오는데 아무런 이유를 달지 않고 알마스지드 알악사가 예루살렘이라고 한다. 위 두 설명에서는 꾸란 17장 1절에 나오는 '압드'(노예)를 무함마드로 해석한다.

위 구절의 세 번째 설명은 꾸란 17장 60절에 나오는 환상(al- ruʼyā)이란 단어를 밤 여행(isrāʼ)이라고 말하지만 무함마드가 실질적으로 여행을 한 것이 아니라고 하였다. 그것은 다음 꾸란 구절에 나오는 '환상'(vision)이란 말에 근거를 두고 주장하는 것이다.

> 너의 주님(알라)은 인간에 대한 모든 것을 알고 있다고 너에게 말했다. 우리가 너에게 보여준 환상(al-ruʼyā allati ʼaraynāka)은 사람에 대한 시험(test)일 뿐이다(17:60a).

알꾸르뚜비 주석에서 위 구절의 환상이란 무함마드가 직접 가지

사건과 유사하다"(H. A. R. Gibb and J.H. Kramers, *Shorter Encyclopaedia of Islam*, 183)고 한다.
171) 미으라즈(miʻraj)는 원래 아랍어 사전적 의미는 '사다리'라는 말이다. 이 단어가 오늘날 무슬림들에게는 '하늘로 올라감'을 가리킨다. 무슬림들에게 내려오는 다른 전설에서는 무함마드가 간 곳은 이 땅의 예루살렘이 아니라 하늘의 예루살렘(Heavenly Jerusalem)이라고 하였다. 지브릴이 무함마드를 하늘의 높은 곳으로 데리고 갔다. 그러나 무함마드가 하늘로 올라간 사건을 왜 사다리라고 이름을 붙였는지에 대해서는 침묵한다. 아마도 창 28:12의 야곱의 사닥다리와 동일시하기도 한다. 꾸란 70:3-4에서 "하늘로 올라간(마아리즈: 미으라즈의 복수형) 길들의 주님이신 알라로부터, 천사들과 루후가 그에게 오르고…"라고 한 것을 보면 무함마드가 이 단어를 이미 알고 있었다는 것이다. 사비교(만다아)인들은 사다리가 하늘로 오르는 수단으로 알고 있었다. 전설은 무함마드가 하늘의 7개를 방문하였는데 첫째 하늘에서 아담을, 둘째 하늘에서 야흐야와 이싸를, 셋째 하늘에서는 유수프를, 넷째 하늘에서는 이드리스를, 다섯째 하늘에서는 하룬을, 여섯째 하늘에서는 무사 그리고 일곱째 하늘에서는 이브라힘을 만났다. 무함마드는 일곱째 하늘에서 알라의 보좌 앞에 나타나 의무적인 기도에 대하여 대화하고 다른 주제들도 나누었다(H. A. R. Gibb and J.H. Kramers, *Shorter Encyclopaedia of Islam*, 382-383).

않았는데 꿈속에 모든 것을 보았다고 해설한다.172) 그러나 알잘랄라인 주석과 알따바리 주석 그리고 후세 무슬림들의 정통교리에서는 무함마드가 잠을 자지 않았고 그의 영혼이 아니라 그의 몸이 직접 여행을 하였다고 주장한다.173)

무함마드가 예루살렘에서 하늘로 올라갔다는 내용은 이슬람의 대중적인 신앙심과 수피(sūfī)적인 영감의 초점이 되었다.174) 후세에 무함마드가 하늘로 올라간 사건은 죽은 자의 영혼이 심판의 보좌로 어떻게 여행하는지를 설명해 주는 것으로 인식하였고 수피들은 무함마드가 하늘로 올라간 사건을 신비적 여행의 표본으로 삼았다.175) 그리고 무함마드가 하늘로 올라간 여러 단계를 수피가 알라에게 다가가는 과정에서 만나는 영적 도달점으로 비유한 학자(알비스타미, 873년 사망)도 생겨났다. 무함마드가 메카 사회로부터 떠나 메카 밖의 히라 동굴에 가서 명상에 잠긴 것도 후세 무슬림 수피들에게는 격리라는 훈련의 기반이 되었는데 특히 40일간의 피정의 형식으로 나타냈다. 전통주의자들과 같은 공식 이슬람에서는 알라에 대하여 '어떻게'라고 묻지 말라고 하였으나 꾸란에 표현된 생생한 불지옥이 주는 두려움이 수피들의 묵상에서 알라에 대한 사랑으로 바뀌었을 때 지옥의 무서운 장면은 무아지경으로 묘사되었다.

4) 현대 민속 무슬림의 알라 개념

---

172) 아랍어 성경에서 루으야(환상)는 요한계시록의 요한처럼 잠을 자지 않았고, 그의 영을 하나님께서 데리고 가서 모든 것을 보게 하였다.
173) H. A. R. Gibb and J.H. Kramers, *Shorter Encyclopaedia of Islam*, 183.
174) Carl W. Ernst, *Sufism* (Boston: Shambhala, 1997), 48.
175) H. A. R. Gibb and J.H. Kramers, *Shorter Encyclopaedia of Islam*, 383.

무슬림들은 알라의 이름 중 긍정적인 의미를 주는 어휘들 99개를 골라 가장 뛰어난 이름들이라고 하였고 기독교인들은 십자군[176] 이후 기독교인들만의 독특한 신론을 보전할 수 있는 어휘들을 아랍어에서 차용하여 아랍어 성경에 사용하였다. 무슬림들은 그들의 신학적 조류에 따라 알라를 보는 시각이 조금씩 달랐다. 본 장에서는 오늘날 무슬림들이 실제 생활에서 알라를 어떤 신으로 생각하고 믿는지 설문조사를 통하여 확인해 본다.

전통적인 무슬림의 신앙은 오직 한 분 알라, 그의 천사들, 그의 책들, 그의 메신저들 그리고 마지막 날과 운명론에 대한 신앙(수라 2:172)을 갖고 있다. 그러나 오늘날 수피들과 많은 민속 무슬림(folk muslim)들은 꾸란에서 언급된 주요 교리에 머물지 않고 이슬람의 여섯 가지 믿음과 다섯 가지 실천 사항을 재해석하여 신행한다.[177]

예를 들면 많은 무슬림들이 오직 한 분의 알라를 믿는다는 것을 민속 무슬림들은 알라의 이름들을 주술적으로 사용하는 것으로 바꾸어 버린다. 사실 이슬람 국가에서 대부분의 부적은 알라의 99가지 이름들을 활용한다. 가령 알라흐만(자비롭고) 그리고 알라힘(자애로운)이라는 두 단어나 '비스밀라히 알라흐마니 알라힘'(자비롭고 자애로운 알라의 이름으로)[178]이 부적을 만드는 데 사용된다.

---

176) 이슬람 초기 아랍의 대부분 교회들은 그리스어, 시리안어, 에티오피아어로 예배를 드렸다. 칼리파 압드 알말리크(685-705) 통치하에 이슬람과 아랍어화가 시작되고 10세기에는 아라비아 반도에서부터 스페인에 이르기까지 아랍어가 널리 사용되기에 이르렀다. 꾸란 9:29에 따라 기독교인들은 인두세를 내고 낮은 사회적 신분으로 살아가야 했다. 이런 상황은 압바시야 혁명(759)때부터 십자군 때까지 계속되었고 9세기에는 이슬람에 대한 변증이 시리안어를 하는 안디옥 교구 안에서 이뤄졌으나 십자군 이후 아랍 기독교인들이 줄어들었다. 14-15세기에는 중동의 교회들이 가장 어려운 시기를 거친다. 제1차 세계대전으로 아랍 기독교인들이 이주를 떠나고 1970년대 이후 '이슬람 근본주의' 등장으로 기독교인의 수효는 다시 한 번 격감되어가고 있다(Ken Parry, et. al., The Blackwell Dictionary of Eastern Christianity, 38-40).
177) 공일주, 『코란의 이해』, 287-323.
178) '비스밀라히'는 무슨 일을 시작하는 열쇠가 아니고 표적(아야)이다. 여기서 중요한 말은

무슬림들의 손에 들려있는 기도 염주는 알라의 99가지 이름을 외우는 데 도움을 주기 위하여 사용된다. 그런데 민속 이슬람에서는 이 기도 염주가 이스티카라('istikhārah: 알라에게 좋은 것을 달라고 요구)로 불리는 무슬림들의 간구에도 사용된다. 이런 경우 신의 이름을 되새기는 데 초점이 있는 것이 아니라 간청하는 마음에 초점을 둔다. 신의 이름들을 적절하게 사용하면 그가 바라던 목적을 성취하게 한다고 믿는다.

대개 오늘날 무슬림들은 천사들에게도 인생 문제를 도와달라고 간청한다. 무슬림들은 천사들이 다른 세상에 살고 있고 인간보다는 알라에게 더 가까이 있다고 믿는다. 천사들의 이름이 무슬림 보호를 위한 부적에 사용된다. 낮에 10명 그리고 밤에 10명의 천사들이 사람들을 보호한다고 믿는다. 잔나(jannah: 파라다이스)[179]의 수호천사 리드완(ridwan)과 지옥의 문지기 말리크(malik)의 이름을 자주 부른다. 19명의 특별 천사들이 지옥의 불을 담당한다. 무슬림들이 보호받는 데에는 무함마드의 이름이 더 강력하다고 여겨, 알라의 이름들과 거의 비슷할 정도로 무함마드의 이름을 부른다. 부적으로 쓰이는 예언자들의 이름들로는 아담, 이브라힘, 이스학, 이스마일, 야으꿉, 무사, 유누스, 다우드, 이싸[180] 등이 있다. 무함마드 숭배는 물론 이들 예언자들과 메신저들의 공적에 대한 존경도 포함된다.

이슬람에서 운명론의 교리는 알라가 전능하므로 그가 인간의 모든 운명을 정하여 두었다는 데서 출발한다. 만일 어느 무슬림이 운명론을

'알라'이고 '알라 이름으로'란 말과 함께 행동을 시작하지만 인간의 말과 행동을 확인해 주는 역할이다. 즉 모든 행동의 근원은 알라에게 있다는 것을 확인한다. 알라흐만과 알라힘은 알라의 이름의 두 가지 특성인데, 이슬람의 종교가 자비의 종교라는 것을 확인해 준다.

179) 이슬람의 '잔나'를 '천국'이라고 번역해서는 안 된다. 왜냐하면 성경의 천국 개념과 꾸란의 잔나 개념이 다르기 때문이다(공일주, 『코란의 이해』)

180) 아담, 아브라함, 이삭, 이스마엘, 야꿉, 모세, 요나, 다윗, 예수 등으로 번역되나 꾸란과 성경에서 이들의 역할이 달라 꾸란 원문대로 쓴다.

거부하면 그는 알라의 전능하심을 믿지 않는다고 생각한다.[181] 민속 무슬림의 경우, 출산 등 통과의례의 운명을 바꾸려고 시도한다. 또 이슬람 국가에서 천명(qadr: divine decree)의 밤(laylat al-qadr)은 무슬림들의 운명과 관련되고, 무슬림이 간청하면 알라가 직접 혹은 가브리엘 천사를 통하여 듣는다고 믿는다.[182]

2007년 12월 17일 요르단대학교 여대생(19-22세) 68명과 요르단 기혼여성(30-40세) 32명에 대한 설문 조사를 실시하였는데 각 항목별 실태와 그 결과는 아래와 같다. '사람이 미친 것이 진(Jinn: 영적 존재로 진 중에는 무슬림의 진 혹은 비무슬림의 진이 있다고 함)에 의한 것인가 혹은 다른 이유 때문인가'에 대한 응답으로서 정신이 이상한 것을 이유로 꼽은 응답자가 46%이었다. 그런데 이들 응답자는 그 원인을 심리적인 이유와 정신적인 이유 두 가지로 나눠 설명했다. 즉 정신적인 원인은 알라에게서 온 것으로 치유가 불가능하나 심리적인 원인에 의한 것은 의사가 낫게 할 수 있다고 답하였다. 그 밖의 다른 이유라고만 한 응답자는 29%이었고 진때문이라고 한 응답자는 15%였다. 그리고 진에 의한 것이라면 꾸란으로 치유가 가능하나 정신 이상자는 병원에 가야 치료가 가능하다는 답을 내 놓았다. 결국 절반 정도는 알라가 인간을 미치게 한다고 하여 기독교에서의 신관과 전혀 다른 양상을 보여주었다. 요르단 기혼 여성들 중 사람이 미친 것이 여러 가지 원인이라고 한 사람은 76%,

---

181) 꾸란은 자유의지와 운명론에 대하여 확고한 답을 주지 않는다. 많은 꾸란 구절이 전자를 지지하고 또 많은 꾸란 구절들이 후자를 지지하나 꾸란이 타협하지 않는 것은 알라가 절대적인 능력을 갖는다는 점이다. 인간의 자유의지를 부인한 이슬람 초기의 자브리야파(Jabriyyah:극단적인 운명론자)가 있었고, 인간이 선택할 수 있으나 그 행동의 결과에 대하여 인간이 책임을 져야한다는 7-9세기의 까다리야파(Qadariyyah) 그리고 자브리야파보다는 좀 더 중도적인 입장을 가진 아쉬아리파(Ash'arī) 등이 있었다. 대부분 무슬림들은 이론상 아쉬아리파라고 하고 실제적으로는 자브리야파 견해를 받아들인다(S. M. Zwemer, *The Moslem Doctrine of God*, 105; John L. Esposito, *The Oxford Dictionary of Islam*, 153, 251).

182) 공일주, 『코란의 이해』, 290.

알라로부터 온 것이라고 응답한 여성은 7% 그리고 운명이 원인이라고 한 여성은 3%이었다.

'99개 알라의 이름을 되뇌는 염주는 무엇이라고 생각하느냐'에 대한 대답으로는 비드아(bid'a: 이슬람적인 것이 아님)라고 한 사람이 6%, 알라에게 가까이 다가감 6%, 간구함 3%, 수브하날라(알라를 찬미한다)를 하는 데 쓰인다고 한 응답자가 14%, 잘 모르겠다고 한 응답자가 12%, 무함마드가 그렇게 했으므로 3%, 용서를 구하기 위함이 9%, 알라의 이름을 기억하기 위하여(디크르: dhikr)[183]가 26%, 선행을 쌓는다고 응답한 사람들이 3%, 예배 3%, 수브하날라(subhana Allāh: 알라를 찬미한다)와 함두릴라(hamd lillah: 알라께 감사한다)를 몇 번 하였는지 알기 위하여 8% 그리고 아무런 관계가 없다고 한 사람들이 8%였다.

'사람이 살면서 좋은 일을 가져다주는 초자연적 능력은 항상 알라로부터 온다고 믿는가'에 대하여 90%가 예라고 답하고 5%는 아니라고 하고 5%는 가끔 그렇다고 답하여 95%가 선한 초자연적인 능력은 알라에게서 온다고 믿는다는 것을 알 수 있다. 요르단 기혼 여성은 75%가 예라고 하고 9%가 아니라고 하고 16%가 가끔이라고 답하였다. '누군가 자녀 출산과 취업 그리고 돈을 벌거나 공부하는 일에 성공하지 못 했을 때 어떤 방법에 의지하는 것이 좋으냐'에 대한 응답으로는 알라에게 간구함(50%), 알라에게 의탁(29%), 기도(12%), 의사를 찾는다(9%), 알라에 대한 믿음(3%), 알라에게 가까이 함(3%) 순이었다. 그런데 일부는 알라가 정해준 운명(qadar)이라고 말하였는데 이는 곧 알라가 정해 준 몫(nasīb)[184]이라는 것이었다. 응답자 중 91%가 알라를 찾는다는 것은 무슬림들이 인생문제에서 성공하고 출세하는 것이

---

183) 디크르(dhikr)는 신의 이름들을 되풀이하여 부르는 것을 의미한다.
184) 앞의 까다르는 학술적인 용어이고 뒤의 나십은 일반인들이 사용하는 용어이다.

알라에게 달려있다고 믿기 때문이다. 이처럼 현대의 아랍 무슬림들은 삶의 여러 가지 문제에서 전통적인 신 개념을 포함하여 구복적인 신앙에서 알라를 찾고, 필요에 따라서는 알라를 부적과 주술적으로 사용하기도 한다. 많은 무슬림들은 '오늘은 운(hazz)이 좋았다'고 하면서 자신의 운수에 대한 관심이 많아 매년 운수를 점치는 책을 사서 본다.

5) 현대 한국 무슬림의 알라 개념

한국어로 번역되어 한국 무슬림들이 사용하는 『성 꾸란』(1988)은 물론 『꾸란 해설』[185](1988)이란 책은 꾸란 번역의 오류를 가득 담은 채로 그동안 한국의 학자들이 사용해 왔다. 아랍어 꾸란 원문의 본래 의미를 떠나 잘못 번역되고 잘못 해석되어 아랍어 본문과 전혀 다른 해설이 많기 때문이다. 그 예로 꾸란 개경장을 살펴본다.

① 자비로우시고 자애로우신 하나님의 이름으로
② 온 우주의 주님이신 하나님께 찬미를 드리나이다.
③ 그분은 자애로우시고 자비로우시며,
④ 심판의 날을 주관하시도다.
⑤ 우리는 당신만을 경배하오며 당신에게만 구원을 비노니
⑥ 저희들을 올바른 길로 인도하여 주시옵소서.
⑦ 그 길은 당신께서 축복을 내리신 길이며 노여움을 받은 자나
  방황하는 자들이 걷지 않는 가장 올바른 길이옵니다.

위 『성 꾸란』의 1장 1절에서는 기독교의 하나님과 이슬람의 알라의

---

185) 최영길, 『꾸란 해설』(서울: 송산출판사, 1988).

차이를 고려하지 않았다. 5절에서 아랍어 원문에는 '구원'이라는 말이 없다. 아랍어 원문에서는 7절이 알라가 축복을 내리신 '길'이 아니고, 알라가 호의를 베푼 '사람들'의 길이다. 또 방황하는 자가 아니고 잘못된 길을 간 자이며 '가장 올바른 길이옵니다'라는 말은 꾸란 원문에 없는 내용이다. 위 한국어판 개경장 번역을 아랍어 꾸란 원문에 근거하여 번역하면 다음과 같다.

① 알라의 이름으로, 자비하신 분 자애로운 분
② 온 세상의 주(lord), 알라께 찬미
③ 자비하신 분, 자애로운 분
④ 심판의 날의 주인
⑤ 당신에게만 우리가 예배하고 당신에게만 우리가 도움을 구한다.
⑥ 우리를 올바른 길로 인도하여 주세요.
⑦ 당신이 호의를 베푼 사람들의 길, 진노를 받은 사람들이 아니고, 고의적으로 잘못된 길로 간 사람들도 아니다.

레바논의 무슬림 사이드는 위 7절에서 호의를 받은 사람들은 예언자들이라고 하고 알라가 진노한 사람들과 고의적으로 잘못된 길을 간 사람들은 카피르들이라고 하였다. 그러나 상당수 꾸란 해설가들과 꾸란 주석가들은 7절에 대한 해석과 주석에서 모호성을 보인다고 했다. 꾸란에는 여러 구절이 통사적인 모호성을 보이는데 그 모호성은 주로 구문(structure), 생략(ellipsis) 그리고 앞선 문장의 해당 어휘를 가리키는 대명사(Pronominal reference)들 때문이라고 하였다.[186]

---

186) Asim Ismail Ilyas, *Theories of Translation* (Mosul: Mosul University press, 1989), 99.

꾸란 1장 6절에서 "당신(알라)이 호의를 베푼 사람들의 길, 알라가 진노한 사람들이 아니고, 고의적으로 잘못된 길로 걸어간 사람들도 아니다"는 아랍어로는 sirāt l-ladhina an'amta 'alaihim ghayr al-maghdūbi 'alayhim인데 이 구문의 통사적 해석에서 모호성이 있다.

첫 번째 해석(A)은 위 구문 중 뒷부분(ghayr al-maghdūbi 'alayhim: 알라가 진노하신 사람들이 아닌)이 앞부분(sirāt l-ladhina an'amta 'alayhim: 당신이 호의를 베푼 사람들의 길)의 종속된 관계로 해석했다. 후자가 전자를 수식한다는 것이다. 이를 해석하면 "알라의 진노를 받은 사람들이 아닌 알라가 호의를 베푼 사람들의 길"이 된다.

두 번째 해석(B)은 ghayr al-maghdūbi 'alayhim은 생략이 있는 구문으로 보는 해석이다. 즉 길(sirāt)이란 말이 생략된 것으로 보는 해석이다. 이런 견해에 따라 다시 해석하면 "당신이 호의를 베푼 사람들의 길, 진노를 받은 사람들의 길이 아니고"라고 할 수 있다.[187] 위 구절들에 대한 꾸란 해설가들의 해설을 살펴보면 다음과 같다.

세일(Sale): 불순종으로 알라의 진노를 받은 사람들은 유대인들이고 고의적으로 잘못된 길을 걸어간 사람은 이싸의 참된 교리를 떠난 사람이라고 한다. 알자마크샤리(al-zamakhshari)와 다른 주석가들은 이 세 부분의 사람들(알라가 축복한 사람, 진노를 받은 사람, 잘못된 길을 간 사람)이 모두 무슬림들이라고 했다.

로드(Rod, 1861): 당신이 화를 내지 않는 사람, 잘못된 길을 가지 않는 사람
팔머(Palmer): 당신이 진노한 사람들이 아닌, 교리에 어긋난 사람들이 아닌
픽톨(Pickthall): 당신의 분냄을 얻는 사람들의 길이 아닌, 잘못된 길을 간 사람들이 아닌

---

187) Ibid., 99.

벨(Bell): 진노가 떨어진 사람들의 길이 아닌, 잘못된 길을 간 사람

아베리(Arberry): 당신이 진노한 사람들이 아닌, 잘못된 길을 간 사람이 아닌

이상과 같이 Sale의 번역은 B와 같으나 각주는 A와 같다. Rod는 A와 같고 Palmer, Pickthall, Bell, Arberry의 주석은 B와 같다. 꾸란 주석가들 중에서 알자마크샤리(al-Zamakhsharī)는 A와 같고 알바이다위(al-Baidawi), 이븐 카시르(Ibn Kathir), 잘랄 알딘 알수유띠(Jalal al-Din al-Suyuti), 알라지(al-Razi)의 주석은 B와 같다.[188] 이상과 같이 꾸란 주석가들과 해설가들 사이에서도 7절의 주석과 해설에서 서로 다른 견해를 보인다.

수피(sufī) 주석가 알실미(Al-silmī: 이슬람력 412년 사망)는 알라가 호의를 베푼 사람들은 아울리야(알라가 선택한 수피들), 순진무고한 사람들, 올바른 길을 간 신자(mu'min)[189]들이라고 했다. 진노를 받은 사람들은 '버림받은 자들 혹은 쫓겨난 사람들'이라고 주석하였고 잘못된 길을 간 자들은 '알라가 인도해 준 길을 벗어난 사람들'이라고 주석했다.

꾸란 해설의 또 다른 문제는 한글 꾸란 번역 『성꾸란』에서 번역자 자신의 생각이 들어가 있어, 꾸란 원문을 바르게 이해하는 데 큰 장애가 되고 있다. 그 예를 들면 다음과 같다.

『성꾸란』은 "예배를 드리고 자카트를 받칠 것이며 다 같이 고개 숙여 하나님을 경배하라."고 되어 있는데 이것을 꾸란 원문대로 번역하면 "이스라엘 사람들아 기도를 준행하고 자카[190]를 이행하고 나에게 복종하는 사람들처럼 복종하라"(수라 2:43)고 해야 맞다. 한글 꾸란 번역

---

188) Ibid., 100.
189) "타파시르(주석들)", http://www.altafsir.com/Tafasir.asp?tMadhNo=3&tTafsirNo=30&tSoraNo=1&tAyahNo=7&tDisplay=yes&UserProfile=0&LanguageId=1
190) 아랍어로는 '자카'(zakah)라고 발음해야 맞으나 한국의 일부 학자들이 '자카트'라고 쓰기도 한다.

『성꾸란』에 있는 '예배, 다같이, 고개, 경배'라는 말은 꾸란 원문에 없다.

『성꾸란』에는 "인내와 예배로서 구원하라. 실로 그것(예배)은 겸손한 마음이 없는 자에게는 힘든 일이니라"(수라 2:45)라고 쓰여 있는 데 이를 아랍어 원문에 따라 다시 번역하면 "인내와 기도로 도움을 구하라. 그것은 순종하는 사람이 아닌 사람들에게는 힘들다"라고 해야 한다. 여기서 구원이라는 단어는 꾸란 원문에 전혀 없다.

또 『성꾸란』에서 수라 2장 46절에 대한 번역은 "주님을 만날 수 있다고 확신하는 자 주님께로 돌아가느니라"라고 하였는데, 사실 꾸란 원본에는 2장 45절과 46절이 관계 대명사로 이어지는 문장이어서 서로 이어서 번역해야 한다. 45절에 나오는 순종하는 사람을 설명하는 구절이 46절이다. "그들의 주를 만날 것이고 그에게 돌아올 것을 알아 순종하는 사람이 아닌 사람에게는 힘들다." 결국 꾸란을 한 절씩만 번역하면 위와 같이 의미가 연결되지 않는 오류가 생긴다.

『성꾸란』의 각주에는 본문의 주석과 전혀 다른 생각을 포함하고 있다. 『성꾸란』의 19장 28절에 해당하는 각주에서는(529) "모세의 형인 아론은 이스라엘 최초의 성직자였다. 마리아와 그녀의 조카 엘리자베스(요한의 어머니)도 성직자 가문이며 아론의 자매이자 또한 이므란(아론의 아버지)의 딸이기도 하다. 마리아의 가문은 훌륭한 혈통의 가문이었으므로 마리아는 그녀 부모의 훌륭한 윤리관을 알고 있었다. 그런데도 믿음이 없는 자들은 그녀의 가문을 욕되게 하려 하였다"고 쓰여 있다. 그런데 수라 19장 28절의 본래 의미는 아래와 같다.

그 여자가 아들을 데리고 그녀의 민족에게 왔다. 그들이 말하기를 '마르얌아! 너 왜 좋지 않는 일을 했니? 그들이 말하기를 '하룬(아론)의 동생아! 너의 아버지는 나쁜 사람이 아니고 너의 어머니는 창기가 아니었다'(수라 19:27-28).

사실, 위 구절은 이싸의 어머니 마르얌에 대한 이야기이다. 알따바리 주석에서는 마르얌이 하룬(아론)과 같은 부족이었거나, 하룬이라는 사람이 있었는데 그가 선한 사람으로 알려져서 마르얌의 삶이 그의 삶과 비슷하게 선한 사람(salih)[191]이라고 보아 하룬의 누이라고 하였다고 했다. 또 다른 주석에서는 마르얌의 형제 이름이 하룬이었다[192]고 한다. 만일 마르얌이 미리암이라면 하룬(아론)의 누이가 되겠지만 꾸란에서 마르얌은 이싸의 어머니이다. 이 부분을 좀 더 명확하게 알아보기 위하여 수라 66장 12절을 살펴 보니 이므란의 딸, 마르얌(Maryam ibnat 'Imrān)이란 말이 나온다. 이 구절에 대한 꾸란 주석들은 이므란이 누구인지는 설명하지 않는다.[193]

성경은 출애굽기에서 모세(Moses)의 아버지는 아므람(Amram, 출 2:1-2)이고 모세의 누이는 미리암(Miriam, 출 15:20), 모세보다 3살 위의 형은 아론(Aaron, 출 6:20)이라고 했다. 꾸란 66장 12절의 내용은 아래와 같이 이싸의 어머니 마르얌에 대한 기사인데, '이므란의 딸, 마르얌'이라고 한 것으로 보아 꾸란이 모세의 누이 미리암과 이싸의 어머니 마리아를 서로

---

191) 꾸란에서 이 단어는 알라에게 사용되지 않고 무슬림이 '쌀리흐'가 되어야 한다는 말이 나오는데 그 말은 선행을 하고 다른 사람에게 해를 끼치지 않는 사람이고 아랍어 성경에서는 하나님이 쌀리흐라고 하면 하나님이 '흠이 없고 최고로 완전한 분'이라는 뜻이다. 바나바가 착한 사람(쌀리흐)이라고 행 11:24에서 말하는데 '최고 수준의 가치와 장점'을 가진 사람을 가리킨다.

192) M. A. S. Abdel Haleem, *The Quran*, 192.
『꾸란 주석』 19:28 , http://quran.al-islam.com/Tafseer/DispTafsser.asp?nType=1&bm=&nSeg=0&l=arb&nSora=19&nAya=28&taf=TABARY&tashkeel=0

193) 이싸의 할머니 즉 이므란의 아내는 꾸란에 그 이름이 안 나온다. 무슬림 전승에서는 한나가 이므란의 아내라고 한다. 그녀는 파쿠드(Fākūdh)의 딸이다. 한나는 마르얌을 낳고 마르얌은 이싸를 낳는다. 다른 계보에 의하면 이므란은 이쉬바으('ishbā')와 마르얌(maryam) 두 딸이 있었는데 이쉬바으는 야흐야(요한)를 낳았고 마르얌은 이싸를 낳았다고 한다(H. A. R. Gibb and J.H. Kramers, *Shorter Encyclopaedia of Islam*, 329).

혼동하고 있는 것이 분명하다.

『성꾸란』의 또 다른 번역 오류로, '칼리마 민 알라'(kalimah min allāh)를 '하나님으로부터의 한 말씀'이란(86, 각주 39-2) 뜻으로 번역하여, 본질적으로 아랍어 꾸란 원문의 의미를 왜곡하고 있다. 원래 꾸란 원문에서 칼리마 민 알라(kalimah min Allāh, 수라 3:45)는 하나의 칼리마(kalimah〈a word〉, 하나의 메시지)라는 부정관사로 쓰여 성경 요한복음 1장의 "태초에 그 말씀(ho logos〈the Word〉)이 계시니라"에 나오는 '그 말씀'과는 다르다. 성경의 로고스는 신(god)이 아니고 신성(divine)도 아니고 하나님(God)이시다. 로고스는 영원하고, 하나님(아버지)과 관계를 갖고[194] 있으므로 꾸란의 칼리마와 성경의 알칼리마는 서로 다르다. 꾸란에 나오는 '칼리마'는 알따바리 주석에서 알라로부터 온 메시지(risālah min Allāh) 혹은 알라에게서 온 소식(khabar min 'indahu)이라고 하였다. 또 꾸란 4장 171절에 나오는 그의 칼리마(kalimatuhu)는 알따바리 주석에서 '알라가 천사에게 명했던 메시지'를 가리킨다고 풀이한다.[195] 결국 이 꾸란 구절에서도 칼리마는 말씀이 아니고 메시지이며 수라 3장 45절과 다르게 여성 명사이다. 여성명사라는 말은 '알라'가 아니고 피조물이란 뜻이다. 여기서 알라가 천사에게 준 메시지는 마르얌이 아들을 낳는다는 기쁜 소식이었다. 그러나 수라 3장 39절에서 "그가 미흐랍(기도하는 방향으로 향한 기도처)에서 기도하고 있었을 때 천사들이 그를 불렀다. '알라가 너에게 야흐야를 주시어서 알라로부터 온 칼리마를 확증하게 하시고 그는(야흐야) 고귀하고 순정하며 선행을 할 예언자이다."라고 한다. 이 구절에서는 '칼리마'가 '이싸'의 별칭이

---

194) John F. Walvoord and Roy B. Zuck, *The Bible Knowledge Commentary* (Wheaton: Victor Books, 1984), 271.
195) 『꾸란 주석』 4:171, http://quran.al-islam.com/Tafseer/DispTafsser.asp?nType=1&bm=&nSeg=0&l=arb&nSora=4&nAya=171&taf=TABARY&tashkeel=0

되고 있어 결국 '칼리마'는 요한복음의 '로고스'를 가리키지 않는다. 아랍학자들은 요한복음의 로고스는 언제나 남성명사로 써서 다른 것들과 구별하였다.[196] 헬라어 로고스는 '마음이 표현하려는 커뮤니케이션'(word) 혹은 '하나님의 독립적이고 인격화된 표현'(logos)의 의미를 가지므로[197] 꾸란 주석가들은 '칼리마'를 '커뮤니케이션의 의미로서 한 말'을 가리킨 것으로 보인다.

---

196) George shehatah qanawati, *Al-Masīhiyyah wa- al-Hadārah Al-arabiyyah* (Cairo: Dar al-Thaqafah, 1992), 39.
197) Frederick William Danker, *A Greek-English Lexicon of the New Testament and other Early Christian Literature*, 599-601.

제3장

성경의 하나님은 누구인가?

　이슬람의 신 개념을 무함마드의 알라 개념 그리고 무함마드 이후의 세대를 거치면서 이슬람의 신 개념이 어떻게 변화하였는지를 알아보았다. 이슬람에서 단일신론으로 발전한 것은 무함마드 자신에 의한 것이다. 메카의 전반기에 단일신론이 언급되고 메카의 후반기에 단일신론이 완성되었다. 오늘날 무슬림들은 유대교나 기독교의 신앙을 업데이트하고 완성하고 더 앞지른 것이 이슬람이라고 한다.[1]

　무함마드는 모세가 금송아지 신상을 파괴한 것처럼 꾸란에서 자신은 카아바의 우상들을 없앤 사람으로 부각시켰고, 무함마드는 무사(모세)가 불타는 나무(수라 20:10-15) 아래에서 소명을 받은 이야기에 자신을 투사하여 오직 한 분의 알라만이 존재한다는 것을 선포하는 것이 그의

---

1) Paul T. Martindale, *Reaching Muslims in America with the Gospel* (Gordon-Conwell theological Seminary, 2006), 13.

소명이라 믿었다. 무함마드는 자신의 소명을 모세의 소명에 비추어 이해한 것이다. 그는 자신이 모세오경에 의존하고 있다는 사실을 표현하려 했고 그가 선포하고자 하는 알라는 이브라힘의 하니프를 이어받는다고 생각한 것이다. "신은 하나다, 살아 계신다, 하늘과 땅의 창조주, 용서하시고 자비를 베푸신다, 찬미 받으실 분이다, 예언자들을 보내셨다, 죽은 자를 살리신다"고 하는 점에서는 성경의 하나님과 꾸란의 알라가 유사점이 있으나 차이점도 있다.[2] 이슬람교에서는 일반 '계시' 차원의 알라의 일하심(work)을 인정하지만 이것이 결코 성경에서 말하는 구원의 계시 차원으로는 수용할 수 없다. 성경의 계시와 꾸란의 '계시' 개념이 다르기 때문이다.

1. 하나님의 이름

누가복음의 주기도와 마태복음에 나오는 '우리 아버지'는 아람어 아바(abba)의 적절한 번역이다. 이 어휘는 연장자(superior)를 존경하는 마음으로 호칭할 때 그리고 이 어휘를 사용하는 사람과 호칭되는 사람 사이에 깊은 인격적 관계를 나타낼 때 사용되었다.[3] 그러나 하나님을 아버지라고 부르는 이 호칭은 지난 50여 년간 서구교회에서 이슬람 측의 입장을 자주 검토하는 계기가 되었다. 그 이유는 만일 알라를 '아버지, 나의 아버지, 우리 아버지'라고 하면, 이슬람 입장에서는 인간의 용어를 써서 알라를 호칭하는 말이 되므로, 이슬람에서는 이것이 우상 숭배로 몰아가게 하는 위험이 있다고 보기 때문이다. 알라는 알라이니

---

[2] George shehatah qanawati, *Al-Masīhiyyah wa- al-Hadārah Al-arabiyyah*, 26-31.
[3] Kenneth E. Bailey, *Jesus Through Middle Eastern Eyes*, 98.

인간의 용어를 사용하여 묘사해서는 안 된다고 하였다. 알라의 99가지 이름 중 96개가 형용사이므로, 이들 형용사를 써서 알라를 호칭할 수 있으나 은유(metaphor)는 아니라[4]고 했다. 알라는 자비로운(rahman), 자애로운(rahīm), 모든 것을 다 아는('alīm) 자이고 '아버지'는 아니라고 못 박았다.

이에 반하여 성경에서 하나님의 이름은 하나님 본질의 요약이었다.[5] 가장 간략히 말한다면, 하나님의 이름은 인간들이 하나님과 의사소통을 가능하게 하는 즉 하나님께 다가갈 수 있는 접촉점이었다. 하나님은 모세에게 말씀하셨고(출 3:1-22) 모세는 하나님의 이름을 처음으로 들었다. 다른 말로 하면, 모세가 하나님의 이름을 몰랐다면 하나님과 의사소통할 수 없었을 것이라고 가정할 수 있다.[6] 결국 성경에 계시된 하나님의 이름으로 인하여 그분의 성품을 더 잘 알 수 있으므로, 구약과 신약에 나오는 하나님의 호칭들을 모두 살펴보고자 한다.

1) 구약의 신 개념

하나님이 자신을 스스로 묘사하기 위하여 붙인 명칭이 하나님의 이름들이므로 여호와의 이름을 부르는 것은 그분을 예배하는 것이었다(창 21:33). 구약에 하나님의 이름으로 사용된 어휘들은 엘로힘, 야웨, 엘, 아도나이 등이 있다.

(1) Elohim(אלהים)

엘로힘(elohiym)은 하나님, 신들, 재판관들, 천사들을 의미하는 남성

---

[4] Ibid., 98.
[5] Ibid., 108.
[6] Ibid., 108.

복수 명사이다. 구약에 2,600번 이상 나오고 이 단어는 한 분의 하나님(창 1:1)으로서 하나님의 독특한 이름 여호와(yehowah, 창 2:4; 시편 100:3)와 짝을 이룬다. 이 단어가 하나님의 총체적 호칭으로 쓰이면 성경에서는 하나님은 창조주(창 5:1), 왕(시 47:7), 재판관(시 50:6), 주(시 86:12), 구주(호 13:4) 등의 의미를 갖는다. 엘로힘의 성품(character)으로는 자애로우시고(신 4:31), 은혜로우시며(시 116:5) 그의 언약에 신실하시다(신 7:9). 가끔은 이 단어가 다곤(삼상 5:7), 바알(왕상 18:24) 등 외국의 신들을 가리킨다. 그리고 재판관들(출 22:8), 천사들(시 97:7)을 가리키기도 한다. 이 단어의 형태가 복수형이지만 단수형처럼 자주 사용되는데 창세기 1장 1-31절과 출애굽기 2장 24절에서도 단수형 동사와 함께 사용된다. 이 명사가 복수형으로 사용되면 하나님의 능력이 충만하다는 것을 의미하고, 하나님의 왕으로서의 통치를 나타내며 삼위일체를 암시하는 말이다(창 1:26). 이 단어의 축약형은 엘(el)이고 단수형은 엘로아(eloah)이다.[7]

(2) 티(אל)

하나님, 신들, 힘센 자(mighty), 영웅을 의미하는 남성 명사이다. 이 단어는 하나님, 신, 신성을 나타내는 가장 오래된 단어들 중의 하나이다. 창세기, 욥기, 시편 그리고 이사야에 자주 나타나고 힘센 자의 의미로 쓰인 곳은 욥기 41장 25절과 미가서 2장 1절이다. 이 단어는 가끔 다른 신들(출 34:14; 신 3:24; 시 44:20; 말 2:11)을 가리킬 때 사용되고 가장 자주 쓰이는 의미는 한 분의 참 신(시 5:4; 사 40:18)이란 뜻이다. 문맥에 따라서 다양한 신성(deity)의 의미를 갖는다. 가장 흔한 의미로는 인간과 대조적으로 거룩하신 하나님(호 11:9), 높으신 하나님(창 14:18; 16:13; 겔 28:2),

---

7) Warren Baker & Eugene Carpenter, *The Complete Word Study Dictionary, Old Testament* (Chattanooga: AMG Publishers, 2003), 54.

주(Yahweh, 창 33:20; 사 40:18) 등이다. 하나님 혹은 신의 의미로 쓰인 곳은 출애굽기 34장 14절, 신명기 32장 21절, 미가 7장 8절이고 이스라엘의 하나님의 의미로 쓰인 곳은 민수기 23장 8절, 시편 118편 27절이며 그냥 하나님의 의미로 쓰인 곳은 욥기 5장 8절에 나온다. 이 단어는 속성을 나타내기도 하는데 신들 중의 하나님(시 50:1), 베델의 하나님(창 35:7), 용서하시는 하나님(시 99:8)으로 나온다. 그 밖의 중요한 의미로는 우리와 함께 하신다는 의미로서 임마누엘(사 7:14), 우리 구원의 하나님(사 12:2), 은혜로우신 하나님(느 9:31), 질투하시는 하나님(출 20:5, 34:14)이고 하나님이 가까이 있다는 의미로서 하나님의 손 안에(욥 27:11)라는 표현이 있다. 인간에게 엘[El]이 사용되면 힘 있는 사람(겔 31:11), 힘센 남자들(욥 41:25), 힘센 전사들(겔 32:21)의 의미이다. 자연을 가리킬 때도 쓰이는데 높은 산들(시 36:6), 높다란 백향목(시 80:10; 사 14:13) 등이다. 또 다른 어휘와 같이 쓰이기도 하는데 엘 샤다이(el shaday〈전능하신 하나님: 창 17:1; 28:3; 출 6:3〉), 엘 엘룐(el elyon〈가장 높으신 하나님: 창 14:18,19; 시 78:35〉) 등이 있다. 특히 손(yad)이란 어휘와 같이 쓰이면 이 단어는 힘, 능력(창 31:29; 신 28:32)을 의미한다.[8]

(3) 야훼(יהוה)

하나님을 의미하는 명사이다. 이스라엘 하나님의 고유 명사를 가리킨다. 야훼는 모세에게 그의 자신을 계시하셨다(출 6:2,3). 신의 이름은 성스러움에 대한 존경으로서 전통적으로 발음되지 않았다(출 20:7; 신 28:58). 문예 부흥 때까지 이 단어는 모음이 없이 구약의 본문대로 야훼로 쓰였다. 그러나 아도나이(adonay)에 포함된 모음으로 인하여 이 단어의

---

8) Ibid., 50-51.

발음을 재구성할 소망을 갖게 되었다.9) 이 단어의 정확한 발음은 확실하지는 않으나 대부분의 학자들은 이 단어의 근원은 하나님이 존재하다 즉 I Am that I Am(나는 스스로 있는 자니라, 출 3:14)이라는 문맥에서 이해하였다. 요한계시록 11장 17절에서 말한 것처럼 "지금도 계시고 전에도 계시던 전능하신 분, 주 하나님"을 참조한 것이다. 성경에 대한 오래된 번역이나 많은 새 번역들이 이 단어를 대문자로 써서 다른 히브리어 단어들과 구별 지었다. 이 단어는 주로 주(Lord: 창 4:1; 신 6:18; 시 18:31; 렘 33:2; 욘 1:9)라는 의미이고 하나님(God: 창 6:5; 삼하 12:22)의 의미 그리고 여호와(Jehovah, 시 83:18)라는 의미로도 쓰인다. 이 단어가 더 자주 쓰이는 예는 하나님의 구속 사역(redemptive work)과 관련되어 쓰이는 경우이고 가끔은 하나님의 성품을 자세히 묘사하기 위하여 다른 단어들과 함께 쓰이기도 한다.

(4) Adonay(אֲדֹנָי)

남성 명사로 오직 하나님을 가리킬 때만 사용한다. 아돈(adon)이라는 단어의 강세형이다. 아도나이의 본래 의미는 나의 주(창 18:3)라는 의미이고 자주 야훼 대신에 사용된다.10) 유대인들은 신의 이름이 너무 거룩하여 함부로 부를 수 없었다. 이 단어는 하나님이 비길 데 없다는 개념을

---

9) Warren Baker & Eugene Carpenter, *The Complete Word Study Dictionary, Old Testament*, 50-51. 한국의 천주교가 앞으로 공식 전례(典禮)에서 '야훼'를 사용하지 않기로 한 것은 하나님의 이름을 직접적으로 부르지 않겠다는 것이다. 자음으로 이뤄진 이 네 글자를 거룩하게 여긴 유대인들은 이 단어를 발음하지 않았다. 대신 성경에서 이 네 글자가 나오면 '주님'이란 뜻의 '아도나이'(Adonai)라고 읽었다. 전 세계 천주교의 성사(聖事)에 관한 업무를 담당하는 교황청 경신성사성(敬信聖事省)은 훈령을 통해 "히브리말로는 네 글자 YHWH, 라틴 말로는 Dominus라고 표현되는 전능하신 하느님의 이름은 다른 어느 언어로도 똑같은 뜻을 지닌 낱말로 표현되어야 한다"고 밝힌 바 있다.("천주교 '야훼' 단어 사용 않기로", http://news.chosun.com/site/data/html_dir/2008/10/17/ 2008101701605.html)

10) Ibid., 18.

강화하기 위하여 하나님의 이름들과 같이 쓰이기도 한다.

　구약에 등장하는 하나님의 이름들을 고찰한 결과 '엘로힘'은 삼위일체의 의미가 포함되어 있으나 이방신을 가리킬 때도 이 어휘가 사용되었고 '엘'은 신과 하나님이라는 의미 이외에도 자연에 빗대어 높으신 하나님의 뜻으로 쓰였다. 또 이스라엘 백성들은 하나님의 이름을 함부로 부를 수 없어서 '아도나이'에 있는 모음을 '야훼'에 넣어 여호와(jehovah)라는 발음을 만들어냈다. 야훼는 하나님의 구속 사역과 관련되어 더 많이 사용되었다. 꾸란의 알라는 야훼보다 더 비인격적(impersonal)이다.[11]

2) 신약의 신 개념

(1) Theos(θεός)

　그리스 로마 세계에서 이 단어는 인간의 문제들을 특별하게 통제하는 초월적인 존재로서 신, 신성, 여신 등을 기리켰디(행 28:6; 살후 2:4; 행 7:43; 고전 8:4; 갈 4:8).[12] 또 이스라엘과 기독교인의 유일신으로서 하나님을 의미한다(마 1:23; 3:9; 5:8, 34; 막 2:12; 10:18; 13:19; 눅 2:13; 요 3:2; 행 2:22; 갈 2:6; 롬 5:11). 초월적인 신은 아니지만 특별한 존경, 숭배를 받을만하다고 여겨지는 존재나 신을 가리킨다(요 10:34; 빌 3:19; 고후 4:4). 고대 로마에서는 아이들이 그들의 부모를 "테오이"(θεοί)라고 부르기도 하였다.

(2) Kyrios(κύριος)

　소유를 맡은 사람으로서 소유자(마 20:8; 21:40; 막 12:9; 눅 20:13,15; 갈 4:1), 권위 있는 자리에 있는 사람으로서 주인 혹은 주(벧전 3:6; 마 21:29;

---

11) Karen Armstrong, *A History of God* (New York: Ballantine Books, 1993), 153.
12) Frederick William Banker. *A Greek- English Lexicon of the New Testament and other Early Christian Literature* (Chicago: The University Chicago Press, 2000), 450.

막 13:20)를 나타낸다.13) 후자의 예로는 높은 자리에 있는 사람을 가리킬 때 쓰이는 말이며, 세상 사람들과 관련되어 가령 부인과 대조적으로 남편을 가리키기도 한다(벧전 3:6). 그리고 초월적인 존재로서 하나님을 가리킨다(마 5:33; 막 5:19; 눅 1:6; 2:15; 엡 6:7; 히 7:21).

(3) Pater(πατηρ)

이 단어는 생물학적으로는 직계 조상인 부모를 가리키는데, 아버지(마 2:22; 4:21; 8:21, 막 5:40; 15:21; 눅 1:17; 요 4:53; 행 7:14; 고전 5:1)만을 가리키거나 아버지와 어머니 모두를 가리킨다(히 11:23; 엡 6:4). 여러 세대를 걸쳐 거슬러 올라간 조상이나 선조(마 3:9; 눅 1:73; 16:24; 요 8:39,53,56; 행 7:2), 혹은 윤리적이고 지적인 양육을 제공한 아버지(요 8:44), 존경받는 분의 칭호(마 23:9; 행 7:2), 교회에서 연로하신 남자의 칭호(요일 2:13,14) 그리고 신앙이나 전통을 공유한, 돌아가신 존경받는 조상(벧후 3:4) 등을 가리킨다. 또 세상에 존재하는 모든 것을 창조하고 돌보는 일에 책임지는 절대 신의 의미로도 쓰이는데 창조주와 통치자, 인류의 아버지라는 의미로 쓰여 하나님과 인격적인 친밀함이 있음을 나타내준다. 성경에서는 예수님의 말씀에서 아버지를 가리키는 경우(마 5:16; 5:48; 6:4,6,9,18; 눅 11:2), 그리스도인들이 하나님 아버지를 부를 때(롬 1:7; 고전 1:3; 고후 1:2; 갈 1:3; 엡 1:2; 빌 1:2; 골 1:2), 예수 그리스도의 아버지(마 11:27; 20:23; 25:34; 26:29; 22:29)로서, 그리스도인들의 고백에서(롬 15:6; 고후 1:3; 엡 1:3; 골 1:3; 벧전 1:3) 그리고 자주 하나님을 부를 때 사용된다(엡 2:18; 3:14; 5:20; 6:23; 요일 1:2; 2:1; 3:1; 엡 1:17; 골 3:17).14)

테오스는 신, 신성, 여신을 가리키고 테오스(θεος)와 동등한 신의

---

13) Ibid., 577.
14) Ibid., 786-788.

이름으로 구약성경의 엘로힘을 들기도 한다.15) 퀴리오스는 주인 혹은 소유자의 의미이고, 파테르는 조상, 선조, 부모 등의 의미를 갖고 있으나 이 세 어휘의 공통점은 모두가 하나님을 가리킨다는 점이다.

3) 기독교와 이슬람의 신 개념

예수 그리스도를 알지 못하는 모든 사람들에게 하나님의 기쁜 소식(복음)이 속히 전해져야 한다는 측면 그리고 오늘의 선교 현장과 상황 속에 일하시는 삼위일체 하나님을 무슬림들에게 어떻게 전할까를 고려하는 측면에서 신 개념을 살펴보려고 한다. 신구약에 나오는 하나님의 이름들이 모두 공통적으로 유일신 하나님을 가리키지만 각 어휘 안에는 공통된 의미 이외에 서로 변별될 수 있는 다른 의미들을 내포한다.

꾸란의 '알라'를 기독교 '하나님'(God)의 의미로 사용하려는 무슬림들은 이슬람의 알라와 기독교의 하나님의 차이를 주목하지 않았다. 혹 그 차이를 알았더라도 이슬람과 꾸란을 전하려는 이슬람의 전도열은 무슬림들로 하여금 '너의 신과 우리의 신이 하나'라고 기독교인들에게 말하였다. 이런 무슬림들의 태도는 오랜 세월 기독교인들을 만나면서 이슬람 신 개념이 그들의 이슬람 교의학(ilm al-kalām)의 주요 내용으로 굳어져 온 결과이므로 이제 막 한국의 교회들이 이슬람을 배워가면서 무슬림들에게 접근하려고 하는 것과는 이해하는 수준의 차이가 있다.

만일 우리가 이슬람의 '알라'와 성경의 '하나님'을 각기 다르게 호칭한다면 그것은 이슬람의 '알라'와 기독교의 '하나님'의 차이점16)에

---

15) 루이스 벌코프,『조직신학』, 권수경, 이상원 역 (서울: 크리스천 다이제스트, 2000), 242.
   헨리 다이슨,『조직신학 강론』, 권혁봉 역 (서울: 생명의 말씀사, 1997), 77.
16) '앗쌀라무 알라이쿰'이 무슬림들 간의 인사말이라는 것을 알고 있는 기독교인들은 이런 인사말 사용에 주의를 하게 되고, 아랍 기독교인들은 교회에서 이런 표현을 절대 사용하지 않는다. 오늘날 아랍 국가에서 가장 흔하게 쓰이는 인사말은 '마르하바'이다.

더 많은 비중을 두는 것이다. 그러나 만일 한국의 기독교인들이 이슬람의 알라를 하나님이라고 호칭한다면 앞서 고찰한 꾸란의 알라와 성경의 하나님이 갖는 독특성을 간과하게 되고 교회 안에서는 신론에 대한 혼란을 가중시킬 것이다. 아랍 무슬림과 아랍 기독교인들이 '알라'를 신 개념으로 사용하지만 실제 사용하는 측면에서는 무슬림들은 주로 '알라'로 호칭하고 아랍 기독교인들은 주로 '알라 알아압'(하나님 아버지) 혹은 '알랍브 야쑤아'(주 예수)등으로 호칭하여 그 차이점을 부각시킨다.

사실, 말레이시아 정부와 다른 이슬람 국가에서는 기독교인들이 성경을 번역할 때 '알라'라는 단어를 사용하지 말것을 요구하였다. '알라'는 오직 무슬림들만의 용어라는 것이다. 비 이슬람 종교인들은 아래와 같은 어휘들의 사용을 금하라고 말레이시아 셀랑고르(selangor) 주 정부가 1988년 관련 법안을 통과시켰고 뒤이어 말라카(malacca) 등 여러 다른 주에서도 이와 비슷하게 이러한 법안을 통과시켰다.

Allāh(알라), Rasul(메신저), Fatwa(법률적 견해), Wahyu('계시'의 특별한 말들이 직접적으로 전달됨), Imān(믿음), Imam(기도 인도자), Ulama(이슬람 종교학자), Dakwa(포교), Nabi(예언자), Hadith(무함마드 언행록), Syariah(이슬람 법), Injil(복음), Ibadah(예배), Qiblat(기도 방향), Salat(기도), Kābah(카아바), Haj(순례), Kadi(종교관련 판사), Mufti(꾸란에 근거하여 이슬람법적 견해를 내놓는 이슬람법 학자), Subhan Allāh(알라를 찬미한다), Alhamdulillah(알라에게 감사한다), LailahaillAllāh(알라 이외에 신이 없다), Allāhu akbar(알라는 위대하다) 등이다.[17]

---

17) Woodberry J. Dudley, "*Contextualization among Muslims Reusing Common Pillars*", International Journal of frontier Missions, Vol 13:4, 173.

기독교인의 상황화를 막으려는 말레이시아의 위와 같은 특정 어휘 및 표현법 사용 금지 법안은 역사적인 사실을 외면한 매우 부적절한 법안임에 틀림없다. 만일 이런 어휘들의 일부가 아람어에서 왔고 무슬림들이 이들 어휘들을 사용하기 전에 이미 아랍 기독교인들이 사용하고 있었다는 것을 그들이 알았더라면 그런 금지 법안을 통과시킬 수 없었을 것이다.

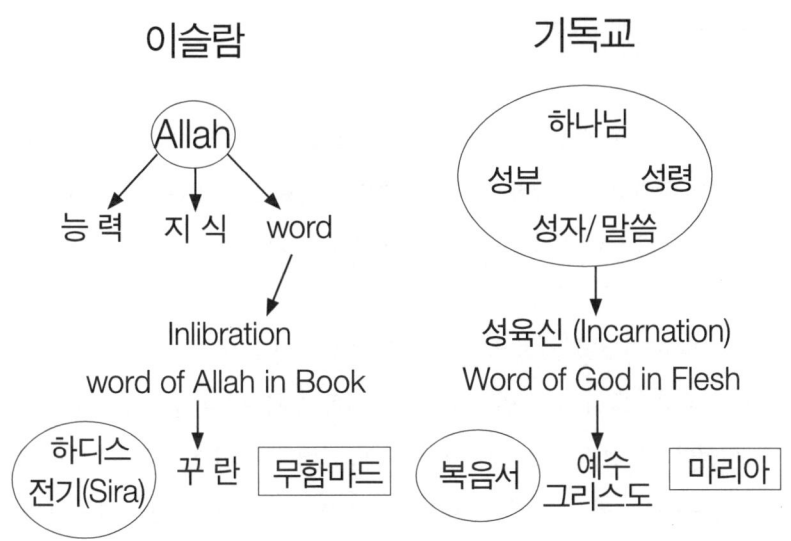

이슬람과 기독교

우리가 텍스트 간의 연구에서는 성경과 꾸란의 신 개념이 다르다고 하였으나 실제 복음을 전하는 사람들에게는 무슬림들과 어떻게 이 문제를 풀어가야 하는지가 주 관심사였다. 꾸란의 알라와 성경의 하나님이 신학적으로, 문헌적으로, 사회문화적으로, 텍스트 측면에서 서로 다르다고 할지라도, 선교적인 측면에서는 그들 간의 공통분모를 찾아 접근해야 한다.

예를 들면 이슬람 초기, 아랍 기독교인들은 무슬림들의 꾸란 속에 나오는 용어와 동일한 어휘들을 사용하였다. 무슬림들 역시 이미 꾸란 본문을 통하여 기독교인과 어떻게 논증할지를 다음 꾸란 구절에 기록하고 있다.

(무슬림들아) 부당하게 행동하는 사람을 제외하고 경전의 백성과 가장 좋은 방법으로 논의하라. 말하라. 우리에게 내려온 것과 너희에게 내려준 것을 우리가 믿는다. 너희의 일라흐와 우리의 일라흐가 같은 분이다. 우리가 그에게 복종한다(수라 29:46).

말하라. 경전의 백성들아, 우리 모두에게 공통적인 진술에 이르도록 하자. 우리는 알라만을 예배하고 알라의 자리에 뭔가를 두지 않으며 우리 중 어느 누구도 알라 이외의 다른 것을 주님으로 모시지 않는다(수라 3:64a).

위 꾸란 구절들을 보면 무슬림들은 기독교인들과 같은 신을 섬긴다고 말한다. 무슬림들이 이 표현을 쓴 것은 기독교인들을 이슬람으로 회유하기 위함이었다. 또 기독교인들이 알라 이외에 예수 그리스도를 알라 자리에 놓는 것을 보고서 그렇게 하지 말고, 이슬람의 단일신론에 합류하자고 권고하는 내용이다. 기독교인들과의 토론은 가장 좋은 방법을 찾아서 하라고 꾸란은 무슬림들에게 권한다. 이슬람을 전하기 위하여 꾸란에서 이미 공통점을 강조하고 있었다. 기독교인들도 무슬림들에게 복음을 전할 때, 이런 공통점을 찾아야 하는데 사도 바울이 그런 예를 잘 보여주고 있다. 사도 바울은 아레오바고에서 희랍 청중들에게 말하면서 테오스(theos)라는 어휘를 '알지 못하는 신'에게 사용하고 예수 그리스도를 부활하신 하나님을 가리킬 때 사용하였다. 물론 '테오스'(theos)는 다른 문맥과 상황에서 남신이나 여신을 포함하여 신 혹은 신들을 가리키는 말이기도 하다. 바울은 그가 생각하는 하나님의 개념과 다신 숭배하는 희랍인들(pagan Greeks)이 갖고 있는 하나님의 개념 사이에 공통점이 충분하다(행 17:23-24; 30-31)고 믿었다.

이슬람권 선교에서 공통점을 찾아야 하는 또 다른 증거로는, 오늘날 무슬림들이 예수 그리스도를 영접하고 나서 그가 예수 그리스도를 구주로 영접하기 전의 체험과 그 뒤를 물어보면 신 개념에 대한 지식에서 연속성(continuity)이 있다고 한다. 『감히 내가 그를 아버지라 불렀다』(I Dared to Call Him Father)라는 책을 쓴 빌퀴스(Bilquis)는 비연속성보다 연속성이 더 많다[18]고 하였다. 그러나 꾸란의 알라와 성경의 하나님 사이에 공통점이 많으므로 얼른 기독교 하나님과 이슬람의 알라가 동일하다고 말하려는 함정에 빠져서는 안 된다.[19] 성경 말씀을 무슬림들에게 전하기 위하여 성경의 어휘들을 이슬람 상황에 맞게 잘 상황화하려면 꾸란의 어휘와 성경의 어휘 간의 공통점과 차이점을 찾아보고 그 공통분모가 서로 교환하여 사용하기에 충분한가도 살펴봐야 한다.

2. 하나님의 성품

지금까지 우리는 이슬람과 기독교의 신 개념을 파악하기 위하여 이름들을 중심으로 살펴보았다. 이 장에서는 하나님의 성품(nature), 곧 하나님의 본질과 속성(attribute)을 살펴 이슬람의 알라와 기독교 하나님의 성품을 비교하고자 한다.

---

18) Colin Chapman, *Cross and Crescent*, 245.
19) Ibid., 279.

1) 하나님의 속성

본질(essence)[20]은 본체(substance)[21]를 본래 있던 대로 만드는 속성들의 집합이다. 속성들은 하나님의 존재 안에 포함되어 있는 특성들이다.[22] 사실 본질이 없으면 속성이 있을 수 없다. 하나님의 속성들은 하나님의 존재 안에 내재하고 있으며 그것과 더불어 공존하는 하나님의 본질적인 성질들이다.[23] 우리가 하나님의 성품(character)에 대하여 말할 때 성경이 가르치고 있는 모든 것을 언급할 수는 없다. 우리는 하나님의 성품 중 어느 한 측면을 먼저 다루고 그 다음에는 무엇을 다룰지를 결정할 필요가 있다. 사실, 하나님의 속성을 분류하는 방법도 학자마다 다르다.[24] 본서에서는 가장 흔한 분류 방법인 하나님의 공유적 속성(communicable attributes: 하나님이 우리와 의사소통 하는 속성)과 비공유적 속성(incommunicable attributes: 하나님이 다른 이와 의사소통 하지 않는 속성)으로 나누어 설명하고자 한다.

비공유적 속성들로는 영원성(eternity: 하나님은 영원히 존재하신다), 불변성(unchangeableness: 하나님은 변하지 않으신다), 편재성(omnipresence: 하나님은 어디나 계신다) 등이고, 공유적 속성들로는 사랑(하나님은 사랑이시므로 우리도 사랑할 수 있다), 지식(knowledge: 하나님은 지식을 가지고 계시므로 우리도 지식을 가질 수 있다), 자비(하나님은 자비로우시므로 우리도 자비로워야 한다),

---

20) In philosophy, essence is the attribute or set of attributes that make an object or substance what it fundamentally is, and which it has by necessity, and without which it loses its identity ("Essence", http://en.wikipedia.org/wiki/Essence).
21) essence는 희랍어이고 substance는 라틴어이어서 이 둘 사이의 구분이 쉽지 않다.
22) 루이스 벌코프, 『조직신학』, 236.
23) Ibid., 236.
24) 헨리 다이슨은 하나님의 본질(영성, 자존성, 무변성, 영원성), 하나님의 속성(비윤리적 속성, 윤리적 속성)으로 나누고 비윤리적 속성에는 편재성, 전지성, 전능성, 불변성을 포함시키고, 윤리적 속성에는 거룩, 의로움과 공의, 선하심, 진리성을 다루었다(헨리 다이슨, 『조직신학 강론』, 8-9).

정의(하나님은 공의로우시므로 우리도 정의로울 수 있다) 등이 있다.[25]

(1) 비공유적 속성

하나님의 비공유적 속성에는 독립성, 불변성, 영원성, 편재성, 유일성 등이 있다. 첫째, 독립성(independence)은 하나님은 무엇인가를 위하여 우리나 다른 피조물을 필요로 하지 않는다는 것이다. 우리와 다른 피조물은 하나님께 영광을 돌리고 그를 기쁘게 할 수 있다. 하나님의 이런 속성은 가끔은 자존성(self-existence or aseity)이라 불린다.[26] 성경은 여러 곳에서 하나님이 존재하기 위하여 혹은 다른 목적으로 피조물을 필요로 하지 않는다. 하나님은 인간으로부터 그 어떤 것도 필요로 하지 않는다. 독립적인 하나님은 자신 안에서 독립적일 뿐만 아니라, 모든 피조물이 하나님을 의존하게 한다. 이런 하나님의 독립성은 여호와라는 이름 속에서 표현된다. "아버지께서 창세 전부터 나를 사랑하시므로 내게 주신 나의 영광을 저희로 보게 하시기를 원하옵나이다"(요 17:24b). 창세 전에 아버지와 아들 사이에 사랑과 커뮤니케이션이 있었다. 삼위일체의 위격들 사이에 영원토록 완전한 사랑과 교제와 커뮤니케이션이 있다. 삼위의 한 분 하나님은 창세전에 하나님이 홀로 외롭지 않았고 피조물과 교제도 원하셨던 것은 아니다.[27]

둘째, 불변성(immutability)은 하나님의 존재, 완성(perfections), 목적, 약속에서 하나님은 불변하시다는 것이다. 그러나 상황이 달라지면 하나님의 반응도 달라진다. 하나님은 그의 목적에서 불변하시다고 했는데 하나님이 그의 백성들을 심판하시겠다고 하였다가 기도나 사람들이

---

25) Wayne Grudem, *Systemic Theology* (Grand Rapids: Zondervan Publishing House, 1994), 156.
26) Ibid., 160.
27) Ibid., 161.

회개하면 심판을 하지 않으시는 것은 하나님이 불변하시다고 말할 수 있는가? 모세의 기도로 이스라엘 백성들의 파멸을 막을 수 있었던 것(출 32:9-14)이나, 히스기야 생명을 15년 연장하여 주거나(사 38:1-6) 니느웨의 약속된 심판이 백성들의 회개로 불발로 끝난 것(욘 3:4-10) 등 이 모두가 하나님의 목적을 바꾼 것 아닌가? 그러나 어떤 사건이 일어난 그 순간의 상황에 따라 하나님의 태도와 의도가 표현된다는 것을 이해해야 한다. 상황이 바뀌면 하나님의 태도나 의도의 표현이 달라진다.[28] 하나님은 그의 존재와 목적, 약속에서 절대적이고 영원토록 불변하시므로 우리가 무한히 신뢰할만한 가치가 있는 그분을 전적으로 의지하는 것이다.

셋째, 영원성(eternity)은 하나님이 그의 존재에서 순간들의 연속이나 처음과 끝이 없으시다는 것이다. 하나님은 사건을 언제나 동일하게 생동감 있게 보고, 하나님은 제때에 그 사건을 보고 제때에 행동하신다. 가끔 이 속성은 시간의 관점에서 하나님의 무한성(infinity)이라고도 한다. 무한하다는 것은 제한이 없다는 말이다. 이것은 시간이 하나님을 제한하지 않는다는 뜻이다. 이 속성은 하나님의 불변성과 관련되는데 하나님이 변하지 않으시고 시간은 하나님을 변화시키지 못한다. 시간은 하나님의 존재, 완성, 목적, 약속에 영향을 주지 못하고 하나님의 지식에도 영향을 주지 못한다. "영원부터 영원까지 주는 하나님이시니이다"(시편 90:2b). "아브라함이 태어나기 전부터 내가 있다"(요 8:58)는 말은 "나는 스스로 있는 자니라"(출 3:14)라는 하나님 이름에 잘 나타나 있다.

넷째, 편재성(omnipresence)은 하나님이 시간이라는 면에서 제한이 없으시고 무한하신 것처럼, 하나님은 공간이란 면에서 제한이 없으시다는 것이다. 하나님의 이런 속성을 편재성이라 한다. 하나님은 크기나 공간적 차원을 갖지 않으셔서 그의 전 존재와 함께 공간의 각 지점에서

---

28) Ibid., 164.

존재하신다. 그래서 하나님은 장소가 다르면 다르게 행동하신다.29) 하나님은 공간의 주인이시고 공간에 의하여 제한을 받지 않으시므로 물질세계의 창조를 위하여 공간을 창조하셨다(창 1:1). "하늘과 하늘 위의 하늘, 땅과 땅 위의 모든 것이 다 주 당신들의 하나님의 것입니다"(신 10:14).

다섯째, 유일성(Unity)은 하나님이 여러 부분으로 나뉘지 않는다는 것이다. 그래서 우리는 다른 시간대에는 하나님이 강조하시는 다른 속성을 볼 수 있다. 이 속성은 하나님의 단순성(simplicity)이라고 불린다. 하나님의 속성들 중 하나를 뽑아 그 속성이 다른 속성들보다 더 중요하다고 할 수 없다. 가령 요한이 "하나님은 빛이다"(요일 1:5)라고 하시고 잠시 후 "하나님은 사랑이시다"(요일 4:8)라고 성경이 기록되었다고 해서 하나님의 일부가 사랑이고 그리고 하나님의 일부가 빛이라는 말은 아니다. 오히려 하나님 자신이 빛이시고 사랑이 하나님 자신이라고 해야 한다. 하나님의 존재가 속성들을 모아 놓은 것이 아니다. 하나님의 속성이 하나님의 실제 존재의 첨가물이 아니다. 사랑과 공의가 수직과 수평으로 그어져 있고 거룩하심과 지혜가 대각선으로 그어져 있는 모습이 하나님의 전 속성의 일면을 설명하는 방식이 되겠다.30) 하나님 자신이 모든 속성 안에서 무한히 완전하신 자로서 단일화되고 완전히 통합된 전인격(whole person)이다.

(2) 공유적 속성

하나님의 공유적 속성은 흔히 다섯 가지 범주로 나뉘는데 다음과 같이 분류된다.31)

① 하나님의 존재를 묘사하는 속성: 영성(spirituality), 눈에 보이지 않음(invisibility)

---

29) Ibid., 173.
30) Ibid., 179.
31) Ibid., 185-186.

② 지적인(mental) 속성: 지식(전지), 지혜, 진실성(truthfulness)
③ 도덕적 속성: 선하심, 사랑, 자비(은혜, 인내), 거룩, 평화(질서), 의(정의), 마음을 씀, 진노
④ 목적의 속성: 의지, 자유, 전능(능력, 주권)
⑤ 요약 속성: 완전, 행복해 하심, 아름다움, 영광

하나님의 공유적 속성은 우리가 인생에서 모방할 수 있다. 본 장에서는 하나님의 존재를 묘사하는 속성과 지적인 속성 그리고 도덕적인 속성과 목적의 속성을 살펴보고, 필요한 곳에서는 꾸란의 알라와 비교한다.

영성(spirituality)은 "하나님은 영이시다"(요 4:24)와 같이 주님이 사마리아 우물가에서 여인과의 말씀에서 나온 말이다. 주님은 참 예배는 장소에 있는 것이 아니라 사람 내부에 있는 영적 조건에 있다고 하셨다. 하나님의 영성이란 말은 하나님은 어떤 물질(matter)로 만들어지지 않은 존재이시므로 우리가 육감으로 하나님을 인식할 수 없고, 다른 어떤 형태의 존재하심(existence)보다도 더 뛰어나시다. 하나님의 존재(being)가 우리와 다르지만 우리가 하나님을 예배할 수 있도록 우리에게 영(spirit)을 주셨다(요 4:24; 고전 14:14; 빌 3:3). 우리는 주님의 영과 연합하고(united, 고전 6:17), 성령이 함께 하시어 우리가 하나님의 가족으로 입양되었음을 증거하시고(롬 8:16), 우리가 죽으면 주님이 계신 곳으로 우리가 간다(눅 23:46; 히 12:23). 하나님이 영이시고 그분의 영적 속성이 우리를 그분과 커뮤니케이션하게 하는 것이다. 그러나 이슬람은 알라가 초월적인 존재이고 알라가 영이 아니어서 인간과 영적으로 커뮤니케이션하지 않는다. 꾸란의 알라는 성경의 하나님보다 더 전능하고 초월적인 신으로서 성경의 하나님과는 동일하게 묘사되지 않는다.[32]

---

32) F. E. Peters, *Islam*, 4.

불가시성(invisibility)은 하나님이 영이시므로 우리는 하나님을 볼 수 없다는 것이다. 하나님이 영적 존재라는 하나님의 총체적인 본질이 우리에게 결코 보여질 수 없게 하지만, 하나님은 가시적으로 창조된 것들을 통하여 우리에게 그 자신을 보여주신다.[33] "본래 하나님을 본 사람이 없으되"(요 1:18a). "이는 아버지를 본 자가 있다는 것이 아니라 오직 하나님에게서 온 자만 아버지를 보았느니라"(요 6:46). "만세의 왕 곧 썩지 아니하고 보이지 아니하고 홀로 하나이신 하나님께 존귀와 영광이 영원무궁토록 있기를 빕니다"(딤전 1:17). "아무 사람도 보지 못하였고 또 볼 수 없는 자시니"(딤전 6:16b). "어느 때나 하나님을 본 사람이 없으되"(요일 4:12a). 그러나 이런 모든 구절들은 사람들이 하나님의 현현(outward manifestation)의 일부를 보았던 사건이 있은 후에 기록되었다는 것이다.[34] 하나님은 모세에게 얼굴과 얼굴을 맞대고 말씀하시고 내 얼굴을 보지 못하리라 말씀하시었으나, 하나님은 그의 영광을 모세 옆을 지나가게 하시고, 그의 등을 보게 하신다. "손을 거두리니 네가 내 등을 볼 것이요 얼굴은 보지 못하리라"(출 33:23). 구약에서 하나님은 전혀 보이시게 하지 않는다고 하시지만 적어도 일부는 인간이 볼 수 있도록 하나님의 현현이나 외적 형태(outward form)를 보여 주신다. 다시 말하면 사람들은 하나님의 영광의 반영은 보았지만 하나님의 본질을 볼 수는 없었다.[35] 꾸란은 알라가 모든 것을 본다(수라 96:14)고 한다.

전지(omniscience), 하나님은 실제 존재하는 것과 지금 일어나는 것이든 앞으로 있을 가능성이 있는 것이든 그 자신과 모든 것을 온전히 아시고 그의 지식은 결코 변하지 않으신다. "지혜가 온전하신 자의 기묘한 일을 네가 아느냐"(욥 37:16b), "모든 것을 아시는 하나님일까 보냐"(요일 3:20b).

---

[33] Wayne Grudem, *Systemic Theology*, 188.
[34] Ibid., 188.
[35] 헨리 다이슨, 『조직신학 강론』, 182.

하나님은 모든 것을 아신다. 우리 각 사람의 세세한 부분도 아신다. "그러므로 저희를 본받지 말라. 구하기 전에 너희에게 있어야 할 것을 하나님 너희 아버지께서 아시느니라"(마 6:8). "너희에게는 머리털까지 다 세신바 되었나니"(마 10:30). 그의 지식이 변하지 않는다는 말은 그의 지식이 무의식 중에 희미해지지 않고 그의 의식에서 항상 현재라는 것이다. 꾸란은 알라가 모든 것을 안다(수라 4:26)고 강조한다.

지혜(wisdom)는 하나님은 가장 좋은 목적들과 이 목적들에 대한 가장 좋은 수단을 선택하신다는 것이다. 하나님이 하시려고 하는 것에 대한 하나님의 결정은 항상 지혜로운 결정이다. 가장 좋은 수단을 통해서 가장 좋은 결과를 가져오게 하신다. 성경은 하나님의 지혜를 여러 구절에서 표현하고 있는데, "지혜로운 하나님께"(롬 16:27a), "하나님은 마음이 지혜로우시고"(욥 9:4a), "지혜와 권능이 하나님께 있고 모략과 명철이 그에게 속하였나니"(욥 12:13). "주께서 지혜로 저희를 다 지으셨나니"(시 104:24b) 등이 있다. 하나님은 무한히 지혜로우시고 우리는 그러하지 못하다. 그러므로 하나님이 하시는 일을 우리가 이해하지 못할 때 그의 지혜에 신뢰하는 믿음이 우리에게 있어야 그를 기쁘시게 한다. 꾸란은 "너의 주님(알라)은 지혜롭고(all wise) 전지(all knowing)하다"고 한다(수라 6:83).

진실성(truthfulness), 신실성(Faithfulness), 하나님의 진실성이란 하나님이 참 하나님이시고 그의 모든 지식과 말씀이 진실되고 진리의 최종 기준이 된다는 것이다. 성경에 계시된 하나님은 참되고 진짜(true or real) 하나님이시고 모든 다른 신들은 우상들이다. "오직 여호와는 참 하나님이시요. 사시는 하나님이시요. 영원한 왕이시라"(렘 10:10a). "영생은 곧 유일하신 참 하나님과 그의 보내신 자 예수 그리스도를 아는 것이니"(요 17:3). 참되신 하나님이 되기 위하여 하나님은 어떠해야 되는가에 대한 완전한 개념을 가지신 분은 오직 하나님 자신이다. 하나님의 존재와 성품이 참 하나님이 어떠해야 되는가에 대한 하나님의 개념과 일치하기 때문에 하나님 자신이 참 하나님이시다. 참되신 하나님이 어떤 분이시어야 하는가에 관하여 하나님 자신이 갖고 있는 그 개념에 대한 반영(reflection)을 우리 마음속에 하나님이 이식하여 주셔서 우리로 하여금 그가 하나님이신 것을 인식하게 한다.36) 하나님이 모든 것을 알고 계시므로 참된 지식의 기준은 하나님의 지식과 일치하는 것이라야 한다. 그리고 하나님의 말씀들은 참된 진리의 최종 기준이다. 이런 하나님의 속성에 따르면 이슬람의 알라는 참된 하나님이 아니고 하나님의 진리의 말씀인 성경이 최종 진리이므로, 성경의 핵심을 부정하는 꾸란은 진리가 아니다. 하나님은 항상 그가 약속하신 것을 행하시므로 우리가 하나님을 의지하는 것이다. "진실 무망하신 하나님이시니 공의로우시고 정직하시도다"(신 32:4b). 하나님의 진실성은 가끔 하나님의 신실성으로 간주되기도 한다. 하나님의 신실성은 하나님이 말씀하신 것을 항상 행하시고 그가 약속하신 것을 이행하신다(민 23:19; 삼하 7:28; 시 141:6). 꾸란은 "알라가 진실을 말한다"(수라 3:95)고 한다.

  선하심(goodness)은 하나님은 선의 최종 기준이 되신다는 것이다. 하나님의 존재와 행하심은 그 자신의 승인(approval)을 받을만하다. 그러므로 하나님이 선의 최종 기준이 된다. "하나님 한 분 이외에는 선한 이가 없느니라"(눅 18:19). "주는 선하시다"(시 100:5). "할렐루야 여호와께 감사하라. 그는 선하시며 그 인자하심이 영원함이로다"(시 106:1; 107:1). 그러면 '선하다'(good)는 무슨 뜻인가? 선한 것은 하나님이 승인하는 것이다. 하나님이 승인하신 것을 우리가 승인하고, 하나님이 기뻐하시는 것에 우리도 기뻐하는 것이다. "하나님이 그 지으신 모든 것을 보시니 보시기에 심히 좋았더라"(very good, 창 1:31). 시편 기자는 하나님의 선하심을 그의 행위의 선하심과 관련짓는다. "주는 선하사 선을

---

36) Wayne Grudem, *Systemic Theology*, 195.

행하시오니"(시 119:68a). 시편 104편은 창조에서 선하신 하나님을 찬양하고 106편과 107편에서는 그의 백성에 대한 하나님의 선하신 행동을 보고 하나님께 감사하고 있다. 하나님은 이 세상의 모든 선의 근원이시다(약 1:17). 하나님의 선하심은 그의 여러 성품과 관련되는데 이들 성품 중에는 사랑, 자비, 인내, 은혜 등이고 가끔은 이들을 독립된 속성으로 분류하기도 한다. 그러나 성경에서 사랑은 매우 독특하므로 별개의 속성으로 다루어 설명하고자 한다. 사실, 고통 중에 있는 사람들에게 선을 베푸시는 것은 하나님의 자비요, 처벌을 마땅히 받을만한 사람에게 선을 베푸시는 하나님은 그의 은혜이며, 상당기간 계속하여 죄를 짓는 사람들에게 선을 베푸시는 것은 하나님의 인내하심이다.

사랑(love)은 하나님이 영원토록 자신을 다른 사람들에게 주신 것이 하나님의 사랑이다. 다른 사람의 유익을 위하여 하나님 자신을 주시는 것(self-giving)이 사랑이다. 이 같은 하나님의 속성은 다른 이의 행복과 선을 초래하기 위하여 자신을 주시는 것이다.[37] "하나님은 사랑이시다"(요일 4:8). 이런 하나님의 속성은 창세 전 삼위일체 사이에 행해졌다는 것을 알 수 있다. "아버지여 내게 주신 자도 나 있는 곳에 나와 함께 있어 아버지께서 창세 전부터 나를 사랑하시므로 내게 주신 나의 영광을 저희로 보게 하시기를 원하옵나이다"(요 17:24). 이는 영원부터 아버지께로부터 아들을 향한 사랑과 영광(honor)을 주시는 것을 나타낸다. "아버지께서 아들을 사랑하사 만물을 다 그 손에 주셨으니"(요 3:35). 이런 사랑은 호혜적이다. "오직 내가 아버지를 사랑하는 것과 아버지의 명하신 대로 행하는 것을 세상으로 알게 하려 함이로라. 일어나라. 여기를 떠나자 하시니라"(요 14:31). 아버지와 아들 간의 사랑은 성령과의 관계를 특징으로 한다. 아버지의 아들에 대한 영원한 사랑, 아들의 아버지에 대한 영원한 사랑 그리고

---

37) Ibid., 198.

아버지와 아들의 성령에 대한 사랑이 천국(heaven)을 사랑의 세계로 만들었다. 삼위일체의 특징이 되고 있는 '자신을 주시는' 일은 하나님의 인간에 대한 관계에서 아주 잘 표현된다. "사랑은 여기 있으니 우리가 하나님을 사랑한 것이 아니요. 오직 하나님이 우리를 사랑하사 우리 죄를 위하여 화목제로 그 아들을 보내셨음이니라"(요일 4:10). 바울은 기록하기를 "우리가 아직 죄인 되었을 때에 그리스도께서 우리를 위하여 죽으심으로 하나님께서 우리에게 대한 자기의 사랑을 확증하셨느니라"(롬 5:8)고 하신다. 요한은 또한 "하나님이 세상을 이처럼 사랑하사 독생자를 주셨으니 이는 저를 믿는 자마다 멸망치 않고 영생을 얻게 하려 하심이니라"(요 3:16)고 강조한다. 바울은 "내가 그리스도와 함께 십자가에 못 박혔나니, 그런즉 이제는 내가 산 것이 아니요. 오직 내 안에 그리스도께서 사신 것이라. 이제 내가 육체 가운데 사는 것은 나를 사랑하사, 나를 위하여 자기 몸을 버리신 하나님의 아들을 믿는 믿음 안에서 사는 것이라"(갈 2:20)고 하여 그리스도의 사랑이 각 개인에게 직접적으로 인격적으로 적용된다는 것을 보여준다. 이는 성부, 성자, 성령이 그의 자신을 우리에게 주셔서 우리에게 참 기쁨과 행복을 가져다주기 위한 목적에서다. 물론 삼위일체의 특징이 되고 있는 '자신을 주시는 하나님'의 의미는 꾸란의 '알라' 속에는 없다.

자비(mercy), 하나님의 자비(긍휼)는 불행과 고통 중에 있는 자를 향한 하나님의 선하심이고, 은혜(grace) 즉, 하나님의 은혜는 벌을 받을 수밖에 없는 자를 향한 하나님의 선하심이며, 인내(patience), 하나님의 인내는 일정 기간 죄를 지은 자의 처벌을 보류하시는 하나님의 선하심이다. 이 세 가지 하나님의 성품은 자주 한꺼번에 언급되는데 구약에서는 "여호와께서 그의 앞으로 지나시며 반포하시되 여호와로라 여호와로라 자비롭고 은혜롭고 노하기를 더디하고(merciful and gracious, slow to anger) 인자와 진실이 많은 하나님이로라"(출 34:6)고 하신다. 이 세

가지 속성이 자주 함께 언급되므로 이들 간에 구별하기 어려울 때가 있다. "다윗이 갓에게 이르되 내가 곤경에 있도다. 여호와께서는 긍휼이 크시니, 우리가 여호와의 손에 빠지고 내가 사람의 손에 빠지지 않기를 원하노라"(삼하 24:14). 또 두 명의 시각 장애인들이 예수님께 자신들의 딱한 처지를 봐 달라고 간청하기를, "예수께서 거기서 떠나 가실 새 두 소경이 따라오며, 소리 질러 가로되 다윗의 자손이여 우리를 불쌍히 여기소서"(마 9:27)라고 한다. 은혜는 하나님 편에서 항상 자유롭게 주어지는데 "여호와께서 가라사대 내가 나의 모든 선한 형상을 네 앞으로 지나게 하고 여호와의 이름을 네 앞에 반포하리라 나는 은혜 줄 자에게 은혜를 주고 긍휼히 여길 자에게 긍휼을 베푸느니라"(출 33:19). 바울은 은혜에 의한 구원은 인간 노력에 의하여 얻는 구원과 반대가 된다고 강조한다. 왜냐하면 은혜는 자유로이 주어지는 선물이기 때문이다. "모든 사람이 죄를 범하였으매 하나님의 영광에 이르지 못하더니 그리스도 예수 안에 있는 구속으로 말미암아 하나님의 은혜로 값없이 의롭다 하심을 얻은 자 되었느니라"(롬 3:23-24). "만일 은혜로 된 것이면 행위로 말미암지 않음이니 그렇지 않으면 은혜가 은혜 되지 못하느니라"(롬 11:6). 바울은 죄의 용서뿐만 아니라 그리스도인의 온전한 삶은 하나님이 끊임없이 부어주시는 은혜의 결과라고 한다. "그러나 나의 나 된 것은 하나님의 은혜로 된 것이니 내게 주신 그의 은혜가 헛되지 아니하여, 내가 모든 사도보다 더 많이 수고하였으나, 내가 아니요 오직 나와 함께 하신 하나님의 은혜로라"(고전 15:10). 하나님의 인내는 전술한 바와 같이 하나님의 자비를 언급할 때 설명된다. 구약에서는 하나님이 노하기를 더디하신다(출 34:6; 민 14:18; 시 86:15; 103:8; 145:8)고 하고 신약에서는 "그의 인자하심과 용납하심과 길이 참으심의 풍성함"(롬 2:4)이라고 한다. 꾸란은 제9장을 제외하고 113장 모두가 "자비롭고 자애로운 알라"의 이름으로 시작한다. 알라의 99가지 이름 중의 하나가 "인내하는 자"이다.

거룩(holiness)은 하나님이 죄와 분리되어 있고 하나님 자신의 영광을 추구하신다는 것이다. 이 속성은 관계(죄와 분리)와 윤리(죄와 악이 없고 하나님 영광을 위하여 선을 추구)라는 두 개의 특징을 갖는다.[38] 구약에서는 성막(tabernacle)의 여러 부분들을 설명할 때 거룩하다(holy)라는 말이 사용되었는데 "그 장을 갈고리 아래 드리운 후에 증거궤를 그 장 안에 들여 놓으라. 그 장이 너희를 위하여 성소와 지성소를 구별하리라"(출 26:33)고 하여, 성소(holy place)와 언약궤(ark of the covenant)가 보관된 지성소는 악과 죄로부터 가장 먼 곳임을 지적한다. 하나님 자신이 가장 거룩하신 분(시 71:22; 78:41; 89:18; 사 1:4)이시다. "서로 창화하여 가로되 거룩하다 거룩하다 거룩하다 만군의 여호와여 그 영광이 온 땅에 충만하도다"(사 6:3). 하나님의 거룩하심은 그의 백성이 따라야 할 모범이 된다. "너는 이스라엘 자손의 온 회중에게 고하여 이르라 너희는 거룩하라. 나 여호와 너희 하나님이 거룩함이니라"(레 19:2). 꾸란에는 인간이 거룩해야 한다는 내용은 없으나[39] 꾸란에서 알라는 거룩하다(수라 59:22-24; 62:1)고 한다.

평화(peace), 하나님의 존재 안에 그리고 그의 행하심 안에 그는 모든 환란과 무질서와 상관없으시다. 하나님의 평화는 질서와 관련되어 하나님이 질서 있고 절제된 행동을 하신다는 것을 보여준다. 하나님은 자신을 평화의 하나님(롬 15:33; 16:20; 빌 4:9)이라고 하시고 갈라디아서 5장 23절에 자기 절제를 성령의 열매로 언급한다. 꾸란에서는 알라가 '살람'(수라 59:23)이라고 하는데 꾸란에서 '살람'은 원래 '흠이나 부족함 없이 온전함'(safety)이란 뜻이고 일반적으로는 '평화'라는 의미이다.

의(righteousness), 공의(justice), 영어에서 Righteousness(의)는 윤리와 신의 법에 따라 행동하여 죄가 없는 것을 가리키고 Justice(공의)는

---

[38] Wayne Grudem, *Systemic Theology*, 201.
[39] S. M. Zwemer, *The Moslem Doctrine of God*, 59-60.

보상이나 벌을 주거나 혹은 충돌하는 주장을 공정하게 조정하여 옳은 것을 유지하는 것을 의미한다. 그러나 신약과 구약에서는 이 두 단어가 같은 어휘 목록에 들어가 있다. 구약의 히브리어로는 쩨덱(tsedek)이고 신약의 그리스어로는 디카이오스(dikaios)이다. 그러므로 이 두 단어는 하나님의 한 가지 속성을 말하는 것으로 이해한다.[40] 하나님의 의로우심은 하나님이 옳다는 것과 맞추어 행동하시고 그 자신이 옳다는 것의 최종 기준이 된다. "그는 반석이시니 그 공덕이 완전하고 그 모든 길이 공평하며 진실무망하신 하나님이시니 공의로우시고 정직하시도다"(신 32:4). 꾸란은 알라가 공의롭다는 말을 어렴풋이 라도 보여주지 않는다[41]고 하나 알라의 99가지 이름 중의 하나가 공의이다.

마음을 씀(jealousy), 영어에서 jealous가 자주 부정적인 의미로 사용되지만 가끔은 긍정적인 의미로도 쓰인다. "내가 하나님의 열심(divine jealousy)으로 너희를 위하여 열심 내노니 내가 너희를 정결한 처녀로 한 남편인 그리스도께 드리려고 중매함이로다"(고후 11:2). 여기서 마음을 쓴다는 하나님의 속성은 자신의 영광을 보호하기 위하여 하나님이 계속하여 추구한다는 것이다. 그러나 사람이 자신의 명예를 구하려고 애쓰기 때문에 자주 부정적인 의미로 사용되었다. 꾸란은 "알라가 가장 좋은 음모가"(the best plotter: 수라 8:30)라고 하면서 인간이 음모가이면 엉뚱한 사람에게 피해를 주는 사기꾼이지만 알라는 마땅히 벌을 받아야 할 사람에게만 벌을 주므로 꾸란 주석가들은 이런 음모는 좋은 것이라고 해설한다. 일부 이슬람 신학자들은 알라의 속성 중 좋은 속성은 무슬림 신도에게 그리고 알라의 나쁜 속성은 이슬람을 믿지 않는 사람에게 해당된다고 한다.[42] 그러나 성경의 하나님은 좋으신 하나님이지 음모가는 아니다.

---

40) Wayne Grudem, *Systemic Theology*, 203.
41) S. M. Zwemer, *The Moslem Doctrine of God*, 49.
42) Ibid., 58.

진노(wrath), 하나님의 진노에 대하여 성경이 말할 때마다 우리는 놀라게 된다. 하나님이 옳고 선한 것은 사랑하시고 그의 도덕적 성품에 맞추어 행하시므로 그의 도덕적 성품에 맞지 않는 일을 미워하시는 것은 놀랄 일이 아니다. 그래서 죄에 대한 하나님의 진노는 하나님의 거룩하심과 공의에 직접적으로 관련된다. 모든 죄를 하나님이 심히 증오한다는 것이 하나님의 진노의 속성이다. "너는 광야에서 네 하나님 여호와를 격노케 하던 일을 잊지 말고 기억하라. 네가 애굽 땅에서 나오던 날부터 이곳에 이르기까지 늘 여호와를 거역하였으되, 호렙 산에서 너희가 여호와를 격노케 하였으므로 여호와께서 진노하사 너희를 멸하려 하셨느니라"(신 9:7-8). 꾸란은 진노하는 알라(수라 58:14; 60:13)에 대하여 언급한다.

의지(will, 뜻), 하나님이 그의 자신과 피조물의 존재와 활동에 필요한 각 행동이 일어나도록 그가 결정하고 승인하는 것을 하나님의 뜻이라고 한다. "하나님의 뜻으로 말미암아"(엡 1:1), "우리 주 하나님이여 영광과 존귀와 능력을 받으시는 것이 합당하오니 주께서 만물을 지으신지라 만물이 주의 뜻대로 있었고 또 지으심을 받았나이다 하더라"(계 4:11). 모든 것이 하나님의 뜻대로 창조되었다. "하나님의 권능과 뜻대로 이루려고 예정하신 그것을 행하려고 이 성에 모였나이다"(행 4:28). 그리스도의 죽음과 관련된 모든 사건들도 하나님의 뜻에 따른 것이다. 꾸란은 알라의 뜻이라면(수라 5:48)이란 말을 자주 언급한다.

전능(omnipotence), 하나님이 그의 모든 거룩하신 뜻을 행하는 것이 전능의 속성이다. "영광의 왕이 뉘시뇨. 강하고 능한 여호와시요. 전쟁에 능한 여호와시로다"(시 24:8). "우리 가운데서 역사하시는 능력대로 우리의 온갖 구하는 것이나 생각하는 것에 더 넘치도록 능히 하실 이에게"(엡 3:20). "너희에게 아버지가 되고 너희는 내게 자녀가 되리라. 전능하신 주의 말씀이니라 하셨느니라"(고후 6:18). 하나님은 전능자이시다. 꾸란은 알라의 전능함(수라 8:10, 67; 9:40; 31:27; 35:28)을 가장 많이 강조한다.

이제까지 성경에 나오는 하나님의 속성에 대하여 자세히 살펴보았다. 이슬람은 알라의 속성으로 전능과 자비, 전지를 강조하고 이들 속성들을 알라가 다른 이와 의사소통 하지 않는 비공유적 속성이라고 하나, 성경은 영성, 불가시성, 지식(전지), 지혜, 진실성, 선하심, 사랑, 자비(은혜, 인내), 거룩, 평화(질서), 의(공의), 마음을 씀, 진노, 의지, 자유, 전능(능력, 주권) 등을 하나님이 우리와 의사소통 하는 공유적 속성으로 분류한다. 이슬람의 알라의 속성과 성경의 하나님과 비교[43]하면 아래와 같다.

알라의 속성(이슬람)	하나님의 속성(기독교)
본질을 정의할 수 없다	본질은 관계 속에서 정의된다
본질이 하나다	본질이 하나다
비인격적이고 알려지지 않는다	인격적이고 알려질 수 있다
속성이 알라의 의지에서 생기다	속성이 하나님의 본성을 구성한다
처벌하고 싶어하다	구원해 주고 싶어하다
알라의 행동은 그의 본성에 따르지 않고 오직 그의 능력에 따른다	하나님의 행동은 그의 본성에 따른다
알라의 약속에 구속받지 않는다	하나님의 약속에 구속받는다
인간 속성의 신 결부는 알라의 본성을 말해주지 않는다	인간 속성의 신 결부는 하나님의 본성을 전해준다
알라의 뜻이 '계시' 된다	하나님의 본성이 계시된다
삼위일체는 다신론이다	삼위일체는 유일신론이다

알라의 속성과 하나님의 속성 [44]

---

[43] Imad N. Shehadeh, "A Comparison and a Contrast between the Prologue of John's Gospel and Quranic Surah 5", 414.
[44] 요 1:18에서 "본래 하나님을 본 사람이 없으되 아버지 품속에 있는 독생하신 하나님이 나타내셨느니라"고 하였다. 이 구절을 문자 그대로 읽으면 하나님을 본 사람이 없다는 말이 된다. 그러나 사 6:5은 "만군의 여호와이신 왕을 뵈었음이로다"라고 말하여 하나님을 뵈었다고 한다. 딤전 1:17은 "만세의 왕 곧 썩지 아니하고 보이지 아니하고 홀로 하나이신 하나님께 존귀와 영광이 세세토록 있어지이다"라는 말은 하나님의 본질은 볼 수 없다(invisible)는 것이다. "아무 사람도 보지 못하였고 또 볼 수 없는 자시니 그에게 존귀와 영원한 능력을 돌릴지어다"(딤전 6:16). 요약하면 하나님의 본질(essential

아랍 기독교인 목회자 아부 요엘은 "이슬람의 알라는 그가 말한 대로 지키지 않고 그의 생각을 바꾼다. 이슬람의 알라는 피조물과 분리되어 있어서 무슬림이 기도를 하더라도 그에게 상달된다고 생각되지 않는다. 알라는 무슬림을 잔나에 보내느냐 마느냐를 결정할 때 그의 속성에 따라 결정하는 것이 아니라 자신의 뜻에 따른다"고 하였다.

알라의 속성과 하나님 속성과의 비교는 영국의 이슬람 학자 케네스 크레그(Kenneth Cragg)의 말을 되새겨 볼 필요가 있는데 "그 문제는 속성이 있느냐 없느냐(whether)가 아니라 그 속성이 어떻게(How) 설명되느냐에 있다"고 하였다. 무슬림과 기독교인 사이의 이슈는 알라와 하나님이 용서하느냐 용서하지 않느냐가 아니라 그가 어떻게 용서하느냐이다. 그리고 그가 '계시'하느냐 안 하느냐가 아니라 그가 무엇을 '계시'하고 어떻게 '계시'하느냐가 문제[45]라고 했다.

콜린 채프먼(Colin Chapman)은 수세기 동안 무슬림들이 기독교의 삼위일체, 그리스도의 신성, 십자가에서 돌아가심, 성경의 진정성에 대하여 초점을 맞추어 공격적인 논증에 힘을 쏟아 기독교 신앙을 공격하였고 가끔은 기독교를 전혀 이해하지 못한 채 논증을 하고 있었다[46]고 하면서, 우리의 신앙을 증거하는 새로운 방법은 이런 전통적인 걸림돌을 한쪽에 제쳐두고, 다음과 같은 두 신앙 간의 공통이 되는 문제에서부터 시작하고 나서, 거기에서부터 차이점을 탐색해 나가자고[47] 하였다.

첫째, 알라와 하나님이 창조주라는 점에서는 공통이나, 하나님은

---

nature)은 아무도 볼 수 없으나 신의 현현(theophany)으로 혹은 인간의 속성의 신결부(anthropomorphism)로 보일 수 있다. 하나님의 내적 본질은 예수 그리스도 안에서만 나타난다(John F. Walvoord and Roy B. Zuck, *The Bible Knowledge Commentary*, 273)

45) Colin Chapman, *Cross and Crescent*, 232 .
46) Ibid., 232.
47) Ibid., 232.

창세기에서 아담과 하와에게 지구(earth)를 돌볼 책임을 주셨고, 꾸란에서는 아담이 알라의 칼리파(대리자)로 부각된다. 창조론에서 무슬림과 기독교인들이 서로 동의하지 못하는 한 영역이 있는데, 그것은 하나님의 형상으로 창조된 인간이란 개념이 꾸란에는 없다. 하나님의 형상은 하나님과의 관계를 이해하는 데 기본이 되고 기독교인들은 인간과 공유적 속성이 없는, 잘 알려지지 않는 신(unknown God)은 예배하지 않는다. 위 개념이 기독교인들에게 중요한 또 다른 이유는 성육신에 대한 우리의 이해를 뒷받침해 주기 때문이다. 물과 기름이 섞이지 않듯이 예수 그리스도의 인성과 신성이 서로 섞이지는 않으나, 인간이 하나님의 형상으로 창조되었다고 믿는다면, 하나님이 성육신을 통하여 그 자신을 계시하셨다고 믿는 것이 합당하기 때문이다.

둘째, 신명기 6장 4절에서 "우리 하나님 여호와는 오직 하나인 여호와시니"라고 하여 우리는 여호와 하나님이 한 분이심을 믿고, 무슬림들은 그들의 신앙고백에서 "알라 이외에는 신이 없다"고 하여 알라가 한 분이심을 믿는다. 그러나 꾸란 29장 46절에서 기독교인과 유대인들에게 무함마드는 "우리의 신과 너희들의 신이 하나"라고 하면서도 수라 5장 73절에서는 "알라가 마르얌의 아들, 알마시흐라고 하는 사람은 카피르"(kāfir)라고 한다. 다시 말하면 이 구절에서 기독교인들은 알라를 믿지 않는 사람이거나 알라를 믿는다고 하면서 이슬람식 기도나 금식을 지키지 않는 사람이라고 규정한다.

셋째, 기독교인들은 모세에게 주신 율법의 계시를 예수 그리스도의 모범과 가르침의 빛에서 주석한다. "본래 하나님을 본 사람이 없으되 아버지 품속에 있는 독생하신 하나님이 나타내셨느니라"(요 1:18). 예수 그리스도는 하나님을 안다는 것으로서 그의 제자들이 갖는 하나님과의 관계를 설명해 주셨다. "영생은 곧 유일하신 참 하나님과 그의 보내신

자 예수 그리스도를 아는 것이니이다"(요 17:3). 그런데 꾸란에서는 "그들 주님의 얼굴을 구하고"(수라 13:22), "알라가 사랑하고 알라를 사랑하는 사람들"(수라 5:54)이라 하므로 인간 속성의 신 결부(anthropomorphic)의 언어로 주석될 필요가 있으나[48] 무슬림들은 인간 속성이 신과 결부된 것으로 이해하지 않는다.

넷째, 꾸란에서는 옳은 일을 하고 인내하는 자는 알라가 사랑하지만, 부패하고 교만하며 악한 자는 알라가 사랑하지 않는다고 말한다. 그러나 신약에서는 성육신의 의미를 "하나님이 세상을 이처럼 사랑하사 독생자를 주셨으니 이는 저를 믿는 자마다 멸망치 않고 영생을 얻게 하려 하심이니라"(요 3:16)고 하여 모든 사람을 사랑하시는 하나님을 잘 보여준다. 성경과 꾸란에서 '사랑'이란 동일한 어휘가 사용된다고 해서 동일한 의미를 갖는다[49]고 할 수 없다. 꾸란에서는 알라가 일정 부류의 사람들은 사랑하고 다른 부류의 사람들은 사랑하지 않는다. 알라는 어떤 사람들을 기뻐하고 다른 사람들은 그가 거부한다고 말한다. 그러나 성경은 모든 사람들에게 하나님의 사랑이 주어지고 하나님이 그 자신을 내어주시며, 하나님이 그 자신을 희생하신다. 성경은 예수 그리스도를 구주로 믿는 자만 구원을 받는다고 가르친다.

2) 아버지, 아들, 성령

삼위일체(trinity) 교리는 하나님의 속성들의 연구와 관련된다.[50] 꾸란의 단일신론적 알라는 기독교의 삼위일체 하나님과 그 속성에서

---

48) Ibid., 236.
49) 아랍어 어휘 '아인'('ayn)은 눈, 샘물, 간첩, 꽃, 상원, 그 자신 등의 의미를 갖는다. 이런 현상을 아랍어로 동음 다의어(ishtirāk lafẓī)라고 한다.
50) Wayne Grudem, *Systemic Theology*, 226.

신학적으로 차별화한다. 이제 기독교의 삼위일체론이 교회사에서 어떻게 정립되었는지를 확인하고 기독교의 어느 이단 사상이 이슬람에 영향을 주었는지를 살펴보려고 한다.

(1) 니케아 공의회

니케아(nicea)에 교회 감독들이 모인 것은 서기 325년이었다. 니케아 공의회에 바레인에서 온 두 명의 비숍과 나즈란에서 온 비숍도 참석하였다. 니케아 회의는 제1차 에큐메니칼 공의회로 알려졌다.[51] 이들은 대부분 헬라어를 사용하는 동방에서 왔으나 서방교회 대표들도 있었다. 기독교 역사상 최초로 교회의 보편성을 증거하는 사건에 이들이 직접 참여하게 된 것이다. 이 회의가 직면한 가장 어려운 문제는 아리우스(Arius) 문제였다. 아리우스는 감독이 아니므로 회의에 참여할 수 없었으나 니코메디아의 유세비우스(Eusebius of Nicomedia)가 그의 입장을 대변하였다. 아리우스 측에서는 말씀(로고스) 혹은 성자가 아무리 위치가 높다고 하더라도 결국은 피조물에 지나지 않는다고 주장했는데 이것이 수많은 감독들로부터 격렬한 분노를 샀다. 로고스가 눈으로 보이는 모든 피조물보다 먼저 창조되었다고 했다. 아리우스는 하나님을 모든 피조물의 최고 존재로 보고 그 증거로 아들 예수가 인간의 육체를 가졌으나 인간의 영혼을 갖지 않았다고 했다. 로고스가 인간 영혼 자리에 들어갔기 때문에 예수는 완전한 인간이 아니었고 또 로고스는 피조물이기 때문에 예수는 완전한 하나님이 될 수 없다[52]고 했다. 메시아의 신성을 부인한 것이다. 아타나시우스는 아리우스를 반대하여 그리스도께서 성부 하나님과 완전히 동일하심을 주장하였다. 본질에서 아버지와 하나라고 했다.

---

51) 이형기, 『세계교회사(1)』(서울: 한국 장로교 출판사, 1994), 288.
52) 김의환, 『기독교회사』(서울: 성광문화사, 1982), 125.

처음에는 어느 편의 교리도 정죄함 없이 화해와 타협을 하려던 감독들이 아리우스 주의를 정죄해야 한다고 확신하게 되었고 마침내 회의는 다음과 같은 신경에 합의하여 아리우스 주의를 명백하게 배격하였다.

> 우리는 전능하신 아버지 하나님 한 분을 믿는다. 그는 하늘과 땅을 창조하신 이요, 보이는 것과 보이지 않는 모든 것을 창조하신 자다. 우리는 한 주 예수 그리스도를 믿는다. 그는 하나님의 독생자다. 즉 그는 성부의 본질로부터 출생하셨다. 그는 하나님으로부터 나온 하나님이시요, 빛으로부터 나온 빛이시요, 참 하나님으로부터 나온 참 하나님이시다. 그는 피조된 것이 아니라 태어나셨다. 그는 성부와 동일 본질을 타고 태어나셨고 하늘과 땅에 있는 모든 것이 그를 통하여 만들어졌고, 그는 우리 인간을 위해서, 무엇보다 우리의 구원을 위해서 하늘에서 땅으로 내려오셨고, 성육신하셨고, 인간이 되셨고, 고난을 받으셨고, 3일 만에 부활하사, 하늘에 올라가셨고, 장차 산자와 죽은 자들을 심판하러 오실 것이다. 그리고 우리는 성령을 믿는다(중략).[53]

이 신경은 그후에 첨가된 부분들과 함께 그리고 마지막 저주의 부분을 삭제한 형태로서 가장 널리 받아들여지고 있는 기독교 '니케아 신경'(Nicene Creed)의 모체를 이루었다. 이 니케아 신경은 서방교회들뿐만 아니라 동방교회 즉 그리스 정교, 러시아 정교 등에서도 인정되었다.

니케아 회의에 참석하였던 감독들은 무엇보다도 성자가 신성에 있어서 성부보다 떨어진다는 개념을 배격해야 했다. 그래서 '동일 본질'이란 용어를 넣어 성자가 성부와 동일한 신성을 지니고 있음을 분명히 하였다.

---

53) 이형기, 『세계교회사(1)』, 291-292. 헨리 채드윅, 『초대교회사』, 서영일 역 (서울: CLC, 1983), 260-261.

그러나 이 구절은 그후 니케아 신경에 대하여 반대를 불러일으키는 주된 원인이 된다. 왜냐하면 이 구절이 성부와 성자 사이에서 일체의 구별을 부인함을 시사해 주기 때문이다.

서방교회 감독들은 이미 터툴리안이 오래 전에 가르친 3위격과 1본질(tres personae et una substantia)이라는 해답을 알고 있었다.[54] 제4차 에큐메니칼 회의가 451년 칼케돈(Chalcedon)에서 소집되었다. 이때는 이미 수세기 전에 나타났던 터툴리안의 주장을 다시 반복한 것으로 '한 위격 안에 두개의 본성이 존재한다'(two natures in one person)는 것이었다. 451년 칼케돈 공의회(Council of Chalcedon) 이후 중동의 기독교인들은 서구인들의 의식 속에서 사라져갔다.[55] 칼케돈 회의의 결의 사항을 요약하면 예수 그리스도는 신성에도 완전하고 인성에도 완전하며 각기 그 성질을 보존한다고 하였다. 이런 신앙의 정의를 받아들인 서방교회 안에서 정통 기독론[56]으로 받아들이게 되었고 이를 거부하게 될 단성론파를 제외하고는 거의 대부분 동방교회도 이를 정통 기독론으로 받아들였다. 어떤 이들은 그리스도 안에서 신성과 인성을 분명히 구별할 것을 주장했는데 이들은 나중에 '네스토리우스파'로 불리게 되었다.[57]

삼위일체 논의에서 니케아 신조(Nicene creed)에 필리오크 구절(Filioque clause)을 삽입한 것이 1054년 결국 서방(로마 가톨릭) 기독교와 동방

---

54) Ibid., 260-261.
55) Kenneth E. Bailey, *Jesus Through Middle Eastern Eyes*, 11.
56) 교회 역사를 보면 정통(orthodox: 올바른 신앙)과 이단(heterodoxy: 공인된 신앙에서 벗어남)간의 나뉨은 반복되고 있었다. 기독교가 로마제국에서 국교가 된 후 아리우스파, 도나티즘, 펠라기우스, 네스토리우스, 단성론자 등 모두가 교리적으로 이단(doctrinally heterodox)이 되었다. 이단 추종자들은 출교되고 박해를 받았다. 그런 분파에 문화적, 종교적, 사회적 요인은 고려되지 않았다. 교회 역사에서 대 분열은 역시 1054년 서방교회와 동방교회가 서로를 신학적으로 비정통이라고 선언했을 때 생겨난 일이었다. 역사는 반복되어 16세기 종교개혁 이후 프로테스탄트와 가톨릭이 서로를 "크리스천"이 아니라고 했다(David J. Bosch, *Transforming Mission* 〈New york: Orbis Books, 1999〉, 421).
57) 이형기, 『세계교회사(1)』, 351.

기독교(러시아 정교회, 희랍 정교회 등)로 분열되는 결과를 낳았다. 필리오크(filioque)는 '그리고 아들로부터'(and from the Son)라는 라틴어이다. 325년 니케아 공의회와 381년 공의회에서는 니케아 신조에 필리오크 구절이 포함되지 않았다. 이 두 공의회의 신조에서는 성령은 '아버지로부터 발출한다'(나온다, proceeds from the Father)고 하였다. 그러나 589년 스페인 톨레도(Toledo) 지역교회 공의회에서 '그리고 아들로부터'(and from the on)를 첨가하였다. 그래서 성령은 '아버지와 아들로부터 방출한다'(proceeds from the Father and from the Son: 요 15:26; 16:7)라고 규정되었고, 1017년 공식적인 인준을 받았다. 그러나 필리오크를 서방교회는 받아들였으나 동방교회는 거부하였다. 교황의 권위에 대하여 동방교회와 정치적 문제와 권력 싸움이 1054년 동방교회와 서방교회를 나눈 주요 교리적 이슈가 되었다.[58]

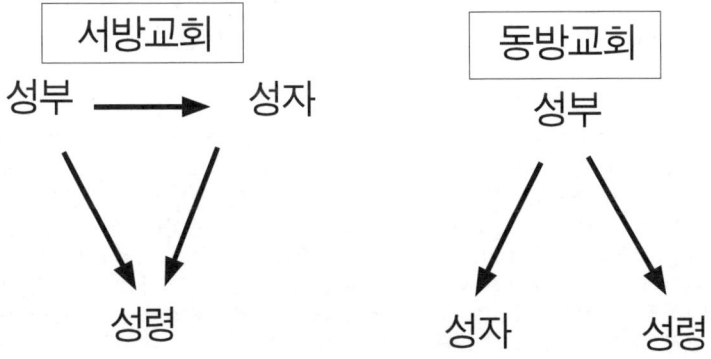

서방교회와 동방교회

---

58) Wayne Grudem, *Systemic Theology*, 246.

삼위일체는 본질적(Immanent) 삼위일체, 경제적(economic) 삼위일체 그리고 사회적(social)삼위일체로 나뉜다.59) 요르단 복음주의 신학교의 크리스 다우슨(Chris Dawson)은 동방교회는 삼위일체에서 본질(jawhar: essence)을 더 강조하였고, 서방교회는 기능(wazīfah: function)을 강조하는 삼위일체론이었다고 한다. 서방교회의 삼위일체간의 구별(distinction)은 우선, 창조 사역에서 각각 서로 다른 기능을 한다고 하였는데, 하나님 아버지는 우주가 존재하도록 창조의 말씀들을 하시고, 영원한 하나님의 말씀인 하나님 아들은 이런 창조의 명령을 수행하였다. 성령 하나님은 그의 창조에서 하나님의 임재를 나타내고 유지하게(sustain)한다. 구속(redemption) 사역에서도 구별된 기능을 하는데, 하나님 아버지는 구속을 계획하시고 그의 아들을 세상으로 보내셨다. 아들은 아버지께 순종하고 우리를 위하여 구속을 성취하셨다. 예수님이 승천하신 후에 아버지와 아들은 우리에게 구속이 적용되도록 성령을 보내셨다.60)

위와 같이 예수 그리스도와 성령에 대한 논의는 기독교 이단들을 낳게 하였고 이단 사상이 이슬람으로 들어갔다. 이슬람이 가장 절친하게

---

59) 첫째, 본질적 삼위일체는 하나님 자신(God in Godself)을 강조하여 제왕적 하나님이 세상과 구분되며, 위로부터 오는(from above) 기독론을 갖고 있고 세상을 부정적으로 보는 영성이다. 복음은 영생의 약속을 강조하므로 선교는 사람들을 하나님과 인격적인 관계를 갖도록 하는데 초점을 둔다. 둘째, 경제적 삼위일체는 우리를 위한 하나님(God for us)을 강조하고 성육신적 하나님이 세상에 관여함을 통한 하나님 계시의 역사에 초점을 둔다. 아래로부터(from below) 오는 기독론을 갖고 세상을 긍정하는 영성이다. 선교는 역사적·문화적 관여와 개인/사회의 변화에 중점을 둔다. 셋째, 사회적 삼위일체는 커뮤니티 안에서 삼위 사이에 흐르는 사랑을 강조한다. 복음은 신적 코이노니아에서 한 몫을 우리에게 주므로 우리를 하나님의 사랑과 서로간의 교제로 이끌어 준다. 선교의 목적은 그러한 커뮤니티를 창조하는 것이다. 역사적으로 복음주의자들은 본질적 삼위일체를, 에큐메니칼 사람들은 경제적 삼위일체를 그리고 급진적 가톨릭은 사회적 삼위일체를 선호하였다. 본질적 삼위일체는 세상의 고통과 불의에 관여하지 않고, 경제적 삼위일체는 하나님의 초월하심을 잃을 수 있고 사회적 삼위일체는 하나님과 인격적인 관계를 갖는 것을 잃을 수 있다. 우리가 삼위일체를 믿는다면 전도, 사회정의 그리고 교회 일치가 서로를 거부해서는 안 된다(Martin Accad & John Corrie, *Trinity*).
60) Wayne Grudem, *Systemic Theology*, 249.

접촉한 것은 비칼케돈(non-Chalcedonian) 교회들이다. 주로 단성론자나 네스토리우스 교회들이었다.[61] 이슬람은 성자 하나님이 피조되었다고 주장하고, 성자와 성부, 성령이 본질에서 하나임을 거절하였으며 꾸란이 말하는 성령의 의미는 성경에서 말하는 성령의 의미와는 전혀 달랐다.

그렇다면 이슬람이 들어온 뒤, 8세기 아랍기독교인들은 어떻게 삼위일체를 설명하였을까? 8세기 말키파(Melkites)[62]의 기독교인이 쓴 "한 분이신 하나님의 삼위일체"를 보면 이슬람의 어휘들을 사용한 것을 볼 수 있다.[63]

아버지와 아들과 루후 알꾸두스(rūh al- qudus)의 이름으로. 한 분이신 하나님이여(Allāhumma) 당신의 자비로 우리가 신실함과 올바름으로 승리하였다…(중략)…. 거룩하다(quddūs) 거룩하다 거룩하다, 땅과 하늘이 그분의 존귀함으로 가득하다. 오직 삼위를 찬양한다. 그리고 한 분 주님으로 끝맺는다. 천사들도 알라와 그의 칼리마와 그의 루후를 찬양한다 (al-malā'ikah yusabbihūna lillāhi wa-kalimatihi wa-rūhihi). 신은 한 분이고 주님은 한 분이시다…(중략)… 하나님이 그의 명령과 빛을 타우라에서 분명히 하셨다. 그리고 선지서와 시편(al-zabūr)과 복음에서,

---

61) Imad N. Shehadeh, "A Comparison and a Contrast between the Prologue of John's Gospel and Quranic Surah 5", 5.
62) 말키라는 말은 시리안어 '말카야(makāyā, 황제의)'라는 단어에서 온 말이다. 아랍어로는 말라키(malakī)라고 부른다. 451년 칼케돈의 신앙을 따르는 사람들로서 콘스탄티노플 황제의 관구와 관계를 가져 '황제의 사람들'로 불리었다. 전에는 동방정교회이었으나 이제는 비잔틴 예전을 갖고 있는 동방 가톨릭교회를 가리키며 특히 동방귀일(uniat or uniate)의 교회로 불렸으나 이런 호칭이 그들을 부정적으로 부르는 말로 간주된다. 현재는 시리아 레바논 등지에 말키 교인들이 있다(공일주, 『아랍교회에 부흥 있으라』〈서울: 예루살렘, 2000〉, 239-240).
63) Margaret Dunlop Gibson(ed. and Trans.), *An Arabic Version of the Acts of the Apostles and the Seven Catholic Epistles, from an Eighth or Ninth Century MS in the Convent of St. Catherine on Mount Sinai*, with a Treatise 'On the Triune Nature of God', *Studia Sinaitica* 7 (London: C.J. Clay and Sons, 1899). 이 글은 시내산 아랍어 번역본 154의 199-1109페이지를 Gibson이 번역하고 편집한 것이다.

알라와 그의 칼리마와 그의 루후는 한 분의 신이고 주님이 한 분(allāh wa-kalimatuhu wa-rūḥuhu ilāhun wāḥid)이시다…(중략)… 그리고 나서 그가 말하였다. 우리가 사람을 우리와 비슷하게 창조하였다…(중략)… 알라와 그의 칼리마와 그의 루후가 하나이고 창조주도 하나이다. 그것은 하늘에 있는 태양계와 태양에서 나오는 광선과 태양에서 나오는 열처럼 말이다. 우리는 태양이 세 개 있다고 말하지 않는다. 태양은 하나이고 이름 셋은 서로 나뉘지 아니한다. 눈과 눈동자와 눈에 있는 빛과 같은 예이다. 우리는 눈이 셋이라고 말하지 않는다. 눈이 하나이고 이름이 셋이다. 마치 나무의 뿌리와 나무의 가지와 나무의 열매와 같다. 우리는 세 나무라 하지 않는다. 그러나 나무는 하나이다.

위 글은 8세기 아랍기독교인이 당시 신 개념에서 난제로 여겼던 삼위일체를 이슬람의 아랍어를 써서 무슬림들에게 설명하려는 시도가 보인다. 글의 내용은 기독교의 삼위일체인데 글에 사용된 어휘와 표현은 기독교인의 용어와 무슬림의 용어가 섞여 있다. 우선 아버지, 아들과 성령으로 이 글이 시작되고 '거룩하다'를 3번 반복하면서 삼위를 암시해 준다. 또 꾸란의 '알라, 칼리마, 루후'는 성경의 하나님, 예수 그리스도, 성령과 다름에도 무슬림의 언어를 사용하고 있다.

아랍어 성경 사본들을 연구한 마크 스완슨(Mark N. Swanson)은 이슬람이 아랍 기독교인들에게 들어오고 나서 기독교인들이 그들만의 독특한 어휘들을 버리고 이슬람의 언어를 사용하자, 아랍 기독교인 자신들이 아랍어 성경을 이해하지 못한 일도 있었다고 한다. 아랍어로 된 성경이 이슬람 이후에 번역되었기 때문에, 신학적 용어들이 아랍어로 확정되기도 전에 아라비아에는 기독교 이단들이 들어오고 있었다.

(2) 아리우스와 네스토리우스

기독교교회는 처음부터 이단들로 인하여 갈등을 겪고 있었다. 그 갈등은 325년 니케아 공의회에서 절정에 다다랐고 교회는 니케아 신조를 공인하고 아리우스를 이단으로 배척하였다. 그런데 일부 아리우스 추종자들이 교회의 이단으로 정죄되자 남쪽으로 이주하여 아라비아에 이르렀다.[64] 그리스도에 대하여 무슬림들과 상당히 가까운 견해를 갖는 사람들이 아리우스파이다. 아리우스는 속성과 위격을 구분하지 못하고 성자는 하나님을 나누게 되고 성육신은 하나님의 본질에 문제를 가져오게 한다고 생각하였다. 그는 유일 신론을 믿고 삼위일체를 받아들이지 않았으며 신학적 문제를 철학적 어휘로 설명했다. 신학자들이 신학적 문제를 표현할 때 애매모호함을 없애기 위하여 더 정확한 철학적 표현에 의지하였다. 알렉산드리아파는 성육신하신 로고스를 퓌시스(physis: 본성)라고 부르고 성육신하신 로고스에게는 본성(nature: tabī'ah)이 하나뿐이리고 하였다.[65] 안디옥파는 성육신하신 로고스가 서로 다르게 행하시는 일하심(work: 'af'āl)에서 이들 간의 차이를 분명히 하는데 관심을 가졌기 때문에 '메시아에는 두 본성이 있다'고 하였다. 이 두 학파가 서로 다른 사실을 표현하고자 한 것이 곧 잘못된 오해를 가져왔다.[66] 그후 성육신하신 한 분의 로고스를 표현하는데 '오끄눔'(oqnūm)이란 단어가 사용되었고 행하시는 일의 원리(mabda' al-'af'al)를 표현하기 위하여 본성(tabī'ah)이란 말이 사용되었다.[67] 신적인 행하심에는 신성(tabī'ah 'ilahiyyah)이 있다고 했고 인간적인 행하심에는 인성(tabī'ah 'insāniyyah)이 있다고 하였다. 그로부터 메시아에는 오끄눔이 하나라고 하여 그가 한

---

64) Daoud Riad Irsaneous, "*Interpreting the Atonement of Christ for Muslims in an Arab Context*", 116.
65) George shehatah qanawati, *Al-Masīhiyyah wa- al-Hadārah Al-arabiyyah*, 40.
66) Ibid., 40.
67) Ibid., 40.

분이심을 표현하고 그가 신적인 일과 인간적인 일을 행하시므로 메시아는 하나님의 아들이고 동시에 인자라고 하였다.

아리우스파는 시리아와 알렉산드리아에서 그 명성을 떨쳤고 특히 여성들 사이에 널리 퍼져갔다. 알렉산드리아에서 시작된 아리우스파는 3세기 말과 4세기 초, 당시 사람들에게 상당히 합리적인 것으로 여겨졌으나 바울의 고린도전서 3장 16절 말씀과는 정면으로 맞서는 이단이었다.

기독론 논쟁의 다음 단계는 네스토리우스(Nestorius)에 의하여 야기되었다. 그는 안디옥 학파의 대표로서 428년 콘스탄티노플의 총대주교가 되었다. 이 총대주교 자리를 둘러싸고 알렉산드리아 사람들이 네스토리우스의 실수를 찾으려 했는데 실제 사건이 터진 것은 네스토리우스가 "마리아는 하나님의 어머니(theotokos)라 불려서는 안 되고 그리스도의 어머니(christotokos)라 불러야 한다"고 선언했기 때문이다.[68] 그런데 논의의 초점은 마리아가 아니라 예수의 탄생을 어떻게 말해야 하나가 문제였다. 네스토리우스는 성육신하신 로고스를 말할 때 그의 인성과 신성을 구별해야한다고 했는데, 이것은 전형적인 안디옥의 입장이었다. 그는 인성과 신성의 명확한 구별을 통하여 예수 그리스도의 완전한 인성을 보전하려했다. 그는 신성이 인성을 완전히 압도하거나 흡수해 버리는 식의 신인 연합을 두려워했다. 그는 두 본성(nature)과 두 위격(person)이 있는데 하나는 신성을 지녔고 다른 하나는 인성을 지녔다고 주장했다. 인간적인 본성과 위격은 마리아로부터 태어났으나 신적 본성과 위격은 그렇지 않다는 것이다. 이 말은 두 분의 메시아 즉 신적인 메시아와 인간적인 메시아가 있는데 하나는 성육신 전에 있었고 다른 하나는 성육신 이후에 있었다고 이해되었다.

---

68) 이형기, 『세계교회사(1)』, 347.

인간 예수와 신적 하나님의 아들 로고스라는 두 위격이 메시아 안에 존재한다고 믿어, 한 분의 신적 위격 안에 참 하나님과 참 인간이 있다는 것과는 다른 방향을 걸어갔다. 성경은 요한복음 1장 34절에서 요한이 예수를 하나님의 아들이라고 증언한다. 구약에서 예언된 다윗 가문의 왕(Davidic king)이 하나님의 아들이요(삼하 7:13), 메시아의 왕(messianic king)은 하나님의 아들이었다(시 2:7). 하나님의 아들이란 칭호는 순종과 메시아의 왕이란 개념을 뛰어넘어 예수의 본성(Essential nature)의 개념을 가리킨다.[69] 그러나 네스토리우스가 사용하는 본성과 인격(nature and person)의 개념이 알렉산드리아와 로마가 사용하는 용어와 달라 그의 주장이 명쾌하게 전달되지 못하였다.[70] 라틴어와 희랍어가 각각 그들의 언어라서, 서로 다른 언어와 문화가 신학적 질문에 대한 서로 다른 오해를 가중시켰다. 이런 갈등의 여파로 네스토리아 추종자들(Nestorians)은 메소포타미아와 페르시아로 피난하였고, 페르시아는 네스토리아교회를 공식석인 기독교로 신인했다. 431년 제3차 에베소(Ephesus) 공의회[71](키릴루스가 회의를 주재함)에서 네스토리우스가 이단으로 정죄된 이후, 메소포타미아 지역에 집중적으로 이주한 네스토리아 교인들의 일부는 비잔틴 제국의 영역을 떠나 아라비아로 이주하였고[72] 네스토리아 선교 활동은 인도(말라바르), 투르키스탄, 티벳, 중국 등지로 퍼져나갔다.

5세기 에티오피아의 교회는 부패되고 성모 마리아와 성인 숭배가 있었으나

---

69) John F. Walvoord and Roy B. Zuck, The Bible Knowledge Commentary, 275.
70) 이형기, 『세계교회사(1)』, 348.
71) 이 공의회에서 키릴루스(Cyril)는 신성을 가진 성모 마리아를 강조하였으나 안디옥 주교(Bishop,usquf) 요한은 이를 반대하였다. 안디옥파(4세기 성경을 문자적으로 해석하는 것을 선호함)와 알렉산드리아파(2세기 말 성경을 알레고리적인 방법으로 주석) 간의 화해는 433년 회의에서 이루어졌다(George shehatah qanawati, *Al-Masīhiyyah wa- al-Hadārah Al-arabiyyah*, 41).
72) Daoud Riad Irsaneous, "Interpreting the Atonement of Christ for Muslims in an Arab Context", 116.

삼위일체는 오늘날과 다름이 없이 성부, 성자, 성령의 삼위일체이었다. 네스토리아파, 야곱파, 아르메니아교회, 마론파도 삼위일체를 믿었으나 그리스도의 위격(Person)에서 단성론자(monophysite)들이 생겨났다. 네스토리아파와 단성론자들은 필리오크(Filioque)와 함께 니케아 신조를 받아들였다.73) 한편, 무함마드는 삼위일체 교리와 관련된 구절들을 꾸란의 후기 '계시'들 속에 포함시키고 있었다.74)

(3) 마르얌(마리아)파

교회는 이슬람 이전에 아리우스파와 네스토리우스파 그리고 마르얌파(Mariamites) 등의 이단들과 싸워야했다. 이런 종파들이 아라비아 반도에서 종교적 사고를 형성하자 일부 아랍인들이 그들을 따르고 있었다. 그 중 마르얌파는 동정녀가 하나님과 혼인하여 그리스도를 낳았다는 새로운 삼위일체를 가르쳤다.75)

기독교 삼위일체에 대하여 무함마드에게 가장 많이 영향을 준 것으로 보이는 『유아기 아랍어 복음』(*The Arabic Gospel of Infancy*)에서는 "요셉과 마리아와 아이가 신들이었으며 인간이 아니었다"고 하였다. 그 다음으로 가장 유력시 되는 꾸란의 삼위일체의 근거는 『히브리인들의 복음』(*The Gospel of Hebrews*)에 나온다. 히브리인들의 복음이 100년- 150년 사이 히브리어나 아람어로 기록되어 유대인 기독교인에 의해 사용되었는데 그들은 나사렛 사람들(Nazaraeans 혹은 Nazarenes)로 알려졌다.76) 이런 위경과 이단들의 영향으로 다음과 같이 꾸란 5장 73절이 '계시'되었다.

---

73) S. M. Zwemer, *The Moslem Doctrine of God*, 90.
74) Ibid., 92.
75) Ibid., 116.
76) Imad N. Shehadeh, "A Comparison and a Contrast between the Prologue of John's Gospel and Quranic Surah 5", 70-71.

알라가 셋 중의 세 번째라고 말한 자들은 카피르이다. 알라는 한 분이다(수라 5:73a).

이 꾸란 본문을 보면 무함마드 당시에 알라 이외에 세 번째가 있다는 말들이 오고 간 것을 알 수 있다. 셋이란 말이 그의 주변에서 사람들 사이에 회자되고 있었다. 무함마드는 기독교 이단들로부터 이와 같은 잘못된 정보를 들었으나[77] 무함마드는 이싸는 알라가 아니고 알라의 아들도 아니라고 생각했다. 마치 아리우스파가 예수는 창조되었다고 한 것처럼 꾸란에서도 이싸가 피조물이라고 단정했다.

성경에는 마가복음 6장 3절에서 '마리아의 아들'이란 말이 한 번 나온다. 꾸란은 5장 17절에서 "알라가 마르얌의 아들, 알마시흐라고 말한 자들은 카피르"라고 했다. '알라'는 '마르얌의 아들 이싸'도 아니고 '마르얌의 아들 알마시흐'도 아니라 했다. 꾸란이 성경의 기독론을 정면으로 거부하고 있는 것이다. 꾸란 5장 116절에서는 사람들이 이싸를 신이라고 하였을 때, 이싸는 자신이 신이 아니라고 했다.

알라가 이싸에게 말하였다 '마르얌의 아들, 이싸야, 알라 이외에 너와 너의 어머니를 두 신으로 삼으라고 사람들에게 말했니?' 그가(이싸) 말하기를 '찬미를 받으소서, 내가 말할 권한이 없는 것은 절대로 말하지 않습니다. 만일 그런 말을 했더라면 당신이 그것을 알았을 겁니다. 내가 당신 안에 있는 것은 모르지만 당신은 내 안에 있는 모든 것을 아십니다. 참으로 당신만이 보이지 않는 것들에 대해, 완전히 아시는 분입니다'(수라 5:116).

---

77) 무함마드가 세 지역에서 기독교를 접하였는데 메카를 방문한 예멘의 기독교인들과 무함마드가 태어난 날 예멘의 아브라하(Abraha)가 메카를 공격한 일, 무함마드의 첩 기독교인 콥트 여성 마르얌(이브라힘의 어머니), 무함마드가 부인 카디자의 대상과 함께 시리아를 다녀온 일 등이다(S. M. Zwemer, *The Moslem Doctrine of God*, 90).

알라는 신이고 마르얌은 여신이라고 생각하고 둘이 이싸를 낳았다고 믿는 것이 마르얌(마리아)파이었다. 마치 이집트 신화의 이시스(Isis: 여신(Horus의 어머니, 오시리스의 누이))와 오시리스(Osiris: 남신(이시스의 남편))가 혼인하여 호로스(Horus)를 낳은 이야기와 유사하다. 무슬림 학자들은 4세기에 확정된 기독교의 삼위일체론을 이집트 신화에 나오는 오시리스, 이시스, 호로스에 근거하여 입증하려 했다.[78]

(4) 영지주의, 도케티즘과 에비온파

물질은 악하다고 여긴 영지주의(Gnostics)[79]의 영향으로 기독교의 이단 사상인 도케티즘(Docetism)[80]이 초대교회사에 등장하였다. 도케티즘은 인간의 육신은 일시적이고 영은 영원하다고 보고 십자가 죽음에서 예수의 몸은 환영(illusion)일 수밖에 없다는 가현설(docetism: seem, appear)을 주장한다. 예수는 실제 몸이 없으나 육체적인 몸을 가진 것처럼 보인다고 했다. 예수의 실재를 부인한 그들은 예수가 가현(Ẓāhir)일 뿐이라고 주장하였다. 그러므로 예수는 육체가 죽을 수 없다고 했다. 그러나 요한복음 19장 34절에서 예수님의 옆구리에서 피와 물이 나왔다는 것은 예수님이 성육신하시고 돌아가셨다는 것을 증명하는 말이므로 영지주의나 도케티즘의 이단들의 주장을 정면으로 거부하고 있다. 이단들 중에는 아래와 같이 구레네 시몬이 이싸 대신에 죽었다고 한다.

---

78) John Gilchrist, *The Christian Witness to the Muslim* (Benoni: Jesus to the Muslims, 1988), 352.
79) 본 하르낙(A.Von Harnack)은 "이슬람교는 영지주의적인 유대인 기독교에 의하여 이미 변형된 유대인의 종교가 무함마드에 의하여 아랍의 문화적 토대에 맞게 변형된 것이다"라고 하였다(요하님 그닐카, 『성경과 꾸란』, 84).
80) 도케티즘은 1세기 말과 2세기 초에 페르시아의 조로아스터교에 근거를 둔 이단으로, 예수 그리스도가 탄생하기 전 팔레스타인에 퍼진 것으로 보는 학자들이 있다.

도케티즘이 무함마드의 시대가 오기 오래 전에 동방에서 사라졌다고 해도 마니교(manichaeism)[81] 사상이 존속되어 마니(Mani)와 바실리데스(Basilides[82])는 다른 인격(person)이 그리스도를 닮은 자로 변하여 그리스도 대신에 십자가에 못 박혀 죽었다고 가르쳤다. 바실리데스는 구레네 시몬이 예수님을 대신한 사람이라고 가르쳤다.[83]

바실리데스가 살던 당시에 이집트에는 영지주의가 융성하게 꽃을 피우고 있었다.[84]

그들이 그를 죽이지 않았고 그들이 그를 십자가에 못 박지도 않았다. 그러나 그들에게 그렇게 보였을 뿐이다(수라 4:157).

레바논의 현대 신학자 미셸 하이크(Michel Hayek)는 '이 견해는 이슬람 태동 전에 나즈란에 이런 견해를 지지하는 기독교의 이단이 있었다. 그들은 그리스도의 고난을 부인하는 가현설 신봉자이었다. 죽음과 수난의 모욕으로부터 그리스도의 신성을 보존하려는 생각에서였다. 그들 중 일부는 구레네 시몬이 대신 죽었다'[85]고 하였다. 그러나 이슬람은

---

81) 메소포타미아에서 3세기 전반기에 마니(Mani)가 퍼뜨린 교리이다. 기독교, 유대교, 조로아스터교 등 수많은 종교들과 철학파들이 활발하였던 메소포타미아에서 일어난 영지주의 운동이다. 이원론적 견해를 가지고 있어 지식이 구원에 이르게 하는데 그 구원은 선한 빛이 악한 어둠을 이겨서 실현된다. 이 교리는 비밀히 14세기까지 존속했다(*The Oxford Dictionary of Islam*, 191).
82) 바실리데스는 알렉산드리아에 있었던 가장 유명한 영지주의의 한 사람으로 그 자신이 기독교인들과 유대교인들의 중재자(wasīt)라고 하였다. 그는 로마 총독 하드리안(117-138) 시대 때 알렉산드리아에서 이 가르침을 전하였다(Ramsis 'Awad, *al-Hartaqah fī al-gharb* <al-qahirah: Sina linnashr, 1997>, 41).
83) Harry Gaylord Dorman, *Toward Understanding Islam* (New york: Bureau of Publications, 1948), 7.
84) Peter G. Riddell & Peter Cotterell, *Islam in Context: Past, Present, and Future*, 79.
85) Mahmoud Ayoub, "The Death of Jesus, Reality or Delusion" (A Study of the Death of Jesus in Tafsīr Literature), *Dialogue of Truth for Life Together*, (NEST

가현설의 어떠한 형태라도 받아들이지 않고 꾸란과 후기 이슬람 전승에서 그리스도가 환영과 같은 모습(phantom-like appearance)으로 나타났다고도 하지 않았다.[86] 꾸란은 이싸가 인간이고(수라 19:22-23) 다른 인간들처럼 이 땅에 살았고 그가 죽은 후에 살아서 부활할 날이 있다(수라 19:33)고 한다.

그동안 우리는 무슬림들이 주석하고 무슬림들이 해석한 꾸란 구절에 근거하여 꾸란을 이해하였으나 무슬림들이 일부 꾸란 구절의 모호성으로 인하여 꾸란을 잘못 해석한 부분들이 있다. 종래 무슬림들은 이싸가 죽지 않았다고 했으나 다음 꾸란 구절에서는 이싸가 죽었다는 사실을 확인해준다.

> 무함마드와 무함마드 이전에 온 모든 메신저들이 죽임을 당하거나 자연사한다. 무함마드도 그들과 같다. 무함마드가 죽었다고 너희 믿음이 예전으로 돌아갈 것인가?(수라 3:144).

위 구절에서 무함마드가 자연사하고 무함마드 이전에 온 모든 메신저들이 죽었다고 한다. 꾸란에서 이싸는 무함마드 이전에 온 예언자이자 메신저이다.

107년 기독교인들이 예루살렘으로부터 떠나야 했을 때, 에비온파는 유대-기독교의 한 이단으로서 팔레스타인에 있었다. 에비온파(Ebionite)[87]는 히브리어 '에비오님'(ebyonim: 가난한 자들)이란

Publications:2005), 20.
86) Ibid., 20.
87) 트라얀(trajan, 52-117) 황제 시대에 한 종파가 되었고 4세기까지 계속되었다. 에비온파는 3부류로 나뉜다. 첫째 그룹은 예수는 기다렸던 메시아이고 그의 신성을 부인하며 모세 율법을 문자적으로 따르고 바울 서신을 거절한 무리들이고 두 번째 그룹은 첫 번째 그룹의 위와 같은 모든 것에 동의하고 메시아의 동정녀 탄생을 인정한다. 세 번째 그룹은 신비적인 묵상을 하고 금욕을 했다(Ramsis Awad, *al-Hartaqah fi al-gharb*, 20-21).

말에서 유래하였는데 모세 율법을 문자적으로 지켰다. 메시아는 모세나 다윗과 다름이 없는 인간이라고 하였다. 그들은 예수가 메시아인 것이 분명하지만 메시아의 신성을 부인하고 오직 인간일 뿐인데 그가 어려서 침례를 받을 때 비둘기 모양으로 성령이 내려왔다고 했다. 이 성령은 그가 십자가에 달리실 때 그를 떠났다고 하고 그가 십자가에 달리셨을 때 고통이 있었다는 것을 부인한다. 그들은 할례는 구원의 필수라고 하였고 예수의 동정녀 탄생을 부인하였다.[88]

에비온파에 대하여 카르타고의 신학자 터툴리안(Tertullian, 160-230경)은 "그들은 그리스도가 한낱 인간에 불과하지만, 예언자들보다 더 영광스런 존재라고 보았다"고 하였고, 교회사가 유세비우스(Eusebius, 260-340경)는 에비온파를 "오직 그리스도를 믿음으로 말미암아 구원을 받는 것을 추구하기 보다는 율법의 미세한 부분까지 지켜야했던 사람들"이라고 했다.[89]

꾸란은 예수의 신성을 부인하는 에비온파처럼, 이싸 알마시흐의 신성을 부인한다. 그리고 이싸는 가현이라는 가현설의 견해와 비슷하게 꾸란에서 '그렇게 보였을 뿐'이라고 말한다. 이싸가 실제로 죽은 것이 아니고 그렇게 보였을 뿐이라는 것이다. 영지주의는 이런 가현설 사상을 발전시켜 메시아는 '실제가 없는 몸'(jasad bidun haqīqah) 혹은 '하늘의 몸들 중의 하나의 몸'(jism min al-'ajsām al-samāwiyyah)[90]이라고 하였다. 영지주의자들은 신의 말씀이 인간의 몸과 합일되는 것을 부인하였는데 그것은 물질이 악의 근원이기 때문이라고 하였다. 이런 영지주의 견해는 이슬람을 여러 이단으로 나뉘게 하여, 드루즈파, 알라위파, 이스마엘파 등이 생겨났다. 영지주의는 '숨은 지식'(Gnosis; ma'rifah bātiniyyah), 혹은 '비밀의 지식'을 통하지 않고서는 신을 인식하지 못한다고 했다.

---

88) Ramsis Awad, *al-Hartaqah fi al-gharb*, 20.
89) 공일주, 『아랍교회에 부흥 있으라』, 217.
90) 실제가 없는 몸은 환영(Kayāl)이고 하늘에서 온 몸은 천사라고 아랍인들은 설명한다.

2세기 초에 등장한 이런 영지주의는 플라톤의 육체에 대한 생각으로부터 영향을 받은 것으로 본다. 예컨대 그리스도께서 그의 지상 생활 동안 육체를 가지지 않으셨다는 것이다. 영지주의자들은 예수께서 몸을 입고 태어나시고, 설교하시고, 가르치시고 활동하시고 고난 받으시고 십자가에 달려 죽으시고 부활하신 것을 부인하였다.[91] 그리스도는 하늘(영계)에서 보냄을 받은 분이고 몸과 물질은 악하기 때문에 대부분의 기독교 영지주의자들은 그리스도께서 우리와 같은 몸을 지니셨다는 것을 거부했다.[92] 어떤 이들은 그리스도의 몸은 가현에 불과한 바, 기적적으로 인간의 몸이 된 듯이 보이는 일종의 환영 혹은 유령이라고 말했다. 또 어떤 경우에는 예수의 몸이 영적 물질로 되어 있었다는 개념을 여기에 참가하였다. 대부분의 영지주의자들은 예수의 동정녀 탄생을 부인한다.

2세기 영지주의는 기독교를 크게 위협했고 교회 지도자들은 창조론, 성육신, 부활론의 위협을 받았기 때문에 집요하게 영지주의를 반대하였다.[93] 영지주의와 가현설 그리고 에비온파의 사상들이 꾸란에 언급되어 있고 무슬림들은 이런 이단 사상을 앞세워 기독교 공격에 나섰다. 그러나 삼위일체(마 28:19)는 3위 안에서 본질이 한 분이시고(μία οὐσία, τρεῖς ὑποστάσεις), 하나님의 본질(οὐσία)은 하나이며, 삼위에는 인격(ὑπόστασις)이 있다. 위는 서로 바뀔 수 없는 하나의 본질이며 세 인격이다. 삼위일체론은 양태론적으로, 범신론적으로, 다신론적으로 왜곡할 수 없는 하나님의 신비이고 삼위일체적인 자기구별이 있다.[94] 이슬람은 삼위일체, 메시아의 아들 되심, 십자가 문제에서 기독교와 달랐다.[95]

---

91) 이형기, 『세계교회사(1)』, 83.
92) Ibid., 184.
93) Ibid., 185.
94) 압둘 마시흐, 『무슬림과의 대화』, 이동주 역, 24 각주 14.
95) Habīb badr, et.al., *al-Masīhiyyah abra tārīkhihā fi al-mashriq*, 453.

제4장

아랍인의 신 개념은 무엇인가?

　지금까지의 연구에서 8세기부터 10세기까지, 아랍 기독교인들은 아랍 무슬림들이 사용하는 꾸란의 어휘들을 그들의 글에서 혼용하고 있었다는 것을 알았다. 무함마드는 기독교 이단의 영향으로 성경의 삼위일체를 다신론적인 개념으로 꾸란에 기록하고 있다. 그러나 기존 무슬림들의 꾸란 주석이나 해설이 아랍어 꾸란 원본의 의미와 달라 꾸란 주석과 해설을 있는 그대로 받아들이기 어려운 부분이 있다.

　가톨릭 교황 베네딕토 16세(Pope Benedict XVI)가 독일의 레젠부르그대학교(University of Regensburg)에서 행한 2006년 9월 12일 강연은 이슬람의 무함마드에 대한 발언 때문에 무슬림들은 그와 대립각을 세웠다. 그가 인용한 것은 1391년 앙카라에서 비잔틴 황제 마누엘 2세(Manuel II Paleologus)와 페르시아인 학자간의 꾸란과 성경에 대한 대화[1]였는데 이슬람 세계는 즉각적인 교황의 사과를 요구하였고 이에

---

[1] 베네딕토 16세는 '신앙과 이성'(Belief and reason)이라는 맥락에서 위의 대화 내용을 인용하였다. 교황은 '꾸란 2:256(종교에는 강요가 없다)은 무함마드가 위협을 받아 무력한

38명의 무슬림 학자들이 교황에게 공개서한을 보냈다. '이슬람의 알라는 초월적인 신'이라고 한 교황의 말에 대하여 이슬람 학자들은 "알라는 경동맥보다 인간에게 더 가깝다"는 꾸란 구절을 인용하였다.[2] 일부 무슬림들이 꾸란을 문자적으로 이해하는 것에 문제가 있다.

이슬람의 알라와 인간 사이에는 인격적인 관계가 없다. 아랍 무슬림들의 신 개념을 역사적으로 고찰하기 위하여 중세 아랍 기독교인과 아랍 무슬림들 간에 어떤 대화와 논박이 있었는지 옛 문헌들을 통하여 확인해 본다.

1. 아랍 기독교인의 신 개념은 무엇인가?

1) 다마스커스의 요한

무함마드가 죽은 지 43년 뒤에 다마스커스의 요한(675-753)이 태어났다. 그는 시리얀어와 희랍어로 가르치는 다마스커스의 기독교 학교를 다녔다. 그의 본명은 만수르 븐 사르준(Mansour ibn Serjoun) 이었고[3], 할아버지 만수르는 이슬람이 다마스커스를 포위하고 비잔틴 수비대가 철수했을 때 칼리드 븐 알왈리드(Khālid ibn al-walīd)에게 다마스커스의 문을 열어준 장본인이었다.[4] 635년 시리아가 이슬람에 의하여 정복되기

상황에 있을 때 이 구절을 말한 것이라고 하였다. 그후 2008년 11월 6일 베네딕토 교황과 무슬림 지도자들이 만나 폭력과 테러에 공동대처하자고 약속하였다.

2) "Can We Dialogue with Islam? What 38 Muslim scholars said to the pope in a little-known open letter", http://www.christianitytoday.com/ct/2007/february/26.108.html?start=2.

3) Qais Sadiq, St. *John of Damascus and Islam* (Amman: Ecumenical Studies Center, 1996), 7.

4) Habib Badr, et.al., *Christianity, A History in the Middle East* (Beirut: Middle East

전에는 기독교인들이 시리아에서 다수를 차지하고 있었다. 칼리파 압둘 말리크 마르완('Abd al-Malik ibn Marwan 646-705) 시절에 그는 재정을 맡는 행정 관료이었다. 칼리파 알왈리드 븐 압둘 말리크(Al-walid ibn Abd al-Malik: 705-715 재위)는 광신적인 무슬림으로서 수도원과 교회에서 그리스어 사용을 금하고 교회 예배언어를 아랍어로 대체하였다. 그는 또 다마스커스의 세례 요한 성당을 부수고 우마위야 모스크로 만들어 버렸다. 그로 인하여 많은 아랍 기독교인들이 공직을 그만 두었다.

그후 칼리파 오마르 2세[5]('Umar ibn 'Abd al-'Azīz: 717-720 재위)가 기독교인들이 정부의 고위직에 임명되는 것을 금지하는 법을 발표하자 상당수 기독교인들은 신앙을 버리고 무슬림이 되었으나 요한은 그가 50세가 되던 718년 사직서를 제출하고 공직을 그만 두었다. 그는 가난한 사람들과 궁핍한 사람들에게 그의 재산을 나눠 주고 칼리파 궁전을 떠나서 팔레스타인 여러 지역을 거쳐, 유대(Judea) 땅 마르[6] 사바(혹은 사바스) 수도원에 정착했다. 예루살렘의 총대주교 요한 5세(John V: 706-735, 745)는 그를 수도사(monk)로 임명하였고 수도원 전통에 따라 그에게 요한이라는 새 이름을 주었다. 다마스커스의 요한은 무슬림과 기독교인간의 대화(A Dialogue between a Muslim and a Christian)라는 글에서 성육신 교리를 옹호하고 이슬람의 운명론을 거부하였다. 또 그의 책 『성 삼위일체』(A book on the Holy Trinity)는 유일신론의 맥락에서 논리와 이성을 사용하여 삼위일체를 증명하고 삼신이 아니라 삼위(Three

---

Council of Churches, 2005), 475.
5) 오마르 2세 칼리파는 기독교인들이 무슬림들에게 복음을 증거하는 것을 금지하고 큰소리로 기도하거나 교회 종소리를 치는 것을 금하였다. 그는 기독교인들이 인두세 면제를 받도록 이슬람으로 개종하기를 권하였다. 그는 한 총독에게 명하여 모든 십자가를 부수라고 하였고 기독교인들이 비단 옷을 입거나 터번을 쓰는 것을 금하였다. 기독교인들이 이때 신앙을 증거하다가 순교 당하였다(Qais Sadiq, *St. John of Damascus and Islam*, 6).
6) 마르는 성인이라는 아랍어 단어이다.

Persons does not mean three Gods)라고 강조하였다.7) 다마스커스의 요한은 삼위일체 교리가 기독교인들을 당황하게 만들고 무슬림들에게는 이로 인하여 기독교를 다신교(polytheism)로 몰아붙이는8) 원인이 되었다고 하였다. 그래서 그는 삼위일체를 따로 분리하여 설명하였고, 삼위일체 하나님이 하나의 본질(one essence)에 기원한다고 했다.

무슬림 변증 및 논증학자들은 신의 존재를 입증하기 전에 그리스 학문과 추론을 먼저 배웠다. 신의 존재를 입증한 첫 무슬림 철학자는 알 킨디(al-Kindī, 873)이었지만, 좀 더 상세하고 정밀한 방법을 통해 신의 존재를 입증한 무슬림 철학자는 알파라비(al-Farabī, 951)였다.9) 무슬림 변증 신학은 곧 귀납적 추론(inductive inference)에 의존하여 알라가 한 분이심을 증명하려 하였다.10) 이슬람 신학자들은 신의 속성들과 인간의 특성들을 별도로 분리하려는 경향을 보였고 신의 본성(nature)을 부활의 날에도 볼 수 없다11)고 하였다.

다마스커스의 요한은 성화 파괴 논쟁(Iconoclasm, 726-87)의 첫 시기에 성화 파괴자이었던 황제 레오 3세(Leo III)에 대항하여 성화 숭배를 변호하였다. 시리아에서 그의 노력은 사바의 동료 수도사이었던 데오도르 아부 꾸라(Theodore Abu Qurrah: 740-820)에 의하여 계속되었다. 아부 꾸라는 유대인과 무슬림들과 맞서서 성화 숭배를 아랍어로 변호하였다. 요한의 이런 노력은 787년 니케아 제2공의회에서 성화 숭배(iconophile)의 승리를 도왔다.

7세기 말에 예루살렘 그리고 8세기 초 안디옥에서는 칼케돈의 결정을 수용한 총대주교(Chalcedonian Patriarch)가 없었다. 이 말은 당시 이단으로

---

7) Qais Sadiq, *St. John of Damascus and Islam*,8.
8) Ibid., 8.
9) Ibid., 10.
10) Ibid., 11.
11) Abū al-Hasan al-'ash'ari, *Maqalat al-Islamiyyin* (Istanbul: 1963), 157, 184, 195.

낙인찍힌 교회들이 더 많아 그들의 이단 사상이 이슬람으로 들어갈 수 있는 가능성이 더 많았다는 것이다. 그리고 이슬람의 통치가 강화되면서 기독교 공동체들 간의 분리를 부추기기도 하였다.[12]

가장 오래된 그리스어로 쓴 이슬람에 대한 논증은 다마스커스의 요한의 공로로 돌리고 있다. 나중에 10-11세기의 이슬람 교의학(kalām)이 발전하는데 그가 크게 영향을 준 것으로 알려진다.[13] 요한은 알무으타질라에게도 영향을 주었으나, 이슬람에 대항한 기독교 변증 운동을 활성화시키는데 힘썼다. 요한과 그의 제자들은 무슬림 지성들에게 아리스토텔레스의 철학을 가르쳐 주었고 무슬림들은 그에게서 배운 논리적인 원리들을 이슬람 신학에 적용하였다. 어떻게 보면 요한은 이슬람신학을 세워가는 데 큰 공헌을 한 셈이다.

9세기에 나온 그리스어로 된 꾸란 번역의 부정확성 때문에 동방정교회(eastern orthodox)[14]의 이슬람 저술가들이 어려움을 겪었으나 9세기 말에 니케타스 비잔티오스(Niketas Byzantios)는 30개의 서로 다른 꾸란 수라(chapter)를 인용하여 이슬람에 대항하고 이슬람을 체계적으로

---

12) Ken Parry, et. al., *The Blackwell Dictionary of Eastern Christianity*, 270-271.
13) Ken Parry, et. al., *The Blackwell Dictionary of Eastern Christianity*, 271.
14) 동방교회(the eastern churches)들이 그들의 명칭의 일부로서 정교회(orthodox)라는 단어를 넣기를 좋아한다. 예를 들면 이집트의 콥트인들(copts)은 그들 자신들을 정교회라고 부른다. 그러나 라틴어로 예배드리는 교회와 그리스어로 예배드리는 교회들이 따로 각기 성장하다가 1054년 서로 분열되고 만다. 러시아를 포함하여 그리스어로 예배드리는 교회들을 우리가 동방 정교회(Eastern Orthodox church)라고 부르고 라틴어로 예배하는 교회들을 가톨릭교회(Catholic church)라고 부른다. 콥트교회, 아르메니아교회(the Armenian Church), 동방의 교회(the Church of the East: 네스토리아교회<Nestorian church>)는 자신들을 동방의 교회라고 부른다) 그리고 시리아 정교회(the Syrian Orthodox church)는 그리스 정교회로부터 분리된다. 그런데 이런 분리는 451년 칼케돈 공의회에서 단 한 번으로 모두가 분리된 것이 아니었다. 마론파교회(The Maronite church)와 칼데아교회(Chaldean church)는 동방 예전(eastern liturgy)을 갖고 있지만 바티칸에 충성을 다하고 있다. 이들 역시 동방 정교회(the Eastern Orthodox church)와 분리되었다. 이스탄불에 본부를 둔 동방 정교회에 속하지 않는 교회들도 자신들을 정교회라고 부르곤 한다.

논박하였다. 이런 논박이 비잔틴 시대[15]에 계속되자, 결국 기독교인과 무슬림 간의 대화는 큰 진전이 없었다.[16] 말키파 다마스커스의 요한은 이슬람을 기독교의 이단(heresy)으로 간주하고 새로운 종교로 보지 않았다. 대체로 야곱파(Jacobite)[17]교회와 네스토리아교회는 이슬람교를 이단이라고 생각한데 반하여 다른 교회와 토마스 아퀴나스는 이슬람교를 다른 종교라고 보았다.[18]

오늘날 많은 선교학자들은 다마스커스의 요한을 무슬림 -기독교 대화의 원조라고 생각한다. 그리고 무함마드에 대한 예언이 성경에 없고 무함마드가 기적을 행하지 않아 성경의 예언자가 될 수 없다는 그의 변증은 기독교 변증학에서 널리 받아들여져 왔다. 그러나 불행히도 그를 추종하는 학자들이 이슬람과 무슬림을 경험하지 못하고 그가 써 놓은 자료만을 통하여 정치적 목적으로, 때로는 논증적 목적으로 사용하여 기독교인과 무슬림들 간에 적대감을 조성하기도 하였다.[19]

2) 아부 꾸라[20]

---

15) 비잔틴교회의 부흥기는 867-1056년까지 지속된 마케도니아 왕조 하에서였다.
16) Ken Parry, et. al., *The Blackwell Dictionary of Eastern Christianity*, 271.
17) 야곱파는 에뎃사의 주교 야곱 바라다에우스(Jacob Baradaeus: 543-78 재임)의 이름을 따 야곱파로 불렸으나 나중에 경멸스런 이름으로 불리면서 오늘날 시리아 정교회 사람들은 이런 명칭을 사용하지 않고 있다(Ken Parry, et. al., *The Blackwell Dictionary of Eastern Christianity*, 262). 단성론자이었던 갓산 조의 알하리스 븐 자발라는 콘스탄티노플을 방문하는 중 데오도라(Theodora)에게 주교 두 명을 보내달라고 하였다. 그래서 야곱 바라다에우스는 에뎃사를 중심으로 하여 시리아와 아랍 지역의 사법권을 갖는 주교직을 받았고 데오도로스(Theodoros)의 사법권은 서부 지역과 팔레스타인이었고 중심지는 알히라이었다(George shehatah qanawati, *Al-Masīhiyyah wa- al-Hadārah Al-arabiyyah*, 71).
18) 요아힘 그닐카, 『성경과 꾸란』, 오희천 역 (서울: 중심, 2005), 39.
19) Ibid., 220.
20) 현재는 터키 땅에 속하고 역사에서는 에뎃사(Edessa)라고 불리며 아브라함이 간 하란 땅이라고도 한다. 신(Sīn)이라는 달 신(moon-god)의 고장이기도 하였다. 아부 꾸라는 메소포타미아 지역의 하란(Harran)의 주교였다.

데오도르 아부 꾸라(Theodore Abū Qurrah: 755-830, 740-825)도 다마스커스의 요한처럼 말키(Melkite)파 기독교인으로서 이슬람과 변증을 한 신학자이었다. 알루하(에뎃사)에서 태어난 아부 꾸라는 유대 사막의 사바 수도원의 수도사이었다. 한때는 메소포타미아에 있는 하란(Harran)에서 785-799년까지 말키교회의 주교로 봉직했다. 시리얀어와 아랍어, 그리스어에 능통하였다. 813-817년까지 변증을 위한 여행을 시작하였는데, 알렉산드리아와 아르메니아를 여행하여 야곱교회와 네스토리아교회[21])의 신학자들과 논쟁을 벌였다. 829년 칼리파 알마으문(al-Ma'mūn, 786-833)에게 행한 그의 논쟁은 아주 유명하다.

> 알마으문: "그들이 그를 죽이지 않았고 그들이 그를 십자가에 못 박지도 않았다. 그러나 그들에게 그렇게 보였을 뿐이다"(칼리파 알마으문이 수라 4:157을 인용하였다).
> 아부 꾸라: 그러나 꾸란의 어느 수라에는 "내가 태어난 날, 내가 죽은 날, 내가 들어 올려질 날"이라고 쓰여 있습니다. 수라 3장 55절에는 "내가 너(이싸)를 죽게 하여 너를 나에게(알라)로 들어 올리겠다"고 했습니다. 그러므로 이 꾸란 구절에 의하면 이싸는 죽었고 들어 올려졌다는 것이 분명합니다.[22])

아부 꾸라는 아리스토텔레스의 책들을 그리스어에서 아랍어로 번역하였고 변증과 신학에 대한 여러 권의 책을 썼다. 유대교와 이슬람의 도전에 대항하여 아랍어로 칼케돈 신조를 변호하기도 하였다. 그의

---

21) 일부 아랍인들은 네스토리아파는 예수님이 죽기 전에 신성은 떠나고 인성만 고난을 받았다고 하므로 이단이라고 하고 야곱파는 신성이 인성을 삼키었다고 하므로 이들도 이단이라고 한다.
22) Daoud Riad Irsaneous, "Interpreting the Atonement of Christ for Muslims in an Arab Context" (Fuller Theological Seminary, Ph. D thesis,1996), 131.

모국어는 시리얀어이었고, 종교 언어는 희랍어이었으며 말키교회의 언어인 아랍어로 책을 썼다.[23] 그의 책들은 무슬림 무타칼리문(mutakallimūn: 이슬람 변증 신학자들)[24] 사이에 잘 알려져 있었고 특히 알무으타질라파의 아부 무사 이싸 븐 싸비흐 알무르다아리(Abū Mūsā 'Īsā ibn Sabih al-Murda'arī: 840년 사망)는 『기독교인 아부 꾸라에 대하여』라는 책을 쓰기도 하였다. 이런 사실이 시아파 무슬림이자 서지학자(bibliographer)이었던 알나딤(al-Nadīm, 995 혹은 998년 사망)의 『알피흐리스트』(al-fihrist: 도서 목록)에 기록되기도 하였다.

당시 기독교인과 무슬림들이 그들 각 종교의 근본적인 개념을 의사소통하는 주요 수단으로 문학적 대화(literary dialogue)를 택하였는데 아랍어로 글을 쓴 아부 꾸라는 기독교 변증을 목적으로 꾸란의 구절을 인용하였다. 9세기 아부 꾸라와 무슬림 논증 신학자들 간의 논쟁은 아주 유명했다. 아부 꾸라는 그리스도의 죽음에 대하여 말하기를 "아들이 우리를 위하여 죽으신 것은 그의 인성(human nature)이고 그의 신성이 아니다"(in His deity)[25]라고 하였다. 아부 꾸라는 기독론을 방어하기 위하여 꾸란 3장 40절과 4장 169절을 인용하여 알마시흐는 알라의 칼리마이고 알라에게서 온 루후이었다고 설명하였다. 무슬림들은 요한복음 20장 17절에 나오는 "나의 아버지와 너의 아버지, 나의 하나님과 너의 하나님"이란 말을 인용하면서, 그리스도는 순수한 인간이라고 주장하였다.

아부 꾸라는 나무 십자가를 무슬림들이 메카의 흑석을 예배하는 것과

---

23) 시리얀어로 쓴 그의 책들은 남아 있지 않고 43권의 희랍어 책이 잔존하며 그루지야(Georgian)어로 쓰인 책들도 남아 있다(Ken Parry, et. al., The Blackwell Dictionary of Eastern Christianity, 480).
24) 무타칼리문은 일무 알칼람('Ilm al-kalām: 이성으로 이슬람 교리를 방어하는 교의학 혹은 변증 및 논증학)을 사용하는 무슬림들로서 철학과 논리학의 도움을 받았다.
25) Daoud Riad Irsaneous, "Interpreting the Atonement of Christ for Muslims in an Arab Context", 129.

비교하였다. 무슬림들은 이싸 알마시흐가 이 땅에 살고 있는 동안 알라가 '칼리마와 루후'를 빼앗았다고 하면서, 기독론과 삼위일체론에 반격을 가하였다.[26] 아부 꾸라의 "올바른 종교와 창조주의 존재하심에 대한 글"[27]의 일부를 옮기면 다음과 같다.

우리의 이성이 나스라니야[28](기독교)가 하나님께로 온 것임을 증거한다. 그것은 하나님의 능력으로 종족들이 그리스도의 제자들에게 인도되었고 종족들은 이 종교를 제자들로부터 받아들이게 되었다. 사람의 힘이나 강요, 무력, 속임수로 아니하였다. (중략) 사람들이 그들의 목숨 때문에, 정욕을 위하여, 진리가 아닌 일에 속임수를 쓰고, 이런 일을 한다면 이는 하나님께로부터 온 것이 아니다.[29] 반론: 어떤 사람이 "바울이 기독교인들을 잘못된 길로 인도하였고, 그의 동료들이 사람들을 잘못 인도하였다"고 말한다.[30] (중략) 반박: 그런데 이 사람아. 기독교인들이 아니라 자네가 잘못된 길을 가고 있어.[31]

아부 꾸라는 당시 바울이 기독교를 왜곡시켰다고 하는 무슬림들의 말에 단호하게 반박하고 있다. 마치 정·반 대화법을 연상케 한다. 이런 논증 방식은 하빕 븐 히드마 아비 라이따(Habīb ibn Hidmah 'abī Raitah: 9세기 중반)의 "기독교 종교의 입증과 성 삼위의 입증"[32]이란 글에서도

---

26) Harry Gaylord Dorman, *Toward Understanding Islam*, 17.
27) Thawdhurus Abu Qurrah, *Maymar fi wujūd al-Khaliq wa Al-Din Al-Qawim* (Lebanon: Al-Maktabah Al-Bulusiyyah, 1982), 260-270.
28) "나스라니"(복수형은 나사라)는 지명 나사렛이란 말에서 왔다. 무슬림들이 꾸란에서 아랍 기독교인들을 지칭한 말이 "나사라"이었는데 아랍 무슬림들은 이 말이 기독교를 나사렛 동네의 종교로 비치게 하므로 기독교인들이 싫어하는 말이라고 한다.
29) Thawdhurus Abu Qurrah, *Maymar fi wujūd al-Khaliq wa Al-Din Al-Qawim*, 262.
30) Ibid., 265.
31) Ibid., 267.
32) Georg Graf, "*Die Schriften des Jacobiten Habib ibn Hidma Abu Rabita*", Louvain:

나타난다. 아부 꾸라의 『창조주의 존재와 올바른 종교에 대한 글』은 무슬림들을 이해시키기 위하여 논리적인 방법을 사용하고 있다. 이 책의 제1장 9절 '하나님 본성에 대하여 이성은 무엇이라고 말하는가?'에서 그는 다음과 같이 서술한다.[33]

> 우리의 이성들은 하나님을 인식할 수 있으나 육안으로는 보지 못한다. 아무도 자신의 눈으로 자기 자신의 얼굴을 볼 수 없다. 한 사람이 거울을 본다. 그 거울에 비친 상은 스스로 먹을 수도 없고 냄새를 맡을 수도 없다. 그러므로 그 거울 속에 있는 상은 실제의 사람이 갖는 모든 본성을 가질 수 없다. 이처럼 하나님의 형상이 인간에게 있지만 인간은 하나님의 모든 본성을 가질 수 없다.

그는 하나님의 본성과 인간의 본성을 비유를 통하여 설명한다. 그 당시 사람들이 무엇을 생각하느냐, 거기에서부터 복음 증거의 출발점으로 삼았다.

3) 암마르 알바스리

말키파의 데오도르 아부 꾸라(Theodore Abū Qurrah), 시리아 정교회(야곱파 Jacobite)의 하빕 븐 히드마 아비 라이따(Habīb ibn Hidmah Abī Raitah) 그리고 네스토리아교회의 암마르 알바스리(Ammar al-Basrī, 845년 사망)는 모두가 시리얀어(Syriac)를 구사하는 1세대 기독교인들이지만 이슬람의 도전에 아랍어를 구사하며 대응한

Imprimerie Orientaliste (L. Durbecq, 1951), 132-135.
33) Thawdhurus Abu Qurrah, *Maymar fi wujūd al-Khaliq wa Al-Din Al-Qawim*, 219-223.

신학자들이다. 이들은 당대의 무슬림 변증가들이 사용하는 신학 용어들을 사용하여 기독교를 변증하였다. 압바시야 조의 첫 세기에 활동한 이들 변증가들은 당시 관심 있는 무슬림들에게 기독교를 권하고자 하였다. 이들은 무슬림 논증가들의 지적 관심을 반영하여 아랍어로 기독교 교리를 설명하였고, 아랍어로 기독교 신학의 기초를 놓았다.[34] 암마르는 알무으타질라파 무슬림 신학자들에게 잘 알려져 있었다. 유명한 알무으타질라파 아부 알후다일 알알라프(Abū al-Hudhayl al-'alaf, 840년경 사망)가 쓴 "기독교인 암마르에 대하여"가 있는데, 이것도 『알피흐리스트』책에서 찾아 볼 수 있다.

암마르 알바스리가 아랍어로 쓴 두 개의 글이 있는데 하나는 『질문과 대답』이란 책이고, 두 번째 책은 여기서 언급할 『증명의 책』(838년)이다. 두 글은 1977년 베이루트에서 미쉘 하이크(Michel Hayek)가 쓴 『기독교의 동방』(al-sharq al-masīhī)이라는 시리즈 책에 실려 있다. 그는 『증명의 책』에서 심위일체란 제목 하에 하나님은 한 분이라는 말로 이야기를 전개하였다. 그는 알무으타질라파들이 사용하는 방식 즉 삶을 긍정하면 삶의 반대는 죽음이므로 죽음을 부인하는 방법을 그의 변증에 도입하였고, 하나님의 속성으로 '그가 말씀하신다'와 '그가 살아계신다'를 강조하였다.

창조주가 꼼짝 달싹 못하면 그는 생명이 없어 죽은 것이나 다름없고 말이 없다. 이는 우상과 같아 신들(Alihah)이라고 부른다. 하나님은 모든 성경에서 자신을 '루후와 알칼리마'라고 부른다. 주의 말씀으로 하늘을 지으시고 그의 만상이 그의 입 기운으로 이루어졌도다.[35] 이사야는

---

34) Ken Parry, et. al., *The Blackwell Dictionary of Eastern* Christianity, 26.
35) 시 33:6.

'하나님의 말씀(al-kalimah)이 영원히 있을지어다'라고 하였다…(중략) 우리가 말하는 아버지(Al-'ābu)36)에게는 생명(hayā)과 말씀(al-kalimah)이 있다. 생명은 루후 알꾸두스이고 말씀은 성자이다.37)

암마르 알바스리는 위와 같이 하나님의 속성들로 "하나님이 말씀하시고 살아계신다"는 것을 성경 본문에서 그 입증 자료를 찾고 있다. 물론 궁극적으로는 성령과 아들에 대한 이야기를 하고 싶어서다. 이 두 어휘 칼리마와 루후는 꾸란과 성경에서 그 의미가 다르지만, 그가 의도적으로 이 두 어휘를 제시하고 있다.

4) 하빕 븐 히드마 아비 라이따

하빕 븐 히드마 아비 라이따(Habib ibn Hidmah Abī Raitah)는 야곱교회의 신학자이다. 그의 생애에 대해 알려진 것은 별로 없다. 그러나 그는 신학자이자 능숙한 변증가이었다. 그는 모국어인 시리얀어로 변증의 글들을 썼으나, "기독교 신앙에 대한 무슬림들의 도전에 대한 응답"이란 글은 시리아 정교회 공동체를 위하여 아랍어로 썼다.

그가 삼위일체와 성육신 그리고 기독교 종교가 참이라는 주장에 대한 글을 남겼다는 것을 알피흐리스트에서 알 수 있다. 그는 희랍어 책들을 번역하기도 하고 무타칼리문 특히 알무으타질라파와 논쟁하였다. 하빕 븐 히드마 아비 라이따는 성삼위에 대한 글에서 다음과 같이 아리스토텔레스의 논지에 따라 무슬림들에게 답하고 있다.

---

36) 'al-aabu'는 하나님 아버지를 가리킨다.
37) Michel Hayek(ed.), "'Ammar al-Basri: Apologie et Controverses", *Richerches ILOB, Nouvelle Serie B. Orient Chretien, 5*. (Beirut: Dar al-Machreq, 1977), 46-48.

아부 라이따[38])가 묻는다. "어떻게 하나님이 한 분이심을 설명할 건가?" 하나됨은 다음 세 가지 측면(종〈jins〉, 수〈'adad〉, 속성〈naw'〉)[39])에서 설명할 수 있다. 하나님은 종에 있어서 하나인가? 종이 하나라면 여러 종류가 하나가 되어, 하나님의 본성을 나타내지 못한다. 하나님은 수에 있어서 하나인가? 수에 있어서 하나라면 알라가 다른 어느 것과 같지 않다는 말이다. (중략)… 하나님이 속성에 있어서 하나인가? 속성에서 하나라면 본질에서 하나다. 아부 라이따가 대답한다. "하나님의 본질(jawhar)은 한 분이시되, 수에 있어서는 셋이다."[40])

아부 라이따가 삼위일체를 설명해 보려고 한 것이다. 위와 같이 아랍 기독교 신학자들의 공통된 주제는 하나님의 본질과 삼위일체론이었는데 삼위일체는 무슬림들에게 가장 어려운 교리이었다. 이슬람이 절대적인 단일신론을 강조하다보니 삼위일체가 무슬림들에게는 다신교 개념으로 오해되고 있었다.

5) 디모데 1세(Timothy I)

이슬람과 기독교 간의 문학적 대화에서 가장 유명한 기독교인은 781년 이슬람의 칼리파 알마흐디(775-785 재위)와 대화한 네스토리아파의 디모데

---

38) 하빕 븐 히드마 아비 라이따가 본명인데 '아비 라이따'가 단독으로 쓰이면 아랍어 어법상 '아부 라이따'로 불린다.
39) 9세기에 아랍철학자 아부 유수프 야으꿉 븐 이스학 알킨디가 쓴 『기독교인에 대한 반격』에서 아리스토텔레스의 대화(Topics)에 대한 글을 인용하여 자신의 주장을 펴고 있다. 그는 수에 있어 하나인데 '하나는 하나이다'. 종에 있어서 하나인데 칼리드와 자이드는 인간으로서 한 종이다.
40) Georg Graf(ed.), *Die Schriften des Jacobiten Habib ibn Hidma Abu Ra'ita* (CSCO 130/ar.14) (Louvain: Imprimerie Orientaliste L. Durbecq, 1951), 4-7.

1세(728-823)이었다.[41] 디모데 1세는 아랍어와 시리얀어로 칼리파 알마흐디와 문학적 대화를 하였는데 이런 내용이 문학적인 글 형식으로 전해 내려오고 있다. 디모데 1세는 성경에 무함마드가 올 것이라는 예언이 없으므로 무함마드는 거짓 예언자라고 하였다. 알라의 길을 위하여 무함마드가 싸우는데 말뿐만 아니라 칼을 사용한 것도 지적하였다.[42] 다음은 디모데 1세와 알마흐디 간의 대화 글이다.

> 알마흐디가 물었다. "무함마드에 대하여 어떻게 생각하는가." 디모데 1세가 답하였다. "무함마드는 아랍인들의 칭찬을 받을만하다. 그가 예언자처럼 살았고 다른 예언자들처럼 단일신론을 가르쳤다. 그는 칼리마와 알라의 루후를 언급하며 삼위일체를 알려주었다." 칼리파(계승자) 알마흐디가 대답하였다. "그러면 그대는 무함마드의 가르침을 받아들여야 한다."[43]

위 대화에서 디모데 1세는 칼리파를 자기편으로 끌어들이려고 한 것처럼 보인다. 그러나 디모데 1세 이후부터 무슬림과의 대화는 얼어붙고 똑같은 논쟁이 반복되고 있었다. 디모데 1세와 알마흐디는 삼위일체, 예수의 신성, 예수의 본성과 십자가의 달리심 등 여러 주제에 대하여 논쟁하였다. 그리고 세례, 할례와 동쪽을 향하여 기도하는 것들도 논쟁의 주제가 되었는데 디모데 1세는 다른 기독교인들처럼 그리스도의 십자가 죽으심에 대한 예언을 구약의 시편 22편 16-18절, 이사야 53장 5절,

---

41) 아부 꾸라와 디모데 1세 이외에 기독교인 엘리아스 바르 시나야(Elias Bar Shinaya, 975-1046)와 무슬림 재상 아부 알까심 알후세인 븐 알리 알마그리비(Abu al-Qasim al-Husayn bn Ali al-Maghribi, 981-1027)간의 대화가 후자의 책 Kitab al-majālis(논의의 책)에 나와 있다.
42) Daoud Riad Irsaneous, "Interpreting the Atonement of Christ for Muslims in an Arab Context", 132.
43) Ibid., 133.

예레미야 11장 19절, 예레미야애가 3장 4절과 40절, 다니엘 9장 26절, 스가랴 13장 7절 등에서 인용하였다.

알마흐디는 그리스도가 기꺼이 자진해서(willingly) 죽었는가 그렇지 않는가를 물었다. 디모데 1세는 이런 논증적인 질문에 답하기 위하여 다음과 같이 말하였다. "우리 주님이 자진해서 죽었을까요? 강제로 죽었을까요? 그는 강제로 죽지 않았다. 그는 살인자들보다 더 약하지 않았고 하나님의 허락으로 돌아가셨다"[44]고 답하였다.

기독교와 이슬람 간의 초기 만남은 방어적인 변증법과 공격적인 논증 담화(apologetic and polemical discourse)가 그 특징[45]이었다. 기독교인과 무슬림은 그들 각 종교의 근본적인 개념을 의사소통 하는 주요 수단으로서 문학적 대화(literary dialogue)[46]를 택하였다. 이 문학적 대화는 그들의 입장에서 진리를 권하고, 정통성을 강화시키고, 수사학적인 기법을 써서 그들 경전과 신앙을 보호하고 그들 종교의 적들이 반론하는 것을 비판할 수 있었다. 이런 이유들로 문학적 대화가 아랍 기독교인들과 무슬림들의 주요 장르가 되었다. 초창기 이슬람과 기독교가 만날 때 문학 형식을 통하여 논증적인 텍스트들을 작성하였다. 이런 텍스트는 문학적 대화 안에서 두 가지 기능을 한다. 하나는 체계적이고 신학적이고 철학적인 에세이고 다른 하나는 대중적이고 논증적이고 종교적인 글이다.[47]

무슬림들은 그들의 신학적 입장을 확고하게 하기 위하여 정-반 논리

---

44) Ibid., 134.
45) David Bertaina, "An Arabic Account of Theodore Abu Qurra in Debate at the Court of Caliph al-Ma'mun: A Study in Early Christian and Muslim Literary Dialogues" (Washington D. C: The Catholic University of America, 2007), 1.
46) 문학적 대화(literary dialogue)와 문학적 논박(literary disputation)은 종교적 세계관을 제시하는 데 동일한 관심을 가지므로 같은 의미로 사용되기도 한다.
47) David Bertaina, "An Arabic Account of Theodore Abu Qurra in Debate at the Court of Caliph al-Ma'mun: A Study in Early Christian and Muslim Literary Dialogues", 3.

기법(dialectical logic)도 사용하였고, 경전에 근거한 추론 방식(scriptural reasoning)을 사용하였다. 경전 추론은 성경이나 꾸란을 인용하여 정-반 논리와 결합시킨 것을 말한다. 폭넓고 추상적인 이념을 면밀히 검토하는 방법으로서 정-반 대화법을 사용하였다. 그러나 모든 기독교인과 무슬림들이 정-반 대화를 사용한 것이 아니고 그들의 목적을 달성하기 위해서 정-반 대화 이외에도 귀납적인 추론(inductive reasoning)이나 궤변적인 논리(sophistical logic)도 사용했다.[48] 정-반 대화는 참 종교를 식별하고 거짓 논거를 지적해 주고, 성경이나 꾸란의 권위를 인정해 주므로 종교간 토론에 중요한 수단이 되었다.

비잔틴 논증 이후에 2차 시기인 13-14세기는 교리 논쟁이 중심이었던 1차 시기와는 달리, 이교도 예배의식과 윤리에 대한 논증이 있었다. 이슬람의 기도 의례와 정결법 그리고 순니파 4개 법학파의 법률적 전통을 비난하였고, 혼인과 이혼, 일부다처제와 첩 그리고 지하드를 비난하였다.[49] 13-14세기에 논증법이 활발해진 것은 십자군 전쟁을 통하여 양측이 상대방에게 더 공격적인 논쟁을 벌였기 때문이다.

2. 아랍 무슬림의 신 개념은 무엇인가?

아랍 무슬림들에게 기독교에 대한 논증법이 활발하였는데 네스토리아파이었다가 이슬람으로 개종한 알리 따바리('Alī Tabarī: 838-870)가 855년에 『종교와 제국의 책』(*The book of Religion and Empire*)이라는 유명한 논증서를 썼다.[50] 그는 무함마드가 동물들에게

---

48) Ibid., 5.
49) Ibid., 26.
50) Ibid., 22.

말하게 하고 나무들을 움직이게 한 기적들을 열거하고 무함마드가 나중에 올 것이라고 한 구절들을 구약에서 찾아 나열하였다. 그리고 구약의 전쟁들과 비교를 하면서 이슬람의 지하드(jihād: 이슬람식 전투)를 설명하였다. 당대 유명한 아랍 문학가이었던 알자히즈(al-Jāhiz:781-868) 역시 기독교에 대한 논증으로 삼위일체론에 대하여 신랄하게 비아냥거리며 공격하였다. 11세기에는 스페인의 유명한 논증가 이븐 하즘이 비교 종교를 통하여 기독교를 한 번은 계시의 책을 가진 종교라고 하고, 또 다른 곳에서는 기독교를 다신교라고[51] 비난하였다.

1) 알따바리

아부 자아파르 무함마드 알따바리(Abū Jaʿfar Muhammad al-Tabarī; 838-923)는 타바리스탄(Tabaristan) 지역에서 태어나 이라크, 이집트, 시리아 등지를 여행하였고 공직보다는 주로 저술에 힘썼는데 그는 이전의 꾸란 주석들을 모아 『꾸란 주석의 주류 해석』(*Jamīʿ al-Bayān fī Tafsīr al-Qurʾān*)이란 책을 썼다. 다음 꾸란 구절에 대한 그의 주석에서 이싸가 죽었다는 것을 강력히 반대한 무슬림 학자이다.

> 그들(유대인들)이 말하기를 '우리가 알마시흐 이싸 븐 마르얌, 알라의 메신저를 죽였다.' 그들이 그를 죽이지 않았고 그들이 그를 십자가에 못 박지도 않았다. 그러나 그들에게 그렇게 보였을 뿐(shubbiha lahum)이다(수라 4:157).

알따바리는 그의 꾸란 주석에서 위 본문에 대한 주석을 다음과 같이

---
51) Ibid., 23.

'외형이 유사한 자' 혹은 '자원자' 등 두 가지로 소개한다.

(1) 외형이 유사한 자가 십자가에 죽었다.

알따바리 주석[52])에 9가지 해설이 나오는데 그 중 세 번째는 외형이 유사한 자(semblance)가 십자가에 죽었다는 설이다. 첫 번째는 유대인들이 이싸와 그의 동료들을 둘러싸고 있어서 이싸 자신을 알아내는데 어렵게 되었다. 그들 모두가 이싸의 얼굴로 바뀌었던 것이다. 이싸를 죽이려고 하는 사람들에게는 이제 어렵게 되었다. 이싸와 집에 함께 있던 사람들 중 일부가 그를 죽이고 나서 이 사람을 이싸라고 생각하였다.

두 번째 주석은 이싸 븐 마르얌이 죽기를 두려워하고 힘들어하였다. 이싸는 그의 제자(hawārī)들을 불러 음식을 대접하고 말하기를 '오늘 밤에 나에게 오라. 여러분이 절실히 필요하다.' 그들이 밤에 모였을 때 이싸는 저녁을 대접하였고 그들을 섬기었다. 음식을 먹고 나서 그의 손으로 그들에게 이슬람식 정결[53])을 하여 주었다. 그들의 손을 이싸의 옷으로 닦아주었다. 제자들은 이싸가 너무 큰 일을 하셨다고 말하자 이싸는 그렇게 말하는 것을 크게 부담스러워하였다. 이싸는 말하였다. "내가 그 날 밤 내가 음식을 대접하고 내 손으로 그대들의 손을 닦아준 일이 여러분에게 모범이 되기를 바랍니다. 여러분도 내가 여러분에게 좋은 사람이었기를 바랍니다. 내가 여러분에게 온 힘을 다 한 것처럼 서로가 서로를 위하여 최선을 다하십시오. 내게 도움이 필요하면 알라에게 나를 위하여 간구하십시오. 나의 죽음을 연기하여 달라고 간절하게 기도해 주세요."

---

52) 『꾸란 주석』4:157 , http://quran.al-islam.com/Tafseer/DispTafsser.asp?l=arb&taf=TABARY&nType=1&nSora=4&nAya=157.
53) 손과 발을 씻고 얼굴과 귀를 닦고 코 안을 씻고 팔꿈치를 닦는 이슬람식 청결 방식이고 순니파와 시아파가 서로 다른 청결방식을 갖는다.

그들이 간구를 지속할 때 간구를 계속 못 할 정도로 잠이 쏟아졌다. 이싸는 그들을 깨우고 나서 "알라께 영광 있으라. 하룻밤 잠 안 자고 나를 도와줄 수 없었느냐?"고 물으니 그들이 말하였다. "우리가 무엇을 할지 몰랐어요. 잠을 안 잘 수가 없어서 간구하지 못했어요." 이싸가 말하였다. "목자가 죽으면 양들이 흩어질거야." 그리고 나서 이싸가 말하였다. "수탉이 세 번 울기 전에 너희 중의 하나가 나를 부인할 것이다. 너희 중의 하나가 얼마 안 되는 디르함으로 나를 팔 것이다." 제자들이 나가서 뿔뿔이 흩어졌다. 유대인들이 이싸를 찾으러 나섰다.

이싸의 제자들 중의 한 사람 샤므운(Sham'un)을 만나 "이 사람이 그의 동료 중의 한 사람이냐"고 물으니 그가 부인했다. 그가 "나는 그의 동료가 아닙니다"라고 했고, 다른 사람들이 그에게 누군가를 물으니 그가 또 부인하였다. 수탉의 소리를 들었을 때 그는 그것을 생각하며 슬퍼하였다. 아침이 되자 제자들 중의 한 사람이 유대인들에게 왔다. "내가 알마시흐 있는 곳을 안내하여 줄까요?" 그들이 그에게 30 디르함(화폐 단위)을 주었다. 그가 그 돈을 받고 이싸가 있는 곳으로 안내하였다. 이싸라고 하는 사람이 그들에게 이싸로 보였다. 그들이 이싸를 데리고 가서 노끈으로 묶었다. "네가 죽은 자를 살렸고 사탄을 꾸짖어 내쫓았으며 미친 자가 제정신이 돌아오게 하였느냐? 이 노끈을 기적으로 풀어낼 수 없느냐?" 그에게 침을 뱉고 그에게 가시를 씌우고 그를 십자가에 못 박기 위하여 나무를 가져왔다. 바로 그때 알라는 그를 알라의 곁으로 올려 갔다. 그들에게 그렇게 보인 사람을 십자가에 못 박았던 것이다. 그리고 나서 7일을 보냈다. 알라가 고쳐준 미친 여성이 이싸의 어머니와 함께 십자가 달린 곳에 와서 울고 있었고 이싸가 이 두 사람에게 "왜 울고 있는가?"라고 물었다. 그를 팔았던 사람이 그가 한 일을 후회하였다. 그는 목을 졸라 자살하였다. 이싸가 말하였다. "그가 회개만 하였더라면 알라가 용서하여 주었을 것을…." 그리고 그가 그들을 따라다니던 유한나라는 소년에 대하여 그들에게 물었다. "그가 너희들과 함께 있지?" 그들 각자가 각각의 방언으로 말하게 되었다.54)

알따바리 주석에 이싸가 십자가에 죽기를 두려워하였다고 한 것으로 보아 이런 이싸는 성경의 예수 그리스도와 전혀 다르고, 이싸로 보였던 사람을 십자가에 못 박았다고 한 것은 예수 그리스도의 십자가 죽음을 정면으로 부인하기 위한 해석이다.

(2) 자원자가 십자가에 죽었다

이싸가 그의 동료들에게 자기 대신 죽을 자원자(volunteer)를 요청했다고 말하는 꾸란 주석으로 꾸란 주석가 알자마크샤리(Abū al-Qasim al-Zamakhshari: 1075-1144)의 주석 『알카샤프』(al-Kashshaf)가 있다.55) 꾸란 주석가 알따바리는 수라 4장 157절의 주석들 중 네 번째 해설로서, 자원자가 나와 십자가에 죽었다는 것을 제시하여 이싸의 십자가 죽음을 거듭 부인한다. 수라 4장 157절에 대한 알따바리의 다섯 번째와 여섯 번째 해설56)은 이븐 이스학(Ibn Ishāq)의 이야기로서, 기독교 내용에 더 근접한 해설이다. 그는 이싸에게 12명의 제자가 있고 그 12명 중 10명의 제자 이름을 정확히 기록하고 있다. 그러나 십자가에 죽은 사람이 세르기우스(Sergius)라고 하여57) 예수가 십자가에 돌아가신 성경의 내용과 전혀 다른 이야기를 전개한다.

---

54) 『꾸란 주석』4:157, http://quran.al-islam.com/Tafseer/DispTafsser.asp?l=arb&taf=TABARY&nType=&nSora=4&nAya=157.
55) Daoud Riad Irsaneous, "Interpreting the Atonement of Christ for Muslims in an Arab Context", 159.
56) 알따바리의 일곱 번째, 여덟 번째, 아홉 번째 해설은 다른 주석들을 요약하였고 더 새로운 내용은 없다.
57) Daoud Riad Irsaneous, "Interpreting the Atonement of Christ for Muslims in an Arab Context", 159.

위와 같은 공격적인 알따바리의 주석의 일부를 반복한 꾸란 주석가들 중에는 이븐 카시르(Ibn Kathīr, 1373 사망)가 있는데 기독교에 대항하여 논증적인 접근을 한 대표적인 학자이다. 이븐 카시르는 "유대인들이 이싸에게 거짓말하였고 이싸를 시기하여 그를 거부하였다. 이싸는 유대인들과 같이 한 곳에 살지 않았고 자기 어머니와 함께 세상을 유랑하였다. 유대인들이 별을 숭배하는 다마스커스 왕에게 편지를 보내어 이싸가 사람들을 선동하여 진리를 버리게 한다고 전하였다. 화가 난 왕은 예루살렘에 있는 총독에게 지시하여 이싸를 체포하고 그의 머리에 가시관을 씌워 다시는 선동을 못하게 십자가에 죽였다."58)

이븐 카시르는 이어서 일단의 유대인들이 군인들과 함께 이싸가 사는 집에 가보니 그의 제자들이 있었다. 이 일이 금요일에 일어났는데 이싸가 더 이상 도망갈 수 없음을 알고 그의 제자들에게 "너희들 중 누가 나와 닮기를 동의하고 잔나(파라다이스)에 같이 가겠는가?"라고 묻자 한 젊은이가 자원하였다. 그런데 이싸는 이 젊은이가 너무 어리다는 것을 알고 다른 사람들을 세 번씩이나 찾았다. 그 젊은이가 주인을 위하여 죽을 각오가 되어 있다고 고집하는 바람에 이싸는 그의 말에 동의하여 "네가 오늘 나와 같이 잔나(파라다이스)에 갈 것이다"라고 하였다. 이싸가 사는 집 지붕이 열려 있어 이싸는 자다가 지붕이 뚫린 곳을 통해 하늘로 들리어 갔다. 그 젊은이는 체포되어 십자가에 달렸는데 이런 일련의 사건이 밤에 일어나다보니 유대인들에게 여러 가지 오해를 불러 일으켰다."59) 이븐 카시르의 주석은 이싸의 제자들의 수효를 12명 혹은 13명 혹은 17명이라고 하여 제자들의 숫자가 맞지 않고 이싸가 젊은이에게 자신과 같이 잔나(파라다이스)에 가자고 한 것도 성경에 어긋나며, 자다가 지붕을

---

58) Ibid., 163.
59) 『꾸란 주석』4:157, http://quran.al-islam.com/Tafseer/DispTafsser.asp?l=arb&taf=KATHEER&nType=1&nSora=4&nAya=157.

통하여 하늘로 갔다는 것도 성경 내용이 아니다.

(3) 이싸 알마시흐는 죽었다

이싸가 죽지 않았다고 주석한 알따바리 주석 이외에 이싸가 죽었다고 해석한 꾸란 주석이 있다. 수라 4장 157절에 대한 알자마크샤리의 주석과 비슷하게 반복한 꾸란 주석은 알바이다위(Al-Baidawī, 1291년 사망)의 주석이다. "유대인들이 그와 그의 어머니를 모욕했기 때문에 이싸가 알라에게 간청하였다. 그랬더니 알라가 이싸를 모욕한 사람들을 원숭이와 돼지로 바꾸어 버렸다"고 알바이다위는 기록했다. 알바이다위는 '슙비하 라훔'(shubbiha lahum: 그들에게 그렇게 보였다)에 대한 알자마크샤리의 문법적 설명을 반복하고 있다. 그리고 그는 일부 기독교인들의 견해에 따라 이싸의 '나수트'(nāsūt: 인성)는 십자가에 못 박혔으나[60] '라후트'(lāhūt: 신성)는 하늘로 올라갔다고 말한다. 그는 이싸가 이슬람을 안 믿는 '경전의 백성들'에게 이슬람을 증거하려고 마지막 날 지상으로 돌아온다[61]고 덧붙였다.

> 그들(유대인들)이 그를 죽이지 않았고 그들이 그(이싸)를 십자가에 못 박지도 않았다. 그러나 그들에게 그렇게 보였을 뿐이다(shubbiha lahum, 수라 4:157a).

이 꾸란 구절에서 '그렇게 보였다'고 하는 구절에 대한 꾸란 해석에는 이슬람역사에서 수많은 이론들이 등장하였다. 그런데 이싸가 신의

---

[60] 이슬람의 이단으로 낙인찍힌 아흐마디야파(Ahmadiyya)는 이싸가 십자가에 못 박혀 돌아가시고 살아있는 채로 십자가에서 내려져 회복된 다음에 오래 살았다(120년간)고 믿는다.

[61] Daoud Riad Irsaneous, "Interpreting the Atonement of Christ for Muslims in an Arab Context", 166.

간섭으로 죽음을 당하지 않았다고 한다면 도대체 누가 죽음을 당하였다는 말인가? 이싸가 적들에 의하여 십자가에 죽지 않았다는 것을 입증하려는 무슬림들에게는 '그가 아닌 다른 유사한 사람이 그를 대신하여 죽었다'는 대체설이 유력하였다. 그러나 후세 이슬람 학자들은 그 대체된 사람이 누구인지를 알기 위한 여러 이론들을 발전시켜 보았다.

대체설에는 다음 두 가지 질문을 낳는다. 첫째, 왜 신이 한 인간으로 하여금 다른 사람의 고통을 받게 하는가? 만일 다른 사람으로 대체되었다면 신이 사람을 몰라봤다는 것인가? 알따바리는 유대교에서 개종한 와흡 븐 무납비흐(wahb b. Munabbih)가 한 말을 인용한다. "신이 서로 구별하지 못하게 당시 모여 있던 모든 사람들을 서로 닮게 하였다. 그들이 무리 중의 한 사람을 이싸라고 생각하고 그를 살해하였다." 그러나 대부분 주석가들은 와흡이 유명한데도 이 내용은 오직 그의 주장일 뿐이라고 일축한다.[62]

그런데 알따바리는 이 이야기가 아닌 다른 내용을 소개한다. "이싸가 잡히자 그의 동료들이 그를 버려두고 떠나갔다. 그는 줄로 묶여 십자가가 있는 곳으로 끌려갔다. 그가 하늘로 올라가고 그와 닮은 사람이 그 대신에 죽었다."[63] 그럼에도 이 이야기는 문제를 풀기보다는 문제를 더 복잡하게 만들었다. 왜냐하면 신이 사람들을 속였다는 것에 근거하여 기독교가 탄생되었다는 인상을 주기 때문이다. 꾸란 주석가들과 하디스(무함마드 언행록) 전수자들은 다른 사람을 살리기 위하여 알라가 어떤 순진한 사람을 부당하게 죽게 하는 것은 신이 불의(zulm)하기 때문이라고 하였다. 이로써 꾸란 주석가들에게 가장 인기를 얻은 주석은 그의 제자들 중 한

---

62) Mahmoud Ayoub, "The Death of Jesus, Reality or Delusion", *Dialogue of Truth for Life Together*, NEST Publications: 2005, 21.
63) Ibid., 22.

사람이 자발적으로 이싸의 속량으로 죽음을 받아들였다는 주석이다.64) 그러나 이와 다르게 자원자가 12명 제자들 중의 한 사람이 아니라 세르구스(sergus)65)가 이싸 대신에 죽었고 이싸는 하늘로 올라갔다고 했다. 이 이야기는 기독교에서 개종한 자가 이븐 이스학(Ibn Ishaq)에게 전해 준 말이었다. 누군가 받아야 할 형벌을 다른 사람이 자원하여 받는다는 논리는 신이 부당하다는 책임을 면하게 해 준다고 생각하였다.

위 논리의 다른 버전으로는 적들이 이싸를 찾고 있었는데 신 혹은 지브릴이 이싸를 피난하게 하였다는 설이다. 추적자들이 이싸를 죽이려고 티트야누스(tityānūs) 혹은 티타부스(titābūs) 혹은 티타누스(titānūs)를 보냈다. 이싸는 지붕의 뚫린 곳으로 피하였다. 이싸를 못 찾은 티트야누스는 사람들에게 말하려고 밖으로 나왔다. 신이 그를 이싸와 닮게 하였으므로 그가 아니라고 우겼는데도 살해당하고 말았다. 신은 그 사람의 몸이 아닌 그 사람의 얼굴만 이싸와 닮게 하였기 때문에 사람들은 그들이 죽인 사람이 누구인지 몰라 혼동하였다고 한다.66)

기독교인들도 이런 대체설에 근거하여 그들의 이론을 전개하면서 레바논의 현대 신학자 미셸 하이크(Michel Hayek)는 '이 견해는 이슬람 태동 전에 나즈란에서 이런 견해를 지지하는 기독교의 이단이 있었다. 그들은 그리스도의 고난을 부인하는 도케티즘(Docetism: 가현설) 신봉자이었다. 죽음과 수난의 모욕으로부터 그리스도의 신성을 보존하려는 생각에서였다. 그들 중 일부는 이싸 대신에 구레네 시몬이 죽었다67)'고 전한다.

그러나 이슬람은 가현설의 어떠한 형태도 받아들이지 않았다. 꾸란과

---

64) Ibid., 22.
65) 세르구스는 앞 글의 '세르기우스'와 같은 인물인 것으로 보이는데 두 참고문헌이 서로 다르게 표기하여 이 책에서는 원문대로 표기하였음.
66) Mahmoud Ayoub, "The Death of Jesus, Reality or Delusion", 23.
67) Ibid., 20.

후기 이슬람 전승에서 알마시흐가 환영과 같은 모습으로 나타났다고도 하지 않았다.[68] 꾸란은 이싸가 인간이고(수라 19:22-23) 다른 인간들처럼 이 땅에 살았으며 그가 죽은 후 부활할 날이 있다(수라 19:33)고 하였다.

12세기에는 알마시흐의 이야기를 완벽하게 재구성한 다음과 같은 내용이 돌고 있었다. "꾸란에서 말하는 유대인들이 마르얌에 대하여 중상 비방을 하였다. 그들 중에는 이싸를 '행실이 나쁜 여자의 아들, 마술사, 마술사의 아들'이라고 욕하는 사람이 있었다. 이싸는 '오 신이여 당신은 나의 주님이시다. 당신의 루후로 내가 존재하게 되었고 당신의 칼리마로 나를 창조하였습니다. 신이여 나와 내 어머니를 욕하는 자들을 저주해주세요.' 신은 그의 기도에 응답하였고 중상 비방자들을 원숭이와 돼지로 만들어버렸다. 유대의 유지들과 왕이 이와 유사한 벌이 두려워 이싸를 죽이려 하였다. 이싸와 그의 제자들이 어느 집에 있을 때 그들이 포위를 당하자 다른 사람들이 살아날 수 있도록 그들 중 하나가 이싸와 닮는데 동의하니 그가 살해되었다."[69]

그런데 현대 사상가들은 역사적이고 심리적인 근거를 중시한 알따바리의 아래 이야기를 더 좋아한다. 아래 알따바리의 이야기의 첫 부분에는 유다의 이름이 나오지 않는다. 그의 이름이 혼동되고 있었는데 기독교를 버린 개종자에게서 들은 이븐 이스학의 전승에 따르면 유다 스가랴(yudas zechariah) 혹은 유타(yutah) 혹은 부타(butah)라고 써 있다.

"유다 이스카리오트(Judas Iscariot: 가롯 유다)는 이싸를 은 30에 팔았다. 유다는 이싸에게 유대인들을 데리고 갔다. 그 때 유다가 이싸를 닮게 되었고 이싸는 하늘로 올라갔다. 곧 유다는 대중들에게 붙잡혔고 그를 이싸라고 생각한 대중들이 그를 십자가에 달아 살해하였다. 그 때 그는

---

68) Ibid., 20.
69) Ibid., 24.

'나는 너희가 원하는 사람이 아니다'라고 항변하였으나 별 소용이 없었다.

많은 꾸란 주석가들은 꾸란 텍스트의 문자적인 의미를 뛰어 넘는 새로운 의미들을 찾으려 했다. 다른 꾸란 주석가들은 대체설에 근거한 해석을 거절하지 않으면서도 역사적인 사실과 모순되지 않게 설명하려고 하였다. 이븐 카시르(1373)가 이런 역사적인 접근법을 사용한 대표적인 학자이다. 대체설을 심각하게 질문해 본 꾸란 주석가 중에는 아부 알까심 알자마크샤리(1143)가 있었다. 그는 이싸와 관련된 위 구절의 문법적인 사항을 고려한 후 그동안 유력시된 대체설을 거부하였다. 그는 슙비하(shubbiha)가 무엇을 가리키는지를 물었다. '슙비하 라훔'은 '그들에게 그것을 상상하게 만들었다'고 주석하였다. 그런데 '슙비하' 동사가 만일 살해된 자를 가리킨다면 '그들에게 예수처럼 보였던 사람'이란 말이 된다. 그러나 알자마크샤리의 유명한 제자 나시르 알딘 알바이다위(Nāsir al-Dīn al-Baydāwī, 1286)는 대체설을 거부하면서 덧붙이기를 '아무도 죽지 않았고 그가 죽임을 당했다'는 것은 거짓 주장이라고 하였다.[70]

또 대체설이 갖고 있던 신학적이고 철학적 이슈에 문제를 제기한 사상가는 파크르 알딘 알라지(Fakhr al-Dīn al-Rāzī, 1209)였다. 알라지는 선임자들의 견해를 되풀이 하는 것에 만족하지 않고 그의 분석적인 시각에서 이 문제를 면밀하게 검토하였다. 그는 두 가지 질문을 하였는데 하나는 알자마크샤리처럼 슙비하의 주어가 누구인가를 질문하였고 두 번째는 어느 한 사람과의 닮음이 다른 사람에게 씌워진다고 가정하면 무슨 일이 일어날까에 더 관심을 두었다. 알라지는 대체설을 비평하면서 과거 선행 연구자들의 어느 하나에만 의존하지 않고 다양한 견해들을 살펴보았다. 그 결과 그는 세대를 거치면서 정확한 답은 없고 추측만이 무성하다는 것을 알았다. 그는 알마시흐, 알라의 루후, 알라의 칼리마

---

[70] Ibid., 26.

등을 이해하는데 더 많은 관심을 가졌다.

이슬람의 유명한 학자 이븐 꾸타이바(ibn Qutayba, 889)는 무함마드의 교우이자 조카인 이븐 압바스(Ibn 'Abbās)의 전승에 따라 '추측과 가설을 제외하고는 그들이 아는 게 없다. 그들이 그것을 확실히 살해하지 않았다'. 알따바리는 까탈루후(qatalūhu: 그들이 그를〈혹은 그것을〉 살해했다)라는 말에서 [hu]가 추측(al-zann:지식과 확신의 반대말)을 가리킨다[71]고 말한다. '슙비하 라훔'이 무슨 의미인지 그 진실을 찾기 위한 노력이 꾸란 주석가들에 의하여 경주되었으나 많은 주석가들이 그들 자신이 갖는 추측의 베일 뒤에 숨겨진 알마시흐에 대한 꾸란의 시각을 분명하게 밝히지는 못하였다. 대체설도 그 형식과 목적이 무엇이든지 간에 이 꾸란 구절의 진실을 밝히지는 못 했다. 그 이유 중의 하나는 대체로 꾸란 주석가들이 기독교인들에 대하여 너무 자신만한한 우월감(superiority)을 갖고 있기 때문이었다. 이런 태도는 무슬림만이 바른 진리로 인도할 수 있다는 우월의식으로서 그리스도의 십자가 죽음은 거짓이라고 말하였고 기독교인들의 설명에는 주의를 기울이지 않았다.

그런데 무슬림들 안에서 이런 태도를 지양하거나 거부하는 사람들이 있는데 그들이 바로 수피 주석가들이다. 수피(신비적 방법을 통하여 영혼의 갈망을 추구하는 자)들은 꾸란에 조정하려는 정신이 담겨 있다고 보고 역사적인 사실을 뛰어넘는 의미를 찾으려고 하였다. 알라지 역시 선임자들의 다양한 이론과 개념들을 검토하고 비평한 뒤 알마시흐의 인성만이 고난을 당하고 죽었다고 결론을 내렸다.

이싸에게 영혼은 거룩함(qudsiyyah)과 존귀함('ulwiyyah)의 본질이다. 그것은 신의 빛들과 함께 광명의 영혼이고 천사의 영과 매우 가깝다. 이

---

71) Ibid., 30.

같은 영혼(soul)은 몸의 어두움 때문에 고난을 받지 않는다. 이런 몸의 어두움으로부터 분리되어 하늘의 열린 궁전으로 자유롭게 들어간다.[72]

수피들의 새로운 해석은 무슬림-기독교간의 이해에 새로운 출발점을 제공하였다. 일부 꾸란 주석가들은 알마시흐에 대하여 그들의 의견이 나눠지고 여러 추측이 무성한 것은 예수에 대한 기독교인들의 불완전한 설명 때문이라고 생각하였다. 무슬림들은 모든 예언자들이 선포한 진리는 꾸란의 명확한 '계시'가 나오기 전까지는 그 일부가 잊혀지고 왜곡되었다고 주장한다. 이미 살펴본 대로 꾸란은 이싸의 죽음을 부인하지 않는다.[73] 왜냐하면 이싸의 죽음은 아래와 같은 꾸란 구절에서 여러 번 그리고 다양한 문맥에서 확인되고 있기 때문이다.

다른 인간들처럼 이 땅에 살았고 그가 죽는 날이 있고(yawma yamūtu) 그가 살아서 부활할 날이 있다(수라 19:33).

당신이 나에게 명령한 것만 그들에게 말하였다. '나의 주님, 너희들의 주님 알라를 예배하라.' 내가 그들 중에 함께 한 동안 그들에게 증인이 되었다. 당신이 나의 혼을 가져간(tawaffaytanī) 뒤에는 너만이 그들을 지키는 자이었다. 당신은 모든 것들의 증인이다(5:117).

내가 너를 죽게 하고서(mutawaffīka) 너를 일으켜 나에게 오게 하였다(3:55).

---

72) Ibid., 31.
73) Ibid., 32.

다시 구체적으로 수라 3장 55절을 설명해보자면, 위 구절의 '무타왑피카'(mutawaffīka)는 '너를 죽게 하여'라는 의미가 있다. 무슬림들은 통상적으로 이싸가 죽지 않고 하늘로 올라갔다고 하나 일부 꾸란 주석가들은 '너를 잠자게 하여 수면 중에 너를 들어 올리겠다' 혹은 '땅으로부터 너를 붙잡아 나에게 들어 올리겠다'고 해석한다.

무타왑피카(mutawaffīka)라는 말은 '너를 받아들이겠다'(receiving you)라는 의미가 있고 동사 타왑파(tawaffa)는 '(빚의) 반환을 요구하다'의 의미가 있다. 그러나 일반적으로 이 단어의 수동태형 투웁피(tuwuffī)는 '죽다'라는 의미가 있고 명사형 와파트(wafāt)는 '죽음'을 의미한다.

여기서 딜렘마는 이싸가 죽었을 때 그의 영혼만을 알라가 받아들였는가 혹은 그의 영혼과 몸이 모두 반환되어 산 채로 하늘로 올라갔는가에 대한 문제이다.74) 무타왑피카를 '너를 죽게 하여'(causing you to die)라고 번역한 것은 이븐 압바스의 말에 근거한다. 그런데 '내가 너를 받아들여(반환하여) 나에게 오게 하였다'(3:55)라고 번역하면 라파아(rafa'a: to take up to heaven: 하늘로 들어 올리겠다)와 동의어가 된다. 그들은 이싸가 하늘로 들어 올려져서 나중에 죽을 것이라고 한다. 이것은 알라가 그를 받아주는 것과 그를 들어 올리는 것이 순서적으로 이뤄지도록 텍스트를 문자적으로 읽어야 하는 것은 아니라고 생각해서 그가 하늘로 올라간 다음에 죽는다고 해석한 것이다.

알라지는 텍스트를 문자적으로 읽는 것을 뛰어넘어 이해했는데, 즉 '무타왑피카'를 '너의 생명을 마치게 하여'(completing the term(ajal) of your life)라고 해석했다.75) 이 말은 이싸가 몸과 영혼이 하늘로 올라갔다는 것을 의미한다고 했다. 알라지는 알마시흐에 대한 수피들의 견해에 크게

---

74) Ibid., 34.
75) Ibid., 35.

영향을 받은 것 같다.

　수피들은 알마시흐에 대한 전통적인 해석방법을 완전히 거부하지 않으면서 알마시흐를 우주의 완전한 인간으로 보고 그를 통하여 모든 종교들이 연합되고 인간을 알라에게 가까이 가게 한다고 보았다.[76] 알마시흐가 하늘에 살고 있다는 것은 수피들의 모범이 되었다. 수피들은 육체를 갖고 있는 인간이 신의 임재 앞으로 간 이싸의 이야기를 좋아하였다. 알하산 알바스리(al-Hasan al-Basrī)는 하늘은 신의 은혜(karāma)의 장소이고 그의 천사들이 사는 곳이라고 하였다. 이싸는 알라의 칼리마이고 알라의 루후이므로 알라의 복(barakah)을 얻었다고 보았다.

　수피의 접근방식은 이슬람-기독교 관계에서 매우 독특하다. 그러나 그동안 이슬람과 기독교간의 건설적인 대화를 위한 기반으로 수피들의 시각이 크게 주목받지 못 하였다. 사실 현대 무슬림 사상가들은 대체적으로 수피의 사상을 무시하여왔다.

　알마시흐에 대한 시아파의 관점도 어느 면에서는 수피와 닮은 점이 있다. 그 이유는 시아파들이 꾸란 텍스트의 문자적 이해를 항상 고집하지 않기 때문이고 둘째는 이싸에 대한 금욕적 이미지를 제시하고 있으며 셋째는 알마시흐의 육체가 하늘로 올라갔다는 것을 좋아하지 않기 때문이다. 현대 시아파 사상가들은 알마시흐가 죽었고 다만 그의 영혼만이 하늘로 올라갔다고 주장한다. 시아파 사이드 무함마드 후세인 따바따바이(sayyid Muhammad Husayn Tabātabā'ī)도 다음과 같은 근거로 알마시흐는 죽었고 그의 영혼만 하늘로 갔다고 주장한다. 그는 '알라가 그에게로 그를 데리고 갔다'는 말을 문자적으로 읽으면 '육체의 승천'을 가리킬 수 있지만 존귀한 분에게 인간의 육체들이 차지할

---

[76] Ibid., 36.

장소를 갖고 있지 않기 때문에 이 구절에서는 육체적이 아님(ma'nawī)을 가리킨다[77]고 하였다.

2) 이븐 하즘

이븐 하즘(994-1064)은 기독교 이슬람 대결의 전 역사에서 기독교에 대한 신뢰를 떨어뜨리려고 가장 저돌적이고 체계적인 시도를 한 무슬림[78]으로 알려진다. 그는 반기독교 논증(anti-christian polemics) 분야에서 타의 추종을 불허하는 명수로 알려져 왔다. 이븐 하즘은 스페인 태생으로 무슬림 가정에서 태어나, 코르도바(Cordoba) 우마위야 칼리파 궁정에서 성장하였다. 여러 차례 정권이 바뀌면서 옥살이 하다가 다시 총리가 되기도 하였고 나중에 다시 옥살이 한 뒤에는 정치 생활을 그만두고 종교 연구에만 매진하였다. 모든 경전은 알라가 주신 것이라는 전제하에 모든 경전에 대한 엄격한 잣대로 문자적인 연구를 하였으며 모세오경과 복음서가 왜곡되고 변질되었다고 주장했다. 이븐 하즘은 삼위일체론이 후세에 기독교인들에 의하여 새로 만들어진 것이라고 말하고 "어떻게 세 개가 하나가 될 수 있는가?"라고 삼위일체론을 공격하였다. 그는 만일 하나님이 인간이 되었다면 그는 이미 하나님이 아니라고 하였다. 그리고 복음서에서 그가 찾을 수 있는 모든 모순에 대한 목록을 작성하고, 결론 맺기를 "기독교인의 성경은 알라가 '계시'한 것이 아니며 인간 저자들이 조작한 것이다"고 하였다. 그는 기독교와 무슬림간의 대화에는 참여하지 않았다.

이븐 하즘은 그의 적들을 무너뜨리는데 급급하였다. 물론 무슬림들에게

---

77) Ibid., 37.
78) Colin Chapman, *Cross and Crescent*, 222.

그의 논지는 압도적이었으나 다른 사람의 입장은 전혀 고려되지 않았고 후세의 무슬림들에게 다른 사람들의 생각을 이해하려는 시도를 막고 있었다. 어찌되었든 그 자신의 사고 체계 안에서는 그가 전적으로 논리적이라고 하였으나 기독교인 학자들은 그가 일련의 다른 여러 원칙들을 고려하지 않아 아무런 도움이 되지 않는 것으로 간주하였다.[79] 그의 논쟁의 뿌리는 '계시'된 텍스트가 어떠해야 한다는 것과 이 '계시'가 어떻게 이뤄졌는가에 주 관심을 두었다. 이븐 하즘은 알마시흐의 본성(tabī'ah al-Masīh)이란 제목으로 다음과 같이 서술한다.

> 메시아가 하나의 본성 또는 인성과 신성 두 개의 본성이 있다고 말하는 사람들이 있다. 그들이 우리에게 "두 본성을 예배하느냐? 한 본성을 예배하느냐"고 묻는다. 그들이 "둘 다를 예배한다"고 하는데 이것은 쉬르크(shirk: 알라의 자리에 알라 아닌 다른 것을 둠)보다 더 나쁜 것이다. 또 신성만을 예배한다는 사람들이 있다. 말키파와 네스토리아파는 죽음(mawt)과 십자가에 달리심(salb)은 그리스도의 인성에게만 일어난다고 말한다. 시리아 정교회 사람들은 인성과 신성은 하나라고 한다. 말키파와 시리아 정교회는 "메시아는 하나님의 아들이고 마리아의 아들이다"라고 한다.[80]

이븐 하즘은 인성과 신성을 예배하는 것은 쉬르크보다 더 나쁘다고 했다. 그는 사복음서를 부인하고 아예 가치가 없는 책[81]이라고 했다. 그는 알라에게서 내려온 인질(복음서)은 몇 페이지 분량(fusul)이라고 하고

---

79) Ibid., 222.
80) Ibn Hazm, *Al-Fisal fi al-Milal wa-al-'Ahwā' wa-al-Nihal(1)* (Beirut: Dar al-Kotob al-Ilmiyah, 1996), 79-80.
81) Ibid., 251-252.

인질을 쓴 사람들은 상상 속에서 쓴 것으로 그들은 거짓말쟁이라고[82] 하였으며 인질은 루후 알꾸두스가 아닌 네 명의 사람들[83]이 쓴 것이라고 하였다. 기독교인들이 갖고 있는 '인질' 속에 무함마드가 예언자로 온다[84]는 말이 들어 있지 않으므로 기독교인들의 인질은 왜곡되고 변질되어 있는 것이라 했다. 오늘날에도 이븐 하즘처럼 일방적으로 때로는 강압적으로 "이슬람이 최고다"라고 하면서 도무지 다른 사람의 의견을 듣지 않으려는 무슬림들을 만난다.

3) 십자군 이후 무슬림 논증가들

십자군 전쟁 이후에 많은 무슬림 논증가들이 나타났는데 그 중 희랍 정교회 소속으로 시돈(Sidon)[85]의 비숍이었던 안디옥 출신의 바울루스 알라힙(Paulus al-Rāhib)이 있다. 1260년 이전에 쓴 『어느 무슬림에게 보낸 편지』(risālah 'ilā 'ahad al-muslimīn)라 책에서 다음과 같이 이슬람에 대한 그의 논점을 제시한다.[86]

① 무함마드는 이슬람 이전 시대의 아랍인들에게만 보내어졌다.
② 무함마드는 기독교를 칭찬하였다.
③ 기독교 특히 삼위일체론은 합리적인 제시로 입증되었다.
④ 예언자들의 증거는 기독교가 참이라고 입증한다.

---

82) Ibid., 256.
83) Ibid., 135.
84) 마르얌의 아들, 이싸와 무함마드를 예언자로 믿는 이싸위야가 당시 있었다고 했다(Ibn Hazm, 120).
85) 현재 레바논 남부에 위치하고 있고 두로와 근접한 도시.
86) Harry Gaylord Dorman, *Toward Understanding Islam*, 29 (Ahmad ibn taymiyya, Al-Jawab al-salih, vol.1. Cairo.1905), 20.

⑤ 기독교는 다신교가 아니다.
⑥ 그리스도는 모세보다 더 우월한 계시를 가지고 왔다. 그러므로 그것을 개선할 목적으로 나중에 누군가 올 필요가 없다.

바울루스 알라힙의 서한에 대하여 무슬림인 아흐마드 이븐 이드리스 까라피('Ahmad ibn Idrīs Qarāfī)는 그의 책 『영예로운 답변』(al-'ajwibah al-fākhirah)에서 무함마드의 세계적 사명, 기독교에 대한 꾸란의 우호적인 구절, 삼위일체와 성육신의 불합리, 신약의 모순 등을 다루었다. 까라피 이후에 무슬림 신학자 이븐 타이미야(Ibn Taymiyya, 1328년 사망)도 바울루스의 글에 반론을 폈다. 이븐 타이미야는 카이로에서 무슬림들에게 초기 이슬람의 순수한 종교로 돌아가라고 하고 사변 철학으로부터 자유로워야 한다고 주장하였다. 1,400 페이지에 달하는 그의 『그리스도교를 바꾼 사람들을 향한 바른 답변』(al-Jawāb al-Sahīh liman baddala dīna al-Masīh)이란 책에서 기독교를 공격하였다. 이븐 타이미야와 동시대 사람이었던 무함마드 이븐 아비 딸립(Muhammad ibn 'Abī Tālib, 1327년 사망)은 수피로서 좀 더 대중적인 문체로 바울루스를 반박하였다.

위 세 명의 무슬림 학자들은 기독교 성경에 대한 무슬림들의 반박 방법을 발전시키는 데 기여했고 늘 그렇듯이 오경과 복음서의 변질론이 그들의 핵심 주장이었다.[87] 특히 이븐 하즘은 성경의 텍스트가 왜곡되었다[88]는 입장에서 조금도 흔들림이 없었다. 무함마드 이븐 아비

---

87) Ibid., 30.
88) 김대옥, "이슬람의 성경변질론에 대한 비판적 고찰" (서울: 아세아연합신학대학교 석사학위논문, 2008)에서 성경변질론을 '의미 왜곡'과 '본문 왜곡'의 입장으로 나눠 논술하였다. 첫 번째 그룹은 적어도 경전 본문의 대부분은 믿을만하지만 유대인들과 그리스도인들이 '성경을 오역했다'거나 '해석하는 과정에서의 의미를 왜곡한 것'이라고 주장하는 그룹으로서 라지(Razi, 1209), 바킬라니(Baqillani, 1013), 아비센나(Avicenna, 1037), 가잘리(Ghazali, 1111), 무함마드 압두흐(Muhammad 'Abduh, 1905) 등이 있고(김대옥, 26), 두 번째 그룹으로는 성경의 '본문 그 자체가 변질'되었다고 주장하는

딸립은 이븐 하즘의 입장을 따랐으나 이븐 타이미야는 텍스트의 왜곡(어휘 대치)은 주로 역사적인 사건에서만 나타난다고 하였고 대부분의 변질은 경전을 잘못 해석한 결과라고 하였다.

1811년 페르시아 쉬라즈(Shiraz)에 들어간 영국 태생의 헨리 마틴(Henry Martin, 1781-1812)은 이슬람에 대한 기독교 변증의 소책자(tracts)를 작성하여 그 도시에서 발간하였다. 1829년 칼 고틀리엡 판더(Carl Gottlieb Pfander, 1805-1865)는 페르시아에 파송되어, 기독교와 이슬람 간의 변증과 논쟁의 개론서(compendium)인 『진리의 평형』(Mizān al-Haqq)을 썼다. 이 책의 각장들을 하나씩 하나씩 반격을 가한 무슬림 논증가는 라흐마탈라 알힌디(Rahmat 'Allāh al-Hindī, 1854년 사망)이었고 그의 유명한 책 『진리의 표명』('Izhār al-Haqq)이 있다. 1800년대 대부분 무슬림들의 논증은 무슬림 땅에서 개신교 선교가 증가하면서 이들의 글에 대한 반박으로 이루어졌다.

19세기 초에는 중세 때 사용된 가장 좋은 책들이 재 인쇄되어 배포되었는데 그 중에는 까라피(1285년 사망)의 『영예로운 답변』(al-'Ajwibah al-Fākhirah), 이븐 타이미야의 『그리스도교를 바꾼 사람들을 향한 바른 답변』(al-Jawāb al-Sahīh liman baddala dīna al-Masīh) 그리고 이븐 까이임 알자우지야(Ibn Qayyim al-Jawziyyah, 1350년 사망)의 『혼동의 지침』(Hidāyat al-Hayārā) 등이 있었다.[89] 무슬림 논증가들은 기독교

그룹으로서 이븐 하즘(Ibn Hazm, 1064), 주와이니(Juwayni, 1085)가 있고 이 둘 사이의 중간 입장을 취하는 학자로는 이븐 타이미야(Ibn Taymiyya, 1328)가 있다(김대옥, 30). 14세기 말 이슬람 학자 이븐 타이미야(Ibn Taymiyyah)는 성경 텍스트의 변질에 대한 이슬람의 입장은 다양하고 불분명하지만, 성경을 잘못 해석한 것(misinterpretation)으로 보는 무슬림들이 많았다고 하였다. 11세기 이븐 하즘은 꾸란이 무오하다는 꾸란의 개념으로 무장되어 복음서를 이슬람의 눈으로 보고 역사책으로 간주한 것이 큰 잘못이었다. 10세기 알주와이니(al-Juwayni)는 마태복음과 누가복음을 문자적으로 접근(literalist)하고 나서 복음서들이 더 이상 신빙성이 없다고 하였다.
89) Harry Gaylord Dorman, *Toward Understanding Islam*, 43.

성경을 불신하도록 하기 위하여 성경의 고등비평에서 얻어진 일부 결과를 활용하고 유럽의 합리주의 학자들과 현대의 과학적 저술이 소개한 새로운 주장들을 인용하였다.

도만(Dorman)은 현대 무슬림 논증가들이 쓴 24권의 책들 중에서 무슬림들이 자주 인용하는 4명의 논증가들을 선정하였는데, 라흐마탈라 알힌디의 『진리의 표명』과 바샤지자다(Bāshajīzādah)의 『창조주와 피조물 간의 구별 요인』(Al-Fāriq bayna al-makhlūq wa al-khāliq), 알리 바흐라니('Alī Bahrānī)의 『진실의 말』(Lisān al-Sidq) 그리고 무함마드 압두흐(Muhammad 'Abduh)[90]의 글들이었다. 바샤지자다는 주로 마태복음을 다시 해설하면서 기독교를 공격하기 위한 자료로 활용하였고 나머지 세 복음서는 간략하게 취급하였다. 알리 바흐라니의 『진실의 말』은 라흐마탈라의 『진리의 표명』보다 훨씬 수준이 낮지만, 판더의 『진리의 평형』에 대한 답변을 기록한 책이다.[91] 알리 바흐라니가 시아파이어서 무함마드의 사위 알리와 11명의 이맘에 대한 긍정적인 태도를 보여주고 있지만 주로 순니 정통파에 대한 논의를 하였다. 그는 형태만 변화된 타브딜(tabdīl), 어휘나 구절이 첨가되거나 숨겨 놓은 타흐리프(tahrīf), 설명과 주석으로 인한 의미의 변화(ta'wīl) 등의 왜곡이 신구약에 있다[92]고 했다.

현대의 무슬림 논증은 중세의 무슬림 논증서들을 주로 의존한다. 중세 무슬림들의 동일 주장과 예화가 다시 인용되고 현대적인 상황과 현대 선교사들의 책들을 참조하여 그에 따른 주제를 재배열하였다.

---

90) 무함마드 압두흐는 가난한 농부의 가정에서 태어나 1905년 그가 죽기 전까지 이집트인들의 삶에 큰 영향을 준 사람으로서 교사, 작가 그리고 알아즈하르 대학의 개혁을 주도한 리더였다. 학문과 문명에 대한 『이슬람과 기독교』(Al-Islam wa al-Nasraniyyah ma'a al-'Ilm wa al-madaniyyah)라는 책에서 이슬람이 기독교보다 더 관용적(tolerant)이라고 쓰고 있다.
91) Harry Gaylord Dorman, *Toward Understanding Islam*, 44.
92) Ibid., 66.

3. 무슬림의 단일신론은 어떻게 변했는가?

1) 꾸란의 단일신론과 기독교

무슬림들의 논증이 역사를 거치면서 달라졌듯이, 꾸란의 신학적 논제도 시기별로 달랐다. 메카 첫 시기(610-615)는 꾸란의 메시지가 알라의 존재, 단일신론과 신의 위대하심(majesty)에 집중되어 있었다. 일부 무슬림들이 에티오피아로 이주한 동안 그곳의 기독교인들은 이슬람을 기독교의 한 종파(a Christian sect)로 간주하였다.[93]

> 내가 태어난 날에 나에게 알라로부터 평안이 있었고 내가 죽는 날과 내가 다시 들어 올려져 생명을 얻는 부활하는 날에도 나에게 알라의 평안이 있을 것이다(수라 19:33).

이 구절은 메카에서 아비시니아(에티오피아)로 피난간 무슬림들이 아비시니아인들에게 들려준 말이다. 그런데 아비시니아인들은 이 말이 예수님의 십자가 죽음과 제 삼일에 부활하신 것으로 이해했던 것 같다. 문제는 이 꾸란 구절이 이싸가 언제 어떻게 죽게 되고 언제 어떻게 들려 올려질 것인지를 묻는 것이 아니었다.[94] 순니의 말리키(Malikī)파이었던 알꾸르뚜비(al-Qurtubī, 1214-1273)는 그의 주석에서 이싸가 알라로부터 평안을 얻었다는 것이 주제이고, 내가 태어난 날은 '이 세상에서', 내가 죽는 날은 '무덤에서', 내가 들어 올려질 날은 '저 세상에서' 각각 알라로부터 오는 평안이 있다고 해설하였다.[95]

---

93) Daoud Riad Irsaneous, "Interpreting the Atonement of Christ for Muslims in an Arab Context", 119.
94) Ibid., 119.
95) 『꾸란 주석』19:33, http://quran.al-islam.com/Tafseer/DispTafsser.asp?l=arb&taf=KO

메카의 두 번째 시기(615-620)는 모세오경의 예언자들의 이야기와 동일시하려는 시기로서, 무함마드는 이 시기 이후에 동족의 박해를 받아 메디나로 이주(622)하게 된다. 그는 메디나에서 유대인들의 반대에 부딪힌다. 유대인들은 이스라엘 밖에 예언자가 없다고 하고 무함마드의 가르침이 모세오경의 내용과 전혀 일치하지 않는다고 단언한다.

메카의 세 번째 시기(620-622)는 알라의 타우히드 연장선상에서 하나의 움마(공동체)를 강조한 시기이다. 이 시기는 메디나 이주로 끝난다. 꾸란의 19장과 반대되는 진술이 있는 이싸의 죽음에 대한 꾸란 구절은 모두 메디나 '계시'였다. 뇔데케(Nöldeke)는 꾸란 4장 157절에 대하여 설명하면서 '꾸란 4장의 대부분이 이슬람력 3번째 해 말년과 다섯 번째 해 말년 사이에 있었던 구절'이라고 했다.[96] 무슬림들이 메디나에 있던 거대한 유대 공동체와의 관계가 깨진 이후이다. 수라 4장 156-9절은 유대인들의 반대가 있는 상황에서 십자가의 죽음이 논쟁의 전면에 있었으나 꾸란은 이에 대한 입장을 분명히 하지 않는다. 수라 5장 117절은 나중 시기의 것이나 수라 3장 55절과 유사한 인상을 풍긴다. "내가 너를 잠자게 하고서 너를 일으켜 나에게 오게 하였다(3:55)"는 "내가 너를 죽게 한 후(Caused me to die) 다시 살려서 내게로 오게 하겠다"로 다시 번역할 수 있다.[97] 그런데 꾸란 5장 17절과 75절은 십자가의 죽음을 긍정도 부정도 하지 않는다. "알라가 알마시흐 븐 마르얌이라고 말하는 사람들은 카피르이다. 말하라. 누가 알라를 지배할 수 있겠느냐? 그것이 알라의 뜻이라면 알마시흐와 그의 어머니와 땅에 있는 모든 것을 멸망시킬 수 있는가? 하늘과 땅과 그 사이에 있는 모든 것을 그가 지배한다"(수라

RTOBY&nType=1&nSora=19&nAya=33.
96) Daoud Riad Irsaneous, "Interpreting the Atonement of Christ for Muslims in an Arab Context", 121.
97) 공일주, 『코란의 이해』, 260.

5:17). "알마시흐 븐 마르얌은 메신저일 뿐이다. 그보다 먼저 왔다가 간 메신저들과 같다. 그의 어머니는 고결하다. 이들도 음식을 먹었다. 그들에게 우리가 준 이런 분명한 표적을 보였으나 그들은 잘못된 길을 가는 자들이다"(수라 5:75).

꾸란의 메디나 시기(622-632)는 움마(이슬람 공동체)가 강조되는 6년의 기간(622-628) 그리고 무함마드가 죽기 전 4년간(628-632)으로 나눌 수 있다. 메디나 시기는 기독교와 유대인을 강하게 거부한 이슬람 시기이다.

"알라와 마지막 날을 믿지 않고, 알라와 그의 메신저(무함마드)가 금한 것을 금하지 않고, 진리의 법을 따르지 않는 경전의 백성과는 지즈야(jizya: 인두세)를 낼 때까지 싸워라"(수라 9:29a). 이 수라는 칼의 구절(verse of the sword)로 불리는데 광신적인 무슬림들은 이 구절을 기독교와 유대인들에게 우호적인 다른 꾸란 구절들을 취소하는 구절로 여긴다.

기독교의 사상이 아라비아 반도의 여러 지역에 퍼져갔으나 무함마드가 이슬람을 전하기 시작하였을 때 기독교에 대하여 잘 알고 있었는지는 분명하지 않다. 무함마드가 청년의 시기를 거치는 동안 당시 메카는 강력한 기독교 중심지로 떠오르지 않은 것 같다. 기독교 신앙을 가진 사람들이 수적 소수이었고 아라비아의 나즈란과 갓산 부족들의 기독교도 아직 성숙하지 못한 형편이었다.[98] 613년 무슬림들이 행한 나즈란과의 협약에서 기독교인들은 인두세를 내고 이슬람 군대를 도우며 군대가 필요한 것을 제공하고 기독교식 예배는 제한된 지역에서만 행하라는 것이었다.[99] 이슬람에 대한 유대인들의 영향이 기독교인들의 영향보다 컸었다.[100] 이슬람법은 대부분 유대인의 법과 일치했고 유대인들이

---

98) Daoud Riad Irsaneous, "Interpreting the Atonement of Christ for Muslims in an Arab Context", 122.
99) Habīb badr, et.al., *al-Masīhiyyah abra tārīkhihā fi al-mashriq*, 463.
100) Daoud Riad Irsaneous, "Interpreting the Atonement of Christ for Muslims in an

무슬림들의 많은 전승에 기여하였다. 유대인들의 영향을 받은 무슬림들은 유대인들이 기독교 신앙에 적대적인 것도 그대로 이어받기도 하였다.[101]

이슬람이 기독교 지역으로 들어오자 이단 시비로 비잔틴 통치자들의 박해를 받던 기독교인들은 비잔틴의 박해를 피해 보려고 무슬림 통치자들을 받아들였다. 이슬람 초기에는 정치적, 종교적으로 기독교인들이 비잔틴 통치 하에서 보다 더 많은 자유를 가졌다. 당시 기독교인들에게 이슬람은 새로운 아리우스 이단(Arianism)으로 간주되었다.[102] 처음에는 이슬람과 기독교 간의 신학적인 부딪힘은 없었다. 그러나 무슬림들의 반대가 심해지자 기독교인들은 방어적인 자세를 취하였다. 우마위야 시대(661-750)에는 공격적인 논증법(polemic approach)으로 발전되었고[103] 기독교 변증가들은 기독교인의 사고 논리가 무슬림들에게 존중받기를 바라고 기독교가 옳다는 것을 입증하려고 했다. 이 시기에 기독교인들은 무슬림들을 개종시키려고 하지는 않았다.[104] 안디옥의 총대주교 요한과 아므르 븐 알아스('Amr ibn al-'As, 664년 사망) 간의 논쟁에서는 무슬림인 아므르 븐 알아스가 공격적인 태도로 논증에 나섰다. 무슬림들은 지적 논쟁에서 이기고 싶어 했다.

9세기 스페인에서의 순교 운동은 무슬림에 대한 기독교 선교에서 매우 중요한 사건이었다. 8세기 기독교의 조직화된 변증이 있은 후 이슬람의 조직적인 반격이 포함된 이슬람측 논증이 70세에 이슬람으로 개종한 알리 이븐 사흘 이븐 룹반 알따바리('Alī ibn Sahl ibn Rubban al-Tabarī: 855년 사망) 그리고 유대교인과 기독교인과 알무으타질라파를 박해한 칼리파

Arab Context", 122.
101) Ibid., 122.
102) Ibid., 125.
103) Ibid., 125.
104) Ibid., 126.

알무타왁킬(Al-Mutawakkil) 시대 아므르 이븐 바흐르 알자히즈('Amr ibn Bahr al-Jāhiz: 776-869) 등에 의하여 이루어졌다.[105] 알가잘리(1111년 사망)는 그의 책 『아름다운 반격』(Al-Radd al-Jamīl)에서 "기독교인들은 그들 신앙에 대한 논증에서 너무 형편없었다"고 말하였다. 그는 복음서의 구절에서 그리스도의 인성에 대한 부분은 문자적으로 해석하고, 신성을 설명하는 그 밖의 구절들은 알레고리하게 해석하라고 무슬림들에게 제안하였다.[106]

동방 기독교인들의 선교는 아직 공식화되지 않는 미개척 지대이었지만 775년부터 900년까지는 동방에서 무슬림에 대한 기독교 선교가 부흥(revival)을 경험하였던 것 같다. 여기서 부흥이라고 한 것은 630년경부터 무슬림들이 아라비아 반도를 정복하기 시작하면서 740년 그 정복이 계속되는 동안 동방 기독교의 선교활동으로서는 이것이 처음 있는 일이라고 보기 때문이다.[107] 무슬림들을 기독교로 개종시키려는 시도는 새로운 것이 아니었다. 무슬림 통치하에 살던 기독교인들은 무슬림들과의 논쟁의 목적과 그 결과로 개종을 자주 언급하곤 하였다. 9세기부터 12세기 사이에 스페인의 코르도바에서는 이슬람에서 기독교로 개종한 사람들을 받아들이고 그들을 가르치기 시작하였다.[108]

2) 중세 이후 단일신론의 개념 변화

---

105) Ibid., 135.
106) Ibid., 139-140.
107) Ibid., 126, 이 내용은 Allan Cutler, *Catholic Missions to the Moslems to the End of the first Crusade*(1099) (Unpublished Ph.D Dissertation, University of Southern California, 1963)에서 재인용. (오늘날 아랍 기독교인들은 무슬림들에게 복음을 전할 권리가 없다고 하면서 무슬림들에게 복음을 전하지 않는다. 그러나 반대로 아랍 기독교인이 이슬람으로 개종하는 일은 가끔 있다.)
108) Ibid., 127.

이슬람의 단일신론은 절대적인 단일신론(absolute monotheism)이라고 한다. 신의 단일성(unity)과 독특성(uniqueness)을 강조하다보니 생긴 명칭이다. 이슬람의 고전 시기(8-12세기)에는 알라의 본질과 속성에 대한 철학적인 고찰이 있었다. 13세기에 한발리파 이븐 타이미야(Ibn Taymiyyah)는 사회 도덕적 이슈가 타우히드를 강조하도록 하였다. 그는 알라가 세상의 유일한 창조주, 지배자, 재판관이고 인간은 그의 '계시'된 뜻(His revealed will)에 순종하고 종교적 신행과 의식, 행위로서 그의 '계시'된 뜻을 실천할 책임이 있다는 것으로 타우히드를 해석하였다.[109]

18세기 아랍인 개혁가 무함마드 븐 압드 알와합(Muhammad ibn 'Abd al-Wahhāb, 1792년 사망)은 타우히드를 정신적 침체의 치유책이라고 거듭 주장하였다. 그는 무슬림들이 이슬람의 단일성을 가진 채 종파주의와 타협하면서, 왈리(saints)들에게 기도하고 왈리들, 천사들, 예언자들을 중개자로 삼는 것을 비난하였다. 그는 신의 단일성 그리고 이슬람의 단일성에 근거하여 이슬람 국가를 건설할 것을 촉구하였다. 이런 국가 건설에 대한 그의 이념이 오늘날 사우디아라비아 건국의 기초가 되었다. 19세기 이집트의 개혁가 무함마드 압두흐(Muhammad 'Abduh, 1905년 사망)는 타우히드, 인간의 자유의지, 알라의 '계시'된 말에 대한 순종을 서로 통합하였다. 그는 이성과 '계시' 사이에 충돌이 있을 수 없다고 주장하면서 타우히드를 통하여 꾸란을 이성적으로 질의하는 것을 정당화하였다. 오늘날 아랍 대학생들에게 인기 있는 이집트의 사이드 꾸뜹(Sayyid Qutb)은 알라에 대한 인간의 반응으로서 타우히드에 근거한 이슬람 세계관을 명확히 하는 것이라고 하였다.[110]

이란의 이슬람 혁명 이데올로기를 제공한 알리 샤리아티('Alī Shariatī,

---

109) John L. Esposito, *The Oxford Dictionary of Islam*, 317.
110) Daoud Riad Irsaneous, "Interpreting the Atonement of Christ for Muslims in an Arab Context", 317.

1977년 사망)는 시아파 사람들에게 타우히드를 대중화시켰다. 신과 피조물 사이의 신뢰로서 인간 존재의 목적을 강조한 것이다. 아야톨라 호메이니(Khomeini, 1989년 사망)는 타우히드를 이슬람의 정신적 물질적 생활의 중심에 놓았다. 타우히드는 신적 단일성, 정신적 단일성, 사회 정치적 단일성의 강력한 상징으로 등장하고 있었다.[111]

  2003년 미군의 이라크 침공 후 언론에 자주 등장한 자마아트 알타우히드와 알지하드(Jamā'at al-Tawhīd wal-Jihād)는 순니파 무슬림 전투그룹인데 이 그룹의 명칭 타우히드는 사회 정치적 단일성을 상징적으로 나타낸다. 단순히 신적 개념에서 시작한 타우히드가 이렇게 사회 정치적 의미로 확대된 것이다. 아야톨라 호메이니는 타우히드와 참 이슬람에 근거하여 전 세계 무슬림들이 단일성(unity)을 회복하여야 한다고 주장하였다. 이것이 곧 지상의 무슬림들을 중심으로 한 거대한 이슬람 왕국을 건설하려는 것이었으며, 1924년 오스만 터키 때 공식적으로 폐지된 칼리파제(caliphate)를 복원하여 전 이슬람 세계가 한 사람의 칼리파에 의하여 통치되기를 바라는 것과 일맥상통한다. 호메이니는 이슬람의 타우히드를 무슬림 국가들 사이에 화합이 없는 것을 해결하기 위한 유일한 길로 간주하고, 정치적인 단일성(political unity)을 강조하였다.

---

111) John L. Esposito, *The Oxford Dictionary of Islam*, 318.

제5장

무슬림과 어떻게 의사소통 할 수 있을까?

　무슬림과의 만남을 위하여 우리는 무슬림 세계관을 재빨리 익히는 것이 중요하다. 무슬림과 의사소통을 잘 하기 위한 길은 그들의 문화를 이해하고 그들과 공통점(common ground)을 찾는 것이다. 그 공통점은 커뮤니케이션하는데 하나의 접촉점이 된다. 그러나 그 공통점을 알아도 그들 문화 상황에 적절하게 전달하지 못하면 수신자는 그 메시지에 무관심하게 된다.
　이슬람 국가에 살고 있는 아랍 기독교인들의 언어 사용이 무슬림들과 다른 경우가 있고 또 무슬림들도 사람마다 언어 사용에서 모두가 동일하지 않아 아랍 기독교인 사역과 무슬림 사역의 방법이 서로 달라질 수밖에 없다. 이슬람 국가의 길가에서 만나 의상과 얼굴만 봐도 금방 알 수 있는 보수적인 무슬림이 있는가 하면 때로는 그가 무슬림 근본주의자인지 세속주의자인지 꾸란을 잘 읽지 않는 사람인지 그들과 대화를 해 보아야 조금씩 윤곽이 드러난다. 그리고 대화는 아랍어 숙달정도에 따라 그 깊이가 달라진다.

무슬림들은 정통적이고 공식적인 이슬람을 신행하는 무슬림과 매일 매일 그들이 부딪히는 삶의 문제들을 주술이나 꾸란 점(占) 등에 의지하는 민속 무슬림들[1]로 나눌 수 있다. 이슬람에 대하여 열광적이거나 이슬람을 좋아하는 무슬림들, 이슬람이 싫다는 무슬림들 그리고 이슬람이나 다른 종교나 다 좋다는 등 세 그룹으로 구분할 수 있다. 다원주의 사상에 물든 세 번째 그룹은 성경은 물론 꾸란에도 관심이 없다. 이들은 복음을 전해도 별로 반응하지 않는 그룹이다. 그러나 이슬람이 좋다고 하면서 이슬람을 외국인에게 전하려는 사람들에게는 꾸란이 우리에게 접촉점이 되어 그들과 대화를 나누는 한 가지 방법일 수가 있다. 죠수아 마씨(Joshua Massey)는 무슬림들의 이슬람에 대한 태도에 따라, 이슬람에 대하여 가장 많이 환멸을 느끼는 M1으로 부터 시작하여 이슬람을 가장 많이 만족해하는 M9로 분류하였다.

M1 M2 M3	M4 M5 M6	M7 M8 M9
이슬람에 환멸을 느끼는 무슬림들	이슬람에 대하여 애매모호한 입장을 가진 무슬림들	이슬람에 대하여 만족해 하는 무슬림들
종교를 중요하게 생각하지 않는 무슬림들(일부 이란인)	카자크 사람들 (이슬람에 대해 잘 모른다)	아랍인들, 남아시아, 인도네시아 (이슬람을 사랑한다)
고환멸 저환멸	고모호 저모호	저만족 고만족

죠수아 마씨의 (M1- M9) 스펙트럼[2]

---

1) Vivienne Stacey, "Encounter with Folk Islam", http://www.stfrancismagazine.info/ja/Encounter%20with%20Folk%20Islam%20(1).pdf
2) Joshua Massey, "God's Amazing Diversity in Drawing Muslims to Christ", *International Journal of Frontier Missions*, Vol. : Spring , 12.

필자가 아랍 국가에 오래 살면서 확인한 것에 의하면 아랍인들 중 이슬람에 환멸을 느끼는 사람은 소수이고 이슬람에 대하여 다원주의적인 사고를 갖는 사람들(M4-M6)은 어느 정도 있으나, 대부분 아랍 무슬림은 이슬람에 대하여 만족해하는 사람들(M7-M9)이었다. 그런데 'M1 M2 M3'는 이슬람에 대한 기억은 어느 것이나 싫어하는 무슬림들이다. 이들은 이슬람식 복장과 말과 행동을 싫어하고 외국인과 영어로 말하기를 좋아한다. 'M1 M2 M3'는 존 트라비스(John Travis)[3] 분류에 따르면 그리스도 중심의 공동체 C1(외국인교회)에 나가기도 한다. 'M4 M5 M6'는 다원주의 무슬림들이다. 나도 좋고 너도 좋다는 식의 태도를 갖고 라마단 달에 금식하지 않으며, 하루에 5번 기도하지 않고 특별한 경우에만 모스크에 간다. 기독교인들이 그들의 자녀들을 개종시키려고 하지 않는 한 그들은 기독교인들을 포용하려한다. 이 부류에 속하는 무슬림은 웃으면서 나는 '나쁜 무슬림'(bad Muslim)이라고 한다. 서구화된 무슬림은 'M6-M7'에 해당한다.[4] 이슬람에 대하여 약간 만족해하면서 애매모호한 입장을 갖는다. 그런 사람들 중에도 무슬림에 대한 기독교 선교를 말하면 무슬림에 대한 선교는 절대로 안 된다고 하므로 대화에 주의할 필요가 있다.[5] 'M7 M8 M9'는 다른 사람들에게 이슬람을 전하고자 하는 무슬림들이다. 이슬람을 모든 사람들에게 전하겠다는 사람들로서 상당수 무슬림들이 이 그룹에 속한다. 실제로 한국의 기독교인들이 외국인을 만나 복음을 전하려 하는 숫자보다 무슬림이 외국인에게 이슬람을

---

[3] John Travis, "The C1 to C6 Spectrum", edited by Keith E. Swartley, *Encountering the World of Islam* (Waynesboro: Caleb Project, 2005), 379. Adapted from John Travis, "The C1 to C6 Spectrum", *Evangelical Missions Quarterly* (Wheaton, III: Evangelical Missions Information Service, July 1996), 304-310.
[4] Joshua Massey, "*God's Amazing Diversity in Drawing Muslims to Christ*", 12.
[5] 21세기 무슬림들은 유대인, 이스라엘 국가, 전 세계 기독교, 자본주의 국가의 경제와 정치제도 등의 문제를 토론하기 좋아한다(Peter G. Riddell & Peter Cotterell, *Islam in Context: Past, Present, and Future*, 80).

전하려는 숫자가 더 많다.

위와 같은 다양한 무슬림들이 기독교 공동체를 어떻게 받아들이는가를 살펴보면, 종교성이 강한 무슬림(M7 M8 M9)들은 전통교회에 절대로 발을 딛지 않고, 극소수만 상황화된 접근 방법으로 구원을 받았다. 'M1 M2 M3'의 무슬림들은 존 트라비스가 분류한 'C4, C5'의 접근에 호응하지 않으며 'C4, C5'의 상황화한 접근에 자주 거부감을 갖는다. 그들은 자주 'C1 C2 C3' 공동체의 전도로 구원을 받았다.[6] 'M4 M5 M6'의

---

6) 존 트라비스(가명)는 무슬림 땅과 상황에서 그리스도 중심의 공동체를 도식화하였는데 이를 수단과 요르단 상황에 맞추어 적용하여 보면 아래와 같다.

 C1. 매주 토요일 모이는 요르단 인터내셔널교회(침례학교 내)와 카르툼 인터내셔널교회로서 예배는 영어로 드리고 대다수 교인들은 외국인들이고 소수의 현지 교인들이 참석한다. 교회 성도들은 자신들을 기독교인이라고 생각한다.

 C2. 카르툼 기독교 센터로서 이 교회는 수단 성공회에 속하나 예배는 아랍어이다. 성도들이 주로 남부 수단에서 올라 온 사람들로 아랍어 수준은 중급 하(intermediate low)이다. 북부에서 자란 남부 수단인들이지만 아랍학교에 다녀 표준 아랍어로 읽고 쓰지만 남부의 주바 아랍어로 대화하고 노래한다. 그들은 자신들을 기독교인이라고 생각하고 무슬림 공동체에서도 그들을 기독교인들로 생각한다. 요르단 자발 따리끄교회는 요르단의 구교 출신들이 모여 복음주의 교회를 세웠다. 요르단 아랍어를 매우 잘 하고 그 동네 사람들이 중심이 되어 예배를 드리고 주위 무슬림들은 그들을 기독교인들이라고 말한다.

 C3. 수단 바흐리 복음주의 교회는 전도와 영적 사역에 매우 적극적인 독립교회이다. 아랍어 수준은 상급 정도이며 여성들은 전통의상을 입고 일부 남성들은 잘라비야를 입는다. 음악 양식은 북부 사람들의 음악에 더 가깝고 교회는 아직도 기독교인으로 무슬림들에 의하여 인식된다. C3는 상황화된 그리스도 중심의 공동체이고 내부자 언어를 쓰고 종교적으로는 중성적인 문화적 형태를 갖는다. 복음이 외국적이라는 것을 줄이기 위하여 성경적으로 가능한 문화적 형태를 상황화한 것이다. C3는 무슬림 배경의 기독교신자들이 나온다.

 C4. 한 명의 아랍 목사와 3명의 무슬림 배경의 신자들로 된 그룹이다. 이 그룹은 집에서 만나고 문화적으로는 자주 북부 사람들의 옷을 입고 그들은 이슬람식 기도를 취하고 라마단 달에는 금식한다. 그들이 기독교인이냐고 물으면 "이싸의 추종자"라고 답한다. 즉 예수 그리스도 안에서 하나님께 헌신한 사람이라고 말한다. 이상하기는 하나 아직 기독교인으로 인식된다.

 C5. 가장이 예수의 꿈을 꾸어 그리스도께 온 무슬림 가정이다. 집에서 함께 모이고 제2대 무슬림 배경의 신자들이다. 이상한 형태의 무슬림이다. 이들은 C4와 비슷하다.

 C6. 비밀의 신자로서 무슬림들로 인식된다. 그들은 정규적으로 모스크에서 기도할 수도 있고 안 할 수도 있다. 위 스펙트럼을 보고 초대교회의 상황에 맞추어 보면, C6은 그리스도와 관련된 것을 부인하는 비밀의 신자들이었다. 그들이 집에서 모임을 갖고 유대 성전에서 모여 C5로 변천하기도 하였고 결국 그들이 유대인들의 본류에서 쫓겨나 집에서만 모이는 C4가 되었다. 교회가 1600년 동안 제도화되면서 C3를 거쳐 C2와

무슬림들은 세계 어디서나 구원받은 일이 거의 없다. 이들은 다원주의의 무슬림으로서 개종할 필요를 전혀 느끼지 않는다. 이들 무슬림들에게 의사소통하려면 다양한 무슬림의 상황에 맞게 의사소통 하는 법을 찾아야 한다. 죠수아 마씨가 분류한 위 3 그룹의 무슬림들 중 'M1 M2 M3'는 성경 중심의 의사소통을 추천하고, 'M7 M8 M9'은 성경을 써서 바로 복음을 전하거나 상황에 따라서는 꾸란의 구절을 다리로 하여 성경으로 이동하는 방법을 사용해 볼 수 있다. 그리고 'M4 M5 M6'는 다원주의적인 사고를 가진 무슬림들이므로 하나님의 사랑으로 접근해 볼 수 있다.

1. 하나님의 사랑으로 의사소통 한다

꾸란 이전에 아라비아에는 '알라'를 숭배하는 사람들과 유대교, 기독교를 믿는 사람들이 있었다. 아랍어 '알라'가 꾸란에 쓰이면서 이슬람의 핵심 어휘로 자리를 잡았다. 아랍어 꾸란과 아랍어 성경의 '알라'에 대한 연구에서, 알라와 하나님이 서로 공통점과 차이점이 있다는 것을 알게 되었고 어느 부분에 비중을 더 두느냐 그리고 신의 속성이 어떻게 이해되느냐에 따라 이슬람의 알라와 기독교의 하나님이 같다 혹은 다르다고 말할 수 있다는 것도 알았다. 대체로 무슬림들은 이슬람의 알라와 기독교의 하나님이 같다고 접근한다. 복음주의 기독교인들은 성경에 근거하여 이슬람의 알라와 성경의 하나님이 다르다[7]고는 하지만

C1교회가 되었다. 만일 무슬림들이 위 각각에 들어오면 C5와 C6는 100%가 해당 모임에 나오게 되고 C4는 60% 정도가 나온다. 무슬림은 C3에 7% 그리고 C2에는 4%, C1에는 1%의 무슬림들이 잔류한다.

7) 물론 아랍 기독교인들 중에서 주로 가톨릭과 정교회 교인들은 꾸란의 알라와 성경의 하나님이 같다고 하고 주로 개신교인들은 서로 다르다고 말한다.

무슬림들에게 복음을 전할 때는 다양한 방법을 사용한다. 무슬림에 대한 상황화된 접근에서는 차이점보다 공통점에 더 비중을 두었다. 오늘날 무슬림들이 꾸란을 잘 읽지 않아 꾸란을 잘 모르는 사람이 많고, 신학적 문제를 중심으로 대화하다 보면 곧 논쟁으로 번지기 쉬워 교리보다는 사람을 보고 접근하는 것을 우선한다.

게하드 넬스(Gerhard Nehls)는 무슬림을 위한 성경 통신 강좌(A Bible Correspondence Course For Muslims)를 제시하고, 그의 교재를 성경, 하나님, 하나님의 율법, 예수의 생애, 예수의 죽음과 부활, 하나님 나라, 천국 시민이 되는 법, 예수는 예언자 그 이상 되시는 분(Jesus: More than a Prophet), 성령은 누구신가?, 하나님의 사람 등으로 작성하였다.[8] 그 중 하나님에 대한 부분은 '하나님이 그 자신에 대하여, 인간에 대하여, 죄에 대하여'라고 세분화되어 있다. 그는 무슬림들에게 여러분이 알라의 99가지 이름에 익숙해 있으면 아래 제시된 하나님의 이름들이 친숙할 것이라고 말하면서 창조주이시고, 전능하시고, 거룩하시고, 전지하시고, 편재하시고, 거룩하시고, 영원하시고, 영이시고, 영광스러우시고, 심판주이시고 자비로우시고, 우리의 생각과는 멀고, 보이지 아니하시고, 구주이시고, 선하시고, 성실하시고, 오래 참으시고, 은혜를 베풀어 주시고, 살아계시고, 모든 믿는 자의 아버지이시고, 사랑이시고, 평화이시고 친절하시며, 가르쳐주시고 인도하시고 도와주시는 하나님인 것을 소개한다. 하지만 그가 제시한 하나님의 속성들 중 '하나님이 영이시고, 모든 믿는 자의 아버지이시고' 라는 표현은 무슬림들이 거부하는 내용이다.

2007년에 우드베리와 슈빈(Shubin), 마크스(Marks)가 '기독교인이 된 무슬림' 750여명에게 실시한 연구에서, 무슬림이 기독교로 개종한

---

[8] "A Bible Course for Muslims", http://www.answering-islam.org/Nehls/Alkitab/index.html. Gerhard Nehls, *A Bible Course for Muslims*, Published by Biblecor P. O. Box 5 Wellington 7654 South Africa.

원인들 중의 하나는 기독교인들의 삶을 보고 예수를 믿었다[9]고 하고, 또 다른 원인으로는 기독교인들이 하나님의 사랑을 강조하고 하늘의 아버지와 친밀한 관계(intimacy)를 갖는 것을 보고 그리스도를 따르기로 결정하였다[10]고 했다. 무슬림들이 알라를 하늘에 계신 아버지로 받아들이기 어려워하는데 그것은 인간과 알라 간의 공유된 속성이 없다는 그들의 신론 때문이다.

성경과 꾸란에서 공통이 되는 하나님과 알라의 속성을 성경의 이야기를 통하여 전달하면 성경의 신관을 무슬림들이 좀 더 명확하게 이해할 수 있을 것이다. 무슬림과 의사소통을 위하여 이슬람 문화와 유사한 내용이 비교적 많은 누가복음[11] 중에서, 하나님 아버지와 친밀한 관계를 부각시켜주는 누가복음 15장을 무슬림에게 사용해 볼 수 있다. 탕자의

---

9) "Why Muslims Follow Jesus: The results of a recent survey of converts from Islam," http://www.christianitytoday.com/ct/2007/october/42.80.html?start=4(무슬림들이 그리스도를 따르겠다고 결정하는데 가장 중요한 영향은 첫째, 그리스도인들의 삶의 양식으로서 그들을 사랑으로 대하고 남녀 능능한 기독교인의 삶, 둘째, 응답받은 기도와 치유로 하나님의 능력이며 초자연적인 하나님의 개입을 들었다. 그 예로 750명의 응답자 중 1/3이 구복과 능력에 관심 있는 민속 무슬림이었다. 셋째, 그들이 경험한 이슬람에 대한 불만으로서 아랍어로만 기도해야 한다는 것과 사랑보다는 알라의 처벌을 강조, 넷째, 성경의 영적 진리로서 하나님의 사랑이라는 하나님 본성, 다섯째, 예수 그리스도의 가르침과 삶을 통하여 표현된 사랑, 정치적인 혼란과 이슬람법에 강요가 있던 알제리, 방글라데시, 파키스탄, 아프가니스탄, 이란이 복음에 더 많이 수용적이다.)

10) R. C. Sproul and Abdul Saleeb, *The Dark side of Islam* (Wheaton: Crossway Books, 2003), 33.

11) 꾸란에 인용된 일부 신약성경 내용은 주로 공관복음서의 내용과 유사한데 대부분 이야기가 누가복음에 근거한다(요아힘 그닐카, 『성경과 꾸란』, 147-149). 꾸란 3:38-41과 19:2-15은 야흐야(세례 요한)가 자카리야의 집에 태어날 것을 알리는 이야기이다. 이 이야기는 눅 1:5-25의 성경말씀을 참조한 것으로 보인다. 물론 무함마드가 이 본문을 읽었는지는 확실하지 않으나 누군가로부터 들었을 것이다. 그러나 야흐야의 이야기가 꾸란에서 이싸의 탄생 이야기에 맞추어 각색되고 있다. 성경에서 예수의 길을 예비하는 광야의 세례 요한과는 달리 꾸란의 야흐야는 이싸의 길을 예비하지 않는다. 자카리야가 "나는 나이가 많고 아내는 불임인데 아이를 가질 수 있나요?(40), 만일 그러하다면 나에게 표적('ayah)을 보여 달라"고 하니 "3일 동안 사람들과 말을 하지 못할 것"이라고 한다. 성경은 "보라 이 일의 되는 날까지 네가 벙어리가 되어 능히 말을 못하리니 이는 내 말을 네가 믿지 아니함 이거니와 때가 이르면 내 말이 이루리라 하더라"(눅 1:20)고 하여 꾸란이 3일이라고 지정한 것과는 다르다.

이야기는 예수님이 직접 말씀하신 이야기이고 중동 사람들이 좋아하는 이야기체로 되어 있다. 이 비유는 다음 질문을 통하여 무슬림들의 신 개념을 다시 생각해 보게 할 수 있다.

① 하나님은 누구신가?
② 하나님을 아바(abba)라고 부를 수 있는가?
③ 심지어 우리가 죄를 지었을 때도 하나님은 나와 모든 사람을 사랑하신다고 믿는가?
④ '알라는 자비롭고 자애로우시다'(이슬람)와 '하나님은 사랑이시다'(기독교)라고 말하는 것 사이에 어떤 차이가 있다고 생각하는가?
⑤ 하나님은 그분의 자비(긍휼)나 사랑을 우리에게 베풀어 주신다고 생각하는가? 실제로 그런 체험이 있는가?
⑥ 하나님은 우리가 예상하지 않는 사랑과 은혜를 주시는가?
⑦ 하나님을 믿기는 하지만 하나님과 친밀한 관계(intimacy)를 갖지 못한 경우가 있는가?

위와 같은 질문은 한꺼번에 다 할 수 없고 대화자의 상황에 맞게 적절하게 제시하면 좋다. 성경 본문에서 큰 아들은 아버지와 형식적인 관계를 갖고 있어 하나님 아버지와 친밀한 관계가 없다. 그러나 아버지께 돌아오는 동생을 아버지가 사람들 앞에서 종이 아니라 아들로 환영한다. 작은 아들이 집으로 돌아오자 커뮤니티 전체가 이를 기뻐해준다.[12] 이 비유는 무슬림 세계의 문화와 비슷하다. 이슬람 문화에서는 아버지가 아직 살아계시면 절대로 아들이 유산을 요청하지 못한다. 왜냐하면 가족의 수치가 되기 때문이다. 더구나 작은 아들이 동네 사람들에게

---

12) Colin Chapman, *Cross and Crescent*, 321.

자신의 몫을 팔아 돈으로 가지고 갔다면 동네 사람들이 이 일을 다 알았을 것이다. 이는 곧 아버지의 체면에 먹칠을 한 것이다. 이슬람 문화는 수치와 체면, 명예 문화이다. 가족을 부끄럽게 한 아들을 벌하지 않는 부모가 어디 있겠는가? 그래서 아직도 무슬림 여성이 성적으로 나쁜 소문이 나면 가족이 그 여성을 죽여 버리는 명예살인이 남아 있다.[13]

이 본문에서 죄는 '깨어진 관계'를 말한다. 다시 아버지와 아들의 관계로 회복된 작은 아들은 가족 구성원이 되어 아버지(하나님)의 모든 특권과 책임을 갖는다. 그런데 이 비유는 맺는말이 없다. 아마도 큰아들에게 네가 그러면 어떻게 하겠니? 라고 물었을 것이고 아버지의 요청에 따라 집에 들어가 동생 잔치에 참여해야 되지 않겠니? 혹은 손님들 앞에서 옆에 있는 막대기로 동생을 때려주어야 하지 않겠니? 라고 물었을지 모른다.

탕자의 이야기에는 무슬림 문화와 유사한 점이 있으나 그들의 세계관을 뛰어 넘는 신 개념이 들어 있다. 예수님은 하나님이 아버지와 같다(직유)고 하지 않았고, 하나님은 세상의 아버지(은유)라고도 하지 않으시고 직접직인 호칭(title)으로서 아바(Abba)라고 부르셨다(막 14:36). 예수님이 쓰신 '아바'는 구약에서 호칭되던 아브라함의 하나님, 이삭의 하나님, 야곱의 하나님처럼 족장의 하나님이 아니다. 아브라함과 인종적으로 연결 짓는 공동체를 떠나 '믿음의 가족'(family of faith)의 비전을 바라보게 하신 것이다.[14]

예수님 자신이 하늘에 계신 그의 아버지의 이름(name)으로서 '아바'를

---

13) "Detention of journalists prohibited-King", http://www.jordantimes. com/?news=11997(2008.11.10). 요르단 TV는 무슬림 여성 폭력이 너무 심하다고 말한다(2009. 4. 22). 이 폭력을 신체적 폭력(발로 차고, 물고, 불로 지지다), 심리적 폭력(두려움, 죄책감), 성폭력(부인이 원하지 않을 때 혹은 서로 이해하지 못하여), 경제적 폭력(적정 월급을 안 줌) 등으로 나눠 설명한다.
14) Kenneth E. Bailey, *Jesus Through Middle Eastern Eyes*, 96.

사용하고 제자들이 그의 본을 따르도록 가르쳤다. 구약에서 아버지라는 단어는 직유나 은유 등의 묘사(description)의 의미로 쓰였으나 예수님은 아람어 아바를 호칭으로 사용하신 것이다.[15] 아람어이었던 '아바'는 육신의 아버지 그리고 지위가 높아 존경받는 사람이나 스승을 가리키는 말이었다. 사도 공동체에서는 이 단어를 아주 중요시하였다.[16] 윗분을 호칭할 때 존칭어로 쓰인 '아바'는 이 호칭을 부르는 사람과 그 대상 사이에 깊은 인격적 관계(personal relationship)가 있음을 확인해 주고 있다. 성도가 그리스도를 통한 하나님과의 질적인 친밀한 관계를 갖고 있는 것을 가리키기 때문이다.

케네스 베일리는 '아버지'라는 단어가 육신의 아버지들과의 경험들에 근거한 의미로 자주 사용되어왔는데 무슬림들에게 이것은 우상숭배의 한 형태로 여겨진다고 하였다.[17] 그러나 예수님이 의도한 아버지에 대한 의미를 우리가 아주 잘 이해하도록 예수님이 우리에게 주신 이야기가 바로 탕자의 이야기이다. 이 이야기는 족장으로서의 아버지 혹은 가장으로서의 아버지가 갖는 모든 한계를 부수고, 육신의 아버지로부터 기대할 수 있는 것을 뛰어 넘는 새로운 아버지의 이미지를 제시해 주고 있다. 그러므로 무슬림들에게 예수님이 세상의 아버지들로부터 알았던 그런 아버지를 제시한 것이 아니고 새로운 이미지로 하나님의 사랑에 대한 신 개념의 모델로서 사용하셨다는 것을 전해주어야 한다.

2007년 무슬림들이 예수를 구주로 믿는 이유들을 분석한 결과[18], 한

---

15) Ibid., 97.
16) Ibid., 96.
17) Ibid., 99.
18) "why Muslims follow Jesus" http://www.christianitytoday.com/ct/2007/october/42.80.html?start=4 (1991년부터 2007년까지 이슬람에서 기독교로 개종한 750여명에 대한 설문조사).

이집트인은 성경이 하나님의 참된 본성을 이해하게 해 주었다고 하고, 레바논 무슬림은 예수를 구주로 믿게 된 것은 산상수훈 때문이라고 하였다. 꾸란에서는 알라가 그를 사랑하는 사람만 사랑하므로 알라의 사랑은 조건적이다. 알라는 이슬람을 거절한 사람들은 사랑하지 않는다(수라 3:31-32). 그러나 성경은 "사랑은 여기 있으니 우리가 하나님을 사랑한 것이 아니요. 오직 하나님이 우리를 사랑하사 우리 죄를 위하여 화목제로 그 아들을 보내셨음이니라"(요일 4:10)고 했다. 어느 서아프리카의 무슬림은 모든 사람을 향하신 성경 속 하나님의 사랑에 놀랐다고 하였다. 꾸란은 알라가 아버지가 아니라(수라 37:152)고 하나 많은 무슬림들에게는 아버지라고 불리는 하나님이 오히려 그들에게 큰 위로가 되는 개념이라고 했다.[19]

무슬림들은 이야기를 통하여 듣는 것이 기억에 가장 오래 남는다고 한다.[20] 무슬림들에게 가장 효과적인 방법은 그들이 관심 있어 하고 재미있어 하는 이야기나 비유를 사용하는 것이다. 그래서 무슬림들을 위한 스토리텔링(storytelling)이 매우 중요한데 성경을 스토리텔링하기 위한 자료로는 『전도를 위한 성경이야기』(Bible Stories for Evangelism)[21]이란 책이 있고 이 성경 이야기를 구성할 때 착안할 사항은 다음과 같다.[22]

---

[19] "Why Muslims follow Jesus", http://www.christianitytoday.com/ct/2007/october/42.80.html?start=4
[20] 요르단대학교 무슬림 대학생들에게 앙케이트 조사를 2007년에 실시하였는데 '어떤 것을 기억하는데 가장 오래 남는 방법은 무엇인가?'라는 질문에 '이야기로 들어야 기억에 오래 남는다'는 응답이 42%이고 '대화를 통하여'라고 응답한 사람은 7%, '반드시 그 내용을 읽어야 한다'고 응답한 학생들이 28% 그리고 '놀이를 통하여'라고 응답한 사람은 22%이었다.
[21] Johanni Gauran, ACTS, Apologetical Chronological Theological Scriptural, Bible Stories for Evangelism (Makati city: Foreign Mission Board,1995). 6.
[22] Keith E. Swartley, Encountering the World of Islam (Littleton: Authentic, 2005), 393.

① 상대에게 가르칠 성경적 원리를 먼저 찾고 그 원리는 기본적이고 간단하며 분명한 것을 택한다.
② 성경에서 적절한 이야기를 선택하고 스토리텔링의 방법을 사용하게 될 선택 집단의 세계관을 안다.
③ 해당 그룹의 세계관에서 격차, 장벽, 다리들을 확인하면서 이런 문제를 어떻게 다룰지 확인한다.
④ 특별한 성경적 원리나 개념을 해당 집단에게 커뮤니케이션하는데 아주 적절한 성경의 이야기를 고른다.
⑤ 이야기체 방식을 이용하여 이야기를 정교하게 만든다. 성경의 이야기가 그들의 세계관에 어떻게 전달될지를 알아보는 후속 대화도 만들어 둔다.
⑥ 해당 문화에 적절한 방법으로 이야기를 한다.
⑦ 청자가 이야기의 진리와 적용을 발견하는데 돕는 질문들을 만들어 후속 대화를 원활하게 한다.
⑧ 이야기의 성경적 원리를 적용하고 실제적으로 그렇게 순종하며 살아가도록 토론하는 길을 청자에게 안내한다.
⑨ 성경적 원리에 순종하도록 책임 있는 자세를 갖게 한다.
⑩ 청자로 하여금 그 성경적 원리에 따라 살게 하고 다른 사람들에게도 이 이야기들을 다시 전하도록 청자를 격려한다.

무슬림들은 이야기를 좋아한다. 무슨 이야기를 하다가 속담이나 옛 이야기를 꺼내고 그 이야기를 통하여 자신이 할 말의 논리를 확실히 정립한다. 사실 이야기를 통하여 복음의 메시지를 전하면 교리적 차이에서 오는 이견이 그 이야기 속에 파묻히고 만다.

2. 성경으로 의사소통 한다

1) 탈 서구 신학

무슬림에게 복음을 전하려면 비교 연구를 통하여 이슬람과 기독교를 좀 더 정확히 알아야 한다. 그 중에 인간의 본성(nature of man), 하나님의 유일성(unity of God), 그리스도의 십자가 죽음(crucifixion of Christ), 성경의 변질론(distortion of the Bible) 등의 신학적 주제는 반드시 고찰해 볼 내용들이다. 이런 비교 연구는 무슬림들의 신학적 사고와 세계관을 아는데 매우 중요하게 작용한다. 그래서 무슬림들에게 성경을 가르칠 때에는 이런 본질적인 문제가 고려되고 서구적인 문화 요소가 들어있는 서구 신학을 탈피하는 것이다. 중동의 J신학교에서 한 미국인 선교사가 "이스라엘과 친해야 복을 받는다"고 하자, 기독교 아랍 학생들이 그 수업을 전면 반대한 적이 있었다. 이와 관련하여 이집트와 요르단, 수단에서 선교 사역을 하였던 마크 하알란(Mark Harlan)은 최근 그의 글에서 다음과 같이 적고 있다.

> 아랍 신학교 교수로 처음 강의를 부탁 받은 과목은 구약의 선지서였기 때문에 나는 하나님께서 당신의 택한 백성에게 예언자들을 통하여 보여주신 약속의 불변함을 강조하였던 미국 신학교 시절의 먼지 쌓인 강의 노트를 찾아냈다. 노트에 적힌 내용들은 그 땅이 이스라엘의 영원한 상속이요, 폐기될 수 없는 무조건적 언약으로 이뤄진 하나님의 거룩한 축복임을 교훈하는 것이었다. 그런데 그 땅에 대한 신학 강의를 통하여 유대인들과 군인들의 총부리로 자신들의 조상이 살던 땅을 떠나야 했던 이들 팔레스타인 기독교 학생들에게 도대체 어떤 위로와 정의의 희망을 줄 수 있을 것인가? 수입산 신학은 이렇듯 언제나 적절한 것은 아니다.

그리고 나는 아랍의 정체성과 관련된 민감한 사회적인 이슈에 직면하게 되었다. 아랍 무슬림들은 자신들의 육체적, 영적인 유산을 이스마엘에게 돌리는 것이었다. 그러나 대부분의 미국인 복음주의자들은 이스라엘 쪽으로 편향되어 있어서 창세기 16장 12절에 등장하는 이스마엘에 대한 들나귀 표현을 그가 모든 사람과 전쟁을 할 것이며 이삭의 후손들과 영원히 적대적일 것이라고 해석한다. 이런 신학적 관점은 아랍인들에게 아무런 호소력이 없다. 서구로부터 이식된 신학은 언제나 정확하고 설득력이 있는 것이 아니다.23)

사실 아랍 기독교인들은 하나님의 말씀을 전할 때는 '이스라엘'이란 단어에 유의한다. 무슬림들이 이스라엘과 미국을 아주 싫어하므로 자칫 이 말이 정치적인 의미로 잘못 와전될 수 있기 때문이다. 창세기 16장 12절의 들나귀(Homār al-wahsh)라는 단어는 오늘날 무슬림들이 친구들 사이에 흰색과 검은색이 섞인 옷을 입고 있는 친구를 지칭할 때 가끔 사용하나, 싸움을 잘한다는 의미는 없다. 창세기 49장에 나오는 야곱의 자녀들이 동물의 이미지로 표현된 것처럼 이스마엘 역시 사막에서 자유롭게 활동적으로 움직이는 것을 상징하여 들나귀라고 표현된 것이다. 들나귀가 폭력성을 가진 의미가 아니라24)는 것을 알게 되면 이 본문을 가지고 아랍인들이 폭력적이라는 해석은 안 하게 될 것이다. 탈서구 신학이란 말은 다른 말로 하면 아랍 신학을 알아야 한다는 말과 같다. 한국인 사역자가 한국에서 배운 신학을 그대로 아랍인에게 적용하려고 하면 아랍인은 쉽게 받아들이지 못한다. 한국의 신학도 아니요 서구의 신학도 아닌 '하나님의 복음'이어야 한다.

---

23) Mark Harlan, *De-Westernizing Doctrine and Developing Appropriate Theology in Mission*, 제13차 한인 세계 선교사 대회 강의안, 101.
24) Tony Maalouf, *Arabs in the Shadow of Israel* (Grand Rapids: Kregel, 2003), 69.

아랍에 있는 정교회나 가톨릭은 개신교를 친시온주의자들로 몰고 무슬림들은 시온주의자들을 증오한다. 이런 아랍인의 세계관을 알면 서구신학에서 가르치는 이스라엘에 대한 관점은 아랍 무슬림들과 아랍 기독교인들을 위하여 재조정되어야 한다.

1981년 레바논 성서공회는 '타우라, 자부르와 인질에 대한 메시지'(The Message of the Tawrat, the Zabūr and the Injīl)란 제목의 폴더(folder)를 개발하여 웹사이트에 올려둠으로써 무슬림 전도를 도왔다. 아랍어 불어 영어로 번역된 이 폴더는 꾸란 이전에 계시된 경전 즉 타우라(토라: 무사의 오경), 자부르(다우드의 시편) 그리고 인질(이싸의 복음서)을 중심으로 작성되었다. 이 내용은 무슬림 독자에게 무언가를 전하고자 하는 의도에서 계획된 것이었다. 아랍 무슬림들의 문화에 맞고 그들의 세계관에 적절한 표현들이 도입되었고 이 폴더는 다음과 같이 10개 소제목으로 되어 있었다.[25]

① 하나님은 한 분이시다.
② 하나님은 그의 율법들을 인간에게 주었다.
③ 하나님이 인간에게 율법을 지키지 않는 결과를 경고하셨다.
④ 하나님은 자비로우시고 사랑하시므로 우리를 용서하시기를 원하신다.
⑤ 하나님은 인간들 속에 오셔서 사실 것이라고 예언자들에게 계시하셨다.
⑥ 하나님은 그의 말(word)로서 예수 메시아를 보내셨다.
⑦ 하나님은 인질(복음서)의 메시지를 예수 메시아에게 주셨다.
⑧ 하나님은 예수 메시아의 죽음을 통하여 죄인에 대한 사랑을

---

[25] "타우라, 자부르와 인질에 대한 메시지", http://www.cmn.co.za/

보여주셨다.
⑨ 하나님은 예수를 죽음에서 일으키셨다.
⑩ 하나님은 그의 성령을 제자들에게 주셨고 그들이 예수를 하나님의 메시아와 하나님의 말(word)로 인정하였다.

위 소제목만 보더라도 폴더를 작성한 자가 이슬람 신학을 알고 이슬람과 기독교의 본질적인 신학 문제에 유의하여 하나님이 한 분이라는 명제로부터 시작한 것을 알 수 있다. 또 꾸란은 율법을 강조하므로 율법을 안 지킬 때의 결과를 이야기해 주고 알라의 로고스(알칼리마, Word)와 알마시흐(메시아)와 이싸(예수)가 동일 인물인 것을 반복하며 알려주고 있다. 물론 성경에 나오는 말씀(로고스), 메시아, 예수는 꾸란에 나오는 칼리마, 알마시흐, 이싸와 다르지만 무슬림들에게 복음을 전하기 위하여 동일인물이라고 한 것이다. 이싸와 알마시흐를 기독교인과 무슬림이 공통으로 사용하는 나라에서는 꾸란의 일부 용어를 사용하여 다시 번역한 『알키탑 알샤리프』 성경을 사용하거나나 『알마시흐 인질의 올바른 의미』(The Meaning of the Gospel and Acts)를 참조하는 것도 좋다. 물론 이슬람을 믿다가 성경을 배우려는 새 신자에게는 꾸란과 성경에 쓰인 동일 어휘가 어떻게 서로 다른 의미를 가졌는지 확인해줄 필요가 있다.
사실 모든 무슬림들이 꾸란을 잘 아는 것이 아니다.[26] 꾸란을 잘 모르는 무슬림들에게는 어려운 꾸란으로 대화를 시작하기 보다는 그들의 문화와 신학 체계를 고려한 성경이야기를 스토리텔링한 내용이 더 유익하다. 무슬림과 가능한 한 말다툼을 피하기 위해서는 그들에게 어려운 삼위일체라는 말로부터 시작할 필요는 없다. 그리고 무슬림들의 마음속에 하나님의 아들이란 용어도 오해를 불러일으키고 있으므로 무슬림과의 첫 만남에서는 언급할 필요가 없다.

26) 공일주, 『코란의 이해』, 25, 239.

또 다른 방법으로는 꾸란과 성경의 공통점을 중심으로 대화를 전개해보는 것이다. 공통점은 복음의 씨를 뿌리기 위한 옥토가 될 수 있다. 무슬림들이 우리와 다르게 이해하고 있을지라도 그들이 성경을 공부하면 곧 그들과의 신 개념의 간격을 좁힐 수 있다. 그런데 아라비아 반도의 아랍 기독교인과 아랍 무슬림들이 각기 서로 다른 용어를 사용할 때는 그 용어가 갖는 의미를 깊이 파악하지 않고서는 섣불리 대화를 이어가기 어렵다. 무슬림에게 십자가의 달리심이라는 매우 미묘한 문제를 다루기 전에 성경에서 용서와 희생을 찾아 무슬림에게 이야기해 주는 것이 십자가를 이해하는데 도움이 된다.

이슬람권 선교 전문가인 비비안 스테이시는 『무슬림들 사이에서 전도의 실제적 수업』(Practical Lessons for Evangelism among Muslims)[27]이란 소책자에서 '하나님은 한 분이시다'라는 공과 내용을 다음과 같이 제시한다.

수업 전개: 첫째, 모세에게 계시된 토라에는 어떤 종류의 우상숭배도 금한다. 십계명의 첫 두 계명이 하나님 이외에 신이 없다고 말한다. 하나님만이 예배를 받으실 분이다(출 20:1-6). 오직 한 분 하나님이 계시다. 우리는 그를 사랑하도록 명받았다(신 6:4-5). 둘째, 우상숭배를 반복적으로 비난하는 예언자들이 있다. 우리가 한 분 하나님만 믿는다면 우상의 개념을 받아들일 수 없다(사 40:18-26). 구약에서 어느 계명이 가장 중요하냐고 예수님께 물었을 때 예수님이 답하신 내용이 있다(막 12:28-30). 사도 바울은 다른 죄들과 함께 우상 숭배를 비난한다(갈 5:19-21). 사도 요한은 지옥으로 가는 하나님의 심판을 받을만한 죄들 중에 우상숭배를 포함시킨다(계 21:8). 사도 요한은 신자들에게 어떠한 류의 우상 숭배도

---

[27] Vivienne Stacey, *Practical Lessons for Evangelism among Muslims* (Orientdienst eV., Wiesbaden, W. Germany. n. d). 15-16.

피하라고 한다(요일 5:21).

정리: 시편 95:1-7을 읽고 기도한다.

이슬람권 선교 전문가이었던 비비안 스테이시의 수업안은 구약을 중심으로 대화를 전개하면서 신약의 내용을 가미하여 성경이 우상숭배를 금하고 한 분 하나님만을 섬긴다는 것을 무슬림들에게 제시하고 있다.

2) 하나님 나라와 내부자 운동

기독교 역사 속에서 선교는 교회 중심의 선교와 하나님의 선교 패러다임으로 구분된다. 시기적으로 19-20세기 전반까지는 교회 중심적 선교 패러다임이 지배적이었으나 1.2차 세계 대전 이후에 세계 상황의 변화에 따라 선교의 주체와 활동의 장, 목표와 관련하여 '복음주의적 하나님의 선교'(Missio Dei) 패러다임을 지향하게 되었다.[28]

교회 중심적 선교 모델은 19세기 초반의 삼자 원리와 20세기 선교의 목적을 교회 성장에 둔 교회 성장운동이 있었다. 그리고 하나님의 선교를 표방하는 학자들은 하나님의 선교를 지향하면서 교회의 파송과 선교적 과제를 강조하는 입장과 하나님의 선교를 교회와 상관없이 역사적 사건 속에서 찾으려는 입장으로 나뉘었다.[29] 그런데 과거 교회 중심적 선교의 문제점을 비판하고 그 대안으로 제시된 하나님의 선교 패러다임에서 교회의 선교적 역할이 약화되어서는 안 된다.[30] 왜냐하면 선교는 전 세계와 피조물을 새롭게 만들어가는 성령의 포괄적인 생명회복의 사역에 교회가 동참하도록 부름 받았기 때문이다.

---

28) 한국일, 『세계를 품는 선교』 (서울: 장로회신학대학교출판부, 2004), 47-85.
29) 테오 순더마이어, 『선교 신학의 유형과 과제』, 채수일 역 (서울: 대한 기독교서회, 1999), 13-43.
30) 한국일, 『세계를 품는 선교』, 60.

그러나 성경의 '하나님 나라' 개념은 꾸란과 다르다. 꾸란에는 "이런 식으로 이브라힘이 하늘과 땅에 대하여 알라가 통치하는 것을 보여주었다"(수라 6:75)는 구절이 있다. 이 구절에서 '말라쿠트 알사마와트 와 알아르드'(하늘과 땅의 장엄함)라는 표현은 말 그대로 하늘(celestial realm, 천계)을 가리킨다. 다시 말하면 아자마트 알사마('azamat al-samā': 하늘의 장엄함)라는 의미로써 '물크 알사마와트'(mulk al-samawāt: 하늘에 속한 것들)를 가리킨다. 위 꾸란 구절의 전체 의미는 알라가 이브라힘에게 하늘과 땅의 장엄함을 보여주었고 하늘과 땅에 사는 사람들 중에는 알라를 믿는 사람들이 있었으며, 알라를 믿는 무슬림들에게 하늘과 땅에 있는 모습이 참으로 아름다웠다고 한 것이다. 그렇다면 분명히 꾸란의 말라쿠트 알사마와트와 성경의 하나님의 나라 개념이 다르다는 것을 알 수 있다.

이 표현은 평범한 일반 무슬림들은 잘 사용하지 않고 무슬림 부흥사나 이슬람의 세이크(이슬람 종교를 잘 아는 학자)들이 '말라쿠트 알사마와트를 생각해 보라'라는 표현으로 자주 사용한다. 즉 하늘의 장엄함을 생각해 보라는 말로 쓰이고 있다. 아랍어 성경에서 말라쿠트 알사마와트는 하늘나라이고 말라쿠트 알라(malakūt 'allāh)[31]는 하나님 나라인데 꾸란과 동일한 어휘를 쓰고 있더라도 그 의미가 다르다[32]는 것을 주목할 필요가 있다.

---

31) 말라쿠트 알사마와트(하늘나라)는 마태복음에 34번 나오고 말라쿠트 알라(하나님 나라)는 마태복음에서 5번, 마가복음에서 14번, 누가복음에서 22번, 요한복음에 2번, 사도행전에 6번, 바울 서신에 8번, 요한계시록에 한 번 나온다.
32) 히즈라(hijrah: 메디나 이주)와 십자가는 무슬림 제국과 하나님 나라가 세워지는 수단으로서 서로 다르다. 유일신이 역사에서 어떻게 일하시고 이 땅 위에서 그의 뜻이 어떻게 이뤄지는가에 대한 이해도 이슬람과 기독교 신앙에 따라 서로 다르다. 기독교인들에게 구원받은 자들의 커뮤니티의 중심에는 부활하신 어린 양이 있지만 무슬림들에게 이슬람 움마('Ummah)의 중심에는 꾸란이 있다. 기독교는 어린 양의 언약의 피로 세운 새로운 커뮤니티가 있고 그의 부활로 커뮤니티가 지속된다. 이슬람의 움마는 변화를 거부하는 커뮤니티이다(J. Dudley Woodberry, *Muslims & Christians on the Emmaus Road*, 12).

내부자들은 무슬림 커뮤니티 속에 무슬림들이 꺼려하는 교회 건물을 따로 세우기보다는 무슬림들 한 사람 한 사람을 하나님의 나라 구성원이 되도록 하자는 것이다. 내부자 운동33)은 전방개척 선교의 의미를 재정의하고 성경적, 상황적으로 적절한 새로운 선교 전략을 통해 남은 과업을 감당하기 위한 선교학자들의 의지를 반영한 것으로 복음을 수용자의 내부자적 관점(emics)에서 이해하고 표현했다. 그러나 내부자 운동이 기존 교회 개념보다는 하나님 나라 개념을 우선하므로 무슬림들을 '기독교'(Christianity)34)로 개종시킬 필요가 없다35)고 했다.

여기서 교회와 하나님 나라의 관계에 대하여 살펴보자. 조지 래드(George Ladd)는 "교회는 하나님 나라의 커뮤니티이고 하나님 나라 그 자체는 아니다.36) 예수님의 제자들이 하나님 나라에 속하였으나 그들이 하나님 나라는 아니다. 하나님 나라는 하나님의 통치이고, 교회는 사람들의 사회"37)라고 하였다.

우드베리(J. Dudley Woodberry)는 대부분 무슬림 개종자들이 기독교의 예배를 이상하게 받아들이고 그들에게 불쾌하게 여겨지며,

---

33) USCWM의 레베카 루이스(Rebecca Lewis, 2007)는 내부자 운동을 "예수 그리스도의 주권과 성경의 권위 아래 살아가는 자로서 자신의 정체성을 유지한 채 사회 종교적인 공동체의 내부자로 남아 기존의 공동체와 사회적 네트워크 그리고 믿는 가정을 통해서 복음이 흘러들어가도록 함으로써 사람들을 그리스도에게로 인도하는 운동이다."
34) 오늘날에도 무슬림들은 '마시히'(masīhī; 크리스천이란 아랍어 이름)라고 하면 중동의 정교회나 가톨릭 교인처럼 성경도 잘 안 읽고 담배도 피우고 포도주도 먹는 그런 사람들을 떠올린다. 무슬림들에게 오늘날 기독교인들은 영화나 텔레비전으로 성문화가 문란하고, 모든 기독교인들이 이스라엘을 지원하는 시온주의자들이며 특히 미국은 전 세계를 손아귀에 넣으려는 제국주의자들이라고 비난한다. 더구나 기독교인들은 세 신을 믿는 다신 숭배자들이고 돼지고기를 먹어 깨끗하지 못하다고 한다.
35) 참고로 중동의 가톨릭이나 정교회를 다니던 사람이 복음주의 교회로 나가면 '개종'하였다고 말한다.
36) 교회는 하나님 나라를 이어받을 약속이 있는 하나님의 백성이요(신 7:6; 벧전 2:9; 계 21:3), 이미 시작되었으나(막 1:15) 아직 완성되지 않은 종말론적 시간 사이에 서 있는 그리스도의 몸 된 교회는 하나님 나라를 위해 '부르심을 받고'(고전 1:2,9), '세우심을 입고'(엡 2:20-22), '세상 속에 보내심'(요 20:21)을 받은 공동체이다.
37) Wayne Grudem, *Systemic Theology*, 863.

특히 번역된 성경과 교회 예전이 그들에게는 매우 이국적인 용어들로 간주된다고 하면서, 이런 이유로 대부분 선교학자들이 기존 교회의 예배 의식을 버리고 이슬람의 종교적 형식과 어휘들을 사용할 준비가 되어 있다[38]고 하였다. 필 파샬은 수십 만 명의 MBB(무슬림 사회에 문화적으로 관련되어 그 공동체에 잔류되는 신자)들을 하나님 나라로 인도해 준 것은 존 트라비스의 C4와 C5 전략이었다[39]고 한다. C4는 모스크에 나가지 않는 것을 전제로 하나 C5는 모스크에 남아 계속 증거하도록 강력히 지지받는다.[40] C4가 모스크에 나가지 않으면 곧 기존의 교회에 등록하거나 연합하는 방법을 찾는다. 그러나 C5는 아예 기존의 교회와 동떨어진 또 다른 구별된 커뮤니티(distinct community)가 되기를 바란다.[41]

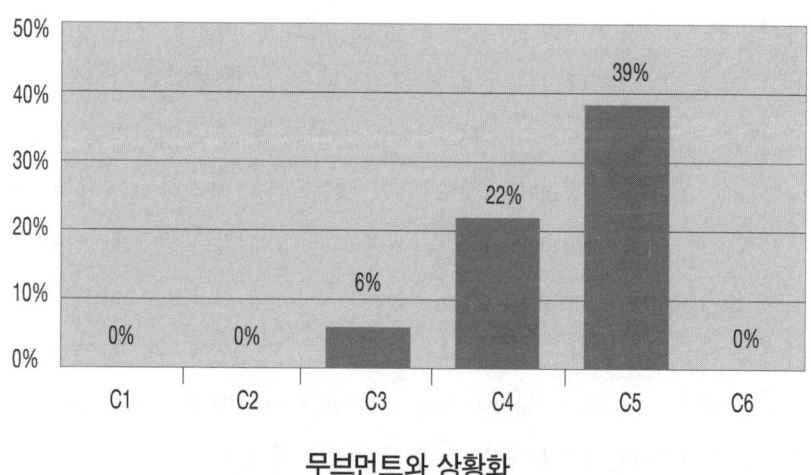

무브먼트와 상황화

---

38) Warren F. Larson, "Critical Contextualization and Muslim Conversion", *International Journal of Frontier Mission*, Vol. 13: 4 Oct-Dec, 1996, 189.
39) 필 파샬, 『무슬림 전도의 새로운 방향』*(New Paths in Muslim Evangelism : Evangelical Approaches to Contextualization)* 채슬기 역 (서울: 예루살렘, 2003), 83.
40) Ibid., 80.
41) Bernard Dutch, "Should Muslims become Christians", *International Journal of Frontier Missions*, Vol. 17:1 Spring 2000, 24.

"무브먼트와 상황화, 서로 상관관계가 있는가"에 대하여 157명에게 설문을 실시한 후 이들 대상자 중 적어도 하나 이상의 교회를 세우고 무브먼트(movement)를 보여주는 조짐이 있는 팀들은 위 표와 같이 C5가 가장 많았고 그 다음이 C4이지만 무브먼트의 징후가 없지만 하나 이상의 교회를 개척한 팀은 C3가 가장 많았다.[42]

존 트라비스는 무슬림 컨텍스트에서 가장 낮은 상황화는 C1이라고 하고, 가장 높은 상황화는 C6라고 하였다. C1은 외국인 교회이고 C2는 현지말로 하는 현지인 교회이다. C3 신자는 순전히 문화적인 것과 이슬람적인 것을 구별하고 그 지역의 음악, 예술, 옷들을 사용한다. C4 신자는 성경적으로 허용되는 이슬람의 형식과 실천사항(기도 전에 씻고 돼지고기와 술을 금하고 무슬림들에게 유행하는 옷을 입는다)을 준수하며 자신들을 기독교인이라고 부르지 않고 '이싸를 따르는 사람'이라고 하고 무슬림 커뮤니티는 C4 신자를 동료 무슬림으로 간주하지 않는다. 무슬림들은 C4신자들이 왜 자신들을 무슬림이라고 하지 않는가에 의아해하고 모스크에도 오지 않는 것을 따진다. C4 신자는 무슬림처럼 서서 기도하고 성경을 꾸란 받침대와 같은 동일한 받침대 위에 올려놓는다. 방글라데시에서 사역한 필 파샬(Phil Parshall)은 C4 사역의 선구자로 알려져 있고 C4 사역 방향을 제시한 그의 책『무슬림 전도의 새로운 길』(New Paths in Muslim Evangelism, 1980)은 지난 30년간 이슬람권 선교사들의 C4 사역의 지침서 역할을 해 왔다.

그리스도를 구주와 주님으로 믿으나 무슬림 커뮤니티에 남아 무슬림처럼 사는 C5의 메시아닉 무슬림(messianic Muslim)[43]은 성경에

---

42) Rick Brown, Bob Fish, John Travis, Eric Adams, and Don Allen, "Movements and Contextualization: Is There Really a Correlation", *International Journal of Frontier Missions*, Vol. 26:1, Spring, 2009. 22
43) Massey, Parshall, Tennent의 논의에서 Messianic Religious Muslim이란 용어가 초점이 되었으나 Insider Movement가 더 적절하다고 한다(Rick

맞지 않는 이슬람 신학은 거부한다. C5 신자는 이슬람의 주류 신학에서 벗어나 있으므로 무슬림 커뮤니티에서 쫓겨날 수 있다. 그런데 일부 C5 신자는 이슬람과 모스크에서 멀어지기를 원한다.[44] C4와 C5 지지자들은 고린도전서 9장을 좋아하는데,[45] 바울이 고전 9:19-22에서 '…와 같이 된 것'이라고 말 한 것은 그가 아웃사이더(outsider)가 된 것이고, 고전 7:19-24에서 '부르심을 받은 그대로 지내라'고 한 것은 내부자가 된 것을 의미했다고 해석한다.

우드베리는 "무슬림들에게는 내가 무슬림이 되었는가?"에서 C5 공동체를 내부자 운동으로 묘사했고 필 파샬은 C5의 사례연구에서 C5는 "꾸란을 읽는 사람이 없고, 55%는 하나님을 아버지, 아들, 성령이라고 하고, 31%가 매일 한번 모스크에 가서 무함마드를 알라의 예언자로 인정하고, 96%는 하늘에서 온 책이 타우라, 자부르, 인질, 꾸란이라고 하고, 66%는 꾸란이 네 가지 책 중에서 가장 위대한 책"이라고 응답하였다[46]고 한다. 무함마드를 예언자로 받아들인다는 것은 분명히 잘못된 것이다. 필 파샬도 무함마드를 그의 예언자로 받아들이는 사람은 완전한 무슬림이라고 했다.[47] 이처럼 필 파샬 주도로 확인해 본 C5 사례는 일부 복음주의 선교사들에게는 C4보다 너무 멀리 갔다고 보고 C5 사례를 혼합주의로 느껴지기 시작하였다.

Brown,"Contextualization without Syncretism", 132). 어느 메시아닉 무슬림 전도자가 무슬림 경찰에 체포되어 법정에 섰다. 판사는 그에게 이슬람 신앙고백을 하라고 하니 그가 그렇게 했고 판사는 그 신앙고백을 설명하라고 하였다. 그는 "알라는 그의 자비로 무함마드를 아랍인들에게 보내 다신 숭배를 금하고 단일신을 믿게 했으며 부족적 불일치를 정치적 단일화(unity)를 이루게 하였다"고 답하니 그를 석방하였다고 한다(Rick Brown, "Contextualization without Syncretism", 132).

44) Joshua Massey, "God's Amazing Diversity in Drawing Muslims to Christ", 7-8.
45) 필 파샬, 『무슬림 전도의 새로운 방향』, 82. 무슬림 가운데 교회 개척을 위한 C5 전략을 지지하기 위한 성경 본문은 고전 7:20이다
46) Ibid., 78-79.
47) Ibid., 80.

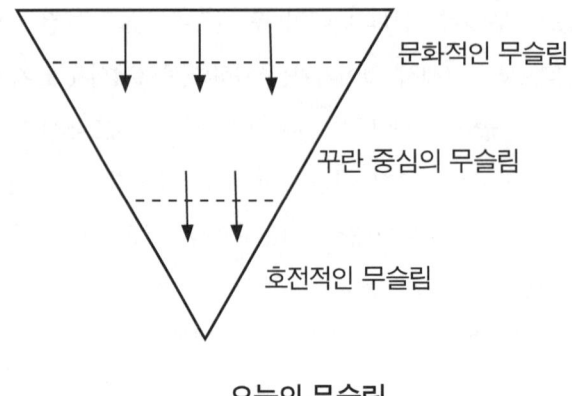

오늘의 무슬림

릭 브라운은 "대부분 무슬림 커뮤니티는 문화적 무슬림(cultural Muslim)인데 이 문화적 무슬림들은 이슬람 커뮤니티에 충성을 다하는 이싸의 제자들에게 상당히 관용적이고 메시아닉 무슬림은 상황화이지 혼합주의는 아니다"라고 하였다.[48] 혹자는 MBB가 자기 자신을 무슬림이라고 생각하면 상황화에서 혼합주의로 간 것으로 생각한다. 콜린 채프먼은 릭 브라운의 의견과는 달리 기독교인과 무슬림의 경계를 아래와 같이 제시한다.[49]

① 새신자들과 그들 속에 일하는 기독교인들을 무슬림이라고 부르는 것이 적절한가? 많은 선교사들은 이런 경우는 너무 멀리 갔다고 생각하였다.
② 무슬림들이 이싸를 따르는 무슬림에게 이슬람의 신앙고백을 사람들 앞에서 하라고 하면 가능한가? 이슬람의 신앙고백 "알라

---
48) Rick Brown, "Contextualization without Syncretism", 132.
49) Colin Chapman, *Cross and Crescent*, 364-365.

이외에 신이 없고 무함마드는 알라의 메신저이다"에서 이슬람 알라와 기독교의 하나님이 다르지만 그 공통점을 강조하면 기독교인도 양보할 수 있으나 무함마드가 알라의 메신저인 것은 기독교인들이 절대로 받아들일 수 없다.
③ 예수의 칭호로서 하나님의 아들 대신에 다른 대안이 있는가? 무슬림들이 "하나님의 아들"에 대하여 거부감을 갖기 때문에 이싸는 알라의 칼리파라고 접근한다. 그렇다면 아담이 꾸란에서 칼리파 알라(알라의 대리자)라고 하므로 성경에 나오는 "하나님의 아들"이란 말 대신에 '칼리파 알라'라고 할 수 있는가?
④ 그리스도를 '마흐디'라고 번역할 수 있는가? 이슬람의 종말론에서는 종말 전에 구세주 마흐디가 돌아온다고 말하기 때문이다.

아직도 미완성에 있는 내부자 운동도 교회가 세상에서 하나님 나라의 성취를 선교의 궁극적인 목표로 지향하는 한 성경으로 되돌아가 그 해답을 구해야 한다. 대부분 무슬림들은 가족 중에서 자기 혼자 복음을 받아들이므로 그가 성경 공부하는 것을 가족들이 알기를 꺼려한다. 물론 부족이나 가족 전체가 복음을 받아들인다면 더할 나위가 없다.

4세기 초까지는 성도들이 교회나 회당에서 만나지 않고 개인 집에서 모임(house-based fellowship)을 가졌다.[50] 이렇게 집에서 집으로 옮겨가며 모이는 가정 모임(majmu'ah baytiyyah)[51]은 기독교에 적대적인 국가에서 선호하는 방식이다. 셀 목장은 오늘날 일주일에 한두 번 교회에서 만나는

---

50) Joshua Massey, "Planting the Church Underground in Muslim Context", *International Journal of Frontier Missions*, Vol. 13:3 July-Sep, 1996, 141.
51) 이집트에서는 가정 모임이나 목장을 칼리야(Khaliyyah: 꿀벌의 집을 가리킨다), 즉 셀 그룹이라고 하나 요르단, 이라크, 팔레스타인, 시리아에서 칼리야 이르하비야(khaliyyah 'irhābiyyah)는 테러 온상이라는 말이 되므로 칼리야(khaliyyah) 대신에 마즈무아 바이티야(majmū'ah baytiyyah)라고 해야 한다. 또 타브시르(Tabshīr)라는 단어는 요르단에서 무슬림에게 복음을 전하는 말이 되므로 무슬림들 앞에서는 키라자(Kirāzah)라고 한다.

아랍교인들에게도 절실한 사역 방식이다. 만일 현지 지도자와 외국인 리더가 어느 아랍 가정에서 만난다고 할 때, 아래 그림과 같이 정사각형 2개에는 외국인 리더나 현지인 리더가 자리하고 이 두 리더들 중의 하나가 3명의 무슬림(동그라미)과 접촉하게 된다. 이 세 명은 그리스도를 구주로 영접한 사람들이다.

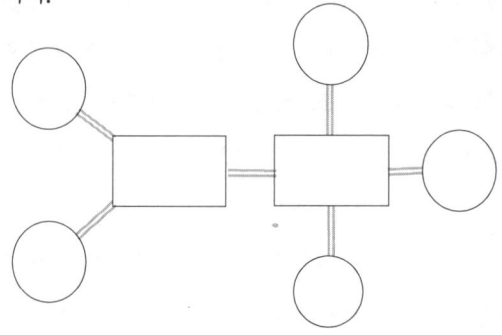

준 지하교회

다른 외국인이나 현지인 리더(정사각형)는 그리스도를 영접한 다른 두 명의 무슬림들과 접촉한다. 이 다섯 명을 MBB라고 부른다. 그들 다섯 명은 아직 서로 만나보지 못했으나 외국인 리더나 현지인 리더의 지도로 다섯 명이 만날 수 있다.[52] 이들 다섯 명은 서로를 의심하므로 처음에는 말을 아끼며 그들에게 가장 안전한 것은 침묵하는 것이라고 생각한다. 이 모임에서 주로 말하는 사람은 외국인 리더나 현지인 리더이다. 이런 모임을 준 지하교회(semihidden church)라고 부르는데, 외국인 리더나 현지인 리더가 무슬림들을 어떻게 만나느냐에 따라 곧 가시적인 교회가 될지 지하교회가 될지 그 잠재력을 갖는 모임이다.[53]

---

52) 존 트라비스의 C5와 C6의 차이는 C6가 그리스도를 믿는 신앙을 비밀로 하지만, C5는 그 신앙을 공개적으로 드러낸 신자들로 성경공부, 기도, 찬양, 교제에 참여한다. C6는 커뮤니티에 전혀 영향을 주지 못하고 C5는 교제가 증가되어 교회개척을 하려는 선교사에게는 더 적합한 신자들 그룹이다.
53) Nabeel T. Jabbour, *The Crescent Through the Eyes of the Cross*, 223-224.

준 지하교회가 가족이나 친구들에게로 그 관계가 확대되어 이미 서로 간에 관계가 형성된 MBB 신자들로 구성된 교회는 지하교회(hidden church)라 부른다. 초대교회의 첫 3세기 동안 지하교회는 주로 그리스도인의 삶을 통한 전도(life-style evangelism)로 성장하였다. 외국인 리더나 현지인 리더는 여섯 명의 리더들과 연관되어 있고 이들 여섯 명의 리더는 외국인 리더나 현지인 리더에게 그들의 MBB들을 적극 옹호하고 또 MBB들에게는 리더 역할을 해야 하는 위치이다. 이들 중간 리더들은 그들에게 속하여 있는 MBB들이 장차 리더가 되어 그들이 또 다른 MBB를 양육해야 하는 위치에 선다. 이런 지하교회는 서로 간의 관계를 중심으로 재빠르게 성장한다. 하나님 나라의 통치 아래에서 MBB는 하나님께 순종한다.[54] 다음 지하교회 그림에서(3, 5, 8, 16, 12, 13)는 훈련받은 리더(qa'id mutadarrib)이고 (6)은 전체 리더(qa'id mushrif)가 되어 6명을 훈련하고 보고도 받는 위치이다. 그리고 6명의 훈련받는 리더는 각각 가정 모임을 이끈다.

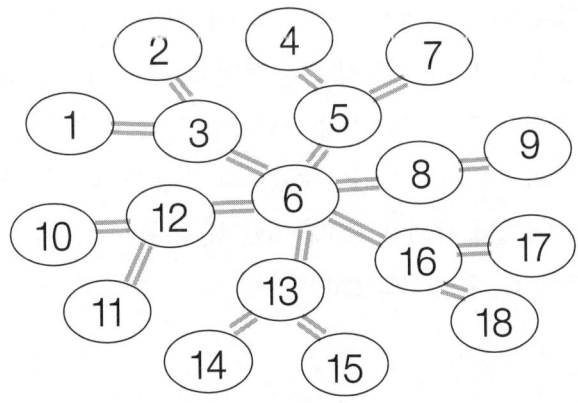

지하교회

---

54) 꾸란에서 알라의 뜻에 복종하는 사람을 '무슬림'이라고 한다. 무슬림 중에 상당히 종교적인 사람은 무타다인(Mutadayyin)이라고 한다. 무슬림들이 공통 목표로 삼는 것은 '타끄와'(Taqwa)이다. 타끄와는 알라를 늘 마음속에 두고 살면서 알라에게 순종하는 삶이고 상당한 헌신을 요구한다.

기존의 가시적인 교회에 나가고 기독교인들의 용어에 익숙한 '크리스천'(무슬림들에게 크리스천〈Masīhī〉의 의미는 기독교인들이 생각하는 의미와 다르다)이 되기보다는 그리스도를 구주로 영접하고 하나님 나라의 일원이 되어 하나님의 통치를 받는 사람이 준 지하, 지하교회의 신자이다. 그리스도의 복음을 먼저 접한 MBB가 그의 커뮤니티 안에 남아서 커뮤니티의 구성원들에게 복음을 전하여 나머지 구성원들을 변화시키는 것이다.55)

그런데 전술한 내부자 운동도 기존의 개인 관계와 정체성 안에서 복음이 전파되고 성경과 성령의 도움으로 성장하는 것을 기대한다. 이런 관계 속에서 믿는 자들의 네트워크가 새로운 커뮤니티가 된다고 보았다.56) 그러나 이런 그룹들은 기존의 지역교회와 별개로 구분되므로 장차 지역교회와 어떻게 연결될 수 있을지 그것이 문제다. 이현모는 "이 문제는 단순히 선교 전략적 차원의 문제를 넘어서 기독교 신학의 핵심 영역으로 확산되고 있고 내부자 운동의 논쟁이 성경적, 신학적, 역사적 접근 방법을 사용하지만, 그 이외에도 기능적 혹은 목회적(혹은 은사적) 고려가 있어야 한다"57)고 하였다. 그는 또 내부자 운동이 모험적인 이론이며 기독교권과 일치를 위하여 신앙고백 이외에 최소한의 공통분모는 추구해야 하고, 내부자와 외부자가 대화가 필요하지만 내부자의 주도권을 인정하고 인내하고 기다려야 한다58)고 했다.

---

55) Franklin Wade Wilson, "*The Kingdom in Context: The Christian Community in an Islamic Culture*", 20.
56) Rebecca Lewis, "Sharing the Gospel through open networks", *Mission Frontiers*, January-February 2006, 22.
57) 김요한, 『무슬림 가운데 오신 예수』, 453.
58) Ibid., 454.

3. 꾸란으로 의사소통 한다

1980년대 이전까지만 해도 거의 90% 이상의 선교사들이 이슬람권 선교에서 꾸란 사용을 반대해왔다. 무슬림에 대한 복음 증거에서 선교사들이 소수만 꾸란을 한 번 정도 읽었다고 한다. 사무엘 쉴로프(Samuel P. Schlorff)는 "꾸란 구절의 언급 없이 무슬림과 진지하게 복음 증거하기가 불가능하다. 꾸란은 성경과 접촉점(points of contact)이라 할 수 있는 것들이 상당수 포함되어 있다"[59]고 하면서, 꾸란 사용에 대한 연구가 필요하다고 지적하였다. 그러나 챠드에서 사역한 찰스 마쉬(Charles Marsh)는 꾸란을 전적으로 사용하지 않아야 한다고 주장했으나 나중에는 상황에 따라 꾸란의 개경장(제1장)의 사용은 인정했다. 영국의 이슬람 학자(islamicist) 케네스 크레그(Kenneth Cragg)는 꾸란을 '계시'로서 기독교인이 인정하는 것을 목표로 하는 새로운 해석학적 입장을 내놓았다.[60] 그리고 토마스 미카엘(Thomas Michael)은 그가 기도로 수업을 시작할 때 꾸란과 하디스의 한 구절을 뽑아 기도문으로 사용하였다. 또 찰스 크레프트(Charles Kraft)는 동적 등가 커뮤니케이션(dynamic equivalence communications)을 지지한 학자로서, 꾸란과 신구약에 근거한 이슬람 안에서의 기독교 커뮤니케이션을 만들어갈 것을 주창하였다.[61]

레바논인 푸아드 엘리아스 악카드(Fouad Elias Accad)[62]는 1997년

---

59) Donald R. Richards, "*Suggested Models in Evangelizing Muslims*", D. Miss. (Illinois: Trinity Evangelical Divinity Seminary, 1988), 12 .
60) Ibid., 14.
61) Ibid., 14.
62) 푸아드 엘리아스 악카드는 레바논의 마틴 악카드(Martin Accad) 박사의 할아버지인데 구원의 계획을 무슬림에게 전하기 위하여 토라, 인질, 시편 그리고 꾸란을 사용하여 다음과 같이 '7가지 기독교 무슬림 원리'를 작성하였다. ① 하나님은 우리 삶에 목적을 갖고 계신다. ② 죄는 우리를 하나님과 분리시킨다. ③ 우리는 우리 스스로 구원할 수

그의 책『기독교와 이슬람, 다리 놓기』*(Building Bridges: Christianity and Islam)*에서 그리스도인들이 무슬림들에게 복음을 증거하기 위해서 꾸란을 어떻게 사용할 수 있는지 구체적으로 소개하였고 돈 맥커리(Don McCurry)는 "나는 예수에 대한 주제를 소개하기 위하여 그 출발점으로 꾸란 사용하기를 조금도 주저하지 않는다"고 하였다.[63]

아랍 무슬림들을 위해 새로 번역된『알키탑 알샤리프』는 아랍 무슬림들의 관심을 끌도록 무슬림의 언어를 사용하고 있고 무슬림들이 읽어보기 좋게 이슬람 책들처럼 양장을 한『알인질, 동양(아랍)식 읽기』[64]는 누가복음을 다시 편집한 것이다. 무슬림이『알키탑 알샤리프』[65] 성경의 욥기[66]를 읽었다. 그런데 욥의 자녀들이 술을 먹었다(욥 1:13), 욥의 아내가 욥에게 하나님을 저주하고 죽으라고 하고(욥 2:9), 인간은 죽어 소멸되고 다시 살아나지 않는다(욥 14:10, 14), 하나님은 거룩한 자를 믿지 아니하시고 아랍어 성경은 '하나님은 천사를 믿지 아니하시고'라고 한 것(욥 15:15)과 남창(shudhūd jinsī)이란 표현(욥 36:14) 등은 무슬림들이 받아들일 수 없는 표현이라고 했다. 이슬람에서는 음주를 금하고 남창이라는 단어는 욥이 살던 시절에는 알려지지 않은 단어라 했으며, 욥기가 알라와 천사를 모독하고 있어 이런 욥기는 분명히 변질된 내용이라고 하였다. 왜냐하면 이슬람에서는 '계시'가 꾸란이 되었고

없다. ④ 십자가는 생명으로 가는 다리이다. ⑤ 해법은 예수 그리스도이다. ⑥ 그리스도를 영접하여 우리 삶의 주인이 되어야 한다. ⑦ 그리스도를 영접한 뒤 우리 삶은 완전한 변화를 맞는다.
63) 김요한,『무슬림 가운데 오신 예수』(서울: 도서출판 인사이더스, 2008), 160, 169.
64) Mazhar al-mallūhī, et. al., *al-'Injīl, qirā'ah shariqiyyah* (Beirut: Dār al-Jīl, 1999).
65) 2002년에 발간된 아랍어 성경으로 무슬림들을 겨냥하여 무슬림들의 언어를 사용한 번역이다. 야수아를 이싸로, 유한나를 야흐야로 또 구약을 kutub al-'awwalīn(옛사람들의 책들)이라고 하고 부제로 "토라와 시편들과 예언자들의 책들"이라고 하였고 신약은 al-'Injīl al-sharīf(고귀한 복음)라고 했다. 서문에 "라 일라하 일랄라"(알라 이외에 신이 없다)라는 무슬림들의 표현도 보인다.
66) 성경의 욥기는 42장이지만, 욥에 대한 꾸란의 내용은 6개 구절(꾸란 안비야 장에서 두개의 절, 싸드 장에서 4개의 절)에 불과하다.

꾸란이 인류에게 준 최종 '계시'라고 믿기 때문이다.

아랍인 무슬림들의 이해를 돕기 위하여 번역된『알키탑 알샤리프』이후, 복음서와 사도행전을 아랍 무슬림들을 위하여 번역한『알마시흐 인질의 올바른 의미』란 책이 2008년 레바논에서 발간되었다. 이 책의 전반부에는 무슬림들의 이해를 돕는 내용들, 즉 알마시흐, 성경 변질론, 이븐 알라, 알루후 알꾸두스, 속죄, 선택받은 하나님의 백성, 교회, 산상수훈, 알마시흐의 비유, 알마시흐의 온유함 등의 주제들을 자세히 설명한 뒤 마태복음, 마가복음, 누가복음, 요한복음, 사도행전을 차례대로 싣고 있다. 이 책에서는 아랍 기독교인들과 무슬림들이 공통으로 사용하는 어휘 중 서로 다른 의미를 갖는 어휘들을 설명하였는데 가령, 칼라스(khalās)는 성경에서는 영적인 면에서 하나님과 관계를 고려한 '구원'이란 의미이지만 무슬림들은 이 어휘를 '어떤 곤경에서 벗어났음, 혹은 어떤 일이 끝났음'을 의미한다고 적고 있다.[67] 이븐 알라에 대한 설명에서는 아랍어 '이븐'은 아버지와 어머니가 육체적 관계를 통하여 낳은 아들이라는 문자적 의미 이외에 아랍인들이 '그 나라에서 태어난 사람'으로 그 나라나 지역을 잘 아는 사람을 '이븐 알발라드'(Ibn al-balad)[68]라고 한다는 것도 소개되어 있다. 성경에서 '이븐 알라'(Ibn Allah)는 하나님과 깊은 영적관계를 갖는다는 것을 가리키는 말이므로[69] '하비브 알라'(Habīb allah: 알라가 사랑하는 사람)라고 할 수 있다고 하였다.

이제 꾸란의 구절을 활용한 복음전도의 실례를 찾아보려고 하는데 실제로 꾸란을 사용할 때에는 꾸란 구절은 다리 역할만 하고 궁극적으로는 복음의 메시지로 인도되어야 한다. 꾸란 구절을 계속

---

67) al-Hadi al-Jatlawī, *al-ma'nā al-sahīh li-injīl al-masīh* (Beirut: dar alfarabi, 2008), 5.
68) 요르단 사람들은 간통해서 낳은 아이를 이븐 하람(Ibn ḥarām)이라고 하고 사람이 진실하여 상대를 편안하게 해 주는 사람은 이븐 할랄(Ibn ḥalāl)이라고 한다.
69) al-Hadi al-Jatlawī, *al-ma'nā al-sahīh li-injīl al-masīh*, 65.

인용하다보면 무슬림들에게 "아, 그럼 그렇지 꾸란이 맞는 거야"라는 생각을 심어줄 수 있어, 복음에 대한 관심을 놓치게 될 수 있다. 꾸란에 권위(authority)를 주어서는 안 된다. 또 꾸란을 무슬림들에게 제시하려면 푸스하(격식 아랍어)를 숙달하고 꾸란의 내용을 어느 정도 숙지하고 있어야 한다.

1) 꾸란 3:42-55

무슬림들이 복음을 받아들이지 않을 때 우리는 자주 그런 거부에는 그들에게 문제가 있다고 생각하기 쉽다. 그러나 그 책임의 일부는 메시지를 전하는 자에게 있을 수 있다. 그런 경우에는 무슬림을 위한 메시지를 작성하는데 좀 더 주의가 필요하다. 전도자에게 필요한 것은 무슬림들에게 상황화된 커뮤니케이션(contextualized communication to Muslims)을 하는 것이다. 무슬림들과 커뮤니케이션을 하려면 그 지역의 상황에 맞게 신학적 용어를 사용해야 한다.

① 아랍 기독교인들은 예수 그리스도를 야수아 알마시흐라하고 아랍 무슬림은 이싸 알마시흐라고 한다(요르단, 레바논, 이라크, 시리아 등). 이 두 그룹 사이의 공통은 '알마시흐'이다.

② 기독교인과 무슬림이 동일하게 이싸 알마시흐를 사용한다(챠드, 세네갈, 인도네시아).

③ 한국의 경우, 한국의 무슬림들이 기독교인의 용어(하나님, 예수, 메시아)를 사용하므로 한국교회 안에서는 꾸란의 어휘들과 성경의 어휘가 그 의미가 다른 것을 지적해 준다.

그리고 무슬림들과 커뮤니케이션을 위하여 그들의 경전, 꾸란을 사용하는 방법은 다음과 같다. 첫째, 꾸란의 내용으로 시작하여 타우라와 인질의 내용을 확인한다. 꾸란은 간략하게 설명되어 있어 여러 부분이 다른 자료의 도움 없이는 꾸란 그 자체로 이해하기 어렵다. 그 중 하나가 하디스이다. 그러나 무슬림들에게는 하디스에도 나오지 않는 내용은 타우라와 인질 속에서 찾을 수 있다고 알려준다. 왜냐하면 꾸란의 부족한 부분들이 성경에 잘 나타나 있기 때문이다. 둘째, 오직 성경 말씀을 중심으로 하여 성경의 내용을 스토리텔링하여 복음의 메시지를 전한다. 셋째, 오직 꾸란의 구절만을 중심으로 성경의 주제들을 설명한다. 이런 예가 바로 낙타 전도법(CAMEL method)[70]이다.

이싸는 꾸란에서 매우 특별한 지위를 갖는다. 알마시흐, 루후, 칼리마라는 어휘와 이싸가 많은 사람들을 살린 기적들이 무슬림들과 대화하기에 아주 좋은 꾸란 구절이다. 다음은 꾸란 3장 42-55절에 나오는 이싸에 대한 내용을 대화글로 만들어 놓은 '낙타 전도법'이다.

> 여는 말: 파라다이스(잔나)로 가는 소망을 주는 놀라운 진리를 꾸란에서 발견했는데 꾸란 수라 아알 이므란('āl-'Imran) 3:42-55을 한 번 읽고 나서 대화를 할 수 있을까요?
>
> 이싸는 보통 인간 이상의 분이다(수라 3:42-48). 그는 이 세상과 저 세상에서 높은 지위를 갖는다(wajīhun[71], 수라 3:45).
> 그는 심판의 날에 알라에게 가까이 계신 분(3:45).
> 그는 어려서 그리고 커서[72] 사람들에게 말하였다(3:46).

---

70) Chosen(3:42-44), Announcement(3:45-47), Miracles(3:49), Eternal Life(3:55)의 머리글자를 따 CAMEL이라고 한다.
71) 와지훈(wajīhun)은 셰이크나 장관처럼 여러 사람에게 잘 알려진, 지위가 높은 사람을 가리킨다.
72) 알따바리는 그의 주석에서 다음 세 가지 뜻으로 해석되었다고 전한다(첫째, 이싸가 어린 사람과 나이든 사람들에게 말할 것이다. 둘째, 이싸가 어렸을 때에 엄마 마르얌이 낳은

그는 사람들에게 좋은 자[73](3:46).

그는 동정녀에게서 태어났다(3:47).

그는 알라로부터 읽고 쓰는 법을 배웠다.

이 꾸란 구절들에서 마르얌은 남자를 모르는데 어떻게 아이를 가질 수 있느냐고 묻는다. 그러나 알라가 원하면 이루어진다고 믿는다. 다시 말해서, 알라는 남자 없이도 마르얌[74]에게 임신하게 할 수 있다고 한다. 알라는 이싸에게 읽고 쓰는 법과 지혜(기록되지 않은 관례들)와 무사의 타우라 그리고 이싸의 인질을 가르쳐주었다(3:48). 이싸는 알라가 이스라엘 백성에게 보낸 메신저이고 그의 진실함과 그에 대한 예언이 성취된 것이 그에 대한 증거라고 한다. 다음에 나오는 증거들이 이싸의 진실함(Sidq)을 알려준다.

② 이싸는 죽음을 이길 능력을 가지고 있다(3:49-54).

그는 진흙으로 새를 창조하였다(3:49).

그는 소경과 한센인을 치료하였다(3:49).

그는 죽은 자를 살렸다(3:49).

위 내용에 덧붙여 꾸란 내용을 더 소개하면 이싸는 사람들이 무얼 먹었는지 그리고 그들 집에 무엇을 숨겨 놓았는지도 알았다. 이싸는

아들이 적법하게 낳았다고 증거하기 위함이다. 셋째, 이싸가 어려서 사람들에게 말하기 시작하면서 그는 절대 늙지 않았다).

73) '쌀리흐'라는 단어인데 다른 사람에게 해로운 일을 안 하고 선행을 한 자이다. 꾸란 주석가 알따바리는 '쌀리흐'를 '왈리'라는 단어를 동의어로 택하였다. 왈리는 알라의 '계시'의 내적 의미를 인간에게 해석해 주기 위하여 알라가 선택한 사람이다(공일주, 『코란의 이해』, 284).

74) 꾸란에는 이싸의 어머니 마르얌과 하룬(아론)의 누이 마르얌이 아랍어로 동일한 이름이다.

무사가 타우라에서 이스라엘 사람들이 먹어서는 안 되는 것들 중 일부를 먹도록 허용하였는데 당시 사람들은 이싸가 한 말을 신뢰하였다. 알라가 준 증거를 보면 이싸가 그들의 메신저라는 것이 확실하다. 이싸는 그들에게 알라를 마음에 새기라고 하고 이싸가 말한 것을 들으라고 한다. 이것이 무슬림들이 말하는 '올바른 길'이다. 이싸가 이스라엘 백성들에게서 쿠프르(Kufr: 알라의 존재를 믿지 않거나 알라를 믿으면서도 이슬람식 기도와 금식 등을 지키지 않는 것)를 느끼자 그들에게 묻기를 '누가 내 편에 설 것이냐'고 묻는다. 이싸의 제자들이 "우리가 네 편"이라고 했다. 제자들이 알라를 믿고 알라에게 순종했다. 이싸의 제자들이 알라가 이싸에게 내려준 것을 믿었다. 알라가 무슬림으로 하여금 그 표적을 믿게 하였다. 이스라엘 백성들 중 이싸를 믿지 않는 사람들은 이싸에 대항하여 음모를 하였다. 상대를 편하게 안심시킨 다음 순간적으로 그를 체포하려 하였으나 알라는 이싸를 그들 중에서 구하였다(3:54).

③ 이싸는 잔나(파라다이스)로 가는 길을 알고 있다(3:55).
알라는 이싸를 알라에게로 들어 올리었다(3:55).
이 세상과 저 세상에서 높은 지위를 갖고, 알라에게 가장 가까이 계신 분(3:45).

맺는말: 내가 죽으면 잔나에 가기를 원합니다. 어느 예언자가 나를 그곳에 데려다 줄 수 있다고 생각합니까? 꾸란에서는 이싸가 죽지 않고 알라께로 들려 올려간 분이고 이미 알라에게 갔던 분이라면 그는 잔나에 가는 길을 이미 알고 있다는 것이 확실하다. 다만, 이슬람의 잔나(파라다이스) 개념과 성경의 천국 개념이 다르다는 것에 유념할 필요가 있다.

필자가 만난 이집트인 아흐마드는 무슬림이 죽으면 천사 둘이 내려와 세 가지 질문을 하는데 "너의 종교가 무엇이냐? 네가 행한 선행이 무엇이냐? 그리고 너를 죽음에서 일으킬 분이 누구냐고 생각하느냐?"를 묻는다[75]고 했다. 무슬림들은 마지막 세 번째 질문에 대한 대답으로 잔나로 가는 길에서 무함마드가 도와줄 것이라고 말한다. 그러나 위 꾸란 구절을 그대로 제시하면 무함마드가 아니라 이싸라고 답하는 무슬림이 있다.

사실, 전도자는 성경과 기독교 교리뿐만 아니라 복음[76]의 주요 주제들에 대하여 꾸란은 무엇이라고 말하는지를 알아야 한다. 모든 무슬림들이 성경을 읽지 않아 참된 진리를 모른다. 그러므로 성경의 메시지를 무슬림들의 상황에 맞게 재구성하면 무슬림들의 마음을 감동시킬 수 있는 기회를 얻게 된다. 꾸란에서 알아볼 주요 주제 중에는 알라와 예언자들, 알라와 긍휼, 알라와 칼리마 등이 있다.

---

75) 다른 무슬림들은 ① 너의 종교가 무엇이냐? ② 너의 주님이 누구냐? ③ 너의 예언자가 누구냐? 라고 묻는다고 한다.
76) 지구촌교회 이동원 목사는 2003년 온누리교회 전도축제의 주제 강의에서 "포스트모더니즘 시대의 새로운 전도전략"이란 강의에서 포스트모던 하에서 전도는 아래와 같이 달라져야 한다고 했다. ① 일회성 전도가 아닌 다회성 전도이어야 한다. 한번 전하고 마는 것이 아니라 여러 차례 만나고 복음을 전하는 것이다. ② 선포 전도가 아닌 삶의 전도이어야 한다. 들으러 오라고 하고 선포하는 것이 아니라 삶의 현장으로 가서 삶을 나누며 전도하는 것이다. 왜냐하면 그곳에 접촉점이 있기 때문이다. 포스트모더니즘하의 전도는 과거 사영리처럼 정해진 문구가 잘 통하지 않는 것을 볼 수 있다. ③ 직면 전도에서 관계전도가 되어야 한다. 일방적인 지시성 전도보다는 서로와 관계를 통해 전하는 것이다. ④ 한 사람의 기도가 아닌 공동체를 통한 전도이어야 한다. 일대일 전도보다는 셀그룹을 통하여 열 사람이 한 사람을 기도하며 전하는 것이다. ⑤ 설득 전도보다는 섬김 전도이어야 한다. 전도자가 복음을 전할 필요로 인하여 만나는 것이 아닌 상대의 필요를 먼저 채우고 진지한 영혼의 문제로 넘어가는 것이다. ⑥ 말을 통한 전도와 함께 미디어와 다양한 자료를 사용한 전도가 필요하다. ⑦ 예언적 전도보다 제사장적 전도가 필요하다. 일방적으로 죄인은 회개하고 구원받으라고 하기 보다는 상대를 보듬는 치유가 되는 전도가 되어야 한다. ⑧ 대중 집회 전도보다는 소그룹 대상의 전도이어야 한다. 옛날에는 계층이 비슷하였으나 오늘날에는 세대와 계층이 서로 다르다.

2) 꾸란의 일곱 예언자들의 표적

꾸란에서 알라와 인간 사이의 직접적인 커뮤니케이션을 하기 위하여 알라는 그의 표적('āyah: 표시)을 인간에게 보냈다고 한다. 알라가 언어를 통하여 인간과 커뮤니케이션하는 것을 와히(wahy)라 한다.[77] 꾸란에는 알라의 신적 존재를 보여주는 구절들이 있다. 아래와 같이 이런 구절들을 징검다리로 하면 복음의 말씀으로 옮겨 갈 수 있는 접촉점이 된다[78](꾸란 본문은 필자의 번역이다).

첫째, 알라가 우리를 위하여 할 일을 보여 주신다.
① 아담- 의의 옷: 수치를 덮어주다.
"모든 사람들아(banī 'adam), 부끄러운 곳[79]을 감추기 위하여 의의 옷을 주었다. 너를 위한 장식으로서 신을 의식하는 옷이 가장 좋은 옷이다"(수라 7:26).
② 누흐- 방주: 그들의 자손을 방주에 싣다.
"그들을 위한 또 다른 표적으로서 우리(알라)는 적재한 방주에 그들의 자손을 실었다"(수라 36:41).
둘째, 알라가 어떻게 이 일을 하실 것인가를 보여주신다.
③ 이브라힘: 큰 희생, 대속
"비싼 숫양으로 우리가 그를 구해주었다"(수라 37:107).
④ 무사: 큰 표적

---

77) 공일주, 『코란의 이해』, 119.
78) kim Gustafson , "우리 개인의 삶과 내부자 사역을 위한 하나님 나라의 재발견", 강의안.
79) "무프티에게 물어보라" http://www.altafsir.com/FatawaList.asp?ispostback=true&ddlTopics=19&tbSearchText=&btnSearch0%2Ex=28&btnSearch0%2Ey=5&page=3(여성은 아버지 앞에서 배꼽에서부터 무릎까지 보여주어서도 안 되고 배와 등도 보여서는 안 된다).

"무사가 그에게 큰 표적을 보여주었다"(수라 79:20).

셋째, 누구를 통해서 알라가 이 일을 하실지 보여주신다.

⑤ 다우드: 우리가 이전에 은혜를 주었다: 언약, 시편

"우리는 다우드에게 은혜를 주었다. 산들과 새들이 그와 함께 알라를 찬미한다"(수라 34:10).

⑥ 유누스: 그가 알라를 영화롭게 했다. 은혜가 그에게 이르다.

"알라를 찬미하지 않았더라면 부활의 그날까지 고래 뱃속에 그대로 남아 있었으리라"(수라 37:143).

⑦ 이싸: 표적과 자비(수라 19:21), 이싸 알마시흐와 칼리마(수라 3:45-55).

"그가 말하기를 '나에게는 쉬운 일이다'. 나와 그가 모든 사람의 표적이 되게 하고, 알라로부터 '자비'(rahmah)가 되게 하겠다. 이것이 알라의 결정이었다."

위와 같은 일곱 가지 표적들은 무슬림들에게 친숙한 주제들이고 이런 표적들이 꾸란으로부터 대화가 시작되어 성경으로 무슬림들을 초대하게 된다. 그러면 위 일곱 명의 예언자에 대하여 각각 꾸란 본문을 확인하며 어떻게 대화할 수 있는지 살펴본다.

첫째: 아담

① 도입: 내가 인질 속에 있는 꾸란의 표적들을 알게 되었어요.

꾸란에서는 어떤 사람이 지옥을 간다고 하나요? "우리의 표적을 거절하고 거만하게 비난하는 사람은 불지옥의 영원한 친구가 될 것이다"(7:36). 그리고 무슬림에게 "그러면 이 표적과 관련된 거룩한 타우라와 인질을 공부해 보시지 않겠어요?"라고 되물을 수 있다.

② 전개: 아래 꾸란의 구절[80]을 찾아 읽게 한다.

"천사는 알라가 인간을 창조하는 것을 싫어한다"(수라 2:30).

"아담이 알라에게서 칼리마를 받았다"(수라 2:37).

"내가 보낸 메시지를 믿어라. 메시지를 헐값에 팔지 말라"(수라 2:41).

"우리가 아담에게 명했으나 그가 잊었다"(수라 20:115).

"너희끼리 적이 되었으니 잔나에서 나가라"(수라 20:123).

"안내와 빛이 있는 타우라를 우리가 '계시'했다"(수라 5:44).

"우리가 이싸 마르얌의 아들을 그보다 먼저 보낸 타우라를 확증하기 위하여 보냈다"(수라 5:46).

"알라의 칼리마가 없었으니 알라가 인간에게 요구할 것도 없었다."(수라 20:129)

"경전의 백성들(유대인과 기독교인)아, 너희 종교의 한계를 넘지 말라. 기록된 대로만 말하라. 알마시흐 븐 마르얌[81]은 메신저이고, 마르얌에게 주신 칼리마(메시지, 기쁜 소식)이며 알라의 루후[82]이다. 알라와 그의 메신저를 믿어라. 셋[83]이라고 하지마라. 그것이 낫다. 알라는 하나이고

---

80) 일부 구절은 꾸란 원문을 자구대로 번역하지 않고 요약만 싣는다.
81) 요르단에는 봄철이 끝나 초여름이 되는 시기에 피는 담 알마시흐(Dam a-Masih: 알마시흐의 피)라는 꽃과 바쿠르 마르얌(Bakhūr maryam: 마르얌의 향)이란 꽃이 있다. 담 알마시흐는 꽃봉오리가 빨갛고 회색 줄기가 40센티미터이고, 바쿠르 마르얌은 꽃봉오리가 노란색으로 이중으로 되어있고 50센티미터의 줄기와 잎은 초록색이다.
82) 꾸란 주석가 알따바리는 루후 민후(Rūhun minhu)는 나프카 민후(nafkhah minhu: 그로부터 온 호기〈바람〉, 하야 민후(hayāh minhu: 그로부터 온 생명), 라흐마 민후(rahmah minhu: 그로부터 온 자비)라고 풀이한다. 꾸란 58:22에서는 아이야다홈 비 루힌 민후('ayyadahum bi-rūhin minhu: 그가〈알라〉 그로부터 온 루후로써 그들을 도왔다)가 나오는데, '알라가 이싸를 믿고 따르는 사람들에게 이싸가 그들의 자비가 되게 했다'고 풀이하였고 또 다른 무슬림들은 '알라가 루후를 창조하여 모양을 갖게 한 다음 이 루후를 마르얌에게 보냈다. 루후가 마르얌의 자궁(fīhā)에 들어가 이싸의 루후가 되게 하였다'고 풀이한다. 꾸란 원문(66:12a)에는 아흐사나트 파르자하('ahsanat farjaha: 그녀의 성기를 지켰더라)고 쓰여 있고 나파크나 피히(nafakhna fihi: 우리가 그곳에 숨을 불어넣었다)로 되어 있다.
83) 꾸란 본문에는 '셋'이라고 말하고 삼위일체란 말은 없다. 당시 알라, 마르얌, 이싸를 셋이라고 말하는 사람들이 있어 그런 말을 하지 말라고 한 것이다. 도만(Harry Gaylord

샤리크(파트너)는 없다. 알라는 아들이 없고 하늘과 땅에 있는 모든 것이 그의 것이다"(수라 4:171).

"불신자들이 말하기를 왜 그는 알라에게서 표적을 가지고 오지 않는가"(수라 20:133).

"알라가 그들에게 표적을 보냈으나 안 믿었다"(수라 20:134).

"기다리면 우리가 올바른 길을 따르고 올바르게 인도되었는지를 알 수 있을 것이다"(수라 20:135).

"사탄이 아담과 하와를 거짓으로 속여 나무를 맛보았다. 알라가 사탄을 조심하라고 그들에게 말했다"(수라 7:22).

"우리가 잘못했다. 우리가 올바른 길을 갈 수 있도록 알라에게 용서와 자비를 구했다"(수라 7:23).

"모든 사람들아(banī 'adam), 부끄러운 곳을 감추기 위하여 의의 옷을 주었다. 너를 위한 장식으로서 신을 의식하는 옷이 가장 좋은 옷이다"(수라 7:26).

③ 발전: 타우라와 인질에 대한 내용으로 건너간다.

"믿는 자, 너는 알라와 메신저와 알라가 메신저에게 보낸 경전과 무함마드 이전에 '계시'된 타우라와 인질을 믿어라"(4:136).

"진리가 아닌 것으로 논쟁하는 자에게는 지옥의 벌이 있다"(40:69-72).

④ 타우라에 대한 핵심 구절을 찾는다.

"이에 그들의 눈이 밝아 자기들의 몸이 벗은 줄을 알고 무화과나무 잎을 엮어 치마를 하였더라. 그들이 날이 서늘할 때에 동산에 거니시는 여호와 하나님의 음성을 듣고 아담과 그 아내가 여호와 하나님의 낯을 피하여

Dorman, *Toward Understanding Islam*, 7)은 성령을 뜻하는 루후(rūh)의 아람어 단어가 여성명사이므로 아마도 루후를 잘 몰라 마르얌이라고 생각한 것 같다고 한다. 오늘날 일부 꾸란 해설에서 셋이란 번역 대신에 삼위일체라고 번역한 것은 본문에 어긋난다. 삼위일체는 아랍 무슬림은 타슬리스(tathlith)라고 하고 아랍 기독교 신학에서는 살루스(Thaluth)라고 한다.

동산 나무 사이에 숨은지라. 여호와 하나님이 아담을 부르시며 그에게 이르시되 네가 어디 있느냐. 가로되 내가 동산에서 하나님의 소리를 듣고 내가 벗었으므로 두려워하여 숨었나이다. 가라사대 누가 너의 벗었음을 네게 고하였느냐. 내가 너더러 먹지 말라 명한 그 나무 실과를 네가 먹었느냐"(창 3:7-11).

"여호와 하나님이 아담과 그 아내를 위하여 가죽 옷을 지어 입히시니라"(창 3:21).

⑤ 결론: 인간이 아닌 알라가 인간의 벌거벗음, 수치, 죄 문제를 해결해 주신다. 의의 옷이 무엇이라고 생각하느냐?

둘째: 누흐
① 꾸란의 주요 구절
"사람들이 메시지를 안 믿는다고 실망하지 말라"(수라 11:36).
"아들이 불신자들과 살지 말고 방주에 오르라고 하라"(수라 11:42-43).
"네가 모르는 것을 나에게 묻지 말라"(수라 11:46-47).
② 타우라와 꾸란의 주요구절
"여호와께서 사람의 죄악이 세상에 관영함과 그 마음의 생각의 모든 계획이 항상 악할 뿐임을 보시고"(창 6:5).
"내가 자신을 안 믿지만 알라를 믿는다"(수라 12:53).
"알라가 인간의 죄를 계산하면 아무도 이 땅위에 있을 자는 없다"(수라 16:61).
"믿는 자들아 사탄의 발자취를 따르지 말라"(수라 24:21).
③ 주요 타우라 구절
"땅 위에 사람 지으셨음을 한탄하사 마음에 근심하시고"(창 6:6).
"노아가 여호와를 위하여 단을 쌓고 모든 정결한 짐승 중에서와 모든 정결한 새 중에서 취하여 번제로 단에 드렸더니 여호와께서 그 향기를 흠향하시고 그 중심에 이르시되 내가 다시는 사람으로 인하여 땅을 저주하지 아니하리니 이는 사람의 마음의 계획하는 바가 어려서부터 악함이라 내가 전에 행한 것같이 모든 생물을 멸하지 아니하리니"(창 8:20-21).

④ 방주 표적의 중요성: 사람이 아닌 알라가 심판을 피할 길을 주신다.
⑤ 결론: 동물의 희생은 알라에게 매우 중요하다. 알라는 그의 계획 (우리의 계획이 아니라)에 따라 심판에서 우리를 구원하신다.

셋째, 어린 양(이스학이나 이스마일을 언급하지 않는다).
① 꾸란의 주요 구절
"우리가 그의 아들을 희생 제물로 드리었다"(수라 37:107-108).
"네가 '계시'된 것에 의심이 생기면 너보다 먼저 경전을 읽은 자들에게 물어라. 그 진리는 알라에게서 너에게 온 것이다. 알라의 표적을 부인하지 말라"(수라 10:94).
② 타우라의 주요 구절
"이후에 여호와의 말씀이 이상 중에 아브람에게 임하여 가라사대 아브람아 두려워 말라. 나는 너의 방패요. 너의 지극히 큰 상급이니라" (창 15:1).
"아브람이 여호와를 믿으니 여호와께서 이를 그의 의로 여기시고" (창 15:6).
"이에 아브라함이 사환에게 이르되 너희는 나귀와 함께 여기서 기다리라. 내 가 아이와 함께 저기 가서 경배하고 너희에게로 돌아오리라 하고"(창 22:5).
"아브라함이 가로되, 아들아 번제할 어린 양은 하나님이 자기를 위하여 친히 준비하시리라 하고 두 사람이 함께 나아가서"(창 22:8).
"아브라함이 눈을 들어 살펴본즉 한 숫양이 뒤에 있는데 뿔이 수풀에 걸렸는지라 아브라함이 가서 그 숫양을 가져다가 아들을 대신하여 번제로 드렸더라 아브라함이 그 땅 이름을 여호와 이레라 하였으므로 오늘까지 사람들이 이르기를 여호와의 산에서 준비되리라 하더라"(창 22:13-14).
창세기 22장 16-18절 "가라사대 여호와께서 이르시기를 내가 나를 가리켜 맹세하노니, 네가 이같이 행하여 네 아들 네 독자를 아끼지 아니하였은즉 내가 네게 큰 복을 주고 네 씨로 크게 성하여 하늘의 별과 같고 바닷가의 모래와 같게 하리니, 네 씨가 그 대적의 문을 얻으리라. 또 네 씨로 말미암아 천하 만민이 복을 얻으리니, 이는 네가 나의 말을 준행하였음이니라 하셨다 하니라."
③ 결론: 어린 양의 희생은 아브라함의 아들을 대신한 것이다.

넷째: 양의 피
① 꾸란의 주요 구절
"내가 허락하기 전에 어떻게 알라를 알게 되었느냐"(수라 7:123).
"나쁜 일이 생기면 무사 탓으로 돌리고 좋은 것은 우리가 했다고 한다"(수라 7:131).
"홍수, 메뚜기, 이, 개구리, 피가 모두 표적이다"(수라 7:133).
"무사가 화가 그치자 십계명 사본을 보니 '알라를 마음에 두는 자에게 안내와 긍휼이 있다'고 쓰여 있다"(수라 7:154).
수라 79:20과 수라 10:94.
② 타우라의 주요구절
"이 사람 모세는 온유함이 지면의 모든 사람보다 승하더라"(민 2:3).
"그 피로 양을 먹을 집문 좌우 설주와 인방에 바르고"(출 12:7).

"내가 애굽 땅을 칠 때에 그 피가 너희의 거하는 집에 있어서 너희를 위하여 표적이 될지라. 내가 피를 볼 때에 너희를 넘어가리니 재앙이 너희에게 내려 멸하지 아니하리라"(출 12:13).

"여호와께서 애굽 사람을 치러 두루 다니실 때에 문 인방과 좌우 설주의 피를 보시면 그 문을 넘으시고 멸하는 자로 너희 집에 들어가서 너희를 치지 못하게 하실 것임이니라"(출 12:23).

③ 결론: 양의 피는 죽음의 재앙으로부터 보호받는다.

다섯째: 이싸

이싸는 다른 모든 표적의 완성이다. 꾸란에서 이싸는 매우 독특한 분으로 기록되어 있다. 이사야 53장을 읽게 한다. 우리를 위하여 죽으시는 예수에 관한 이야기이다. 예수에 대하여 700년 전에 예언한 내용이다. 오늘날 유대 토라와 일치하므로 성경 어휘가 왜곡되거나 변질되어 있다고 볼 수 없다. 다시 이사야 53장 10절을 한 번 더 읽고 간증한다. 우리에 대한 사랑의 표시로 희생과 순종을 요구하신다. 창세기 6장 6절, 예레미야 31장 3절을 읽게 한다.

질문: 이싸 안에서 주목을 끄는 것은 무엇인가?

이처럼 꾸란의 주요 구절을 무슬림과 읽고 살펴본 뒤, 타우라의 주요 구절로 넘어가 주제를 좀 더 분명히 하여, 성경이 제시하는 신학적 주제들을 이해할 수 있게 한다. 꾸란 구절이 다리 역할을 하며, 성경의 메시지를 통하여 진리를 전한다. 그러므로 무슬림 사역자는 성경을 현지말로 제자 훈련할 수 있는 언어 숙달과 현지말로 가르칠 수 있는 최소한의 신학적 능력이 요구된다. 제자 훈련 자료(disciple literature)도 그 지역 상황에 맞게 계속 개발해 나가야 한다.

여섯째: 메시아와 알마시흐

꾸란 3장 45절에 나오는 '알마시흐'에 대한 알따바리 주석은 '알마시흐'(al-masīh)가 '알맘수흐'(al-mamsūh)이고, '마사하후 알라'(masahahu Allāh)라고 쓰여 있고 후자는 '죄들로부터 그를 깨끗케 하였다'고 풀이한다.[84] 그래서 요르단 무슬림들에게 '마사하후 알라'가 무슨 뜻이냐고 물었더니 아무도 그 뜻을 알려주는 사람이 없었다. 알두스투르 아랍어 신문은 '앗사이드[85] 알마시흐(master al-Masih)는 사랑(mahabbah)과 정의의 왕'이라고 쓰고 있다.[86] 이슬람에서 알마흐디(al-mahdī)[87]는 과거 역사속의 무슬림들을 악에서 구해준 인물들과 미래의 종말론적 인물을 가리킬 때 사용한다. 꾸란에서는 '알마흐디'가 언급되지 않았으나 이슬람 역사에서는 이 어휘가 자주 등장하였고 이슬람 초기에는 아부 바크르, 오마르, 오스만, 알리 등 칼리파들을 마흐디라 부르기도 하였다. 이슬람 후기에 가서는 이슬람 신앙을 다시 새롭게 하는 마지막 사람을 '마흐디'(예언자 가문의 자손) 혹은 '이싸'(Īsā al Masīh al-muhtadī: 인도함을 받은 이싸 알 마시흐)라고 하였다.[88]

마흐디라는 단어가 이런 일반적인 존칭에서 점차적으로 특별한 칭호로 바뀌는 과정을 시아파에서 아주 분명하게 보여준다. 무함마드의 혈통에 따라 세운 이맘('imām) 중에서 열두 이맘파의 숨은 이맘이 되돌아 올 것(raja'a)을 기다리는데 시아파에서는 그를 '마흐디'라고 불렀다. 미래의 회복자(future restorer)를 찾는 순니파와는 크게 달랐다. 순니파에서는

---

84) 『꾸란 주석』, http://quran.al-islam.com/Tafseer/DispTafsser.asp?nType=1&bm=&nSeg=0&l=arb&nSora=3&nAya=45&taf=TABARY&tashkeel=0
85) 앗사이드는 사전에는 Mr.라고 하나 실제 아랍어에서 이 단어는 존경과 경의를 표하는 단어이다.
86) 「Addustour 요르단 신문」, 2008. 9. 28.
87) 알 마흐디는 글자 그대로 의미는 the guided one(인도받은 사람)인데 모든 인도(hudā)가 알라에게서 온다고 무슬림들은 생각하므로 신의 인도를 받은 사람이란 의미이다.
88) H. A. R. Gibb and J.H. Kramers, *Shorter Encyclopaedia of Islam*, 310.

이싸가 회복자로서 무흐타디(muhtadī: 인도함을 받은 자)로 불리었다.[89] 시아파의 숨은 이맘은 신의 보호를 받아 모든 잘못과 죄를 벗어나게 한다고 시아파는 믿는다. 숨은 이맘이 돌아오면 신의 권리로 그가 직접 세상을 다스린다. 이맘이 모든 죄와 잘못을 저지르지 않는다는 시아파 사상은 알무으타질라파의 파크르 알딘 알라지(Fakhr al-Dīn al-Razī: 1209 사망)에 의하여 순니파에 소개되었다. 그래서 오늘날 순니파 무슬림들은 예언자들이 무오하다고 믿는다. 순니파와 시아파 간의 또 다른 중요한 차이는 알마흐디 사상이 시아파에게는 기본적인 교리 중의 하나이지만 순니파에게는 그렇지 않다는 것이다.[90] 무슬림들은 그들이 정치적, 사회적, 윤리적, 신학적 불확실성과 어두움이 증가하면 미래에 그들을 구해줄 자(deliverer)와 회복해 줄 자(restorer)를 찾았다. 마흐디라 불리는 자가 무슬림 왕국(muslim kingdom)을 다스릴 것이라 믿는다. 그 뒤 여러 이슬람 지역에서는 자칭 마흐디라고 하면서 외세에 저항하는 무슬림들이 있었다. 이런 경우 종말론적 마흐디는 아니었다. 무슬림들에게 더 널리 알려진 개념은 종말론적 마흐디이다. 무슬림들이 그들의 통치자나 비무슬림들로부터 압제를 당하고 굴욕을 당하면, 나중에 참 이슬람(true Islam)을 회복해 줄 자와 전 세계를 이슬람으로 정복해 줄 자를 열망하는 사람들이 많아졌다. 그래서 마흐디가 항상 이슬람 역사에 등장하였고 칼을 든 무슬림들도 그들 중에 있었다.[91]

위와 같이 이슬람에서는 기독교의 메시아와 전혀 다르지만 상당히 기독교 메시아 사상[92]에 가까운 인물로서 알마흐디를 설정하고 있다.

---

89) Ibid., 311.
90) Ibid.,311. 알닷잘(al-Dajjāl: 적 예언자)이 등장하고 다른 종말의 징후가 나타나면 이싸가 그 뒤에 내려와 알닷잘을 죽인다(혹은 그와 함께 내려와 그를 죽이는 것을 돕는다). 그리고 이싸는 그의 이맘으로서 알마흐디를 모시고 그를 따라 예배를 드린다.
91) Ibid., 313.
92) 구약과 유대교의 메시아 사상의 뿌리가 되는 삼하 7:12-14은 선지자 나단을 통하여

사실 성경에서는 메시아가 다윗의 가계에서 오기 때문에 이슬람과 전혀 다른 의미이다. 성경의 요한복음 1장 41절에서 "우리가 메시아를 만났다"고 기록하고 있는데 예수를 따르던 안드레(Andrew)가 제자들 중에서는 처음으로 예수를 메시아라고 선언한다. 메시아는 '기름 부음을 받은 자'(the anointed one)란 말이고 헬라어로는 '호 크리스토스'(ho christos: 그리스도)라는 말이다. 기름부음을 받은 자라는 말은 제사장이나 왕에게 기름을 부었던 구약에서 온 말이고 이것은 성령의 상징이고 미래에 올 사람을 가리켰다. '메시아' 칭호는 미래의 다윗 가문의 왕(마 1:1; 요 6:15)을 가리키는 말이다.[93]

① 꾸란의 주요구절[94]

하나님께서 다윗에게 약속하신 것이다. "네 수가 다하면 너의 씨를 일으켜서 너의 왕위에 앉히고 그렇게 해서 너의 집을 세우겠다." 종말에 하나님께서 다시 한 번 다윗의 씨를 일으켜서 다윗의 왕위에 앉히고 다윗 왕조를 재건하고 하나님 대신 하나님 백성을 통치하는 왕으로 삼아서 다윗시대의 태평성대를 재현하실 것이라는 사상이다(김세윤, 요한복음 강해, 46).

93) John F. Walvoord and Roy B. Zuck, *The Bible Knowledge Commentary*, 275.
94) 꾸란에 언급된 '알마시흐'와 관련된 구절을 살펴보자.
3:45 "천사들이 말했다. '마르얌아, 알라가 그(알라)로부터 칼리마를 주었다. 그의 이름은 알마시흐, 마르얌의 아들이고 그(알라)에게서 온 칼리마이며, 그는 현세와 내세에서 구별된 사람이고 알라에게 가까이 있는 자이다."
4:157 "유대인들이 말하기를 '우리가 알마시흐, 이싸, 마르얌의 아들, 알라의 메신저를 죽였다. 그들이 그를 죽이지 않았고 그들이 그를 십자가에 달리지 않았고 다만 그들에게 그처럼 보였을 뿐이다. 이와 의견이 다른 사람들은 의심이 가득하고 그들에게는 지식이 없어 이것이 상상일 뿐이다. 그들은 그를 절대로 죽이지 않았다.
4:171 "경전의 백성들아, 너희 종교를 뛰어 넘지 말라. 진리인 것을 제외하고 알라에 대하여 말하지 말라. 마르얌의 아들, 이싸, 알마시흐는 알라의 메신저이고 그의 칼리마이고 이싸는 알라의 루후이다. 알라가 모든 것을 하실 수 있다."
4:172 "알마시흐는 알라의 종이므로 경멸하지 않고 천사들도 알라에게 가까이 있으므로 경멸하지 않는다. 알라는 그에게 예배하는 것을 무시하고 교만한 사람들을 그 앞에 모을 것이다."
5:17 "알라가 알마시흐 븐 마르얌이라고 말하는 사람들은 카피르이다. 말하라, 누가 알라를 지배할 수 있겠느냐? 알라의 뜻으로 준비되어 있다. 알마시흐와 그의 어머니와 땅에 있는 모든 것을 멸망시킬 수 있다. 하늘과 땅과 그 사이에 있는 모든 것을 그가 지배한다."
5:72 "알라가 알마시흐 븐 마르얌이라고 말하는 사람들은 카피르이었다. 알마시흐가 이스라엘 백성들에게 말하였다. "너희는 나의 주 너의 주 알라를 예배하라. 알라와 동등한

"주의 심판을 인내 있게 기다려라. 고통 중에 부르짖는 고래 속의 사람과 같이 되지 말라"(수라 68:48-50).

② 타우라의 주요구절

"여호와께서 이미 큰 물고기를 예비하사 요나를 삼키게 하셨으므로 요나가 삼일 삼야를 물고기 배에 있으니라"(욘 1:17).

"요나가 심히 싫어하고 노하여 여호와께 기도하여 가로되 여호와여 내가 고국에 있을 때에 이러하겠다고 말씀하지 아니하였나이까. 그러므로 내가 빨리 다시스로 도망하였사오니 주께서는 은혜로우시며 자비로우시며 노하기를 더디하시며 인애가 크시사 뜻을 돌이켜 재앙을 내리지 아니하시는 하나님이신 줄을 알았음이니이다"(욘 4:1-2).

"하물며 이 큰 성읍, 니느웨에는 좌우를 분변치 못하는 자가 십이만여 명이요 육축도 많이 있나니 내가 아끼는 것이 어찌 합당치 아니하냐"(욘 4:11).

"사람이든지 짐승이든지 다 굵은 베를 입을 것이요 힘써 여호와께 부르짖을 것이며 각기 악한 길과 손으로 행한 강포에서 떠날 것이라. 하나님이 혹시 뜻을 돌이키시고 그 진노를 그치사 우리로 멸망치 않게 하시리라 그렇지 않을 줄을 누가 알겠느냐 한지라. 하나님이 그들의 행한 것 곧 그 악한 길에서 돌이켜 떠난 것을 감찰하시고 뜻을 돌이키사 그들에게 내리리라 말씀하신 재앙을 내리지 아니하시니라"(욘 3:8-10).

③ 인질의 주요 구절: 마태복음 12장 38-42절

이상과 같이 무슬림에게 복음을 실어 나를 수 있는 구절들을 꾸란과 성경에서 찾아보았다. 그러나 이 꾸란 구절을 사용할 수 있는 리더들의 아랍어 훈련이 필요하고 꾸란을 적절하게 사용할 수 있는

자를 두는 자는 알라가 그를 잔나에 못 가게 할 것이다. 지옥이 그의 집이다. 아무도 이 잘림(불의를 행하는 사람)을 안 돕는다."

능력이 요구된다. 아래 내용은 꾸란으로부터 시작하여 복음으로 끝맺는 내용이다.

(도입) 기도로 시작한다.
(전개) 수라 알아아라프 장의 36절을 읽는다.
"우리의 표적을 거짓말로 만드는 사람들과 교만한 사람들은 지옥에 갈 사람들이다."
'우리가 새로운 표적을 거짓말이라고 하는 사람은 지옥 간다'고 하므로 우리가 오늘 '새로운 표적'을 공부할 내용을 거짓이라고 생각할 수 없다.
수라 아알 이므란 45-46을 읽는다.

천사들이 말했다. '마르얌아, 알라가 그(알라)로부터 칼리마로 기쁜 소식을 전한다. 그의 이름은 알마시흐, 븐 마르얌이고 그(알라)에게서 온 칼리마이며, 그는 현세와 내세에서 높은 지위를 지닌 사람이고 알라에게 가까이 있는 자이다…. 그는 쌀리흐들 중의 한 사람이다 (수라 3:45).

① 알마시흐는 알라에게서 온 칼리마이다.
② 알마시흐는 현세와 내세에서 높은 지위가 있다.
③ 알마시흐는 알라에게 가까이 있다. 그런데 꾸란의 알마시흐는 인간이라는 것이다.
아랍 무슬림들에게 '쌀리흐'라는 말은 선행을 하고 다른 사람에게 해를 끼치지 않는 사람이다. 그러나 아랍어 성경에서는 하나님이 '쌀리흐'라고 하면 하나님이 '흠이 없고 최고로 완전한 분'이라는 뜻이다. 바나바가 착한 사람(쌀리흐)이라고 사도행전 11장 24절에서 말하는데 '최고 수준의 가치관과 미덕을 갖춘 사람'을 가리킨다. 성경의 의미를 주기 위하여

의도적으로 '쌀리흐'는 '흠이 없는 사람'인 것으로 해석한다. 그러면 꾸란에서 알마시흐가 쌀리흐라고 하는데 그렇다면 알마시흐는 흠이 없는 사람이라는 말이 된다.

④ 알마시흐는 쌀리흐(흠이 없는 분)이다. 아랍 무슬림들은 흠이 없는 분은 나비(예언자)라고 생각한다. 알마시흐는 나비(예언자)보다 더 위대하신 분이다(a'zam min nabi). 이싸 이외의 나비들이 우리의 인생을 변화시켜 주었는가? 우리를 죄에서 해방시켰는가? 하나님은 육신을 입고(allāh zāhir fi al-jasad) 이 세상에 사셨다.

> 내가 너희들에게 너희 주님으로부터 온 표적을 가지고 왔다. 내가 진흙으로 새 모양을 만들고 그에게 생기를 불어넣었더니 알라의 허락으로 새가 되었다. 내가 시각 장애인과 한센인 병자를 고치고 알라의 허락으로 죽은 자를 살렸다(수라 3:49).

⑤ 알마시흐는 진흙으로 새를 만들었다. 그는 생기를 주는 분이다.
⑥ 알마시흐는 시각 장애인과 한센인 병자를 고쳤다.
⑦ 알마시흐는 죽은 자를 살렸다.
그러면 알마시흐는 죽었는가?

(가) "알라가 말하였다. '이싸야, 너를 데려와(mutawaffīka) 내게로 들어 올리겠다. 카피르들로부터 너를 깨끗하게 하겠다'(수라 3:55a).
(나) "알라가 말하였다. '이싸야, 너를 죽게 하여(mutawaffīka) 내게로 들어 올리겠다. 카피르들로부터 너를 깨끗하게 하겠다'(수라 3:55a).

이 구절은 일부 무슬림들이 (가)라고 해석하나 실제 무슬림 주석가들 중에는 (나)의 의미로 주석한다는 것을 소개하여 준다. 그렇다면 이싸, 알마시흐는 알라에게 들어 올려지신 분이다. 알마시흐는 죽었다고 믿겠는가? 이것으로는 알마시흐를 잘 모르니 타우라를 한번 보자고 제안한다. 알마시흐가 누구인가? 메시아라는 칭호는 미래의 다윗 가문의 왕(Davidic king, 마 1:1; 요 6:15)을 가리켰다. 메시아는 왕과 선지자와 제사장에게 기름 부음 붓듯이 '기름 부음을 받은 자'라는 말이다. 무슬림들은 알마시흐라는 말에 메시아의 이런 의미가 있다는 것을 모른다. 메시아가 왕이라는 말은 그가 우리의 삶의 주인이라는 말이다. 그러나 무슬림들은 이싸가 알마시흐이고 알마시흐는 이싸라고 하여 알마시흐에게 다른 의미가 없다고 말한다. 아랍어 성경과 아랍어로 된 꾸란에서 알마시흐가 동일한 단어로 쓰이지만 서로 다른 의미를 갖고 있으므로 무슬림에게는 이 차이를 가르쳐주어야 한다.

> 내가 그리스도(알마시흐)와 함께 십자가에 못 박혔나니 그런즉 이제는
> 내가 산 것이 아니요 오직 내 안에 그리스도께서 사신 것이라(갈 2:20a).

내 안에 그리스도(알마시흐)가 살고 있는가? 그리스도가 살고 있다는 말은 그리스도의 성품이 나의 삶에 나타난다는 말이다. 나의 이름이 나의 성품을 나타낸다. 알마시흐와 관련된 것을 성경은 다음과 같이 설명한다.
① 알마시흐와 함께 십자가에 죽었다: 내가 알마시흐의 죽음과 부활과 관련되었다.
② 내 안에 그리스도가 살고 있다.
알 마시흐가 죽었을 때 나도 죽었다. 죄와 알라의 심판으로부터 죽었다.
③ 알마시흐가 내 죄 값을 지불하였다.

친히 나무에 달려 그 몸으로 우리 죄를 담당하셨으니 이는 우리로 죄에 대하여 죽고 의에 대하여 살게 하려 하심이라. 저가 채찍에 맞음으로 너희는 나음을 얻었나니(벧전 2:24).

④ 알마시흐가 너의 죄 짐을 담당하였나?
⑤ 알마시흐가 그의 의를 너에게 주었다.

무슬림은 성경에 나오는 비르(birr)를 카이르(선행)로 해석하므로 그런 의미가 아니라고 설명한다. 여기서 비르(birr)는 거룩함(qadāsah)이란 뜻이므로 알라는 우리를 낏디신(qiddisin: 성도)이라고 부른다. 낏디신(성도)은 따히린(깨끗한 자)이란 말인데 더러움이 없다는 뜻이고 이것은 죄로부터 멀리한 생활을 가리킨다.

⑥ 알마시흐가 네 마음에 살아계시면 너는 알마시흐 안에서 새 사람이 된 것이다.

그런즉 누구든지 그리스도 안에 있으면 새로운 피조물이라. 이전 것은 지나갔으니 보라 새 것이 되었도다. 모든 것이 하나님께로 났나니 저가 그리스도로 말미암아 우리를 자기와 화목하게 하시고 또 우리에게 화목하게 하는 직책을 주셨으니 이는 하나님께서 그리스도 안에 계시사 세상을 자기와 화목하게 하시며 저희의 죄를 저희에게 돌리지 아니하시고 화목하게 하는 말씀을 우리에게 부탁하셨느니라. 이러므로 우리가 그리스도를 대신하여 사신이 되어 하나님이 우리로 너희를 권면하시는 것 같이 그리스도를 대신하여 간구하노니 너희는 하나님과 화목하라. 하나님이 죄를 알지도 못하신 자로 우리를 대신하여 죄를 삼으신 것은 우리로 하여금 저의 안에서 하나님의 의가 되게 하려 하심이니라(고전 5:17-21).

알마시흐를 믿기 전에는 우리가 죄인으로서 알라 앞에 선 모습이다.

그러나 믿고 난 다음에는 우리의 위치가 달라졌다. 알마시흐가 십자가상에서 우리의 죄를 담당하셨다. 우리를 알마시흐 자신의 의가 되게 하셨다.

① 이제는 내가 알라의 빛의 나라에 연결되었다.
② 새 삶을 위하여 그의 부활로 인하여 알마시흐와 연결되었다.
③ 이제 너는 죄에서 대하여는 죽고 이싸 알마시흐 안에서는 알라에게 산 자가 되었다.
④ 알마시흐가 네 안에 산다.
⑤ 너에게는 새 소망이 있다.

그러므로 이제 그리스도 예수 안에 있는 자에게는 결코 정죄함이 없나니(롬 8:1). 그런즉 이 일에 대하여 우리가 무슨 말 하리요. 만일 하나님이 우리를 위하시면 누가 우리를 대적하리요(롬 8:31).

이제는 우리가 승리의 삶을 살 수 있다.
① 세상의 시험을 이기고(요 16:33)
② 육에서 오는 시험을 이기고(고전 15:54-57)
③ 사탄에게서 오는 시험을 이긴다(요일 4:4)

이렇게 복음을 제시하고 나서 아래와 같이 정리해 준다.
① 알마시흐는 인간 이상이다.
② 알마시흐의 의를 얻는다.
③ 알마시흐가 네 안에 있다.
④ 알마시흐는 왕이시다.
⑤ 너는 이제 알마시흐와 연합되었다.
⑥ 너는 죄에 대하여 죽고 알라에게는 살아있다.

⑦ 루후 알마시흐 알꾸두스(거룩한 알마시흐의 루후)가 네 안에 살고 있다.
⑧ 너는 이제 승리의 삶을 살 수 있다. 네 인생에 새로운 소망이 있다. 그리고 기도로 마친다.

위와 달리 오직 꾸란만을 사용하여 복음을 제시하는 방식도 있다. 수라 4장 171절과 수라 3장 45절에 나오는 알마시흐는 알라의 루후(루후 알라), 알라에게서 온 칼리마라고 한다는 것을 무슬림과 먼저 나눈다. 그리고 이 꾸란 본문에 나오는 rūh allāh(성령), kalimah(성자), Allāh(성부) 등 세 단어가 삼위일체(trinity)를 가리킬 수 있음을 주지시켜 준다.

제6장

무슬림과 의사소통을 위한 모델과 패러다임

데이비드 보쉬는 한스 큉(Hans Küng, 1984, 1987)[1]의 분류법에 따라 기독교 역사에서 선교 패러다임을 다음과 같이 제시하였다.[2]

① 원시(Primitive) 기독교의 묵시적(apocalyptic) 패러다임

② 교부 시대의 희랍적 패러다임

③ 중세 로마 가톨릭 패러다임

④ 프로테스탄트(개혁) 패러다임

⑤ 현대 계몽 패러다임

---

1) 한스 큉은 신학자이지만 '꾸란을 통하여 무함마드가 그의 시대와 그 이후의 시대에서 새로운 종교를 시작하도록 수많은 사람들에게 무한한 영감과 용기와 힘을 주었다. 그것은 곧 더 위대한 진리와 더 심오한 지식을 향한 움직임과 전통적 종교를 새롭게 하기 위한 돌파구'라고 그의 책 "*Islam*"에서 말하고 있는 것으로 보아 이슬람에 대한 그의 이해는 크게 잘못되어 있다.

2) David J. Bosch, *Transforming Mission*, 181-182.

⑥ 에큐메니칼 패러다임

이런 패러다임에 대하여 나빌 잡부르는 그의 책 『십자가의 눈으로 본 초승달』(The Crescent through the Eyes of the Cross, 2008)의 별책 부록(addendum, 32)에서 다음과 같이 상술하고 있다.

① 신약 모델 혹은 모델들(예수, 마태, 누가, 바울)
② 동방(Eastern) 정교회 모델(100-600, 요 3:16)
③ 로마 가톨릭 모델(600-1500, 눅 14:23)
④ 프로테스탄트의 개혁 모델(1500-1800, 롬 1:16-17)
⑤ 계몽 시대와 현대의 프로테스탄트 모델(1800-현대, 마 28:18-20; 눅 4:18-19)
⑥ 새로운 패러다임

서방교회는 구원 신학을 강조하고 동방교회는 성육신 신학에 초점을 두었다. 동방교회는 성육신하신 메시아 문제가 가장 심각한 신학적 논제였다. 로마 가톨릭 선교는 모든 수단을 동원해서라도 사람들을 교회에 채우라(눅 14:23)고 했고, 프로테스탄트의 개혁 모델은 인종을 불문하고 모든 믿는 자들의 생명을 구원하라(롬 1:16-17)고 하였다. 이처럼 각 시대별 선교 모델은 우리에게 성경적, 역사적, 문화적, 전략적 시각을 가르쳐주고, 미래의 선교 모델과 패러다임을 모색하는 데 도움이 된다.

과거 이슬람권 선교에는 대결 모델(Confrontational Model), 전통적인 복음주의 모델(Traditional Evangelical Model), 기관 모델(Institutional Model), 대화 모델(Dialogical Model), 상황화 모델(Contextualization Model) 등을 사용하였으나[3] 이들 중 상황화 모델이 가장 좋은 것으로 여겨져

---

3) Keith E. Swartley, *Encountering the World of Islam*, 314-316.

왔다. 물론 상황화 모델도 경화(Ossified)되지 않고 계속 연구 발전되는 것을 바라면서 말이다.

첫째, 대결모델. 18세기와 19세기에 헨리 마틴(Henry Martyn), 칼 판더(Carl Pfander), 클레어 티돌(Clair Tidall) 등의 몇몇 선교사들이 공개 토론과 논쟁(debate)[4]을 통하여 무슬림을 이기려고 시도했다. 그들은 서구 식민 정부로부터 보호를 받았기 때문에, 시장에서 설교를 하였고 영어와 현지말로 변증법과 공격적인 논증법을 써서 전도지를 만들었다.[5] 이 방법은 개종자 숫자로 보면 결코 성공적이지 못하였고 종종 기독교에 대해 반감을 갖게 만들었다. 대화는 서로 간의 관계를 쌓는 수단이 되지만, 대결적인 논쟁 방식은 대화와 크게 달라 오늘날 널리 활용되지 않는다. 왜냐하면 이슬람교의 교리적 모순이나 부정적인 면을 들추기 보다는 기독교의 긍정적인 면을 노출하는 것이 더 낫기 때문이다. 무슬림들의 사도라고 불리는 사무엘 즈웨머(Samuel Zwemer, 1867-1952)가 이 방식의 선구자이었다. 그의 초기 사역(1890-1916)에서는 대결적인 방식의 경향을 보였고 그의 책 『이슬람의 분열』(The Disintegration of Islam, 1915)과 『무함마드 혹은 그리스도』(Mohammed or Christ, 1916)에서는 선교적 접근의 급격한 변화를 보였다. 그는 개종자들이 이슬람을 완전히 거부하는 것을 촉구했다. 이슬람을 버리고 기독교교회로 나오라는 식이었다. 그러나 나중에 즈웨머는 좀 더 문화인류학적이고 그리스도 중심적인 접근(Christocentric Approach)을 택하였다.[6] 그는 무슬림들을 알라를 찾는 구도자로 간주하였으나 오직 예수 그리스도만이 그들의 필요를 채울 수 있다는 생각을 견지하였다. 그런데 이 방식은

---

[4] 토론과 논쟁(debate)은 어떤 주제에 대하여 찬성(positive)하든지 반대(negative)하든지 자기주장을 논리적으로 펼쳐서 상대 주장을 이기는 것을 목적으로 한다.
[5] Keith E. Swartley, Encountering the World of Islam, 314.
[6] Ibid., 314.

너무 서구적이어서 이슬람권에는 효과적이지 않았다. 이슬람권에 서구적 형태의 교회들을 세우다 보니 이 방식을 따른 선교사들은 개종자들에게 이슬람과 관계를 끊고 공개적으로 교회에 들어가라고 했다. 지금 아랍 개신교는 말씀공부가 약한 정교회나 가톨릭의 예배 형식과 너무 다르고 서구식 일변도의 예배를 지향해 왔기 때문에 뜻있는 아랍 신학자들은 가능한 예배가 아랍인들의 문화와 상황에 적합하게 바뀌기를 기대한다.

둘째, 기관 모델은 여러 기독교 교단들이 사용해 왔던 방식이었다. 19세기 이슬람권에 학교, 병원, 고아원 등을 세웠는데 레바논, 이집트 등지에서 적지 않은 열매를 거두었다. 그러나 선교사들이 나간 뒤에 무슬림들이 헐값으로 혹은 정부의 힘으로 해당 기관의 소유권을 가져가 버렸고, 20세기- 21세기에는 이런 기관들이 이슬람 국가 당국에 의하여 설립 허가를 받지 못하고 극히 적은 수가 인가를 받아 미미한 열매를 보이고 있다. 기관 모델은 무슬림들이 갖고 있는 편견을 극복하게 하고 그들이 복음을 들을 수 있는 기회를 갖게 한다. 더구나 무슬림과 동료로서 만나면 훨씬 자연스런 기회를 더 많이 가질 수 있다. 그러나 이슬람 국가들이 이런 기관들을 접수하려고 하고 물가 상승으로 기관 운영이 어려워지고 있으며 적절한 선교사 수급이 잘 안 되어 어려움을 겪기도 한다. 일부 기독교인들이 무슬림들이 운영하는 학교나 병원에서 일하기도 하는데 그 수는 극히 적고 무슬림들이 받아들일만한 수준의 경력과 일반 대학 학위 취득자들이 필요하다.

셋째, 대화 모델은 템플 가드너(Temple Gairdner, 1873-1928)가 선구자요, 케네스 크레그(Kenneth Cragg, 1913-)가 이를 더욱 발전시켰다. 무슬림과의 대화는 이슬람의 문화를 배우게 되고, 무슬림에 대한 이해가 동반 성장되며, 진지한 관계에 근거한 접촉점과 라포르(rapport)를 형성하게 한다. 또 자연스런 대화를 통하여 어떻게 무슬림들에게 증거할 수 있는지를 배우게 되고 궁극적으로는 그들을 예수 그리스도께로 인도하려 한다. 무슬림과의 대화에서는 유머 감각과 인내심을 가져야 하고 대화에 앞서 이슬람의 역사, 꾸란 그리고 그들이 기독교와 성경에 대하여 어떻게 생각하는지도 알아야 한다. 대화는 자신의 것을 나누는 것뿐만 아니라 상대방에 대한 경청도 포함되며 마음에서 우러난 우정은 서로에게 강한 영향력을 미친다. 이런 대화를 통하여 무슬림에 대한 이해가 동반 성장된다.

상황화 접근은 오늘날에도 여전히 가장 활발하게 사용되고 있으므로 21세기 이슬람권에서 활용할 수 있는 모델들(상황화 모델, 대화-변증모델, 필요 중심의 모델, 수치-명예 패러다임, 성육신 모델)과 함께 상세히 살펴보자.

1. 상황화 모델

상황화 모델에는 필 파샬(Phil Parshall), 더들리 우드베리(J. Dudley Woodberry), 딘 길릴랜드(Dean S. Gilliland), 찰스 크래프트(Charles Kraft) 등이 알려져 있고, 많은 학자들과 선교사들이 이 접근 방법에 관심을 갖는다. 찰스 크래프트(Charles Kraft)는 "서구의 신학자들이 중요하게 여기는 이슈들은 아프리카, 아시아 그리고 라틴 아메리카인들이 중요하게 생각하는 이슈들과 다르기 때문에 상황화가 필요하다"[7]고 말한다.

상황화란 무오하며 영감으로 기록된 영원불변의 초자연적인 진리인 하나님의 말씀을 특정한 문화 상황에 선포하는데 이 과정에서 성령께서 개개인들을 새롭게 하시고 그들의 문화를 변혁시켜 하나님의 나라로

---

7) 김승호, 『선교와 상황화』 (서울: 토라, 2007), 42.

되돌리는 것을 의미한다.[8] 현지 상황에 적절한 방법으로 성경의 진리를 표현하는 성경적 상황화는 문화 상황에 적절하게, 불변하는 성경 말씀을 표현하는 것이다. 상황화는 무슬림들의 문화 이해를 바탕으로 예수 그리스도의 복음을 주어진 상황에 적합하게 하여, 효과적인 복음전파에 그 목적을 둔다. 상황화는 절대 불변의 하나님의 말씀을 시대에 따라, 대상에 따라, 문화에 따라 그와 적합하게 표현하고자 한다.[9]

이 모델은 무슬림 지도자와 친구를 삼고 커뮤니티의 여론을 이끌어가는 리더들을 증거의 초점으로 삼는다. 개별 전도가 아니라 가족, 친척들, 친구들의 집단을 대상으로 하고 개종자가 다른 무슬림들에게 복음을 전할 수 있도록 세례를 연기하기도 한다. 그러나 이런 상황화 모델로 인하여 내부자가 내린 결정이 커뮤니티의 사람들에게 걸림돌이 되는가 디딤돌이 되는가? 그리스도인들에게 덕이 되는가 해가 되는가? 그리스도인을 노예로 만드는가, 자유인으로 만드는가? 우리 자신에게 유익과 기쁨이 되는가, 하나님께 기쁨과 영광이 되는가를 따져 보아야 한다.

이 모델은 선교사의 생활양식, 예배 형식, 신학적 용어와 전략을 바꿀 것을 요구한다. 그래서 하나님 나라의 전도는 통전적(holistic)이어야 하고 각 세대와 각 문화에 적절하게 상황화 되어야 한다.[10] 통전적 선교는 성경적 증거들이 말해주듯이 기독교 신앙과 사상과 실천이 어느 면에서는 하나님의 선교와 관련되게 하는 선교신학을 말한다. 세상과 커뮤니티와 이웃을 향한 더 확산된 차원에서 복음의 의미가 '계속되는 개종'(continuing conversion)의 과정으로서의 통전적 선교(holistic theology of mission)를

---

8) Ibid., 20.
9) Ibid., 20.
10) Ibid., 31.

지향한다.[11] 상황화는 복음을 이슬람에 적응(accommodate)시키는 것도 아니고 대체시키는(replace) 것도 아니고 오히려 이슬람을 변혁시키는(transform) 것이다.[12]

이슬람권에서는 무슬림들이 기독교로 개종하면 당연히 가족을 떠나 기독교 커뮤니티에 들어오는 것이라고 생각해 왔다. 그러나 1970년 이후, 이런 전통적인 방식에 문제가 있다고 판단하여 개종자들이 자신이 속한 가족과 사회를 변화시킬 수 있기를 기대하였다. 그런데 무슬림 개종자들이 보기에도 C5 신자는 혼합 주의로 비쳐졌고 그 결과 적절한 상황화와 부적절한 혼합주의 사이에서 어디에 선을 그을 것인가가 관건이었다. 그러므로 우리는 다음과 같은 질문을 해 봐야 한다.

① 복음 증거에 꾸란을 인용할 것인가?
② 알라를 성경의 하나님의 이름으로 사용할 것인가?
③ 무슬림처럼 그들의 기도 자세와 방식을 따라 기도할 것인가?
④ 종교가 무엇이냐고 물으면 자신을 무슬림이라고 소개할 것인가?
⑤ 무슬림들처럼 메카를 향하여 기도하고 메카 순례도 갈 것인가?
⑥ 이슬람 신앙 고백을 무슬림들 앞에서 암송할 것인가?

상황화와 혼합주의 사이에 얼마나 멀어야 멀리 간 것일까를 구분 짓는데 데이비드 레이시(David Racey)[13]는 우선 개인의 양심을 꼽았다. 그는 이슬람 관습을 실행하는데 마음 속에 의심이 가면 그건 잘못된 것이라고 했고 양심에 거리낌이 없으면 괜찮다고 하였다. 둘째는 이슬람 문화를

---

11) D. L. Guder, "Towards a Holistic Theology of Mission: World, Community, Neighbour." 장로회 신학대학교 춘계 신학 심포지엄(2004.11.9) 강의안.
12) Franklin Wade Wilson, *The Kingdom in Context: The Christian Community in an Islamic Culture*, 39.
13) David Racey, *"How far is too far"* Edited by Keith E. Swartley, *Encountering the World of Islam*, 382-385.

접할 때 우리의 기준으로 그 문화를 결정지으면 안 된다고 했고, 세 번째는 무슬림의 이중 잣대(double standards)가 문제라고 했다. 무슬림들은 종교적인 문제가 생기면 내국인과 외국인에게 들이대는 잣대가 달라진다. 복음 전도자의 양심에 거리낌이 없다고 해서 무슬림들의 양심에 거리낌이 없는 것이 아니다.[14] 그래서 존 트라비스(1998)는 혼합주의를 피하는 지침을 아래와 같이 제시한다.[15]

① 예수는 주님이시고 구주이시다. 예수 그리스도 밖에는 구원이 없다.
② 새 신자는 세례를 받고 정규적으로 다른 신자들과 만난다.
③ 새 신자는 인질(가능하면 타우라와 자부르까지도)을 배워야 한다.
④ 새 신자는 주술적 비법(occultism)과 해로운 민속 이슬람 신행(샤머니즘, 애니미즘, 수피 스승에게 기도, 부적과 저주 등)을 버리고 여기서 해방되어야 한다.
⑤ 무슬림의 실천 사항과 전통(금식, 구빈세, 할례, 모스크 가기, 머리에 천이나 두건 쓰기, 돼지고기와 음주 금지 등)은 죄의 용서를 받기 위하여 필요한 일이라고 생각하기보다는 무슬림 이웃에 대한 존중과 알라에 대한 사랑으로 행한다.
⑥ 꾸란, 무함마드와 전통적인 이슬람 신학은 성경적 진리의 빛으로 다시 검증되고 필요하면 재해석되어야 한다. 성경적으로 받아들일 수 있는 무슬림의 신행은 받아들이고 그렇지 않으면, 수정되거나 거부되어야 한다.

---

14) 아랍 무슬림들은 무역 거래상의 사기와 남성이 여성에게 한 성관계에 비교적 관용을 보인다. 무슬림들은 돈을 빌려달라는 상대의 요청에 거부하기 보다는 돈이 없다고 거짓말하는 게 낫다고 생각한다. 더구나 상대가 앞에 있을 때는 칭찬과 존경을 보이는 것처럼 대하고 상대방이 그 자리에서 사라지면 온갖 험담과 비난을 퍼붓는다. 무슬림은 자신의 잘못이라고 말하지 않고 다른 사람의 탓으로 돌려 위기를 모면하려 한다. 법정에서 꾸란에 손을 대고 선서하고서 피해자가 외국인인 경우, 피해보상을 안 하기도 한다.
15) John Travis, "Must all Muslims leave Islam to follow Jesus" Edited by Ralph D. Winter and Steven C. Hawthorne (Pasadena: William Carey Library, 2004), 662.

⑦ 새 신자는 중생의 증거와 은혜 안에서 성장(성령의 열매와 사랑의 증가 등)하고 잃어버린 영혼에 대한 열정을 보여주어야 한다.

만일 교회가 존재하는 이슬람 국가에서 외국인 사역자가 내부자처럼 행세하고 이싸를 따르는 무슬림이라고 하면 금방 무슬림들이 알아챌 것이다. 무슬림들에게 이싸를 따르는 무슬림이라는 말은 전혀 독특한 것이다. 그러므로 김승호는 "단순히 청중들의 필요와 이해에만 초점을 맞추려고 하다가 기독교의 핵심교리들을 훼손하는 방향으로 흘러가고 있음에 주목할 필요가 있다. 무슬림들을 선교하고자 하는 간절한 열망 때문에 기독교의 핵심교리를 포기하거나 훼손하면서 상황화하려는 시도는 결코 바람직하지 않다"16)고 말한다.

폴 히버트(Paul G. Hiebert)는 잘못된 상황화 작업을 피하기 위하여, 비판적 상황화(critical Contextualization)를 제안한다. 비판적 상황화는 옛 신념들과 관습들을 거부하거나 수용하기에 앞서 미리 점검해 보라는 것이다. 첫째, 그리스도인의 신앙과 생활에 대한 판단의 최종 권위를 성경에 두고 있는가? 둘째, 모든 신자는 성경을 이해하고 자신의 삶에 적용하는 데 있어 자신을 인도할 성령을 모시고 있는가? 셋째, 끊임없이 교회의 감독을 받고 있는가?17) 그렇다면 비판적 상황화 방식의 과정은 어떻게 이뤄지는가?

> 비판적 상황화는 우선 해당 문화권 사람(그리스도인)들에 의하여 이뤄져야 한다. 그리고 진행되는 상황화 작업의 과정은 끊임없이 하나님의 말씀으로 평가되어질 필요가 있다. 언제나 상황보다는 성경에 우선순위가

---

16) 김승호, 『선교와 상황화』, 179.
17) 폴 히버트, 『선교와 문화인류학』, 김동화, 이종도, 이현모, 정홍호 공역 (서울: 죠이선교회출판부, 1996), 264-272.

부여되어야 한다. 인간의 모든 문화 속에는 신한 요소들도 있지만 성경과 충돌하는 사단적이며 마귀적인 요소들도 있음을 기억한다. 상황화 작업을 할 때 예수 그리스도의 모델을 닮고자 노력한다. 상황화 작업을 도우시고 인도하시는 성령의 역사를 인정하고 민감하게 반응한다.[18]

그러므로 상황화 작업은 해당 문화에 대하여 비판적 자세를 갖고 언제나 성경에 비추어 지속적으로 관찰하며, 그들 문화 중에서 어떤 양식을 따를지 안 따를지는 공동체 회원들이 스스로 결정하게 하고 선교사는 다만 코치역할만 한다. 김승호는 상황화 작업에서 꾸란을 인용하여 복음을 전하는 다리로 삼고자 한다면, 다음 사항을 고려해 보아야 한다고 했다. 첫째, 전하고자 하는 성경의 주요 개념 중 한 가지를 선택했는가? 둘째, 성경은 그것을 무엇이라고 말하는지 살폈는가? 셋째, 성경적 의미를 잘못 오도할 수 있는 선교사 본인의 문화적 잔재를 점검하였는가? 넷째, 이슬람 문화에 대한 심도 있는 관찰, 연구와 조사를 하였는가? 다섯째, 전하고자 하는 개념을 정확하게 적절한 모습으로 메시지화하였는가? 이와 같은 다섯 가지 항목은 무엇을 전할 것인가에 대한 질문이고 그 다음 마지막 단계는 그 메시지를 어떻게 효과적으로 전할 것인가에 초점을 두라고 하였다.

지금은 상황화 개념에 대한 적용의 정도가 선교사마다 조금씩 차이를 보이고 학자들마다 혼합주의와 상황화 사이에서 차이를 보인다.[19] 어떤

---

[18] 김승호, "선교와 상황화", 2008년 겨울학기 아세아 연합신학대학교 연장교육 강의안, 65.
[19] 강승삼은 '성경적 상황화 신학 작업의 원리를 제대로 이해하고 적용하는 것이 중요하다'고 한다. 혼합 신앙에 빠지지 않기 위해 가장 중요한 것은 성경을 '성령의 영감으로 쓰인 하나님의 말씀'으로 믿는 성경관이라고 말한 그는 '절대적 진리는 문화의 영향을 받지 않는다. 그러나 성경 본문과 성경 계시 당시의 역사와 문화, 상황을 연구하는 '성경의 해석'과 '현재 문화의 해석'을 통하여 선교지 문화에서 복음 적용이 필요한 부분을 인식해야 한다'고 말한다. 선교지의 관념, 신념, 의식, 이야기, 노래, 미술, 음악 등을 성경적으로 상황화하기 위해서는 먼저 문화와 관습, 역사성, 언어의 의미와 같은 '옛

선교사는 혼합주의에 가까울 정도로 상당히 위험한 수준의 상황화를 택하고 어느 선교사는 모스크에는 안 나가지만 무슬림들에게 복음을 전하여 개별적으로 만나고 성경을 가르친다. 그러나 상황화 모델이 효과적으로 무슬림 전도에 쓰일 수 있으려면 성령의 인도하심과 일하심에 민감해야 한다.

그러나 상황화 모델이 어느 정도 열매를 보인다고 하여 이슬람권 사역에서 오직 이 모델만이 유일한 해법이라고 하는 것은 적절하지 않다. 그 반대로 오직 전통적인 모델만이 무슬림선교의 유일한 해법이라고 하는 것도 잘못된 생각이다. 이슬람 세계는 너무 다양하고 같은 나라 안에서도 무슬림들끼리 다양하고 복잡하다는 것을 알아야 한다. 이슬람의 종파만도 72개가 넘는다. '알라, 이싸 알마시흐' 등의 어휘를 해당 국가의 기독교인과 무슬림이 공통으로 쓰는 나라가 있는가 하면 동일국가 내에서 기독교인들은 '야쑤아'라고 하고 무슬림들은 '이싸 알마시흐'라고 하는 나라도 있다.

2. 대화-변증 모델

이슬람이 시작된 뒤 첫 1세기 동안 무슬림과 기독교인 사이에 논증법이 개발되고 있었다. 비잔틴 황제 레오 3세(Leo III) 이사우리안(Isaurian: 717-741)이 칼리파 오마르 2세(Umar II: 717-720)의 논증적인 서한에 대한 답신을 보낸 것도 그런 예들 중의 하나다. 칼리파 오마르 2세는

것'을 파악하고 옛 관습에 대한 성경 속 교훈을 연구하여 성경의 교훈에 비추어 옛 것을 평가한 후 새롭게 상황화된 기독교적 방식 및 교회 문화를 창출할 것을 요구한다(강승삼, '이슬람의 세계 지배전략과 우리의 대처방안', 제8회 한국선교지도자포럼, 할렐루야교회, 2008.11).

모세오경이 변질되었다고 공격하고 비잔틴 황제는 무함마드가 예언자가 아니라고 하면서 무슬림들의 일부다처와 축첩을 비난하였다.[20]

과거 14세기 동안 기독교와 이슬람은 각기 공격적인 논증법(polemics)과 방어적인 변증법(apologetics) 그리고 정-반 대화법(dialectics)을 사용하여 왔다. 헤겔(Hegel)은 정-반 대화법을 '순수한 사상의 형식을 밝혀내기 위하여 논리를 사용하는 방식'이라고 하였는데 정(thesis)-반(antithesis)-합(synthesis)의 원리를 대화에 사용한다.[21] 방어적인 변증법은 기독교 신앙에 대한 합리적인 방어를 하고 적당한 때 이슬람 신앙을 도전하는 것이지만, 공격적인 논증법은 이슬람을 불신할 목적으로 이슬람을 공격하는 것이다. 그래서 공격적인 논증법(Polemics)은 하나님의 본성에 관한 궁극적인 질문에는 적절히 대답할 수 없다. 오히려 성경의 구속사에서 하나님의 사랑의 역사에 대한 이야기[22]가 그들에게 도움이 될 것이다. 그런 이야기가 사랑의 증거로서 충분하기 때문이다. 아담, 노아, 아브라함, 예레미야 등의 이야기는 하나님이 누구신가를 가르쳐준다. 무슬림들은 전능하신 알라의 초월성을 지키려고 하기 때문에 성육신(incarnation)을 부인한다.[23] 알라의 초월성이란 알라가 피조물과 인간과 전혀 다르다는 것이다. 알라의 명예를 지키려고 하기 때문에 하나님의 십자가 달리심을 부인한다. 그들에게 알라의 용서는 그저 인간이 회개할 때 알라가 말로 용서하면 된다고 믿는다.[24]

대화법은 마음으로 만나는 것을 바라기 때문에 다른 사람을 비판하지

---

20) Harry Gaylord Dorman, *Toward Understanding Islam*, 14.
21) Peter Singer, *Hegel* (Oxford: Oxford University Press, 1983), 77-78.
22) J. Dudley Woodberry, *Muslims & Christians on the Emmaus Road* (Monrovia: MARC, 1989), 10.
23) Daoud Riad Irsaneous, "Interpreting the Atonement of Christ for Muslims in an Arab Context", 152.
24) Colin Chapman, *Cross and Crescent*, 375.

않고 상대가 무엇을 믿는지 확인할 목적으로 공개적인 토론에 참여한다. 무슬림들과 대화하려면 무슬림들이 기독교에 대하여 어떻게 생각하는지도 알아야 한다. 상대방의 신앙에 대한 상호 몰이해는 대화의 장애가 되기도 하므로 무슬림 커뮤니티 안에서 무슬림과 삶과 체험으로, 무슬림들의 신앙과 실천이 어떠한지 자세히 살펴야 한다. 한국인들이 무슬림 사회 속에서 일해 본 경험이 많지 않은 것도 이슬람에 대한 이해와 무슬림 전도가 가끔은 겉도는 주 원인이 되기도 한다.

대부분의 기독교인들은 방어적인 변증법과 대화법에는 어려움을 갖지 않으나 많은 사람들이 공격적인 논증법의 사용여부에는 답을 보류한다. 논증법에 대하여 찬성하는 쪽과 반대하는 쪽으로 사람들이 나뉜다.[25] 사실 열띤 논쟁(Munāzarah)은 무슬림들에게 익숙한 것이다. 아랍 텔레비전을 시청하다 보면 상대가 지금 말을 하고 있는데도 불구하고 갑자기 목소리를 높이며 자신의 주장을 굽히지 않는 사람 때문에 무슨 말을 하고 있는지 알아듣기 어려울 때가 있다. 도만(Dorman)은 논승법의 첫 기원은 무함마드 자신이라[26]고 하였다.

> 부당하게 행동하는 사람들은 제외하고 경전의 백성들과는 가장 좋은 방법으로 논쟁하라. 말하라,[27] 우리에게 내려온 것과 너희에게 내려 준 것을 우리가 믿는다. 너희의 일라흐(신)와 우리의 일라흐가 하나다. 우리가 그에게 복종한다(수라 29:46).

그런데 무함마드는 무슬림들에게 '경전의 백성들의 말을 믿지 말라.'

---

25) Ibid., 366-367.
26) Harry Gaylord Dorman, *Toward Understanding Islam*, 2.
27) 꾸란 구절에서 '말하라'(qul)란 말은 사람들이 질문한 것에 대하여 무함마드가 이 내용을 알라에게 묻고, 알라는 무함마드에게 그 답을 사람들에게 주라(taklīf)고 한 것이므로 이 구절은 알라의 말이라고 한다.

그리고 '너희에게 내려온 경전을 우리가 믿는다'고 말해주고 '너희의 신은 우리의 신과 하나다'라고 말하라고 했다. 여기서 유대인이나 기독교인들이 이슬람을 안 믿으면 인두세를 내고 인두세(사람 머리수대로 세금 징수)를 거절하면 칼로 정복하라고 한다. 위 꾸란 구절은 무함마드가 유대인들과 기독교인들에게 자신이 그들의 예언자임을 인정해 달라고 모색하던 때에 무함마드에게 내려온 꾸란 구절이었다. 무슬림이 기독교인이나 유대인들을 만날 경우, 그들과 대화는 꾸란에 근거하되, 기독교인들과 유대인들이 진실을 말하든 거짓을 말하든 그들의 말을 믿지 말라고 한다. 그런데 경전의 백성이 무슬림들에게 반기를 들면 그들은 다음 두 가지 중 하나를 선택해야 하는데, 하나는 인두세 다른 하나는 칼이었다.

이 꾸란 구절을 보면 무슬림들이 변증법이나 공격적인 논증법을 사용하여 기독교를 반대하라고 한다. 그래도 기독교인과 유대인이 이슬람을 안 믿으면 '너희 알라와 우리 알라가 하나'라고 말하라는 것이다. 알따바리 주석에서는 "너희들의 예배 대상자와 우리의 예배대상자가 같다"고 하였다. 그러나 꾸란의 다른 구절에서 기독교인과 유대인들에게 너희 종교와 이슬람이 다르다고 구별해준다.

> 너희들에게 너희 종교가 있다. 그리고 나에게 종교가 있다
> (lakum dīnukum waliyya dīn)(수라 109:6).

위 꾸란 구절에서 나에게 종교가 있다는 말은 이슬람을 가리키고 너희 종교에 해당하는 사람들은 쉬르크(shirk: 알라 자리에 다른 것을 갖다 두는 것)나 쿠프르(kufr: 알라의 존재를 안 믿거나 이슬람의 기도와 금식 등을 지키지 않는 사람)에 속한다고 풀이한다. 이 구절은 무슬림들에게 비무슬림과 전쟁을 하라고 명령하기 전에 언급되는 말이다.

1960년대부터 1990년대까지 활발한 반기독교 운동을 벌였던 남아프리카의 논증가 아흐마드 디다트(Ahmad Deedat, 1918-2005)가 현대의 무슬림 논증가로서 기독교와 부정적인 결과를 남겼다. 역사를 거슬러 올라가보면, 총대주교(Patriarch) 요한과 아랍 장군 아므르 븐 알아스(664년 사망) 간의 대화가 나온다. 그때까지만 해도 기독교의 변증은 새로운 이단 '이슬람'에 대한 방어였다. 그러나 다마스커스의 요한 이후 몇몇 기독교인들이 이슬람에 대하여 공격을 가하자, 이슬람과 기독교 간의 거리는 더 멀어져 갔고 십자군 전쟁이 일어난 후에는 서로 틀어질 대로 틀어져 나중에는 서로의 지적 영역에서 문을 닫아버렸다.28)

1940년대에는 이슬람에 대한 접근에서 대부분 기독교인 학자들이 논증법을 버리라고 했다.29) 왜냐하면 사실 이런 공격적인 논증으로 인하여 서로간의 불신, 오해, 경멸, 편견, 조소, 적대감이 증폭되었기 때문이다. 전도자가 무슬림의 신앙을 이해하고 그들 신앙을 존중한다고 느끼면 무슬림은 전도자의 도전을 듣고 싶어할 수도 있으나, 만일 그들의 신앙이 공격을 받고 있다고 느끼면 전도자를 신뢰하지 않는다. 무슬림들은 이슬람에 대한 공격이 단순히 종교가 아니라 국가와 공동체에 대한 공격으로 받아들이기도 한다.30) 다시 말하면 기독교인의 이슬람에 대한 논증을 종교가 아닌 다른 목적을 가지고 캠페인을 벌이는 것으로 간주하고 이슬람 국가의 단일성과 국가에 대한 충성, 아랍어의 완전함과 무함마드의 인품을 해치는 것으로 받아들인다.31) 2009년 6월 10일 아랍신문 「알하끼까」 에는 "한국인이 시온주의 활동을 하며 선교한다"고 1면 톱기사로 쓰여 있었다. 한국의 기독교인을 "시온주의자"로 몰아 아랍인

---

28) Harry Gaylord Dorman, *Toward Understanding Islam*, 116.
29) Ibid., 115.
30) Ibid., 117.
31) Ibid., 117.

독자들에게 인식시킴으로써 선교사를 이슬람 국가에 반사회적이고 반국가적인 활동을 하는 사람들로 규정한 것은 사실을 크게 잘못 보도한 것이다.

기독교인들은 무슬림들의 신론, 성경의 변질론, 그리스도에 대한 견해, 인간론, 종말론을 알고 그들의 기독교에 대한 오해가 무엇인지도 알아야 한다. 또 무슬림들이 무슬림 커뮤니티 안에서 이슬람을 어떻게 인식하고 있는지도 알아야 한다. 그러나 사실, 의미 있는 대화(meaningful dialogue)[32]는 대화 참여자들이 그들의 신앙에 관한 증거(witness)를 포기하라는 말이 아니므로, 그리스도의 십자가 메시지를 전할 수 있어야 한다.

3. 필요 중심의 모델

이슬람권에서 '필요 중심의 모델'은 무슬림의 필요에 민감하게 반응하여 이런 필요를 채워주는 방식으로 접근해야 함을 의미한다. 과거 선교의 실패가 주는 교훈[33] 중 한 가지는 선교가 무슬림의 필요가 아닌 선교사의 필요를 중심으로 이루어졌다는 것이다.

오늘의 무슬림들이 현대화(modernity)라는 시대적 상황과 포스트모더니즘(postmodernism)으로 인한 지적인 위기뿐만 아니라 세속화와 이슬람화 등의 문화적 위기 속에 살고 있으므로 이런 위기 상황

---

[32] 그리스도의 십자가 메시지를 전하기 위해서는 다음과 같은 대화를 위한 적절한 조건들이 검토되어야 한다(Yusuf Dura al-Haddad, Madkhal ila al-Hiwar al-Islam al-Masihi 〈Beirut: al-maktabh al-bulisiyya, 1986〉, 32-38). ① 대화는 설교가 아니라 설명하는 것이다. ② 대화는 증오가 아니라 사랑이다. ③ 대화는 상대의 신앙을 존중한다. ④ 상대를 정죄하는 것이 아니라, 상대를 이해하는 데 목표를 둔다. ⑤ 대화는 서로 분리되는 결과가 되어서는 안 된다.

[33] 공일주, 『이싸냐? 예수냐?』, 281-281.

속에서 선교는 그들의 필요를 채워줄 수 있어야 한다. 팀 마터니(Tim Matheny)는 아랍인들에게 다음과 같이 '느끼는 필요'(felt-needs)[34]를 채워주어야 복음의 메시지가 잘 전달된다고 보았다.[35]

(1) 우주적인 필요

인간의 기본 문제를 해결하기 위한 필요는 아랍 무슬림과 기독교인들 모두에게 해당되는 질병, 고통, 두려움, 빈곤, 죽음과 전쟁 등의 공통 관심사다. 그러나 오늘날 아랍인들은 가난과 실직, 질병에 더 큰 두려움을 갖는다.

(2) 문화적 주제에 따른 필요

① 종교와 현대 사상과 조화될 필요: 무슬림을 향한 메시지는 현대적의 흐름과 발맞추어 아랍인의 마음에 맞게 조정될 필요가 있다.

② 커뮤니티의 필요: 커뮤니티 소속감은 아랍 사회가 갖고 있는 가장 널리 확산된 필요 중 하나이다. 집단의 단결, 가족의 승인, 가족의 보호, 다른 가족과의 사회적 접촉 등이다. 아랍인들은 가문-가족-집단 순으로 중요성을 부여한다. 아랍문화 속에 나타나는 집단적 결속이 중동에서 복음을 전하는데 가장 힘든 제약 중의 하나이다. 골드 스미스(Gold Smith)는 무슬림 개종자가 그리스도의 진리를 확신하게 되려면 개인의 필요에 의해서가 아니라 그가 속한 종족이 복음의 필요를 깊이 느껴야 한다고 했다. 와스따(친인척을 통한 취직)와 위샤야(직장 상관에게 동료가

---

[34] 느끼는 필요(felt needs)와 실질적 필요(real needs)는 서로 다르다. 사람들이 느끼는 필요를 가졌더라도 그것이 그들의 실질적 필요가 아닐 수 있다. 성경 본문이 말하려고 하는 실질적 필요를 성도들에게 전하면 이런 설교가 성도들로 하여금 느끼는 필요의 수준으로 끌어 올려 주어야 한다.

[35] Tim Matheny, Reaching the Arabs, *A felt need approach* (William Carey Library,1981), 159-160.

잘못한 것을 고해바치는 일)는 요르단 사회의 주요 특징 중 하나이다.

③ 명예의 필요: 아랍인들의 첫 번째 가는 덕목으로 무슬림들은 명예를 꼽는다. 아랍인들의 행동에서 나타나는 명예는 성경의 가르침에 의해서 조정되어야 할 필요가 있다. 바울이 이교도들의 용어를 빌려 써서 새로운 기독교적인 의미를 제시한 것처럼 역시 이슬람권 선교사도 아랍인의 명예 개념을 기독교적인 의미로 다시 해석해 주어야 한다. 가족과 가문의 명예를 지키기 위하여 여성이 살해되는 아랍 풍습에서는 '명예'라는 단어가 여성의 정조와 직접적으로 연결된다.

④ 대접의 필요: 아랍인의 대접은 기독교가 유용하게 쓸 수 있는 주제이다. 아랍인의 환대를 알면 아랍인의 삶의 방식을 이해하는데 도움이 되고 아랍인과 우정을 돈독히 하는데 도움을 준다. 아브라함이 천사들을 대접한 것은 아브라함이 '카림'(karīm: 애정을 가지고 남을 돕는 자)한 사람이기 때문이라고 한다. 성경에서는 환대가 마음을 열고 사람을 환영하는 것을 말한다. 성경의 환대는 카람(karam)을 포함한다. 카람은 언어적으로 '넉넉하게 주는 마음'이지만 아랍 문화에서 카람은 '기대했던 것보다 많이 손님에게 주는 것'('ikrām)을 의미한다. 다만 무슬림과 성경에서 차이가 난다면 환대의 방식의 하나로써 발을 씻기는 것이 아랍인들에게 없다는 것이다.

⑤ 삶에 영향을 주는 종교로서 필요: 무슬림 세계는 이슬람을 삶의 모든 면에 적용하는 무슬림과 전혀 그들의 삶에서 이슬람을 개의치 않는 무슬림 등 다양하다. 사우디아라비아는 그 사회가 이슬람을 강제로 시행하는 분위기이어서 이슬람을 마지못해 따르는 사람도 있다. 그러나 좀 더 자유로운 이슬람 국가에서는 이슬람을 교본대로 따르지 않는 사람들이 더 많다. 그래서 오늘날 '무슬림'은 있는데 '이슬람'이 없다고 한다.

⑥ 흉안(evil eye: 'ayn zarqa')으로부터 보호: 대부분 무슬림들은

파란색 눈모양의 장식을 집과 자동차에 걸어 두어 외부의 시샘을 막는데 사용한다.36) 만약 복음의 메시지가 이런 필요를 충족하지 못한다면 아랍인들은 애니미즘(Animism)적 생활을 계속할 것이다. 또 일부 아랍 기독교인들은 이슬람의 영향으로 영(Spirit)과 성령(Holy Spirit)을 잘 모르고 있어 성령이 무엇인지에 대하여 자세히 설명할 필요가 있다. 이슬람에서 루후(rūh)란 말은 '생명, 호기, 지브릴(천사), 영혼, 자비' 등을 의미하고 이슬람에서 알라는 '영'이라고 하지 않는다.

⑦ 구복에 대한 필요: 아랍 사람들 중에는 왈리(수피 스승)들의 무덤을 찾아가서 수피 리더에게 복을 구하는 일이 많다. 시리아 우마위야 모스크에 가면 죽은 후세인 묘와 야흐야 묘에 무슬림들이 손을 대고 복을 빌고 그 손을 자신의 몸에 갖다 대면 복이 자신에게 전해진다고 믿는다. 이런 무지몽매한 사람들(Sādhij)에게는 성경의 하나님이 복을 주시는 분이라는 것을 일깨워줄 필요가 있다.

⑧ 질병으로부터 자유: 일부 아랍인들은 흉안을 당한 경우, 사탄, 진(jinn)들로 인하여 몸이 아프다고 한다. 기독교인은 그러한 영적 존재들에 대하여 성경(약 5:14)이 뭐라고 하는지 그 해답을 제시해 주어야 한다.

⑨ 죄책감으로부터 자유: 일부 아랍 무슬림들에게 죄는 이슬람법을 위반(단브)한 것으로 여기고 있고 꾸란은 죄의 성격에 대하여 침묵한다.37)

---

36) 마 샤아 알라(ma shaa' allah)는 문자 그대로 하면 '알라가 원하는 대로 된 것'이므로 나와 다른 사람들이 시샘하지 않는다는 말이고 감탄의 뜻 'how amazing'도 있다. 이 말은 사람들에게서 시샘을 받을 사람으로 간주되지 않을 때 상대방이 소유하고 있는 물건을 칭찬할 때 혹은 대화 상대가 대단하다고 칭찬하고 싶을 때 사용된다. 또 allahumma salli 'ala sayyidina Muhammad(알라가 우리의 예언자 무함마드에게 복을 내려 주세요)란 표현도 시샘(hasad)을 막기 위하여 사용된다.
37) S. M. Zwemer, *The Moslem Doctrine of God*, 50.

(3) 이슬람에 의한 필요

① 알라의 뜻에 복종할 필요: 윌리엄 몽고메리 와트(William Montgomery Watt, 1909-2006)는 아랍인들이 그들의 종교적 인식 속에 옳고 중요하다고 여기는 것이 포함되지 않고서는 기독교가 아랍인들 사이에 뿌리를 내릴 수 없을 것이라고 했다. 알라의 뜻에 복종하는 것이 이슬람의 본질이므로 기독교인들의 메시지에 이와 관련된 내용을 포함시키는 것도 필요하다.

② 감사함에 대한 필요: 감사의 정신은 이슬람에서 매우 중요한 의미를 갖는다. 무슬림들은 기도 중에 '알라에게 감사하다'(알함두릴라: al-hamdu lillah)는 말을 수십 번 반복한다. 인사말에서 어떠세요라고 물으면 '알함두릴라'라고 말해야 그 인사말에 대한 바른 답변으로 생각한다. 무슬림들이 이렇게 알라의 자비와 은총에 감사한다면, 기독교인의 메시지도 하나님에 대한 감사가 들어 있어야 한다.

③ 마음의 변화 필요: 무슬림들은 율법적이고 기계적인 기도가 계속되면 마음을 바꾸라(taghīr al-qalb)고 한다. 수피들에게는 영혼에 대한 갈망이 있기는 하나 무슬림들에게 정작 필요한 것은 '영적 거듭남'이다.

④ 죽음의 두려움을 극복하기 위한 필요: 무슬림들은 행위로 구원받는다는 개념 때문에 죽음과 무덤에 대한 처벌을 두려워한다. 전도자는 그리스도를 영접하면 죽음에 대한 두려움이 없다는 것을 전해 주어야 한다.

⑤ 알라와 인간 사이의 중보자: 이슬람의 가장 난제 중의 하나는 알라가 너무 높으시고 전능하시고, 인간은 그의 앞에서 단지 노예라는 것이다. 이 땅에서는 무슬림들에게 중보자가 없으나 일부 무슬림들은 종말의 날 무함마드가 무슬림들의 중보자가 되어 줄 것이라고 믿는다. 그런데 일부 무슬림들은 무함마드가 중보자가 되어 줄지 자신 없어한다. 그런

무슬림들에게 그들 자신과 알라 사이의 중보자는 예수 그리스도라고 알려 주어야 한다.

(4) 서구화로 인한 필요
① 개인의 자유: 아랍인들이 점차 현대화 되어 가면서 부모를 떠나 분가하는 사람들이 많은데 경제적 사정과 부모의 태도 그리고 가족의 전통에 따라 가족의 분가가 결정된다.
② 교육에 대한 필요: 아랍인들은 자녀 교육에 깊은 관심을 갖는다. 보수적인 소수 아랍인들은 딸이 일정 학력을 가지면 더 이상 공부를 못하게 하기도 한다. 19세기와 20세기 중동에서 개신교 노력의 대부분이 교육 선교에 있었는데 회심만을 목적으로 하지 않는 교육과정도 있었다. 오늘날 21개 아랍국가에 400여 대학교가 있으나 세계적인 수준의 대학은 하나도 없다.

필요 중심의 모델은 시대가 바뀌면서 무슬림들이 어디에서 필요를 느끼는지, 우선적인 필요가 무엇인지를 잘 알고 있어야 한다. 그것은 오늘의 무슬림 세계관을 알고 성육신적 동일시(incarnational identification)를 통하여 그들이 울 때 같이 울고 그들이 고통을 느낄 때 같이 고통을 느끼며 그들이 웃을 때 같이 웃을 수 있어야 하기 때문이다.

4. 명예-수치 패러다임

복음이 무슬림의 삶 속으로 들어가는 길은 그들의 세계관 속에서 그들이 이해할 수 있게 의사소통 하는 것을 말한다. 복음의 메시지가 무슬림들에게 어떻게 해야 전달되는지 많은 기독교인들의 연구가 있어

왔다. 그 이유는 무슬림들에게 선포한 메시지가 무슬림들의 관심을 끌지 못하였거나, 때로는 저항을 불러일으키기도 하고, 심지어 적대적인 반응을 가져왔기 때문이다. 더구나 현지인들의 문화와 세계관이 계속 변화하고 있어, 그 변화에 민감하게 복음의 전달 방식이 끊임없이 조절되고 수정되어야 했다.

요르단대학교 학생들에게 언제 자신의 말투를 바꾸느냐고 묻는 설문에 상대와 문화가 다를 때라고 답한 학생이 44%이었다. 그리고 종교가 다르면 말투를 바꾼다고 한 응답자가 4%이었고, 자신과 살아온 배경이 다를 때라고 한 사람이 20% 그리고 대화의 상황에 따라 말을 바꾼다고 한 학생들이 20%이었다. 여기서 문화가 다를 때 그리고 살아온 배경에 따라 말투를 바꾼다고 한 것으로 보아 상대방의 세계관에 매우 관심이 크다는 것을 알 수 있다.

아랍인들의 세계관에는 죄책감(shu'ūr bil-dhanb)[38], 두려움(khawf), 더러움(wasākhah)[39], 수치('ār, khizi, 'ayib) 등이 있다. 이들 중 수치 문화가 아랍인들에게 가장 흔하고 그 다음이 두려움, 그 다음이 더러움과 죄책감 순이다.

성경을 보면, 1세기 근동의 문화에도 명예-수치 세계관이 주요 특징이었다. 명예-수치 세계관에서 가족은 상당히 중요한 역할을 한다. 1세기 상황에서 가족의 명예는 전형적으로 가족의 혈연과 가족의 이름이라는 두 가지 요인에 의하여 표현되었다.[40] 해당 가족 밖에 있는

---

38) 사과합니다('a'tadhir), 죄송합니다('āsif)라는 말은 죄책감에 얽힌 표현으로서 무슬림들은 이런 표현을 잘 사용하지 않는다.
39) 두려움(khawf)은 법을 안 지켜 처벌을 두려워하거나 사람들의 반응을 두려워한다. 아랍 여성은 강간과 납치를 두려워하고 질병을 두려워한다. 더러움(wasākhah) 문화는 처녀가 남자와 관계를 갖는 것이나 말과 행동이 더러운 것이다.
40) Narry Santos, "Honor and Shame in the First Century Mediterranean Culture and the Gospel of Mark," *Asia Pacific Journal of Intercultural Studies*, January, 2005 Vol.1 No.1, 107.

사람들은 다른 방법으로 입증되지 않는 한, 불명예스럽고 신뢰할만한 가치가 없다고 보았다. 그리고 어떠한 희생을 치르더라도 가족의 이름이 더럽혀지지 않기를 바랐다.

그러나 만일 두 사람이 동등하지 않은 명예등급을 갖고 있을 때는 스폰서와 의존하는 관계(patront-client)라는 틀로서 자신과 상대를 연관 짓는다. 이런 스폰서와 의존하는 자 간의 관계는 상호 호혜와 책임이라는 사회적 교환 기제로 작동된다. 성경에는 로마의 백부장이 그의 종을 치료하기 위하여 유대 장로들을 보내어 예수님을 오시라고 한 이야기가 누가복음(7:2-10)에 나온다. "이 일을 하시는 것이 이 사람에게는 합당하나이다. 그가 우리 민족을 사랑하고 또한 우리를 위하여 회당을 지었나이다"(4b-5)라고 하면서 유대 장로들이 예수님께 부탁할 때 그들에게 잘해준 그들의 스폰서 백부장을 소개한다. 여기서 스폰서는 다른 사람을 보호하고 돕기 위하여 자신의 영향력을 사용하는 사람이다.

> 의존하는 자는 그 대가로 스폰서에게 상당히 가치 있는 헌신을 제공한다. 스폰서가 재정적 도움, 신체적 보호, 직업 알선, 세금 감면 등을 해주면 그 대가로 의존하는 자는 스폰서의 가족 안의 사람으로 여겨져 다양한 헌신을 하는데 그 중에는 중개인이었던 스폰서의 체면과 위신과 명예를 높여 주는 일을 사생활이나 공식 석상에서 자주 하는 일이다.[41]

누가(Luke)는 그의 독자들이 대인관계에서 이런 명예 패러다임을 사용하고 있다는 것을 알았다. 누가복음은 당시 가족의 사회적 구조와 스폰서-의존하는 자 관계 등 이 두 가지 개념과 내용을 새로운 기독교 사회 구조로 바꾸고 있다. 즉 가족이란 개념이 하나님의 가족이란 새로운

---

41) Ibid., 110.

의미로 그리고 스폰서-의존하는 자라는 개념이 하나님과 제자들 간의 새로운 관계를 갖는 것으로 바뀌었다.[42] 누가는 가족을 통하여 하나님 나라가 무엇인가(눅 10:15)를 제시해 주었다.

누가복음 1장에는 아비야 반열의 제사장인 사가랴와 아론의 자손인 엘리사벳 둘 다 제사장 가문인데 제사장 가문은 정결과 깨끗함의 상징이었고 명예스런 가문이었다. 그런데 그들에게 자녀가 없는 것은 이스라엘의 수치(창 16:4, 11:29-32, 30:1,23)였다. 창세기 30장 23절은 "그가 잉태하여 아들을 낳고 가로되 하나님이 나의 부끄러움을 씻으셨다"고 한다. 세네갈과 챠드에서는 미혼 여성이 혼전 결혼으로 자녀를 낳으면 그가 아이를 낳을 수 있는 건강한 여성으로 입증된 것이므로 이런 여성은 그들 사회에서 남자들에게 혼인을 위한 1순위가 된다. 자녀 낳는 것이 순결보다 더 중요한 것이다.

이스라엘 사람들은 자녀를 통하여 구원의 때까지 생명을 이어간다는 사상이 있었다. 그러므로 자녀를 못 낳으면 멸시당하고 부끄러움을 당했다. "아브람이 하갈과 동침하였더니 하갈이 잉태하매 그가 자기의 잉태함을 깨닫고 그 여주인을 멸시한지라"(창 16:4). 엘리사벳은 자신의 수태를 하나님의 개입이라고 인정한다. 수태 전에는 부끄러움을 당한 비천한 여자이었으나 수태 후에는 하나님이 그녀의 부끄러움을 없애 주시었다.

> 주께서 나를 돌아보시는 날에 인간에 내 부끄러움을 없게 하시려고
> 그녀를 돌아보시었다(눅 1:25).

이처럼 누가는 예수님의 가르침을 전하는데 명예-수치 패러다임을

---

42) Ibid., 116.

사용하고 있다. 무슬림과 의사소통에서 우리가 수치 세계관과 두려움 세계관에 대하여 관심을 가져야 하는 이유가 수치와 명예가 무슬림들 세계관의 주요 내용이고 민속 무슬림들에게는 두려움-능력 패러다임이 중요하기 때문이다. 두려움 세계관에서는 자연, 조상, 질병, 마귀, 초자연, 권위를 가진 자에 대한 두려움이 있다. 아프리카 무슬림들은 이런 두려움 세계관으로 인하여 민속 이슬람을 삶의 한 형태로 보여주고 있고, 이런 두려움 세계관에서는 누가 능력(power)이 더 많은가에 관심을 갖는다. 이런 세계관은 이미 성경의 창세기부터 등장하고 있었다.

① 창 3:7- 죄 지은 것을 알았다(선과 악, 옳고 그른 것)-죄책감
② 창 3:8- 숨었다: 죄책감뿐만 아니라 부끄러워 숨었다-수치
③ 창 3:10- 그들이 두려워 몸을 숨겼다-두려움

이를 다시 설명하면, 하나님의 진노로부터의 화해(propitiation)는 두려움-능력 패러다임이고 하나님의 공의로부터 온 구속(redemption)은 죄책감 패러다임이며 하나님과 인격적 관계에서 온 화목(reconciliation)은 수치-명예 패러다임과 관련된다. 위 세 가지 죄책감-의로움, 수치-명예, 두려움-능력 패러다임[43)]이 모두 무슬림들에게 있지만 그 중에서 명예- 수치, 청결-불결(clean, unclean), 두려움-능력 패러다임에 더 많이 노출되어 있다.[44)]

서구인들이 교통법규를 위반하면 죄라고 느끼지만 아랍 무슬림들은 그렇지 아니하고, 무슬림들은 청결-불결 세계관 때문에 기도 전에 반드시 몸을 씻는다. 아랍인들은 진(jinn)[45)]이 해로움을 끼칠까봐 자녀들에게

---

43) 성경에는 명예가 190번 이상, 수치가 100번 이상, 죄책감이 40번 이상 언급된다.
44) Nabeel T. Jabbour, *The Crescent through the Eyes of the Cross* (Colorado Springs: Navpress, 2008), 35.
45) 이슬람 이전 민간 신앙(popular belief)에 나타난 피조물이고 꾸란의 72장이 진의 장이며 꾸란의 여러 곳에 언급되어 있다. 인간과 대등한 피조물이라고 하나 인간보다 덜

해가 지면 정원에 물을 뿌리지 말라고 하는데 이것은 두려움 패러다임과 관련되어 있다. 무슬림들에게 죄책감, 죄, 의로움, 처벌, 죄의 선고, 칭의 등의 어휘들은 법정에서 사용하는 어휘들로 느껴진다. 무슬림들은 사영리, 생명의 다리 예화(Bridge to Life Illustration), 하나님과 화목하는 단계(Steps to Peace with God) 등에서 논리적인 삼단논법(syllogism)과 법적 용어를 사용하고 있다고 느낀다. 그래서 서구 기독교인들이 흔히 사용하는 아래의 삼단논법은 무슬림들에게 복음을 전하는데 크게 도움이 안 된다.46)

① 하나님은 거룩하시다.
② 인간은 죄인이다.
③ 죄에 대한 형벌이 있다.
④ 그리스도는 그 형벌을 갚으셨다.
⑤ 그러므로 당신은 그리스도를 믿어야 한다.

나빌 잡부르는 이런 삼단논법을 사용하지 않고 비유들로 가르치신 예수의 방식을 살펴보라고 한다. 나빌 잡부르는 종교 개혁이 일어난 16세기 이전에는 이런 죄책감 패러다임이 없었다고 한다. 죄책감(guilt)은 프로테스탄트 기독교의 중심 패러다임이었다. 11세기부터 16세기까지 500년 동안은 수치 패러다임이 부각되었고, 11세기 이전 천년 동안은

덕을 행하고 인간보다 덜 가시적이며 인간처럼 선과 악을 선택하는 능력이 부여되어 있다. 민속 이슬람에서 진은 주술적인 목적에 개입된 영적 존재들로서 이상한 일들을 일으키고 내부에 있는 진과 외부에 있는 진 사이에 불균형이 생기면 여러 가지 질병을 일으키는 것으로 알려진다. 치료자는 진을 사람에게서 쫓아내기 전에 진과 직접 대화를 한다(John L. Esposito, *The Oxford Dictionary of Islam*, 160). 그러므로 이슬람 입장에서 보면 진은 선한 진과 악한 진으로 나뉜다.
46) Nabeel T. Jabbour, *The Crescent through the Eyes of the Cross*, 35.

두려움-능력 패러다임이 주요 흐름이었다.[47] 초기 기독교 신학자들은 로마법의 영향을 받았고, 터툴리안(Tertullian, 160년 출생), 바실(Basil, 329년 출생), 암브로스(Ambrose, 340년 출생) 등은 모두 법을 공부한 신학자들이었다. 존 칼빈(John Calvin, 1505년 출생) 역시 신학자이자 변호사이었다. 그러나 동방의 신학자들은 로마법을 사용하지 않고 수치와 명예에 관심을 두었다. 그래서 동방 정교회는 죄, 죄책감, 속죄를 직접적으로 다루지 않았다.[48] 오순절 이후 죄책감에 근거한 세계관에 속한 지역에서 많은 선교의 열매가 있었고, 지난 200년간 두려움에 근거한 세계관에 속한 지역에서는 약간의 열매가 있었으며 수치에 근거한 문화에서는 아주 드문 열매가 있었을 뿐이다.

수치-명예 패러다임에 적합한 성경본문 중에 마태복음 21장 28-32절이 있다. 아버지가 맏아들에게 포도원에 가서 일하라고 하니, 그는 가겠다고 하고서 가지 않았다. 그러나 둘째 아들은 싫다고 말하였다가 뉘우치고 갔으니 성경은 둘째 아들이 아버지 뜻대로 한 것이라고 말한다. 이 본문은 창기와 세리는 하나님 나라에 들어가는데, 세례 요한의 메시지를 듣고 회개했어야 할 종교 지도자들은 회개하지 않아 하나님 나라에 들어가지 못한다는 내용이다. 이슬람 문화에서는 아버지의 명예를 지켜준 첫째 아들이 사회적 미덕을 지킨 아들이라고 생각하니 이 본문에 아랍인들의 수치와 명예 패러다임이 적용된 까닭이다. 또 수치와 불결의 세계관에 사는 무슬림들에게 불결과 관련된 성경 본문으로 누가복음 15장이나 누가복음 5장 12-14절 그리고 마태복음 15장 21-28절과 마가복음 5장 25-35절 등이 유용하다.

수치 문화는 대중의 불명예를 두려워하여 개인이 사회적 질서를

---

47) Ibid., 170.
48) Roland Muller, *Honor & Shame* (Xlibris corporation, 2000), 28-31.

위반하지 못하게 한다.[49] 수치가 지배하는 사회에서는 개인은 집단의 명예에 책임이 있다. 수치스런 일이 되면 가족이나 부족에 의하여 처벌을 받는다. 그래서 무슬림들은 수치가 발생하면 그 수치를 숨기거나 수치를 가져다 준 사람에게 복수를 한다. 무슬림들은 이슬람 안에 명예가 있고 이슬람 밖에는 수치가 있다고 말한다. 2007년 6월 요르단대학교 문과대학 여학생 70여명에게 아랍 여성들의 명예와 수치를 묻는 설문조사를 했다. 무슬림이 매일 기도를 하지 않을 경우, 기도를 안 하면 수치(khizi)[50]라고 응답한 학생들이 27%이었고, 위반(dhanb)[51]이라고 생각하는 학생이 71%이었다. 이슬람이 규정한 규범을 안 지킨 것으로 생각한 것이다. 그런데 이 중 2%의 학생은 아무것도 느끼지 못한다고 말하고 14%는 수치와 위반을 동시에 느낀다고 답하였다. '알려진 율법에 대한 의도적인 위반'(wilful violation of known law)[52]이 꾸란이 말하는 죄에 대한 정의이다. 다시 말하면 무슬림에게는 자신이 몰라서 지은 죄는 범죄의 범위에 들어가지 않는다. 또 이슬람법에 규정되지 않는 죄는 죄가 아니다. 죄에 대한 이런 개념은 중죄(kabīrah)와 가벼운 죄로 나눈 무슬림들의 죄 인식에서 찾아볼 수 있다(마 22:36; 수라 4:30). 이슬람에서 중죄로는 강간, 살인, 간통에 대한 거짓고소, 고아의 물질 소비, 고리대금, 지하드(Jihād: 이슬람식 투쟁) 포기, 부모에게 불순종하는 것이라고 한다.

---

49) Ibid., 31.
50) 수치와 비슷한 의미를 갖는 아랍어 단어들 중 '아르'는 명예가 훼손된 것을 가리키고, '키지'는 상대방의 인격이나 사회에 어긋난 행동이고 '에입'은 주로 개인에게 관련된 것으로 전통과 관습에 어긋난 행동을 가리킨다. 그리고 '카잘'(khajal)은 부끄러운 일로서, 좋기도 하도 나쁘기도 한 경우이다.
51) 알라에 대항하여 저지른 흉악한 죄가 단브이고, 알라의 표적을 거짓이라고 하는 것(takdhib), 알라를 안 믿는 것(kufr)이 '단브'이며, 단브는 카띠아(죄)와 동일어이다(Toshihiko Izutsu, *Ethico-Religious Concepts in the Quran*, 242-243). 무슬림은 법 위반(dhanb)과 수치(khizī)를 구분할 때 위반은 이슬람 사회가 금하는 것을 행한 경우이고 수치는 가족과 사회에서 비난받을 만한 짓을 한 경우이다.
52) S. M. Zwemer, *The Moslem Doctrine of God*, 50.

중죄가 아닌 것은 마음 쓸 필요가 없고 양심에 가책도 받을 필요가 없다. 작은 죄들로는 거짓말, 사기, 분노, 육욕 등이고 이런 가벼운 죄는 쉽게 용서받는다.[53] 그래서 무슬림들은 무엇이 죄인가를 따지기 보다는 알라가 허락했나(halāl), 혹은 금하였나(harām)를 먼저 따진다. 인간의 양심에 옳고 합당하다고 하더라도 알라가 금한 것은 불법이 된다.[54]

여성의 명예가 훼손되면 다시는 그런 일을 못하도록 벌을 주어야 한다고 응답한 여학생들이 93%이고 용서해야 한다는 여학생들이 7%이었다. 그리고 명예가 무엇인가를 묻는 질문에 명예가 가족의 의미라고 한 학생은 8%, 부족의 의미라고 한 학생은 14%, 문화의 의미라고 한 학생은 25% 그리고 종교의 의미라고 한 학생은 53%이었다. 이 말은 이슬람 종교에서 명예-수치 패러다임이 매우 중요하다는 것을 말해준다. 가족과 자신의 명예가 보존된다면 하얀 거짓말은 해도 좋은가에 대하여 그렇다고 응답한 학생은 53%이고 절대 거짓말은 안 한다고 답한 학생들도 47%이었다. 하얀 거짓말이 문제 해결에 도움이 된다면 거짓말을 해도 되는가에 대하여 그렇다고 한 학생이 82%이고 그렇지 않다고 한 학생이 18%이었다. 현재 일어나고 있는 무슬림 여성에 대한 명예살인(여성이 성적 소문이 나서 가문의 명예를 더럽혔다고 간주되면 가족이나 친척 중의 한 사람이 그 여성을 살해한다)에 두려움이 있는가에 대하여 그렇다고 응답한 학생은 70%이었고 그렇지 않다고 답한 학생이 30%이었다. 명예 살인에 해당하는 항목을 써 보라고 하니 대부분 간음, 불법 혼인, 성희롱을 들었고 그 외 소수 의견으로는 여자가 밤에 나가는 것, 정도를 벗어난 우정, 나이트클럽에 가는 것, 이성과 외출하는 것, 핸드폰으로 여성의 사진을 찍는 것, 남편이 없는 집에 외간 남자가 들어와 있는 것 그리고 극소수의

---

53) Ibid., 50-51.
54) Ibid., 51.

학생은 노래나 영화를 관람하는 것[55]), 옷차림의 노출이 심한 것, 국가를 배반하는 것, 거짓말, 도적, 마약 등이라고 했다. 그리고 택시 운전사, 식당 종업원, 가정부 등의 일은 여성에게 적합한가라는 질문에 대한 응답으로는 적합하다고 한 학생이 33%이었고 수치스런 직업이라서 적합하지 않다고 한 여학생이 67%이었다. 또 수치(khizi)와 명예(sharaf)[56])가 서로 밀접하게 관련되어 있는가에 대한 질문에 그렇다고 응답한 학생은 74%이고 그렇지 않다고 응답한 학생은 26%이었다. 출신 성분에 따라 응답자를 구분한 결과, 수치와 명예에 대해서 베두인 가문이 가장 보수적이고 그 다음이 시골 학생 그리고 도시 학생 순이었다.

이처럼 수치-명예 패러다임이 무슬림 세계관의 주요 내용 중 하나이므로 하나님과 인격적 관계에서 무슬림에게 화목 사역이 이뤄질 수 있도록 수치-명예 패러다임에 속하는 성경본문 말씀을 찾아 이야기체로 그들에게 전해준다.

5. 성육신 모델

복음은 인간의 언어들과 문화들 속에서 육화되어야 한다. 그리스도가 성육신하셨을 때 그는 육신을 입고 이 땅에 오셨다. 그러므로 성육신 사역(Incarnational ministry)은 우리 안에 그리스도를 모시는 것이다. 그렇다면 우리 안에 그리스도를 어떻게 모실 수 있는가? 그것은 사역하는

---

55) 70년대 요르단에서 독실한 기독교인들은 기독교인이 영화관에 가면 거듭난 그리스도인이 아니라고 생각하였다.
56) 여성의 명예를 이르드('ird)라고 하는데, 말로 정신적으로 몸과 행동으로 여성의 명예를 훼손하는 경우이다. 이르드는 사회 관습에서 어긋나 인간에게 흠이 가는 것으로 남녀가 부모의 허락 없이 동석한 경우이다. 여성이 명예를 훼손하면 정도에 따라 상대방을 꾸짖거나 때리거나 감옥에 넣거나 살인한다.

대상에게 예수가 되는 것이다. 우리의 할 일은 그리스도를 육화하는 방법을 배우는 것이다.

> 내가 그리스도와 함께 십자가에 못 박혔나니 그런즉 이제는 내가 산 것이 아니요. 오직 내 안에 그리스도께서 사신 것이라(갈 2:20).

그리스도가 내 안에 살고 있으면 내가 그리스도를 육화하게 된다. 이 세상에서 예수를 육화하는(incarnate Jesus) 것은 그리스도인이 내적 변화를 체험하여 그리스도처럼 행하고 그의 사랑과 애정 그리고 정의와 의에 대한 그의 열심을 공유하는 것이다.

무슬림과 성육신 사역에서 다음 다섯 가지 단계를 갖는다. 동일화(identification), 인격화(personalization), 참여(participation), 의사소통(communication) 그리고 그리스도가 드러남(presentation)이다. 무슬림과 만남의 첫 단계는 동일화다. 관계가 형성되기 전에 우리와 신뢰가 쌓이기 전에 무슬림과 동일화한다. 예수 그리스도는 인간의 형상으로 우리에게 오셔서 육신을 입으시고 우리와 함께 사셨다. 예수 그리스도는 인간이 되셨고 우리와 같이 육신의 몸을 입으셨는데 이 모두가 우리와 동일화하기 위함이다.

> 말씀이 육신이 되어 우리 가운데 거하시매(요 1:14).
> 오히려 자기를 비어 종의 형체를 가져 사람들과 같이 되었고(빌 2:7).

예수님은 우리와 같은 몸을 가지시고 우리와 같이 동일화되셨다. 그렇다면 어떻게 우리가 무슬림과 동일화할 수 있는가? 그들과 동일화하려면 그들 가운데 함께 살아야 한다. 동일화는 그들이 있는 곳으로 나아가는 것이다. 그들과 길거리를 걷고 그들을 이해하며 그들의 생활 환경 속으로 들어가는 것이다. 무슬림과 동일화하는 사람은 그들의 고통을 자신의 고통으로 인식한다. 무슬림과 주변 사람들의 아픔과 고통을 볼 수 있는 눈을 갖는 사람이 된다. 무슬림과 동일화하는 사람은 진리를 육화한다. 하나님의 진리를 구체화하는 것이다.

> 예수께서 가라사대 내가 곧 길이요 진리요 생명이니 나로 말미암지
> 않고는 아버지께로 올 자가 없느니라(요 14:6).

내 안에 하나님의 진리를 갖고 있다. 동일화하려는 사람은 무슬림들과 계속하여 관계를 갖는다. 그리스도가 사람들과 동일화하기 위해서 사람들 속으로 오셨다. 예수님은 그들 가운데 살면서 그들의 고통에 동참하고 그들의 필요를 도와주었다. 무슬림과 동일화한다는 것은 그들과 기꺼이 함께 한다는 것이다. 그들의 문화에 적합하게 그들이 고통을 겪고 있을 때 그들과 같은 마음을 갖는 것이다. 동일화의 핵심은 내가 그들 속에 어떻게 존재할 수 있겠는가를 묻는 것이다.

성육신 사역 과정에서 그 다음 단계는 인격화(Personalization)하는 것이다. 사람들과 동일화하는 것과 사람들에 대한 감정이 이입되는(empathize) 것은 서로 다르다. 그리스도의 사역은 몸소 인격화 (personalized)하신 것이다. 그는 인간들 속에 태어나시고 사람들 속에서 공생애를 보냈다. 그로 인하여 우리는 하나님이 우리와 함께 하신다는 것을 안다. 인격화된 사역(personalized ministry)은 마음에서 나온다. 인격적인 사역을 갖는 것은 우리에게 고통이 뒤따르기도 한다. 인격화는 우리 자신의 내적 여행을 표현하는 것이다. '내가 왜 이 일을 하고 있는가?'를 묻는 것이다. 인격적인 사역은 하나님과 깊은 만남을 갖는다.

인격화된 사역은 내가 그리스도 안에서 새로운 피조물이라는 것을 인식하는 것(고전 5:17)이고 하나님만 의지하는 사역이다.

참여(Participation)는 무슬림 사역에서 더욱 성육신되기 위한 세 번째 단계이다. 참여는 동일화와 인격화(몸소 체험)에 근거를 두고 이뤄진다. 사람의 마음을 바꾸는 데 참여하는 것이다. 오직 하나님만이 사람을 바꿀 수 있다. 우리는 다른 사람이 변화되는 과정에서 하나님의 도구가 된다. 우리는 온 맘으로 섬기라고 부름을 받았다. 참여자는 다른 사람을 돕는다. 우리는 무슬림들이 예수 그리스도를 고백하도록 이끌어주는 참여자들이다. 우리가 용서하는 일에 참여하면 그것은 곧 하나님의 사랑을 표현하는 일이 된다. 그리스도가 육화되기 위해서 하나님의 컴패션(친절과 사랑)을 보여주는 것이다. "우리가 시작할 때에 확실한 것을 끝까지 견고히 잡으면 그리스도와 함께 참여한 자가 되리라"(히 3:14). 인간의 마음을 바꾸는 것과 인간 사회를 바꾸는 것이 서로 별개의 것이 아니다. 무슬림의 마음이 바뀌면 이슬람 사회가 바뀌는 것으로 연결된다.

의사소통(Communication)은 성육신 사역의 네 번째 단계이다. "어두운 데서 빛이 비취리라 하시던 그 하나님께서 예수 그리스도의 얼굴에 있는 하나님의 영광을 아는 빛을 우리 마음에 비취셨느니라"(고후 4:6). 의사소통 하는 자(communicator)로서 우리는 내적 여행을 조율해야 한다. 내 인생에서 일어나고 있는 일들을 나누고, 내가 할 일을 나눈다. 나의 시행착오를 나누고 나의 실패를 나눈다. 이것은 내가 그들에게서 상담을 받으려는 것이 아니고 그들과 의사소통 하기 위함이고 내가 그들과 같이 보통사람(human)이라는 것을 느끼게 한다. 그들에 대한 우리의 사랑을 전하므로 우리는 그들과 하나님의 사랑을 나눌 수 있다. 전하는 자는 구두로 증거할 뿐만 아니라 행함으로도 나타나야 한다. 나의 말과 행함을 통하여 그리스도가 나타나게 하는 것이다.

너희는 우리로 말미암아 나타난 그리스도의 편지니 이는 먹으로 쓴 것이 아니요 오직 살아 계신 하나님의 영으로 한 것이며 또 돌비에 쓴 것이 아니요 오직 육의 심비에 한 것이라(고후 3:3).

그리스도가 드러남(Presentation)은 성육신 사역의 다섯 번째 단계이다. 아랍에서는 기독교인 여성과 무슬림 여성을 쉽게 분간할 수 있는 방법 중 하나는 반드시 그런 것은 아니지만 기독 여성들은 머리에 히잡을 쓰지 않고 십자가 목걸이를 걸고 다닌다. 무슬림들 중에서도 매우 종교적인 사람은 콧수염과 턱수염이 있는 사람들이다. 그러나 대부분 아랍인들 중에 기독교인지 무슬림인지 본인이 자신의 종교를 말하지 않을 때는 잘 모른다. 과거에는 아랍 기독교인들이 자녀들의 이름을 기독교인들의 이름을 따서 지었으나 오늘날에는 자녀들의 이름을 무슬림들처럼 작명하고 있어서 이것 역시 이슬람과 기독교를 구분하는 기준이 되지 못하고 다만 가문의 성을 보고 짐작할 수 있을 뿐이다(해당 가문의 형제들이 한쪽은 이슬람으로 개종해 버린 경우에는 동일 가문 중에 무슬림과 기독교인들이 섞여 있는 경우가 있다).

성육신 사역은 우리의 지적, 감정적, 육체적, 사회적 그리고 영적인 면에서 성육신되는 것을 의미한다. 다른 사람들과 하나님과의 관계를 발전시키는 과정이다. 성육신 사역은 그가 사역하는 사람들에게 그리스도가 나타나게 하는 것이다. 성육신 사역자는 그리스도의 대사로서 말과 행동을 통하여 그리스도를 나타내야 한다. 성육신 사역은 온 삶의 과정이다. 그것은 사역에서 만나는 사람들과 동일화되고 인격화되고 진리를 육화해야(incarnate)하기 때문이다. 이는 곧 그리스도가 동일화하시고 인격화되시고 참여하시고 의사소통하시는 것이다.

그러므로 사랑을 입은 자녀같이 너희는 하나님을 본받는 자가 되고 그리스도께서 너희를 사랑하신 것 같이 너희도 사랑 가운데서 행하라 그는 우리를 위하여 자신을 버리사, 향기로운 제물과 생축으로 하나님께 드리셨느니라(엡 5:1-2).

성육신 사역에는 많은 시간이 필요하다. 예수님의 가장 가까운 제자들까지도 예수님을 알기까지에는 많은 시간이 필요하였다. 우리가 진정으로 겸손하면 우리의 관심을 표현할 수 있는 법을 알게 해주는 감수성을 갖게 되고 그들에게 코멘트해 줄 수 있는 기회를 얻는다. 그러기에 우리는 예수님처럼 겸손해야 한다.

"사람의 모양으로 나타나셨으매 자기를 낮추시고 죽기까지 복종하셨으니 곧 십자가에 죽으심이라"(빌 2:8).

제7장

한국교회와 무슬림에 대한 태도

1. 헤세드¹⁾의 눈으로(1장-6장의 맺는글)

---

1) 히브리어 헤세드(חסד)는 선함(goodness)과 친절(kindness)이라는 말인데 인간의 헤세드는 ① 다른 사람에게 호의와 은택을 베푸는 친절, "너는 네 인자를 내 집에서 영영히 끊어 버리지 말라"(삼상 20:15), ② 낮고 비천한 자, 궁핍한 자 그리고 불쌍한 자에게 베푸는 친절과 자비, "왕은 인자와 진리로 스스로 보호하고 그 위도 인자함으로 말미암아 견고하니라"(잠언 20:28), ③ 이스라엘의 하나님에 대한 사랑, "네 소년 때의 우의와 네 결혼 때의 사랑(렘 2:2), "너희의 인애"(호 6:4), ④ 사랑스런 모양 등 네 가지 의미가 있다. 그리고 하나님의 헤세드는 하나님이 피조물의 필요에 자신의 부끄러움을 무릅쓰고 하나님이 베푸는 친절과 인자(lovingkindness) ① 적들과 불화로부터 구해주는 인자하심, "주께서 큰 인자를 내게 베푸사 내 생명을 구원하시오나"(창 19:19), ② 죄로부터 구속해주는 인자하심, "아브라함에게 인애를 더하시리이다"(미 7:20), ③ 하나님의 친절, "여호와는 노하기를 더디하고 인자가 많아 죄악과 과실을 사하나"(민 14:18). ④ 친절의 행위들과 자비들, "내가 주께 간구하오니 내 형의 손에서 에서의 손에서 나를 건져내시옵소서"(창 32:11), ⑤ 신의 속성들과 같이 나열되어 쓰인다, "나의 주인에게 주의 인자와 성실을 끊이지 아니하셨사오며"(창 24:27). 히브리어 헤세드는 원래 '열망하다, 간절히 바라다'라는 의미에서 '친절'로 발전하였고 이 단어의 아랍어 '하사드'(ḥasad)는 '시기하다, 시샘하다'의 의미이다(Francis Brown, The Brown-Driver-Briggs, *Hebrew and English Lexicon* <Massachusetts: Hendrickson Publishers. 2000>, 338-339). 아랍 무슬림들은 남이 잘되면 시샘(하사드)을 갖는다고 말하고 시샘을 피하기 위하여 "마 샤알라"(알라가 원한 것이다)" 혹은 "쌀리 알란나비"(알라여! 무함마드에게 복을 내려 주세요)라고 말한다. 그러나 성경 속의 헤세드는 성도가 다른 사람에게 친절을 베풀고 하나님이 우리에게 인자를 베푸시는 것을 가리킨다. 신약에서 구약의 헤세드와 유사한 어휘 중 compassion이 있는데 compassion은 자비(눅 6:36), 측은히 여김(눅 15:20), 민망히 여김(마 9:36, 20:34), 불쌍히 여김(마 14:14, 15:32) 등 네 가지 단어로 번역되고 있다(김승호, 『선교와 상황화』<2008년 강의안>, 156). 그리고 영어 사전에서 compassion은 라틴어 com(together) + pati(to suffer)에서 온 말이다.

사전적 의미는 다른 사람의 고통(suffering)을 깊이 깨닫고 동정함(sympathy)이란 성경의 헤세드는 하나님의 헤세드와 인간의 헤세드가 그 의미에서 다소 차이가 있다. 무슬림에 대한 우리의 태도는 그들에게 친절과 선함을 베푸는 헤세드의 눈을 갖는 것이다. 무슬림과의 만남에서 우리는 지혜있는 사람(Hakiim)이 되고 그들에게 진한 감동을 줄 수 있어야 한다.

꾸란과 무함마드의 알라 개념은 메카와 주변 지역에 유행하던 하니프(단일신 추종자) 신앙을 이어받았고 단일신에 대한 여러 이름들 중에서 오직 '알라'를 중심으로 한 단일신론(타우히드)이 확립되었다. "하니프인 이브라힘의 종교를 따르라. 그는 다신 숭배자가 아니었다."(수라 3:95) 아랍어 성경에서는 '알라' 이외에 '알랍브(주님), 일라히(나의 하나님), 말리쿠나(우리의 왕), 아부나 앗싸마위(하늘에 계신 우리 아버지)' 등으로 하나님을 지칭한다. 성경에서 하나님의 이름은 하나님 본질의 요약이고 인간이 하나님과 의사소통을 가능하게 하는 접촉점이 되었다. 그러나 이슬람은 기독교의 삼위일체(마 28:19) 하나님을 거부하였다. 기독교의 신 개념을 무슬림에게 바르게 전하는 데에는 신 개념 중심의 변증(theocentric apologetic)이 필요하게 되었다. 꾸란에는 기독교의 핵심 진리를 거부하는 구절 혹은 기독교 진리에 대하여 무슬림이 잘못 해석하는 꾸란 구절들이 있다. 꾸란에서 알라는 야훼보다 더 비인격적(impersonal)이다. 이슬람의 알라의 초월성(transcendence)은 무슬림들에게 기독교의 성육신의 신 개념을 수용하지 못하게 하였고, 이슬람의 알라는 피조물과 코이노니아(koinonia) 관계를 원하는 기독교 하나님과 다르게 규정되었다. 꾸란 그 자체를 알라가 준 기적으로 믿는 무슬림들은 꾸란의 가르침대로 이슬람 이전의 하니프(단일신) 신앙을 이어 받는 자가 이브라힘이고 그 이브라힘의 신앙을 잇는 자가 무함마드라고 하였다.

의미로써 불행이 닥친 사람을 동정하고 슬퍼해 주는 것인데 그 고통을 경감시키고자하는 강한 바람이 수반된다.

우리(알라)가 너(무함마드)에게 '계시'하였다. 무쉬리쿤(우상숭배자)이 아닌 하니프(단일신 추종자), 이브라힘의 종교(millah)를 따르라(수라 16:123).

무함마드는 초기에는 기독교에 대하여 우호적인 태도를 보이다가 곧 부정적인 견해로 바뀌었다(수라 9:29). 꾸란의 알라는 이싸 알마시흐를 통하여 하나님이 성육신할 수 없으며 꾸란은 그리스도의 신성도 부인했다. 알라는 이싸가 하나님의 아들이 아니고 마르얌의 아들이라고 하며 이싸를 신으로 모신 사람들의 이야기를 들춰가며 이싸는 신이 아니고 알라는 그런 아들을 절대로 낳지 않았다고 말한다. 민속 무슬림들은 오늘날 '알라'를 부적과 주술적인 목적으로 사용한다. 이슬람의 단일신론(tawhīd)이 신학적 신 개념을 포함하여 사회 정치적인 개념으로 확대되면서 단일화(unity)를 무슬림들의 삶과 사회적 동력으로 삼고 있다. 이제 '알라'의 개념을 어원적, 역사적, 신학적, 목회적인 관점에서 정리하면 다음과 같다.

① 어원론적 측면: 아랍어 '알라'는 아랍어 '알라하'[2])에서 왔으나 무슬림들은 아랍어 '알일라흐'(al+'ilāh)에서 왔다고 한다. 아랍 기독교인들은 다른 아랍어 자음에서 찾아볼 수 없는 독특한 강세음화(인두음화) 현상[3])이 '알라'의 발음 중에 나타나는 것을 보고 이런 현상은 아람어의 음성적 특징에서 온 것이라고 하면서 아람어 기원설을 주장한다.[4]) 아랍어에 기원을 두었다면 꾸라이쉬 부족이 섬기던 최고신(supreme god)으로서, 무함마드는 당시 메카와 알히자즈 지역에서

---
2) Henry S. Abboudi, *Muʻjam al-Hadārāt al-Sāmiyyah* <Lebanon: Jarus press>, 1988), 121.에서 알라하 이외에 '알루후'('alūhū)일 수도 있다고 하였다.
3) 공일주, 『아랍어 음성학』, 106-127.
4) 공일주, "아랍인의 신 개념", 『종교와 문화』(서울: 서울대학교 종교 문제연구소, 2008), 156.

일부 사람들이 숭배한 '알라'를 꾸란의 중심 개념으로 끌어 올린 것이다.

② 꾸란의 텍스트적인 측면: "그들로 하여금 이 집의 주님(rabba hādha al-bayt)에게 예배하도록 하라"(수라 106:3)고 한 꾸란 구절에서 알라가 이 집(메카의 카아바)의 주인이라고 한다. 성경은 하나님이 어느 특정 지역의 하나님이라고 하지 않는다. 꾸란에서 알라와 무함마드의 관계를 살펴보면 무함마드가 이해한 알라의 개념을 알 수 있다. 꾸란은 무함마드가 우리와 같은 "보통 인간"과 다르다는 것을 여러 구절에 설명하고 있다. 꾸란은 무함마드에게 특별한 지위를 부여하고 있다. 여러 구절에서 알라에게 가까운 사람이라는 것이다.

수라 4:80 "라술(메신저)에게 순종하는 자는 이미 알라에게 순종한 것이다." 여기서 라술은 무함마드를 가리킨다. 아랍어 꾸란 본문은 무함마드에게 순종하는 자는 이미 알라에게 순종하였다고 함으로써 알라와 무함마드의 가까운 사이가 다른 사람들과는 다르다는 것을 표현하고 있다. 무함마드가 알라의 대리자이므로 그의 말을 순종하면 이는 알라에게 순종하는 것과 맞먹는다는 것이다.

수라 48:10 "너(무함마드)에게 충성을 맹세하는 자는 알라에게 충성을 맹세하는 것이다. 알라의 손이 그들의 손들 위에 있다." 알라가 무함마드에게 하는 말이 '너에게 충성을 맹세하는 자가 알라에게 충성을 맹세하는 것'이라고 강조한다. 나중에 무슬림 수피들에게 이 구절은 무함마드의 뜻이 알라의 뜻과 동일시되는 것으로 이해했다.

수라 8:17 "너희들이 그들을 살해하지 않았다. 오히려 알라가 그들을 살해했던 것이다. 네가 (모래를) 던진 것은 네가 던진 것이 아니었고 오히려 알라가 던졌다." 알라를 믿지 않거나 알라를 믿지만 이슬람식 기도와 금식을 지키지 않는 카피르들과 싸울 때 등을 돌리지 말라고 하면서 너희들(무슬림들)이 죽인 사람은 너희들이 죽인 게 아니고 알라가 죽인 것이라고 꾸란은 말하고 있다. 이것이 오늘날 무슬림들로 하여금 무슬림이 아닌 사람을 쉽게 죽일 수 있는 근거가 되었다. 무슬림들은 꾸란의 일부 구절에서 무함마드는 한갓 인간으로서 그저 예언자에 불과하다고 주장하지만 이 꾸란 구절은 무함마드가 모든 예언자들의 봉인이라고 하여 예언자들 중에서 최고라는 것을 가리키고 있다. 무함마드 이전의 계시들은 불완전하나 무함마드가 가져다 준 꾸란은 가장 완벽하고 가장 최종의 것이라고 하므로 성경과 전혀 다른 진술이다.

수라 33:40 "무함마드는 너희 남자들 중의 한 사람의 아버지가 아니었다. 오히려 그는 알라의 메신저이고 예언자들의 봉인이며 알라는 모든 것을 아신다." 무함마드가 자이드(Zayd)의 생물학적 아버지가 아니라고 한 것이다. 이 꾸란 본문은 무함마드가 이혼한 자이납(Zaynab)과 혼인할 수 있다는 것을 설명해 주고 있다. 꾸란에서는 무함마드가 예언자들의 봉인이라고 하는데 무함마드가 전혀 언급되지 않은 성경과 비교해 볼 때 이런 무함마드를 예언자로 불렀던 꾸란의 알라는 성경의 하나님이 아니다.

> 수라 33:21 "너희들에게 알라의 라술(무함마드)은 좋은 모델이고 알라와 마지막 날에 소망을 둔 사람과 알라를 기억하는 사람에게도 좋은 모델이었다." 이 꾸란 구절은 무함마드가 그들의 모델이 된다고 하고 알라와 마지막 날에 소망을 둔 사람들에게 무함마드가 좋은 모델이라고 한다.

수라 21:107 "세상(인간과 진〈jinn〉)의 자비로서 우리(알라)가 너(무함마드)를 보냈다." 이 구절 역시 무함마드가 보통 인간과 다르다는 것을 분명히 한다. 세상에 자비를 베풀라고 무함마드를 이 세상에 보냈다는 것이다. 이 말은 무함마드가 모든 인간을 위한 중보자로 행세할 수 있는 여지를 남겨 주고 있다. 이상과 같이 무함마드와 알라와의 관계를 살펴보면 꾸란의 신개념과 성경의 신개념이 다르다는 것을 알 수 있다.

③ 역사적인 측면: 무함마드의 알라 개념은 이슬람 이전의 하니프를 믿는 이브라힘의 단일신론을 승계한다. "우리의 신과 너희의 신이 하나다"(수라 29:46). 꾸란의 알라는 절대로 타협할 수 없는 단일신론과 이슬람이란 독특한 종교적 환경 안에서 성경과는 매우 다른 개념으로 형성되었다. 아랍 기독교가 사용한 '알라' 개념과 다르게 꾸란의 '알라'는 무함마드를 통하여 꾸란의 신 개념으로 확립되었다.[5] 동방교회가 성육신하신 메시아의 인성과 신성 문제로 교리 논쟁에 빠져 있을 때 이슬람이 쳐들어왔다.

④ 목회적인 측면: 유대교나 기독교에서 이슬람으로 개종한 사람들과 이슬람에서 기독교로 개종한 사람들 중에는 꾸란의 알라가 성경의 하나님과 같다고 하는 사람도 있지만, 개괄적인 면(main line)에서는 동일하나 세부적으로는 서로 다른 뉘앙스를 갖는다고 말하기도 한다.[6] 교회 안에서는 꾸란의 알라와 성경의 하나님이 다르다는 것을 반드시 구분해 줄 필요가 있다.

⑤ 신학적 측면: 꾸란의 알라와 성경의 하나님은 본성에서 다르다. 꾸란은 성육신과 삼위일체를 믿는 자는 알라의 존재를 믿지 않는 자(kufr)라고 한다(수라 5:75-76). 아랍의 개신교 교회들과 아랍의 기독교

---

5) Charles S. Ruark, *The Koran Unveiled* (The state University of New york Press, 2006), 9.
6) F. E. Peters, *Islam*, 4.

신학대학교는 신학적으로 이슬람의 알라와 기독교의 하나님이 다르다고 가르친다. 이슬람의 탄지흐(알라의 차별성)와 무슬림의 성육신 거부가 기독교와 큰 차이를 보이기 때문이다. 이슬람에서는 인간의 속성을 신에게 결부시키는 것을 거부하지만 기독교는 일부 인간 속성이 신의 속성과 공유되는 속성이 있음을 인정한다. 이슬람에서 알라의 본질은 하나이고 알라의 속성들은 여럿이지만 기독교에서는 하나님의 본질은 하나이고 하나님의 위격은 셋이다. 그리고 세 위격이 동등하나 서로 구별된다.

⑥ 해석학적 측면: 무함마드와 그 이후 초기 무슬림들은 꾸란의 진정성을 증명하려고 성경의 일부 구절들을 인용하였다. 꾸란에는 이싸 알마시흐가 죽었다고 하는 구절들이 있다. 그런데 꾸란 주석가들이 기독교인들의 성경과 다르게 해석하였다.[7] 초기 무슬림들은 기독교인들이 성경 주석을 변질하여 성경의 의미를 잘못 해석한 것으로 이해했으나 11세기 스페인의 이븐 하즘(Ibn Hazm: 994-1064)과 그를 따르는 무슬림들은 성경의 어휘가 교체되었다고 주장하였다. 이븐 하즘의 잘못된 주장이 오늘날 무슬림들에게 지대한 영향을 주고 있다. 그러나 우리는 아랍어 꾸란으로 되돌아가 꾸란 본래의 의미를 고찰해 보자.

수라 2장 75절은 '유하리푸나후'(yuḥarrifūnahu: 그것을 변질시키다)라고 하였는데 이 말은 텍스트가 변질되었다기보다는 의미가 왜곡되었다는 뜻이다. 꾸란에는 'yuḥarrifūna'(변질시키다)라는 단어는 수라 4장 46절, 수라 5장 13절, 수라 5장 41절에 나오는데 '텍스트로부터 단어들을 왜곡시키다'란 뜻이다. 해당 텍스트로부터 단어들을 왜곡시킨다는 말은 텍스트의 어휘 변질이라기 보다는 잘못된 주석(misinterpretation)을 가리킨다.[8]

---

7) F. E. Peters, *Islam*, 104.
8) Ibid., 69.

> 경전의 백성들아 너의 종교를 초월하는 일은 하지 말라… 셋이라고 하지 말라(수라 4:171).

무슬림들은 기독교인들이 여러 신들을 믿지 않고 오직 한 분의 신을 믿는다는 설명에 충분한 주의를 기울이지 않았다. 꾸란 본문에는 삼위일체란 어휘는 없다. 단지 '셋'이라는 말만 나온다. 결국 이 '셋'을 알라, 이싸, 마르얌이라고 무슬림들이 잘못 해석하고 있다. 꾸란의 구절들과 꾸란 주석들이 성경적 진리의 빛으로 검증되고 재해석될 필요가 있다.

결론적으로 이슬람의 알라는 성경의 하나님과 공통되는 내용도 있고, 서로 다른 부분도 있다. 그러나 선교적인 측면에서는 서로 같은 부분에 해당하는 공통점(common grounds)을 중심으로 접근하는 것이 유익하다. 알라, 이싸, 알마시흐 등의 꾸란 용어가 챠드나 세네갈과 같은 아프리카에서는 기독교인들과 무슬림들에게 공통으로 사용되고 있다.

역사적으로 살펴보면, 꾸란은 성경의 구속의 교리를 거부하였는데, 이슬람 이전에 이미 중근동에는 에비욘파, 영지주의, 도케티즘, 마리아(마르얌)파 등의 이단들이 있었다. 그리고 샴 지역의 시리아 정교회는 메시아의 위격이 하나, 본성이 하나라고 하고, 아르메니아 기독교인들은 단성론을 그리고 당시 아랍인들 중 알히라(현 이라크 일부) 지역은 네스토리아를, 아랍인 갓산 조(현 시리아 일부)는 단성론을 따르고 있었다. 무함마드는 기독교인들보다는 유대인들과 접촉이 더 많았다. 451년 칼케돈 공의회(Council of Chalcedon) 이후 중동의 기독교인들은 서구인들의 의식 속에서 사라져갔다. 칼케돈 공의회의 결정을 수용한 교회들이 중동에서 수세기 동안 선교를 하지 않았고 다만 이단으로 낙인찍힌 교회들이 이슬람과 만나고 있었다. 무슬림들은 우마위야 조(661-750)때 공격적인 논증법(polemic approach)을 발전시켰고 이븐 하즘과 같은 무슬림 신학자들은 반기독교적인 논증을 일삼았다. 무슬림들은 이슬람 초기 개종을 강요하지 않았으나 주로 사회적 경제적 이유로 10세기부터 이슬람으로 개종하라는 압력이 있었다. 13세기 중반 몽고가 아랍 지역에 들어오자 처음에는 기독교 공동체에 유익하였으나 몽고의 칸(Khan)이 이슬람으로 개종하면서 이런 상황은 곧 바뀌었다.

꾸란 주석가들은 14세기까지 기독교에서 개종한 사람들로부터 구두로(가끔은 부정확한 내용) 전해들은 이야기를 꾸란 주석에 남겨 그 내용에 있어서 정확성을 기하지 못했다. 정작 무슬림들을 개종시킬 목적이 아니었던 십자군 전쟁(1095-1291)은 이슬람과 기독교 간의 갈등을 남겼고 8세기부터 십자군 전쟁까지 점차적으로 아랍인 교회의 예전이 아랍어로 바뀌어 갔다. 칼케돈 공의회의 신조를 따르던 서방교회는 칼케돈의 신조를 반대한 동방(아랍) 쪽으로 선교를 하지 않았다. 무슬림들과의 의사소통은 그렇게 중단되고 있었다.

주후 9-10세기에 이미 아랍어 성경들이 아랍 무슬림들 옆에 있있고 우마위야 조(661-750) 말기부터 이슬람력 325년(10세기)까지 구두로 유대-기독교 전승을 꾸란 주석에 활발히 사용하였다. 14-15세기는 중동의 교회들이 가장 어려운 때를 맞았다. 18세기와 19세기 몇몇 선교사들이 중동에 들어가 무슬림들과의 공개 논쟁을 했다. 그들은 서구 식민 정부로부터 보호를 받았고 변증법과 공격적인 논증법을 썼으나 복음 전달에는 성공적이지 못하였고 무슬림들로 하여금 기독교에 대한 반감을 갖게 했다. 1970년대부터 이슬람근본주의로 인하여 중동과 북아프리카에서 기독교인들이 감소하였으며 2003년 미국의 이라크 점령 이후 이라크 기독교인들이 중동을 떠나고 있다. 마론파 기독교인을 대통령으로 선출하는 레바논에서는 1970년대 이후 지금까지 백만 명이 해외로 이주했다. 요르단에는 '쿨루나 피다카 무함마드'(kullunā fidāka,

Muhammad: 무함마드 당신을 위하여 우리들이 몸을 바치겠다)라는 표어가 곳곳에 붙어 있는데 무함마드에 대한 어떠한 폄훼도 참지 않겠다는 각오가 들어있는 문구이다. 무슬림들 중에도 과격하고 극단적인 무슬림이 있고 세속적이고 문화적인 무슬림도 있다.

무슬림들에 대한 접근을 살펴보면, 상황화라는 용어가 1972년 신학계에 공식적으로 등장한 이래, 이슬람 국가에서는 특히 방글라데시, 인도네시아 등지에서 상황화가 시행되었고 이싸 알마시흐를 믿는 공동체가 따로 생겨났다. 내부자 운동이 새롭게 등장하였으나 2009년 이 모델은 아직도 모양을 다듬어가는 과정에서 논쟁의 여지가 있다. 여타 사역이 허용되지 않는 지역에서 기관 모델은 아직도 필요하고 현지 교회 중심의 전통적인 모델과 우리의 신앙을 증거할 수 있는 의미 있는 대화는 여전히 유익한 모델이다. 그리고 무슬림들의 명예-수치 문화에 근거한 패러다임과 무슬림들의 필요를 채우기 위한 접근(felt needs oriented approach) 그리고 무슬림들을 향한 성육신 모델(Incarnational Model) 등도 유익하다. 성육신 모델은 요한복음 1장 14절의 성경적 원리와 빌립보서 2장 6-8절의 자기 자신을 부인하는 삶의 양식과 태도에서 그 근거를 찾을 수 있다.

무슬림들을 이해하고 그들과 의사소통하기 위해서는 삼위일체론(dogma of trinity), 성경의 무오성(infallible scriptures), 그리스도의 신성(divinity of Christ), 성육신 교리(doctrine of the incarnation) 등을 숙지해야 하고, 무슬림을 만날 때는 이런 교리보다는 예수 그리스도의 마음을 갖고 그리스도의 살아있는 모범(living example)이 되어야 한다.

꾸란에 상당히 애매모호하게 표현된 어휘들 즉 알라의 아들, 루후, 칼리마, 알마시흐 등에 대한 분명한 이해가 필요하다. 그리고 무슬림과 의사소통을 하기 위하여 꾸란과 유사한 내용이 비교적 많은 누가복음을 제시하여 볼 수 있는데, 하나님 아버지와 친밀한 관계를 부각시켜주는 본문은 누가복음 15장이다. 2007년 우드베리와 슈빈(Shubin), 마크스(Marks)가 '기독교인이 된 무슬림' 750여명에게 실시한 연구에서, 무슬림이 기독교로 개종한 원인들 중의 하나는 기독교인들이 하나님의 사랑을 강조하고 하늘의 아버지와 친밀한 관계(intimacy)를 갖는 것을 보고 그리스도를 따르기로 결정하였다고 한다.

둘째, 성경말씀을 중심으로 한 의사소통에서는 한국인이 현지어로 된 성경을 현지말로 가르칠 수 있어야 한다는 전제 조건이 붙는다. 더구나 탈 서구 신학과 탈 한국 신학은 물론 성경 본문을 선교 현장에 맞게 스토리텔링(storytelling)하는 것도 필요하다. 케네스 베일리는 『중동인의 눈으로 본 예수』라는 책에서 예수님이 하늘에 계신 아버지를 '아바'라고 부르신 것은 성도와 하나님 간의 깊은 인격적 관계가 있음을 확인해 준다고 하였다. 기독교인들이 하나님을 '아버지'라고 부르는 것은 직유나 비유가 아닌 '칭호'이며 그리스도를 통한 하나님과의 질적인 관계를 가리키는 말이라 했다. 탕자의 이야기는 당시 문화를 뛰어 넘는 새로운 이미지의 아버지를 제시해 주고 있어, 무슬림들과 대화를 여는데 아주 적절한 본문이다. 성경을 중심으로 하는 모델은 아랍 기독 신학은 물론 아랍인의 눈으로 본 성경 읽기가 필요하다.

셋째, 꾸란을 활용한 복음제시에서 무슬림과 의사소통은 기독교의 핵심교리를 포기할 수 없으므로 비판적 상황화가 필요하다. 복음은 불변하지만 이 복음을 제시하는 방식이 다양하기 때문에 무슬림과 다리를 놓을 수 있는 꾸란 구절들에 대한 연구가 계속 필요하다. 전도자에게 필요한 것은 무슬림들에게 상황화된 커뮤니케이션을 하는 것인데 성경으로 가는 다리로서 꾸란을 사용할 수 있으나 꾸란에 권위를 부여하면 안 된다.

무슬림과 의사소통은 교리(doctrines)가 아니라 그들이 예수 그리스도의 삶을 따라 가도록 우리가 돕는 것이다. 복음은 선포(proclamation)되어야 하고 시현(demonstration)되어야 한다. 무슬림들에게 복음이 설명될 뿐만 아니라 그들에게 실제로 복음이 보이고, 우리의 삶과 무슬림의 삶이 만나는 유기체적인 관계(life-on-life organic relationships)가 이뤄지는 성육신 사역이어야 한다. 그리스도인들은 헤세드(친절과 인자)의 눈을 갖고 무슬림들을 존중하면서 그들의 마음을 감동시키는 '마음의 소통'에 힘써야 한다. 하나님의 사랑을 접촉점으로 한 전도가 절실하고 이슬람 문화와 무슬림 상황에 적합한 효과적인 복음 전달 방안이 지속적으로 연구되어야 한다.

2. 이슬람을 어떻게 볼 것인가?

2008년 말 이스라엘과 팔레스타인의 하마스 사이의 충돌 그리고 2009년 1월 레바논과 이스라엘간의 포격 상황이 연일 알자지라 위성 방송에 보도되면서 이스라엘 반대 여론을 형성하기 위한 관제 혹은 자발적인 반이스라엘 시위가 무슬림들의 각 초등학교에서부터 일반인들에게까지 널리 확산되었다. 이슬람 사회는 권력과 정치가 종교와 밀접하게 관련되어 왔었고 아직도 세계 곳곳에서 무슬림이 참여한 테러가 이어지고 있는데 이런 테러는 '이슬람'과 전혀 관련이 없다고들 한다. 그러나 '이슬람'과 관련 없다는 이런 테러에 왜 무슬림이 관여되어 있는가?

2008년 한국에서 이슬람과 무슬림들에 대한 이해가 서로 나뉘면서 교회 안에 이슬람에 대한 이해가 더 어려워졌다고 한다. 하나는 이슬람을 포용하자는 것이고, 또 다른 하나는 이슬람이 한국에 들어오는 것에 적극 대처해야 한다는 것이었다고 한다. 전자는 한국에 무슬림들이

들어와도 혹은 들어오는 것을 우리가 막을 수 없으니 한국에 들어오는 무슬림들에게 복음을 전하는 기회로 삼자는 것이고 후자는 이슬람 자체가 테러 등 국제 사회에서 여러 가지 문제를 일으키므로 가능한 방법으로 입국을 막을 수 있는 방법을 찾아보자는 것이다. 그렇다면 두 가지 견해가 갈등을 빚는 근본 원인은 무엇일까?

첫째는 이슬람의 다양성을 간과한 점이다. 이슬람이 나라마다 사람마다 다양하고 복잡하여 이슬람 안에서도 무슬림들끼리 서로 다른 견해를 갖는다. 무슬림 안에서도 꾸란의 어느 한 구절을 어떻게 해석하느냐에 따라 순니와 시아파 간의 살상을 정당화하기도 하여 이런 살상을 테러로 보는 무슬림들도 있고 부당한 세력에 대한 저항으로 보기도 한다. 이를테면 오사마 빈 라덴이 테러리스트이지 무슬림이 아니라고 한 무슬림이 있는가 하면 오사마 빈 라덴을 이슬람의 영웅으로 묘사하는 무슬림들도 있다. 2008년 말 부시 미 대통령이 이라크를 방문했을 때 구두를 던진 이라크인 기자를 이슬람의 영웅으로 묘사하는 무슬림이 있는가 하면, 한 국가의 정상에게 구두를 던진 것은 적절한 태도가 아니라고 하는 무슬림들도 있다. 그러고 보면 한국인들 사이에 이슬람에 대한 태도에서 의견이 서로 나뉘는 것은 어쩌면 당연한지도 모른다. 이슬람 사람들이 언론에 보도하는 내용을 듣고 있노라면 우리는 자꾸만 무슬림들의 주장에 편식되기도 한다. 한국에서 일부 무슬림은 한국인이 이슬람을 편견을 가지고 바라본다고 하면서 이슬람의 참 모습에서 벗어난 편향된 지식으로 이슬람을 호도하여 한국 안에서 균형된 이슬람 시각을 빼앗는다.

심지어 기독교 목회자들과 신학교 교수들도 이슬람에 대한 이해를 여러 학자들로부터 광범위하게 듣기 보다는 자기 전제와 비슷한 의견이라고 생각되는 학자나 강사를 주로 세워 이슬람의 이해가 자꾸만 편향된 시각으로 점철되어 급기야 공론화된 의견을 창출하지 못하고 서로 의견들이 대립되는 양상을 보이기도 하였다.

그러나 과거 이슬람 역사와 꾸란 등 이슬람 문헌들을 연구하여 보면 이와 같은 대립 현상이 왜 나타나는지 그 원인을 밝히는데 도움을 받을 수 있다. 이슬람의 어느 한 면만을 중심으로 논리를 세워 가면 그런 인식이 상당히 논리적으로 비쳐진다. 이것이 곧 이슬람의 다양성이 가져다주는 폐해다.

한국 무슬림들이 과거 10여 년간 언론과 사회에 이슬람의 한 쪽 면만을 계속 반복하여 상당히 이슬람이 편향되었다는 인식이 일부 지성들에 의하여 제기되었던 것과 똑같은 편향된 인식이 한국의 교회와 이슬람권 선교 지도자들에게 나타나고 있는 것이 아이러니하다. 그동안 한국교회 안에 이슬람에 대한 학술적인 연구가 오래 축적되어 있었더라면 이런 문제들을 쉽게 풀어갈 수 있었을 텐데 하는 아쉬움이 있다.

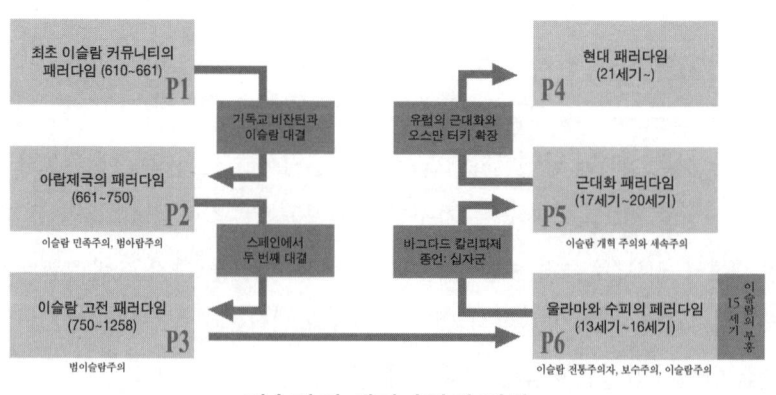

이슬람의 패러다임의 변화

두 번째 원인은 이슬람을 신학적으로, 선교적으로 접근하는 것과 정치적으로, 이데올로기적으로 접근하는 것은 그 결과가 서로 달라진다는 점이다. 이슬람을 단선적으로 바라보면 각각의 의견이 맞는 것처럼 보인다. 이슬람세계의 소수 무슬림들만이 과격 무슬림들로서 세계에서 테러를 일삼고 있을 뿐, 이슬람은 본래 중용과 관용을 모색하는 종교라고 하는 말을 우리는 무슬림들로부터 자주 듣는다. 무슬림들도 과격한 방법이 아닌 설득을 통하여 이슬람을 전 세계에 전하고 있으므로 과격한 한두 명의 무슬림들이 말하는 것을 두려워할 필요가 없다고도 한다. 이런 상황에서 한국 기독교인들은 무슬림들과의 신학적인 이슈뿐만 아니라 무슬림의 개인적인 이슈, 사회적인 이슈 그리고 정치적인 이슈들까지도 자세히 알아서 그들의 본심을 알 수 있는 '언어'와 '세계관'을 습득해야 한다.

이스라엘과 팔레스타인 무슬림들 간의 분쟁은 곧 세계인들의 대미, 대이스라엘에 대한 반응에 즉각적인 영향을 주고 있고 아프가니스탄, 파키스탄과 이집트, 사우디아라비아 등지에서 발원한 이슬람 근본주의 이데올로기가 이제는 전 이슬람 세계로 퍼져 나가 이슬람 근본주의자들을 양산하고 있다. 저자가 최근 몇 몇 이슬람 국가에서 설문조사한 결과, 민속 이슬람이 점차 줄어들고 이슬람 근본주의자들이 늘어난 것도 최근 이슬람의 동향을 대변해 주는 예이다. 사실 무슬림들이 행한 상당수 테러는 무슬림들이 이것을 저항이라고 말하는데 그 저항의 정당성으로서 그들은 '자기 집에 들어온 침입자를 무력으로 막아내는 것이 당연한 것이 아니냐?'고 되묻는다. 지금은 일부 이슬람 국가들이 이런 이슬람의 과격한 이미지를 벗겨내려고 안간힘을 다하고 있는데 사우디아라비아와 요르단 등에서는 과격하고 선동적인 설교를 하는 모스크 이맘들을 재교육하여 온건 이슬람화를 꾀하려고 하였다.

무슬림들 속에도 보수와 진보, 과격주의와 온건주의 등 다양성이 있다는 것을 간과해서는 안 된다. 지금 전 세계에서 이슬람의 테러는 무슬림들을 부당하게 취급한 서구에 대한 무슬림들의 반작용이라고 보는 학자들과 무슬림들의 테러는 이슬람 경전 꾸란의 일부 구절이 본래 테러를 조장하고 있다고 주장하는 학자들로 나뉜다. 전자는 테러 원인이 서구라고 하여 정치적인 이슈가 되었고 후자는 테러 원인이 지하드(이슬람식 전투)라고 하여 이슬람의 신학적 이슈가 되었다. 결국 이슬람의 신학적, 이데올로기적, 역사적, 정치적인 측면 중에서 어느 관점으로 이슬람을 보느냐에 따라 이슬람의 정체성이 달라진다고 하겠다.

세 번째는 이슬람의 복합성을 이해해야 한다. 이슬람의 정치적인 이슈는 이슬람의 이름으로 행한 테러를 뛰어넘어 전 세계를 이슬람화 하자는 것이 이슬람의 본래 목적이라고 이슬람 국가의 대학 교재에 실려 있다. 종교적 신앙으로 시작된 무함마드의 메카 '계시'를 떠나 꾸란의 메디나 '계시'에 들어오면 "이슬람이 세상을 지배해야 한다"는 확신을 제시한다. 그래서 무함마드가 메디나에서 처음으로 이슬람 국가를 건설하였을 때 이슬람의 신앙은 본질적으로 권력을 잡는 것과 관련되었다. 이슬람의 이데올로기적인 도전은 정치적인 이슈와 긴밀한 관련이 있다. 그러므로 오늘날 모든 사건을 단순히 문명의 충돌이니 서구와 이슬람의 갈등이란 말로 단순화할 수 없다.

네 번째는 이슬람과 기독교간의 관계가 각 개인의 문제가 아니라 커뮤니티와의 관계라고 보는 시각이다. 두 종교가 각기 다른 신앙인들을 만들어내고 이들이 서로 다른 커뮤니티를 형성한다. 기독교와 기독교 선교를 서구나 외세의 침입 혹은 시온주의자로 연계하여 생각하는 무슬림들은 기독교 선교를 이슬람 사회와 국가의 안녕을 해치고 이를 파괴하는 것으로 받아들이고 있다. 이 말은 무슬림들이 우리와 다른 '언어'와 세계관을 갖고 있다는 점에 유의하여야 한다. 그래서 우리는 무슬림들의 언어를 다시 해독할 필요가 있다. 오사마 빈 라덴이 미국의 무역센터를 공격한 것이 한 개인의 허탄한 생각에서 한 것이 아니고 권력과 함수 관계를 알고 있는 이슬람 커뮤니티의 어느 한 단면이 빚어낸 작품이라고도 할 수 있다.

팔레스타인 가자 지구를 이스라엘이 공격하자 전 이슬람 세계가 들썩들썩하였다. 그들의 의견을 종합하면 "우리는 이슬람 커뮤니티 안의 사람들로서 팔레스타인 무슬림들이 당하고 있는 것을 차마 눈뜨고 볼 수 없으니" 전 이슬람 세계가 단결하여 이스라엘을 막아내자는 것이다. 무함마드 풍자만화 사건도 무함마드에게 한 모멸과 조소는 곧 무슬림 각 개인을 조롱한 것으로 무슬림들이 인식한다.

그렇다면 여기서 다음 질문을 해 보아야 한다. 왜 이슬람이 그렇게 정치적인 종교로 우리에게 비쳐지는가? 이 질문들에 대한 답을 위해서는 이슬람의 창시자 무함마드의 생애부터 이슬람의 가르침이 역사를 통하여 어떻게 변천되어 왔는지 살펴보아야 한다. 무함마드 생애 첫 12년간은 메카 사람들이 우상 숭배를 그만두고 한 분의 신을 섬기라고 하는 것이 무함마드의 주요 메시지이었으나 그가 메디나로 간 뒤에는 예언자와 정치가로서의 역할로 바뀐다. 그때부터 그는 무슬림들을 전쟁터로 내몰고 그가 메디나에서 이슬람 커뮤니티를 설립하기 위한 모든 율법적 내용이 알라에게서 직접 내려온 것임을 주장한 것이다.

무함마드는 메카 시대에 아랍인들에게 메시지를 가져다 준 메신저(messenger)였으나 메디나 시대에서는 추종자들이 늘어나면서 정치적 리더십을 발휘하는 리더와 나비(nabī: 예언자)로 자신을 부각시켰다. 꾸란의 메카시대 '계시'에는 무함마드가 유대인과 기독교인들에게 긍정적인 메시지를 전하였고 유대인과 기독교인들이 그의 메시지를 받아들일 것으로 기대하였다. 그러나 메디나 시대 특히 후기 메디나 '계시'에서는 그의 설교를 거부하는 유대인과 기독교인들에 대한 실망의 메시지를 담고 있었다. 더구나 메디나의 유대 부족들이 무함마드를 공격하며 그를 거부하자 이들 유대인들에 대한 폭력을 행사하였다. 메카 시대에는 유대교와 기독교가 이슬람과 유사하다는 것을 강조한 반면, 메디나 시대에서는 무함마드를 유대인들의 예언자가 아니라는 유대인들의 거부에 이어, 기독교인들도 무함마드를 기독교의 예언자가 아니라고 하자 꾸란의 메시지는 기독교와 유대인들을 거부하는 내용으로 바뀌었다. 그리고 무함마드는 유대교에서 기독교가 독립한 것이라고 생각하고 이슬람도 기존의 기독교와 유대교를 떠나, 독자적인 새로운 길을 걷기 시작하였다. 그래서 오늘날 모든 무슬림들이 기도 때마다 언급하는 '우리를 올바른 길로 인도해 주세요'라는 구절에서 '올바른 길'은 '이슬람'이라고 한다.

이런 점에서 꾸란은 무함마드의 해석학적 이해가 담겨 있는 책이라고 할 수 있다. 꾸란 주석가들도 이슬람 역사상 첫 주석가는 무함마드라고 한다. 이슬람은 처음부터 무슬림 커뮤니티의 삶에 대한 관심이 모든 정치적인 이해관계와 얽혀 있었고 궁극적으로는 모든 무슬림들이 무함마드의 모범을 따르게 되었다. 그래서 무함마드를 모욕하면 그것은 이슬람 사회의 무슬림의 삶을 모욕하는 것이 된다. 무함마드 이후 무슬림들은 종교와 정치가 하나가 되는 정교일치를 추구하였고 비잔틴 교회들은 무슬림들이 만들어 놓은 딤마[9] (피보호민의 지위) 제도에 종속되어 갔다. 무함마드가 메디나에 정착한 뒤에는 메카에서 온 무함마드와 그의 추종자들이 메디나 사람들과 다음과 같은 메디나 협약을 맺었다.

① 우리는 다른 사람들과 구별된 하나의 움마(커뮤니티)이다.
② 너희가 서로 의견이 달라지면 무함마드와 알라의 말을 참조하라.
③ 바누 아우프(Banū 'awf) 유대인들은 그들의 커뮤니티가 따로 있다. 유

---

9) '바라아트 딤마'라는 말이 있는데 아직 납부하지 못한 돈(딤마)을 납부하였다는 말이다.

대인들에게는 그들의 종교가 있고 무슬림들에게는 그들 종교가 있다.10)

이 협약을 통하여 메카에서 온 무슬림들과 메디나의 사람들은 엄정한 사회적 계약을 통하여 모두가 동등하게 대해 주기를 기대하였으나 유대인과의 좋은 관계는 그리 오래 지속되지 못하였다. 당시 이슬람을 받아들이기를 거부한 유대인과 기독교인들은 그들의 신앙을 이어가도록 허락은 되었으나 우상 숭배자들은 이슬람을 받아들이든지 노예가 되든지 죽음을 택하든지 어느 한 가지를 택해야 했다. 그러나 이슬람이 확장되면서 많은 사람들이 이슬람을 거절하자 기독교인과 유대인에게 허락한 피보호민의 지위를 배화교, 불교, 힌두교인에게까지 허용하였다. 피보호민(딤미)이었던 기독교인들은 무슬림 통치하에서 특정한 보호를 받는 대신 복종의 표시로서 특별세인 지즈야(사람의 머리수대로 세금납부)를 무슬림 정부에 납부해야 했다. 그러나 가난한 기독교인들은 이런 세금이 매년 큰 부담으로 작용하였고 무슬림 남자들이 기독교 여성들과의 혼인이 증가되면서 기독교 가정들이 무너지기 시작하였다. 그리고 꾸란 구절은 이슬람을 받아들이기를 거부하는 기독교인들과 싸우라고 지시되었고 그 싸움은 기독교인들이 지즈야를 낼 때까지라고 '계시'되었다(수라 9:29).

아라비아에 살던 유대인과 기독교인들이 무함마드의 말대로 이런 딤마의 협약 하에서 특별세를 내고 무슬림과 동등하게 대접받기를 기대했다. 그러나 고위관리나 군 장성 등 사회지도층이 되려면 무슬림이 아니고서는 안 되었다. 이것이 많은 비무슬림들로 하여금 이슬람으로 개종하게 되는 계기가 되었다. 심지어 나즈란에서의 기독교인과의 협약이 있었음에도 무함마드의 말이라고 하면서 칼리파 오마르(634-

---

10) Colin Capman, *Cross and Crescent*, 300.

644 재위)는 유대인들과 기독교인들을 아라비아 땅에서 쫓아내버렸다. 칼리파 오마르는 시리아와 팔레스타인 그리고 이라크 땅이 이슬람 통치하에 들어온 뒤, 시리아의 기독교인들에게 다음과 같은 오마르 협약에 서명하기를 요구하였다.

① 우리(기독교인들)는 우리의 도시들과 주변 지역에 새로운 교회들과 수도원들과 수녀원들을 새로 건립하지 않으며 그 건물들을 다시 수리하지 않는다.
② 우리는 우리 자녀들에게 꾸란을 가르치지 않는다.
③ 우리는 우리의 종교를 공개적으로 드러내지 않으며 다른 사람을 기독교로 개종시키려고 하지 않고 우리의 가족 중 일부가 이슬람을 영접하는 것도 금하지 않는다.
④ 우리는 안장을 얹고 타지 않으며 칼을 휴대하지 않고 어떤 류의 무기를 들거나 휴대하지 않는다.
⑤ 우리는 어느 곳에 있거나 동일한 복식(옷 입기)을 한다.
⑥ 우리는 십자가나 우리의 책들을 무슬림들의 길거리나 시장에 전시하지 않는다. 우리는 교회 안에서만 아주 부드럽게 박수를 한다. 우리는 교회 예배에서 목소리를 높이지 않고 죽은 자 앞에서도 큰 소리로 곡을 하지 않는다. 우리는 돌아가신 분의 시신을 무슬림들 근처에 매장하지 않는다. 우리는 시장이나 길거리에서 무슬림들 바로 앞에 불빛을 비추지 않는다.
⑦ 우리는 무슬림들의 집보다 더 높게 집을 짓지 않는다.[11]

유명한 아랍 역사가 이븐 칼둔(1333-1406)은 무슬림 커뮤니티에서

---

11) Ibid., 302-303.

지하드는 종교적 의무라고 하였다.12) 무슬림으로 개종시키는 이슬람 포교(다아와)는 전 우주를 대상으로 하며 모든 사람들을 이슬람으로 개종시키기 위하여 설득 혹은 강요(by force)가 필요하다고 하였다. 그리고 그는 기독교인들을 카피르(kāfir)라고 하였다. 15세기의 이런 이슬람 우월정신은 오늘날 상당수 무슬림들에게 그대로 이어져 내려와 이슬람이 어느 종교보다 우월하고 기독교인을 카피르로 보는 부정적인 인식이 깔려 있다.13) 더구나 역사를 거치면서 이슬람 학자들은 성경이 변질되었다는 주장을 확고히 함으로써 그 이후 무슬림들은 성경을 읽지 않게 되었고 종교간 대화는 한계성을 갖게 되었다. 이슬람 초기 카리지파가 무함마드의 사위 알리를 카피르로 몰아 살해한 것은 이슬람 역사에서 잘 알려진 사실이다. 이븐 칼둔(Ibn Khaldun)은 기독교인과 무슬림들이 정치권력(political power)에 대한 인식 차이는 이슬람과 기독교 간의 신학적 차이 때문이라고 했다.14) 오늘날 무슬림들은 비무슬림(기독교인을 포함하여)을 가혹하게 대하여야 한다는 사람들과 그들을 관용적으로 대해야 한다는 사람들로 나뉜다. 마치 한국에서 지금 무슬림들을 관용적으로 대해야 한다는 사람들과 이슬람을 대적하여야 한다는 양측의 대립이 있는 것처럼 말이다.

오늘날 파키스탄과 같은 일부 이슬람 국가에서는 위와 같은 오마르 협약을 이슬람 국가에 살고 있는 비무슬림(기독교인)들에게 철저하게 시행되어야 한다고 주장하고 있으나 튀니지 역사학자 무함마드 탈비(Muhammad Tilbi)는 딤마 제도는 무슬림들의 과거 유산으로 여겨져야 하므로 더 이상 그런 제도가 시행될 필요가 없다고 말한다. 『이슬람 안의 충돌: 종교와 정치 간의 갈등』(*The Struggle with Islam: The*

---

12) Ibid., 304.
13) Ibid., 305.
14) Ibid., 305.

Conflict between Religion and Politics) 이란 책을 쓴 라피끄 자카리야(Rafiq Zakaria)는 그가 인도의 무슬림 커뮤니티에서 겪은 일을 기록하였는데 오늘의 이슬람 세계를 '집권층과 신학자들 간의 끊임없는 싸움'이라고 하면서 수세기 동안 이슬람 근본주의가 여러 가지 다른 형태로 이슬람 정부와 저항해 온 것[15])이라 했다.

이처럼 이슬람은 본래부터 종교와 정치색을 띠고 있었고 역사를 거치면서 정치와 지하드 등이 주요 주제가 되었으며 비무슬림에 대한 차별은 이슬람 사회에 그대로 잔존하게 되었다. 무함마드는 박해받는 예언자로 시작하여 예언자와 이슬람에 대한 충성에 근거하여 이슬람 국가를 세웠다. 그러나 예수 그리스도는 폭력 사용을 거부하시고 십자가로 걸어가시고 정의와 평화를 이루어 가셨다.

다섯 번째, 이슬람에 대한 이해와 관점, 태도가 달랐기 때문이다. 먼저 우리는 이슬람에 대한 균형 잡힌 관점과 세계적인 안목을 지녀야 한다. 그러려면 이슬람을 학문적으로 연구하고 이슬람 국가에서 실제 무슬림과 살아본 경험이 필요하고 여러 이슬람 국가들을 다녀 보아야 하고 이슬람과 꾸란에 대한 깊은 학문적인 연구가 뒤따라야 한다. 사실, 다양한 무슬림과 서로 다른 이슬람 국가를 다녀보면 앞의 주장 중 무조건 감싸자는 주장과 배척하자는 주장 사이에서 그 어느 한쪽만을 지지하기는 어렵다는 것을 알게 된다.

2009년 4월 21일 요르단 TV는 이슬람의 개혁이란 제목으로 모로코의 사이드 알딘 알오스마니와의 대담을 방영하였다. 그는 과거 역사 속에서 문예부흥은 기존의 문화를 개혁하고 새롭게 이해하는데 있었다고 했다. 이슬람의 부흥은 아랍 민족의 정체성을 확립하고 이슬람의 부흥에 대한 교육을 강조해야 한다고 했다. 거기에는 이슬람의 뿌리와 원리를 잘 알고

---

15) Ibid., 306.

인간의 지혜를 모아야 한다고도 했다.

그는 "이 세상에는 두 개의 책이 있는데 그 하나는 글로 되어 있는 꾸란이요 다른 하나는 인간의 존재 그 자체가 책"이라고 하였다. 꾸란을 읽으면 무슬림이 행할 바를 알게 되고 인간의 삶들을 주시하면 무슬림들이 어디로 가야할지를 안다는 것이다. 그는 이슬람 역사에서 개혁 사상을 부르짖어 오늘날까지 무슬림들에게 지대한 영향을 준 학자로 무함마드 압두흐(1849-1905)와 그의 제자 무함마드 라시드 리다(1865-1935)를 지목하였다.

전통적으로 이슬람을 정치적으로 이해한 학자들은 이슬람 역사를 크게 셋으로 나누었다. 하나는 무함마드가 메디나에서 처음으로 국가를 세웠던 622년, 두 번째 단계는 십자군 운동이 시작되던 1097년 그리고 세 번째 단계는 이슬람의 칼리파제가 종식되었던 1924년이었다. 이슬람은 본질적으로 새로운 종교 '이슬람'을 선포하기 위함이 아니라 태생적으로 개혁(iṣlāḥ)을 부르짖으며 역사에 등장하였다고 했다. 그는 정치적인 변혁기 있다고 해서 이슬람의 개혁이 이뤄진 것은 아니라고 하면서 이슬람의 개혁은 사상과 학문, 사회, 신앙과 종교, 정치 등 네 가지 영역에서 변화가 일어나야 했다. 그리고 이 변화가 이 네 가지 영역에서 서로 영향을 주면 더 큰 영향력을 발휘하게 된다고 했다.

그는 세계 역사에서 다른 문화들은 태동되어 어느 정도 성장하다가 그만 사라지고 말았으나 이슬람이 아직도 변화를 거듭하며 부흥하고 있는 것은 개혁을 계속하였기 때문이라고 하였다. 그래서 이슬람이 태동되어 어느 정도 성장하다가 노쇠한 상태에 갔어도 다시 새로워진 것이라고 했다.

그의 '이슬람의 개혁'을 들으며 이슬람의 정치적 현상만 보는 것은 이슬람의 일부만을 보는 것이라는 것과 마치 외국인들이 이슬람의 사회를 잘 읽고 있다고 하더라고 이슬람의 사상과 학문, 이슬람 사회, 이슬람의 신앙과 종교, 이슬람의 정치 등을 모두 통괄하여 이해하지 않고서는 이슬람의 전체를 알 수 없다는 것이다. 이슬람을 전체적으로 통합적으로 보아야 하고 이슬람을 표면적으로 보았다면 그것이 완전하게 이해한 것이 아니라는 것이다. 이슬람의 이해가 표층에서만 일어나면 이슬람의 깊이가 어디까지 인지를 알지 못한 것이다.

이슬람의 개혁은 그 시대별 어려움과 장애를 극복하는 가운데 이슬람 부흥을 경험하여 왔다. 2003년 이후 이슬람 세계가 온건화를 부르짖었으나 실제로는 이슬람이 이런 장애를 극복하면서 이슬람의 부흥을 꾀하고 있다. 일부 무슬림들은 꾸란이야말로 그런 개혁을 할 수 있는 열쇠라고 보기도 한다.

그런데 소수의 무슬림 전사들은 소기의 목적을 달성하기 위하여 꾸란에 근거한 폭력 사용도 불사한다. 문제는 이슬람이 이 두 가지를 다 포함하고 있다는 점이다. 이슬람을 평화와 관용의 종교라고 하거나 이슬람을 악의 축, 사탄의 종교라고 표현하는 것 중 전자나 후자 어느 하나만을 주장하는 것은 이슬람을 바르게 규정한 말이 아니다.

무슬림들이 이슬람의 참 모습을 이슬람 초기에서 찾으려고 하는 것처럼 우리도 이슬람의 참 모습을 전술한 바와 같이 이슬람 초기 역사에서 찾아 볼 수 있다. 메카 시대에 무함마드가 받은 '계시'는 주로 온건한 내용으로서, 이슬람을 이브라힘의 종교와 관련짓는다. 이 때 무함마드가 이슬람이라는 새로운 종교를 만들려고 한 것은 아니었다. 그는 아랍 다신 숭배자들에게 알라만을 복종(islam)하라고 하면서 유대교나 기독교와 유사한 이브라힘의 종교를 따르라고 했다. 그때는 기독교나 유대교와 이슬람이 다른 것은 이슬람이 아랍어로 '계시'된 것만 다르다고 하였다.

무함마드의 초기 계시 내용만을 보면 이슬람이 온건한 종교라는 말을 들을 수 있으나 무슬림들 중에는 오늘날 카피르(알라를 안 믿는 사람이거나 알라를 믿더라도 이슬람의 기도나 금식 등을 안 지키는 사람)들에게 지하드를 하여야 한다고 주장하는 사람들도 있다. 후자가 인용하는 꾸란의 구절들이 폭력을 조장하고 있어 우리는 꾸란이 복합적이라고 규정한다. 이슬람의 복합성은 꾸란이 복합적이라는 것이 반영된 것이다.16)

꾸란의 메카 계시 혹은 메디나 계시 중 어느 부분을 인용하느냐에 따라 그들과 논리 전개가 달라진다. 성경에는 예수 그리스도가 새로운 종교를 세우려고 한 것이 아니었다. 예수 그리스도의 메시지는 가난한 자와 죄인에게 은혜가 되었다. 하나님께 가까이 다가가려는 것을 막고 있던 종교인들과 종교기관에 대해서 예수는 혹독하게 대하였다. 레바논의 마틴 악카드(Martin Accad)는 이슬람이 시작된 후 8세기부터 14세기까지 이슬람과 기독교간의 자료들을 살펴보았더니 '이슬람'이 '평화'라고 하는 의미는 나오지 않았다고 했다. 사실 아랍어 사전을 보아도 '이슬람'은 '복종'이란 말이고 '평화'라는 말은 아니다. 그는 2001년 9·11 테러 이후 이슬람이 '평화의 종교'라는 말로 널리 알려지게 되었다고 한다.

---

16) Martin Accad, *Christian-Muslim Relations: Christian balance needed today more than ever*, 2 (마틴 악카드가 필자에게 보내 준 그의 글)

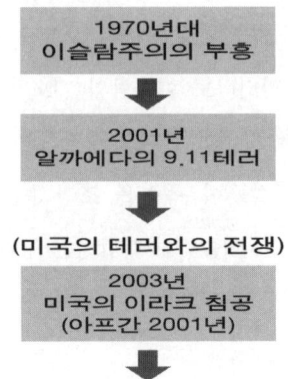

현대패러다임

역사를 거슬러 올라가면 무슬림들은 식민지 국가였던 유럽 국가에서 그 사회의 하층민으로 살기 시작하였다. 유럽인들의 생활수준을 따라가지 못하던 그들은 어느 한 지역을 중심으로 게토(getto)를 형성하며 살게 되었다. 여러 세대가 이어지면서 그들 게토 안에서 유럽인들에 대한 불신과 증오는 커져만 갔다. 그런 예는 유럽에만 있었던 게 아니고 레바논에서도 있었다. 히즈불라(hizb Allāh: 알라의 정당)는 정치적으로 변두리(margin)에 몰려 살았던 무슬림들이었다. 그들이 무사 사드르(Musa Sadr)를 중심으로 오늘과 같은 과격세력으로 성장하게 된 계기는 1982년 이스라엘이 레바논을 두 번째 침입했을 때라고 하지만 실제는 그 이전부터 그들이 팔레스타인에서 쫓겨난 후 고향을 잃고 조국을 잃은 설움으로 레바논 남부, 즉 이스라엘 북부 국경 지대에 몰려 살면서부터다. 히즙 알아말(소망 정당)에서 시작된 히즈불라가 이란의 과격적인 이데올로기를 받아들였던 것이다. 프랑스 식민주의 시대에 만들어진 레바논 헌법에서 레바논 대통령은 기독교인, 국회의장은 시아파 무슬림, 총리는 순니파 무슬림으로 규정되어 있어 헌법 제정 당시에는 기독교인들이 다수였으나, 2009년 레바논의 현실은 그렇지 못하다. 지금 레바논은 전 국민의 43%가 시아파 무슬림이고 30%는 순니파 무슬림 그리고 기독교인들은 오직 25%에 불과하다. 1975-1990년 레바논 내전 기간에 인구의 1/3에 해당하는 90만 명이 해외로 이주하였고 1990년 후반에는 10만 명이 해외로 이주해 버렸는데 이주민들의 대다수가 기독교인들이었다.[17]

과거 역사를 살펴보라. 한국의 교회들이 이슬람을 어떻게 바라보아야 하는가에 대한 또 다른 해법은 이슬람의 역사에서 찾을 수 있다. 무슬림들이 쓴 이슬람의 역사와 아랍 기독교인들이 쓴 이슬람 관련 책들을 곰고루 살펴보아야 한다. 한국 사회는 오직 무슬림들이 써 내려온 이슬람의 역사만이 진실이라고 주장하기도 하는데 그들의 역사관과 학문의 수준에 따라 그 진실은 달라질 수 있다. 그들 책들 중에 만일 이슬람을 오직 평화의 종교라고 하거나 혹은 이슬람을 오직 폭력의 종교라고 했다면 그 서술은 균형에서 벗어난 것이다.

한국 무슬림들의 이슬람 연구도 아직은 세계적인 수준의 이슬람 연구에는 미치지 못하고 있고 한국 무슬림들의 신학적 접근도 연구 부족에서 오는 문제들을 여전히 드러내고 있다.

---

17) Shake Geotcherian and Perry W. H. "Shaw, Ministry with Singles," *Theological Review* XXIX, 2008, 115.

3. 한국의 교회, 꾸란의 어휘를 어떻게 이해할 것인가?

한국의 무슬림들이 성경의 '하나님, 성령, 예수, 마리아' 등의 용어를 사용하여 아랍어 꾸란을 한국어로 번역한 것은 한국의 무슬림들이 이슬람식 '내부자 운동'을 하는 것으로 인식된다고 레바논 근동신학교의 이슬람 학자 존 후버(Jon Hoover)는 말한다.

꾸란의 알라와 성경의 하나님은 동일하지 않고, 꾸란의 루후 알꾸두스와 성경의 성령도 동일하지 않으며, 꾸란의 이싸와 성경의 예수도 동일하지 않고, 꾸란의 마르얌과 성경의 마리아도 동일 인물이 아니다. 그러나 한국어로 된 최영길 번역의 『성 꾸란』은 알라를 하나님이라고 번역하였고, 루후 알꾸두스를 성령이라 번역했고 이싸를 예수로 번역하였다. 영어로 번역된 꾸란 번역서들은 알라를 God 혹은 Allah, 이싸를 Jesus 혹은 Isa로 번역하지만 꾸란의 루후 알꾸두스는 지브릴 천사로 번역하고 있다. 그리고 꾸란에는 삼위일체(성부, 성자, 성령)가 없다고 하는 것이 전 세계 무슬림들의 공통된 주장인데 한국어로 된 꾸란 해설 『성 꾸란』에는 하나님, 성령, 예수가 등장하고 있어 『성 꾸란』이 삼위일체를 스스로 인정하고 있는 셈이다. 물론 아랍어 꾸란 원전은 성경의 삼위일체를 부인한다. 그러나 이 동일용어들은 사실상 다른 의미를 갖는 경우가 많다.[18] 아랍어 꾸란에 나오는 '이싸'는 헬라어로 하면 '이수아'라고 하고, 아람어로 하면 '이슈아'라고 하여 꾸란의 이싸와 다르게 사용되었다. 또 꾸란에 나오는 마르얌은 '마리아 혹은 미리암'으로 번역된다. 아랍인들은 성령을 '루후 알까스뜨'(거룩한 영)라고 하였고 아랍인들은 '루후 알꾸두스' 혹은 '알루후 알꾸두스'를 서로 번갈아 가면서

---

[18] 사이두나(sayyiduna)가 무슬림들에게는 '무함마드'를 가리키는 말이고, 아랍 기독교인들에게는 '예수'를 가리키는 말이다.

사용하였다. 아랍어 꾸란에는 전자를 사용하고 아랍어 성경에는 후자를 사용하여 전자는 '지브릴' 천사를, 후자는 '성령'을 가리키는 말로 구분한다. 그리스도인은 성경의 주요 핵심 어휘들을 그들이 어떻게 이해하고 있는지를 살피면서 복음을 전하는 것이 중요하다.

아랍어를 국어로 사용하지 않는 국가에서는 이미 상황화된 접근법을 사용한 나라들이 많아 하나님을 알라로, 예수를 이싸 알마시흐로, 성령을 루후 알꾸두스로, 혹은 알루후 알꾸두스로, 로고스는 칼리마로, 영은 루후로 번역하여 성경의 복음을 전하고 있다. 그런데 이런 어휘들이 갖는 성경적 의미는 무슬림들에게 반드시 가르쳐주어야한다. 가령 루후 알꾸두스는 지브릴 천사가 아닌 하나님이시며 거룩한 영이고 진리의 영이라고 성경의 의미를 부여해 주는 것이다. 중남부 아프리카와 동부, 서부 아프리카 그리고 아시아는 꾸란에 대한 지식이 해박한 사람이 많지 않고 아랍어로 꾸란의 주석서를 읽을 수 있는 사람들이 많지 않다.

한국교회 안에서는 이슬람이라는 새로운 종교가 사용하는 이슬람만의 독특한 개념을 성도들이 쉽게 배울 수 있는 기회가 없으므로 이슬람의 용어와 기독교의 용어를 차별화하는 것이 필요하다. 한국의 기독교인들이 꾸란의 알라와 성경의 하나님이 어떻게 다른지를 구체적으로 지적하기 어려우므로 교회는 목회적 차원에서 꾸란의 '알라'와 성경의 하나님이 서로 다르고 이싸가 예수와 다르다는 것을 알려주어야 한다.

지금 일부 선교사들과 선교 단체들이 겪는 문제는 이런 본질이고 근본적인 차이나 상황과 대상이 누구냐를 구분하지 못한 채 상황화하기에 급급한 것이 여러 부작용을 낳고 있다. 한국의 무슬림들 혹은 국내 외국인 근로자나 유학생으로 입국한 무슬림들에 대한 교회의 접근법은 해외 무슬림들에게 접근하는 방법과 달라질 수밖에 없다. 또 한국 내 무슬림 선교와 이슬람 국가에서 무슬림들에게 사용하는 상황화 접근도 상황이 달라지면 그 해법도 달라지기 마련이다. 그런데 여기서 그 상황에 참여하지 않는 자도 상황화 신학을 할 수 있는가라는 질문을 던지게 된다.

> 예를 들면, 한국에 살고 있지 않는 자가 한국적 신학을 할 수 있으며, 아프리카 사람이 남미의 어느 한 나라의 상황화 신학을 할 수 있겠느냐 하는 것이다. 대체로 그 대답은 부정적이라고 보아야 할 것이다.[19]

그렇다면 한국의 교회 안에는 이슬람에 대한 어떤 태도가 바람직할까? 사실 이슬람에 대한 관점이 다르면 태도가 달라지고 태도가 달라지면 사역에 대한 결과도 달라진다. 이슬람과 꾸란에 대하여 어떤 관점과 태도와 접근법을 갖느냐에 따라 무슬림과의 만남도 다음과 같이 몇 가지 태도로 나뉠 수 있다.[20]

첫째, 변증적 태도는 이슬람을 공격하기 보다는 기독교를 좀 더 분명하게 알려주려는 태도이므로 권장할만하다. 그리스도가 구원의 유일한 길이라고 믿고 무함마드와 무슬림들이 잘못된 길을 갔다는 것을 언급한다. 이슬람의 오류를 찾아 기독교만이 유일한 진리임을 밝힌다. 무슬림이 복음을 받아들일 수 있도록 변증법적 토론을 사용하나 일부만 긍정적인 결과를 낳고 대부분은 변론(argumentation)으로 치닫기도 한다.

둘째, 케리그마(복음선포)적 태도는 하나님이 모든 종교적 제도를 초월하신 분으로 알고 구원은 오직 그리스도의 복음으로 그리스도 안에서만 성취된다고 믿는다. 쌍방간 종교적이고 신학적인 대화가 있고 복음을 적극적(positive)으로 선포한다. 상대에 대한 관용이 증대되고 무슬림이 그리스도 안에서 구원받을 때는 기존의 그의 공동체에 머무르게 한다.

---

19) 정홍호, 『복음주의 입장에서 본 상황화 신학』(서울: 한국 로고스연구원, 1996), 41.
20) "Attitudes to Islam", http://www.docstoc.com/docs/894285/Attitudes-to-Islam

셋째, 논증적 태도는 이슬람을 공격하는 태도이다. 그런데 교회 안에서는 다음과 같이 무슬림과 논증적인 태도를 갖는 것을 찬성하는 입장과 반대하는 입장으로 나뉜다. 무슬림과 논증적인 태도를 찬성하는 측은 무슬림들이 열띤 토론을 좋아하므로 논증법이 문화적으로 적절하고, 논증은 그들의 역사와 신앙과 경전과 관련된 어려운 문제들을 그들로 하여금 생각하게 한다. 논증적인 태도는 무슬림 사회에서 소수로 살아가는 기독교인들과 무슬림들 사이에서 자신이 믿고 있는 신앙을 자유롭게 표현할 수 없는 사람들에게 격려가 된다고 믿는다.

그러나 논증적인 태도는 그동안 약간의 긍정적인 열매를 낳았을 뿐이다. 그리고 논증적 태도를 반대하는 입장에 선 사람들은 논증적 태도가 이슬람의 모든 현상을 사탄의 것으로 인정하고 이슬람을 속임수라고 하며 이슬람의 더 많은 약점을 찾아내므로 수세기 동안 상호 몰이해, 모욕, 냉소, 불신, 적대감이 증대되었다고 생각한다. 이슬람에 대한 적대적인 논증은 기독교에 대한 적대 논증을 불러일으켰다고 믿고 있고 그들의 신앙이 공격을 받았다고 무슬림들이 느낄 때는 기독교인들이 그들의 종교를 덜 존중 한다고 그들이 생각하므로 진정한 대화를 갖기 어렵다고 생각한다. 더구나 논증적인 맥락에서는 신앙적 요인과 문화적, 사회적 그리고 정치적 요인과 구별되어 무슬림과 대화하기 어렵다고 생각한다. 논증적인 태도가 가끔 좋은 결과를 맺기도 하나 더 자주 부정적인 결과를 빚었다.[21]

결국 무슬림들에게 논증적인 태도는 긍정적인 결과와 부정적인 결과를 가져다주므로 상황과 논의의 주제에 따라 적절하게 사용하는 것이 좋다.

---

21) Colin Chapman, *Cross and Crescent*, 365-366.

사람마다 이슬람에 대한 이해가 달라서 한국인들도 각자 위 세 가지 태도 중 어느 하나를 선호할 수 있으나 직접 만나는 무슬림이 누구냐에 따라 그리고 상황이 어떠냐에 따라 서로 다른 태도를 가져야 한다.

4. 무슬림에 대한 적절한 상황화는 무엇인가?

한국교회가 1980년대는 주로 한인교회 사역자들을 이슬람 국가로 파송하였고 1990년대 상반기에 이르러서야 아랍교회에서 사역할 수 있는 한국인 사역자들이 파송되었다. 그러나 아랍 이슬람 국가에서 정작 무슬림들을 전도하고 양육하는 시기는 2000년대에 들어서면서 활발해졌다. 그동안 아라비아 반도의 사역자들보다 아프리카나 동남아시아에서 현지인 개종자들이 많았고 상황화에 대한 관심도 컸다.

1980년대 이전까지만 해도 이슬람은 한국인들에게 별 관심이 없었다. 1980년대에 한국내 무슬림들이 꾸란을 한국어로 번역한 해설서들을 내놓았고 이슬람학회가 1989년에 생겼지만 그때까지만 해도 이슬람학 연구는 주로 대학 교수들이 중심이 되었다.

1970년대 이슬람의 부흥은 이슬람을 깨우는 일이었다. 무슬림들에게 자신의 정체성과 세상을 다시 보라는 것이었다. 그런데 무슬림이 무슬림을 깨우는 일은 무슬림 스스로가 움마(이슬람 공동체)의 자원을 가동하여 외부 세력이 휘두르는 경제, 군사, 교육, 정치적 헤게모니에 대항하는 일로 바뀌어 갔다. 서구화가 이슬람 사회에 불어 닥치면서 이런 서구화와 대항하기 위하여 이슬람을 깨우자는 움직임이 더 활발해졌다.[22] 아랍

---

22) Ahmad Sidqi el-Dajani, "auses of religious Extremism in the Arab Countries" (Arab Thought Form, 1993) 58-59.

국가들은 종교적 극단주의(religious extremism)가 종교적 부흥과 병행해서 나타나고 있는 것을 목격하게 되었다.[23] 더구나 지금은 이런 극단주의가 더 확산되고 있고 이런 극단주의의 대표적인 특징은 광신적인 태도가 문제라는 것이다. 극단주의와 대조적으로 이슬람 사회에서의 종교적 부흥운동은 "온건"(moderation)과 관용을 강조한다.

2004년에 이라크에서 한국인 피살과 2007년 아프간에서의 한국인 목회자 피랍과 살해는 이슬람 세계에 한국의 교회들이 선교사를 많이 파송하고 있다는 것을 알려주는 계기가 되었다. 그 당시 한국 정부와 한국 언론은 기독교 선교사의 활동을 대서특필하였다. 이런 뉴스는 이슬람 언론을 통해 무슬림들에게 곧바로 전해졌다. 한국 정부가 자국민의 안보보다 기독교 선교를 부각시켜 안티 기독교에 불을 지폈다. 다음은 무슬림과의 만남에서 준비된 모델과 계획된 접근을 위하여 우리에게 무엇이 필요한가를 살펴본 것이다.

첫째, 이슬람과 꾸란에 대한 바른 이해가 필요하다. 이슬람학은 방대하고 나라마다 이슬람이 조금씩 차이가 있어 이슬람 세계를 전체적으로 바르게 이해하기 위해서는 꾸란은 물론 무슬림들의 삶의 현장 속으로 들어가 보아야 한다. 일례로 무슬림들에게 환대가 유명하다면 무슬림들에게 베풀고 대접하는 것이 그들 문화에 적절할 것이다. 무슬림들이 금식을 하는 한 달 동안 그들 앞에서 음식을 먹지 않고 물을 마시지 않는 것은 그들을 존중한다는 의미로 무슬림들에게 받아들여질 것이다.

둘째, 복음의 긍정적인 면을 제시한다. 무슬림들에게 '너희는 전혀 모른다. 너희들은 모두 지옥 간다'고 해서는 복음이 무슬림들에게 전달되기 어렵다.

셋째, 무슬림들과 좋은 관계를 갖는다. 복음을 실어 나르는 통로로서

---

23) Ibid., 59.

그들과 좋은 관계를 먼저 갖는다. 그런 면에서 이슬람 국가에서 노방전도는 바른 방법이 아니다. 무슬림과 좋은 관계가 형성되기 전에는 우상숭배 내지 다신 숭배로 오해받고 있는 '하나님의 아들' 또는 '삼위일체'는 뒤로 미뤄두어야 한다. 만일 무슬림이 이 문제를 다시 물어보면 정중하게 나중에 이야기 하자고 말해둔다.

넷째, 우리의 삶을 통하여 복음을 전한다. 주님이 우리에게 오신 것을 기억하고 예수님의 행적을 따라간다. 우리가 먼저 무슬림에게 전할 것은 '알마시흐'가 누구신지 그리고 그의 가르침을 그들에게 나눠야 한다. 예수님이 참 인간이 되신 후 우리 가운데 사시고 식사도 하시고 기적을 베푸신 것처럼 우리도 그들 가운데 살면서 음식을 나누고 그들과 하나님의 사랑을 나누는 것이다.

무슬림과 하나님의 사랑을 나누는 것이 중요하다고 하였는데 우선 성경의 하나님을 잘 모르는 무슬림들에게 성경의 하나님이 누구신가를 바르게 알려줄 필요가 있다. 성경에 나오는 하나님은 꾸란에 나오는 알라 그 이상이다. 성경이 최대한으로 하나님의 속성을 계시하고 있지만 우리가 주님을 만날 때 하나님에 대하여 아는 것이 더욱 분명해질 것이다. 예수님은 유대 땅에 사셨고 종교적인 상징들에 대하여 거부하시고 그분 자신이 사람들에게 직접 계시되었다. 주님이 우리에게 오시었는데 우리가 알지 못한 것은 우리가 무지하고 우리에게 죄성이 있었기 때문이다. 우리가 영적인 소경이 되어 하나님을 바로 알 수 없었기 때문이다. 죄 속에 있는 사람에게는 빛이 누구신지를 알려줄 사람이 필요하다(요 1:10). 세상 사람들이 태생적으로 하나님의 자녀가 되는 것이 아니고 새로 태어나는 영적 거듭남의 선물을 받아들여야 하나님의 자녀가 된다(요 1:12). 무슬림에게는 성령 하나님이 우리를 새로 거듭나게 하신다는 것을 가르쳐 주어야 한다. 그런 점에서 교회는 우리에게 오신 예수 그리스도가 꾸란에서 왜곡되었다는 것을 성도들에게 가르쳐 주어야 한다.

이슬람에서 말하는 '계시'는 책(꾸란)이 되었고 우리에게는 하나님이시고 영원한 로고스이신 그리스도가 인간으로 이 땅에 오셨다. 말씀이 육신이 되어(요 1:14)라는 말에서 육신(flesh)은 인성(human nature)을 의미하지 죄성이나 연약함을 가리키지 않는다. 예수 그리스도는 영원하시고 하나님 아버지와 본질에서 하나이시다. 육신이 되었다고 하여서 그리스도가 바뀐 게 아니다.[24] '육신이 되어'에서 '되어'(became)라는 말은 헬라어 '에게네토'(egeneto)인데 '성품에서 변화를 경험하여 새로운 상태로 들어갔다[25]라는 의미이다.

꾸란 안에 메카 '계시'의 극히 일부에 우리가 알마시흐를 알 수 있는 내용들이 들어있음을 우리는 기쁘게 생각한다. 그렇다고 그것이 곧 성경의 예수 그리스도는 아니다. 성경의 하나님과 꾸란의 알라의 속성이 비슷하다고 하여 우리의 삼위일체 하나님과 꾸란의 단일신 알라가 같다고 속단하는 함정에 빠져서는 안 된다. 한국에서 적절한 상황화는 한국 내 선교학자들의 몫이 될 것이다.

상황화는 요구되고 필요한 것이지만 상황화가 과할 경우 혼합주의에 빠질 가능성이 대단히 높고 하나님 중심이 아니라 인간이 중심이 되는 신학이 될 위험성이 있다. 또한 상황화가 약할 경우 단일 문화적 태도로 상황(문화)의 차이를 고려함이 없이 일방적으로 말씀을 전할 수 있다. 문화가 다른 대상에게 말씀을 전할 때는 전하는 자, 받는 자, 또한 말씀이 갖고 있는 문화적 차이들로 인해 의사소통에 장애가 일어날 수밖에 없다.

---

24) John F. Walvoord and Roy B. Zuck, *The Bible Knowledge Commentary* ,273.
25) Frederick William Danker, *A Greek- English Lexicon of the New Testament and other Early Christian Literature*, 198, "to experience a change in nature and so indicate entry into a new condition; become something."

이러한 이유 때문에 하나님의 말씀을 전하는 자가 바르고 적절하게 상황화 작업을 하지 않으면 말씀이 제대로 이해되거나 전달될 수 없게 된다. 하나님 말씀은 보편적 진리이며 시공간을 초월해 모든 사람들을 위한 영원불변의 진리이지만 그럼에도 불구하고 그 말씀을 듣는 자들로 정확하게 그리고 적절하게 이해되도록 하기 위해서는 상황화 작업이 반드시 필요하다.26)

무슬림은 그가 태어난 나라에 따라 '사우디인, 이집트인'이 되었다. 이슬람 국가에서 자라난 무슬림들에게 기독교로 개종하라고 하면 그의 문화와 전통을 버리라는 말이 된다. 그러나 한국에서는 무슬림들이 한국 문화 속에 살고 있으므로 아직 이슬람화되지 않는 한국의 전통을 한국인 무슬림들이 갖고 있다. 그러므로 이슬람 국가에서 한국 선교사들이 사역하는 방법과 한국에 사는 한국인 무슬림이나 외국인 근로자에게 적용하는 상황화는 좀 다른 문제이다.

상황화를 좀 더 정확하게 이해하기 위하여 하나님께서 우리에게 어떻게 오시었는가를 살펴 볼 수 있다. 하나님은 우리에게 예수 그리스도를 보내셨다. 그런데 예수 그리스도를 보내시기 전에 그 길을 예비하셨다. 그리고 예수님이 우리에게 오셨다. 그러나 그가 오신 것을 잘 모르는 사람들이 많았다. 심지어 예수님이 부활하신 후에도 엠마오 도상에 있던 제자들이 그가 누구신지 처음에는 알지 못하였다. 그러고 보면 인간이 사랑과 공의의 하나님을 바로 알기에는 많은 시간이 필요하다. 무슬림들이 예수님의 사랑과 기적과 가르침을 바로 알기가 쉽지 않다. 왜냐하면 꾸란에서는 이싸 알마시흐가 그냥 인간에 불과하다고 가르치고 있기 때문이다. 예수 그리스도가 이 땅에서 행하신 일들은 그의 속성을 잘

---

26) 김승호, 『선교와 상황화』(서울: 토라, 2007), 7.

표현해 준다.

이슬람이 태생적으로 선교적인 종교라는 것을 망각해서는 안 된다. 이슬람이 본래 신앙(종교)과 정치가 결합된 것도 잊어서는 안 된다. 무슬림들은 이슬람이 전 세계로 퍼져가기를 바라고 있다. 그러나 우리는 무슬림들을 존중하고 그들을 긍휼의 눈으로 바라보아야 한다. 필요하다면 성경과 꾸란을 비교하여 보자고 할 수 있다. 그러나 우리의 목적은 무슬림이 복음을 듣게 하는데 있다. 복음은 기쁜 소식이요 우리 모두에게 참 영생과 기쁨을 주기 때문이다.

무슬림들도 알라에게 가까이 가려고 한다. 무슬림들이 영적 차원에 대한 관심이 있다고 하여 꾸란과 이슬람 안에 성령이 있다는 말은 아니다. 무슬림들에게 이슬람은 삶의 방식(way of life)이지 영적 관계가 중요한 것이 아니기 때문이다. 중동의 많은 무슬림들은 기독교인들이 너무 영적이고 유대인들은 너무 물질적이라고 말한다. 무슬림들에게 마시히(masīhī; 기독교인)가 되라고 하는 말은 무슬림들이 갖고 있는 전통과 문화와 가족을 버리라는 말이 되므로 중동 이슬람 국가에서는 사역자가 무슬림들[27]에게 이 말이 무슨 의미로 사용하느냐고 물어보아야 한다. 우리가 무슬림들 속에서 상황화하려고 하는 것은 해당 무슬림이 복음을 받아들여 개인과 집단과 가족들이 변화되는(transforming) 것을 의미한다. 이것을 레바논의 마틴 악카드는 다음과 같이 두 가지 절차로 요약한다.

첫째, 예수를 구주로 믿는 신앙 고백을 그 무슬림 개종자가 고수하는 것이다.

둘째, 다른 사람들 앞에서 그리스도인으로서 그들의 모범으로

---

[27] 무슬림에게 '무슬림'이 뭐냐고 물으면 '이슬람식 기도와 순례와 금식 등을 하는 사람'이고 '알라에게 진실하고 순종하며 음주와 간통을 하지 않고 거짓말을 하지 않는 사람'이라고 한다.

살아가는 것이다.

만일 어느 무슬림이 평소에 모스크에 잘 다니다가 모스크 다니는 것을 갑자기 그만 두면 주위 무슬림들은 그가 선교사를 만나 모스크를 그만두었다고 할 것이다. 그리고 그들에게 그런 외국인 선교사는 그들을 속이는 자로 인식될 것이다. 무슬림이 예수를 구주로 믿었다는 것은 그가 예수를 믿는 믿음을 지키면서 그의 주위에 있는 무슬림들이 그처럼 되고 싶다는 마음이 그들에게 우러나게 하는 것이 상황화의 주목적이다. 하나님 나라가 그 무슬림들 속에 자라게 하려면 그 개종자가 그가 속한 공동체에 남아 있어야 한다. 여기서 중요한 것은 하나님 나라 안에 있는 그 개종자는 겨자씨나 누룩처럼 처음에는 아주 작으나 그가 속한 사회와 제도를 바꿀 수 있을 만큼 성숙한 그리스도인으로 성장하는 것이다. 상황화는 새로운 사회구조(social structure)를 만드는 것이 아니다. 상황화 방법론에 우리가 관심을 갖는 것은 당연하나 한국적 사회에서 우리가 어떤 상황화가 적합할지는 그 무슬림 개종자가 결정하게 하는 것이 더 적절하다.

상황화 작업은 해당 문화에 대하여 비판적인 자세를 갖고 언제나 성경에 비추어 지속적으로 관찰하며, 그들 문화 중에서 어떤 양식을 따를지 안 따를지는 공동체 회원들이 스스로 결정하게 하고 선교사는 다만 코치역할만 하는 것이다. 그러므로 무슬림 개종자가 자신이 속하였던 이슬람 공동체와 적대적인 관계를 갖도록 해서는 안 된다. 외국인 사역자가 이슬람을 증오하도록 무슬림 개종자를 부추겨서도 안 된다. 무슬림 개종자들은 기존의 이슬람 사회를 증오하고 이슬람을 폭력의 종교 혹은 사탄의 종교라고 하고 무함마드를 거짓말쟁이라고 하면서 이슬람을 비난하는 경우도 있었다. 한국교회가 이슬람과 무슬림들에게 너무 엄청난 그리고 그들이 감당하기 버거운 용어를 사용하여 기독교와 이슬람간의 적대적인 관계를 만들어가서는 안 된다. 우리의 할일은 해당 무슬림 개종자가 하나님이 누구신지 그가 찾는 구도의 길과 신앙 여정에서 성경 말씀대로 그가 올바르게 나아가도록 그의 동반자가 되어 주는 것이다. 하나님을 기쁘시게 하기 위한 영적 여행을 매일 매일 계속하고 있는 우리의 모습이 무슬림들에게 도전이 되기를 바란다.

한국 사회에서 상황화는 한국 기독교인들이 무슬림 개종자들에게 '이렇게 이렇게'하라고 지시하는 것이 아닐 것이다. 더구나 한국의 기독교인이 한국에 와 있는 무슬림에게 '나는 기독교인이 아니고 무슬림이다'고 하면서 접근해서도 안 될 것이다. 만일 무슬림이 기독교인(Christian)이냐고 물으면 우리는 그가 어떤 의미로 '크리스천'이라고 하는지 물어보아야 한다. 만일 그가 알고 있는 크리스천[28]이란 말이 우리가 알고 있는 크리스천의 의미와 다르다면 정중하게 바르게 구별해 줄 필요가 있다. 한국 내 상황화는 전적으로 해당 무슬림 개종자가 예수 그리스도를 구주로 영접하고 나서 그가 어떻게 신앙생활을 유지하면서 우리 기독교인처럼 영적 여행을 할 수 있을지 그가 결정하도록 하게 한다. 무슬림 형제가 복음을 받아들였으면 그가 기독 신앙을 지키면서 자신의 가족과 주위 사람들을 변화시키는 데 자신의 역할을 찾게 되는 것이다.

요약하면 무슬림들에 대한 접근 방법은 그가 속한 나라와 상황에 따라 달라질 수밖에 없다. 그럼에도 사역자들이 '무슬림'이란 용어로 자신을 소개하고, 자신도 모스크 기도에 참석하고, 꾸란을 사용하고, '이슬람의 신앙고백을 암송하는 것이 합당한가'라는 것과 이러한 '내부자 운동으로

---

[28] 아랍 무슬림들은 마시히(masīhī, christian)라는 말을 '이싸 알마시흐를 따르는 사람' 혹은 '카피르' 혹은 '술을 먹는 등 제멋대로 사는 사람', '나사렛 사람' 등으로 해석한다.

생긴 교회'가 기존 교회와 하나가 될 수 있는가 하는 문제는 아래와 같이 논란이 되고 있다.29)

첫째, 사역자들은 자신을 '무슬림'으로 소개할 수 있는가? 한국인 중 무슬림에게 사역하는 사람이 자신을 이싸를 따르는 '무슬림'이라고 소개해서는 안 된다. 만일 한국 기독교인이 무슬림에게 자신을 무슬림이라고 소개하면서 무슬림으로서 살아가지 않으면 무슬림을 속이는 사람으로 비쳐지기 때문이다. 그러나 무슬림 배경의 기독교인은 자신이 처한 상황에서 이 용어가 어떤 의미를 전달해주는지 잘 알고 있어서 무슬림들과의 만남에서 그를 속이는 말은 하지 않는다.

둘째, 사역자가 모스크 기도에 참석하고 꾸란을 기도 중에 사용할 수 있는가? 무슬림들 중 기독교인이 된 사람은 모스크에 가거나 꾸란을 사용하는 것이 무엇을 의미하는지 더 잘 안다. 그래서 무엇이 가장 좋은 방법인지는 그가 결정한다. 아프리카에서 일부 MBB들이 아직도 모스크에 나가면서 성경과 꾸란을 동시에 배우는 사람들이 있다. 이들이 성경을 읽고 배우며 다른 예수의 제자들과 교제를 나누는 것이 그들의 영적 성장에 크게 도움이 되었다.

필 파샬은 자신의 그룹 원들이 모스크에 가서 이슬람 기도에 참여하지 않기로 하였다. 그런데 그룹 중 한 사람이 이슬람의 기도를 '실험적'으로 체험해 보겠다고 나섰다. 그 다음 금요일 그는 먼 마을에 가서 그곳 모스크에서 무슬림들과 이슬람식 기도를 했다. 무슬림들은 외국인이 모스크에 온 것을 기뻐하여 그에게 여러 필요한 것들을 가르쳐 주었다. 그런데 그가 기도를 마치자 동네 무슬림들이 '이제 네가 무슬림이 된 것을 축하한다'고 말해 주었다. 그는 '나는 이싸를 따르는 사람이고 이슬람을

---

29) J. Dudley Woodberry, "To the Muslim I became a Muslim?", IJFM 24:1, Winter 2007, 27.

그냥 배우고 싶었다'고 설명을 하였다. 그랬더니 그곳 무슬림들이 '너는 모스크의 신성함을 짓밟은 거다'라고 하면서 죽이려고 하였다.30)

셋째, 사역자가 무슬림과 함께 섞여서 이슬람의 신앙고백을 할 수 있는가? 일반적으로 기독교인은 이슬람의 신앙 고백을 할 수 없다. 이슬람 신앙 고백의 첫 구절 '알라 이외에 신이 없다'가 오직 한 분의 신을 믿는다는 뜻으로 해석한다면 우리가 고려해 볼 수 있겠지만 '무함마드가 알라의 메신저'라고 하는 이슬람 신앙고백의 둘째 구절은 절대로 받아들일 수 없다. 만일 무슬림들에게 복음을 전하기 위하여 무함마드가 알라의 예언자라는 것을 우리가 받아들인다면 마치 칼리파 알마흐디가 네스토리아 총대주교 디모데 1세(823)에게 '무함마드에 대하여 어떻게 생각하느냐?'고 물었을 때 '그는 예언자들의 길을 걸었다'고 애매모호한 답변을 한 것과 크게 다르지 않을 것이다.

넷째, 내부자 운동으로 새로 생긴 교회와 기존 교회가 하나가 될 수 있는가? 방글라데시에서 상황화된 접근으로 필 파샬이 복음을 전한 MBB들의 모임이 기존의 교회들과 섞이지 못하였다. 필 파샬은 기존의 교회가 MBB교회를 받아들일 수 있기를 바란다고 하였다.31)

상황화된 접근으로 모임이 형성되었다고 해도 그들의 상황화적 접근에 수정이 필요한 것은 기존의 교회와 교제가 있어야 한다는 점이다. 그리스도는 유대인과 이방인이 한 몸이 되기 위하여 막힌 담을 허무셨다(고전 12:12-27). 우리는 서로 사랑함으로써 그리스도의 몸이 하나라는 것을 드러내야 한다. 이것이 곧 그리스도께서 성육신 하신 이유이다.

> 몸은 하나인데 많은 지체가 있고 몸의 지체가 많으나 한 몸임과 같이 그리스도도 그러하니라(고전 12:12).

---

30) Phil Parshall, "Going Too Far", *Perspectives on the World Christian Movement*, 657.
31) 필 파샬,『무슬림 전도의 새로운 방향』, 291

5. 한국의 교회와 이슬람학 과정

우리는 모든 사람에게 복음을 전해야 하므로 무슬림도 예외가 아니다. 그러나 무슬림이 누구인지를 먼저 알아야 구원의 메시지를 대상의 필요에 맞게 효과적으로 전할 수 있다. 하나님의 구원의 메시지는 꾸란에는 없고 성경에만 있다. 우리가 하나님의 사랑과 그리스도의 마음으로 그리고 헤세드(친절과 인자)의 눈으로 무슬림을 대하지만 근본주의 무슬림과 온건한 무슬림은 구별해야 한다.

요르단 신문 「알라이」32)는 2009년 4월 16일 '무슬림 젊은이들이 이슬람의 대사들이라고 말하고 그들을 변증과 과학적 논리로 무장시켜야 한다'고 강연한 이슬람 부흥사 무함마드 라팁 알나불루시의 말을 전하였다. 그는 요르단의 이르비드에서 7,000명의 무슬림 청소년들을 대상으로 "청소년과 이슬람 부흥(나흐다)의 역할"이란 강연을 하였다. 그는 '알라는 꾸란에서 불순종, 태만, 게으름, 세상을 좋아하는 것과 종교에서 정도를 벗어난 것을 금하였다고 하면서 '이슬람은 중도'라고 하였다. 이 말은 이슬람은 극단을 피한다는 것이다. 즉 우파도 좌파도 아니라고 하면서 무슬림이 이슬람에 대하여 무관심한 것도 안 되고 너무 도에 지나치게 관심을 갖는 것도 아니라고 했다.

인간의 몸은 영혼을 담고 있는데 이 육신과 영혼은 이 세상에서 중요한 일을 하기 위하여 존재한다고 말하고 이슬람의 근본은 몸과 이성과 영혼의 균형이 필요하다고 했다. 이성의 양식은 학문이고 마음의 양식은 사랑이므로 몸이 필요로 하는 것과 혼이 필요로 하는 것 그리고 이성이 필요한 것들의 균형이 있어야 한다고 했다. 이성의 양식은 학문이고 마음과 영혼의 양식이 사랑과 가치이며 몸의 양식은 음식이라고 했다.

---

32) http://www.alrai.com/pages.php?news_id=266912

그는 무슬림 청소년들의 역할이 이슬람 커뮤니티의 부흥에 중요하다고 강조하고 그들은 움마(이슬람 커뮤니티)가 기다리는 미래라고 규정하였다. 이슬람의 변화는 그들의 어깨 위에 있으므로 과도한 것을 피하고 극단을 피하며 이슬람의 관용과 가치를 전하라고 하였다. 이슬람 커뮤니티의 부흥과 발전에는 중도와 중용이 있다고 하면서 그는 무슬림 청소년들의 역할이 중요하다고 강조하고 그들의 삶의 문제에서 중도와 중용에 근거한 계몽적인 사상을 그들의 행동 강령으로 채택하라고 했다. 무슬림 청년들은 변증(hujjah)과 과학적인 논리 그리고 이슬람 종교의 위대함을 전해주는 증거들을 아는 것으로 무장되어 있어야 한다고 하면서 무슬림 청소년들에게 정의와 평등을 삶의 방편으로 하는 이슬람의 메시지를 전하는 대사가 되라고 설파하였다.

이슬람이 중도를 걷는다는 이슈가 그동안 이슬람 국가에서 이슬람의 교리와 종교의 변증을 하는데 주로 쓰여 왔다. 무슬림들이 이슬람의 관용적이고 중용적인 이미지를 부각시켜 이슬람의 부흥을 시도하는 좋은 예라고 볼 수 있다. 오늘날 무슬림들은 유럽에서 일어난 무함마드 풍자만화 사건이 이슬람의 부흥을 촉발시키는 매개체가 되었다고 한다.

무슬림들은 이슬람 예배의 통합적인 측면에서 '개혁'의 개념을 다루어야 한다고 강조한다. 오늘날 무슬림들은 이슬람에 문제가 있는 것이 아니고 무슬림들이 서로 다르게 이슬람을 이해하고 있는 것이 문제라고 했다. 그 다양성과 이슬람에 대한 이해의 모호성으로 인하여 무슬림들 중에는 광신적인 태도를 갖는 사람에서부터 욕망을 자제하는 사람들까지 다양하다.[33] 무슬림 개인을 넘어서 무슬림 집단이 개혁이 되어야 이슬람의 실천 사항이 실현된다고 했다.

오늘날 무슬림 사상가들은 이슬람의 개혁을 부르짖는다. 그리고

---

33) 2005.4.21 http://www.alrai.com/pages.php?news_id=30649&select

이슬람이 중도와 중용을 근간으로 하고 있다는 것을 강조한다. 무슬림 청년들이 이슬람을 전할 수 있도록 무슬림 청년들은 변증과 과학적 논리 그리고 이슬람의 위대성을 잘 익혀야 한다고 주문한다.

오늘날 아랍 무슬림들 중에는 오사마 빈 라덴을 동정하는 무슬림들이 있다. 세계 무슬림들 중에는 극단주의자와 근본주의자(이슬람주의자)들이 있다. 극단적인 무슬림들은 해당 정부를 향한 테러를 하기도 하지만 외국인들을 무차별적으로 테러를 한다. 일부 무슬림들은 이런 극단적인 테러의 원인은 미국과 이스라엘이 이중 잣대로 국제 질서를 망가뜨린 것 때문이라고 하나 일부는 신이 하실 일을 일부 과격 무슬림들 스스로 상대를 정죄하고 그들이 직접 나서서 폭력을 행사하고 있다고 한다. 이런 테러로 인하여 온건 무슬림들은 이런 상황을 어찌할까 스스로 당황해 하면서 그는 두 가지 답을 내놓는다. 첫째는 이들 테러를 한 무슬림은 진짜 무슬림이 아니라고 하고 둘째, 오늘날 무슬림들이 하는 것을 보고 이것을 '이슬람'이라고 하지 말라고 주문한다. 이슬람을 제대로 지키는 무슬림이 없다고 강조한다. 무슬림들이 바뀌지 않는 한, 무슬림들의 타종교간 대화는 이슬람의 이미지를 쇄신하려는 방편에 지나지 않는다. 정말 무슬림들이 타종교를 존중하고 이슬람을 믿지 않는 사람들도 인격적으로 대해 주었으면 한다. 사실 무슬림 안에서도 극단적인 무슬림과 온건한 무슬림들 간에 갈등이 있다. 이슬람 학자 로버트슨은 이슬람의 궁극적 목적은 세계를 이슬람화하고 세계의 여러 종교를 지배하는 것이라고 했다. 이런 이슬람에 대한 균형적이고 현장감 있는 바른 이해가 이루어진 사람들이 훈련되어 한국에 많아지기를 기대한다. 그 훈련은 우리가 섬길 사람들과 그리스도에 대한 사랑의 증거가 기본 동기가 되어야 한다. 통문화 역동성(Cross-cultural dynamics), 이슬람학(Islamics),

무슬림 속에서 기독교인의 적절한 증거 방법들, 전문 영역(개발, 교육, 의료 등), 성경 지식과 변증법, 제자 훈련과 기도(영성) 등이 포함되는 다각적인 이슬람학 과정(Christian Islamics Training Program)이어야 한다. 최소한 이슬람 지역에서 3년 이상 무슬림 사역을 한 자이고, 목회학석사(M. Div.)나 신학석사(Th. M.) 학위를 가진 자로서 현장에서 사역을 하면서 무슬림 사역의 학위과정(D. Min/ D. Miss in Muslim Ministries)을 이수하고자 하는 사람들이면 더욱 적절하다. 왜냐하면 그들이 사역 현장에서 부딪히는 문제들을 성경적으로 해결하는 방법을 개발하는데 더 적극적으로 참여할 수 있기 때문이다. 한 예로 1년 과정의 이슬람학 학위과정에서 개설할 강좌의 제목들을 나열하면 아래와 같다.

Level ①: 기독교 신앙의 성경적 기초와 꾸란 형성과정, 이슬람의 교리와 기독교 진리, 이슬람 세계의 최근 동향, 한국의 이슬람과 잘못된 어휘 번역
Level ②: 이슬람 국가의 기독교인을 위한 목회적 관심, 영적 전쟁과 기도, 이슬람 역사와 기독교의 신학적 논쟁, 통문화의 역동성, 무슬림 세계관과 성경(다리와 장벽)
Level ③: 무슬림에게 효과적인 전도와 증거 방법들, 이슬람법의 기초와 무슬림 여성의 혼인제도, 꾸란의 바른 해석과 주석 연구, 7-9세기 초기 이슬람과 기독교의 만남
Level ④: 무슬림 환경에서 무역과 금융, 이슬람 근본주의의 강령과 테러, 이슬람 국가에서 딤미(dhimmi) 제도와 교회에 대한 악영향, 무슬림을 위한 성경의 스토리텔링
Level ⑤: 커뮤니티 개발과 해외 개발 단체 간의 네트워크, 이슬람과 기독교 여성의 지위와 권리, 민속 이슬람과 능력대결, 성경의

권위와 기독교인의 변증법
Level ⑥: 지역교회와의 통합과 재사회화(resocialization)를 위한
개종자 교육, 이슬람법(샤리아)에 근거한 정치 제도 하에서의
기독교인의 삶, 성경과 꾸란 비교(성경의 신론, 인간론, 기독론,
교회론과 상황화, 개종, 윤리 등)
Level ⑦: 수피즘, 무슬림 속에서의 상황화, 이슬람 회의 기구(OIC)의
역할, UN의 인권 선언, 소득 발생을 위한 하나의 프로젝트로서
개종자의 직업 훈련

이상과 같이 편의상 1단계부터 7단계로 구분하고 각 단계마다 최소한 4가지 주제를 설정하여 보았다. 위 주제들은 주로 해외 이슬람권에서 사역하는 데 필요한 내용들을 중심으로 열거해 보았으므로 만일 한국 안에서 사역할 사역자들을 훈련하기 위해서는 한국적 상황을 고려하여 강의 내용과 주제를 수정할 수 있겠다. 물론 이슬람학 과정은 선교적(missiological)이고 목회적(pastoral)인 긴박성에서 실시되어야 한다.

참고문헌

1. 한글서적

강승삼. "한국교회세계선교운동의 평가와 미래 25년의 전망". KWMC 2008
공일주.『아브라함의 종교: 유대교, 기독교, 이슬람교』. 서울: 살림, 2004.
──.『코란의 이해: 공식 이슬람과 민속 이슬람』. 서울: 한국외국어
　　　대학교출판부, 2008.
──.『이슬람 문명의 이해: 고전이슬람과 현대이슬람의 만남』. 서울:
　　　예영 커뮤니케이션, 2006.
──.『중동의 기독교와 이슬람』. 서울: 예영 커뮤니케이션, 2003.
──.『아랍 문화의 이해』. 서울: 대한교과서. 2000.
──.『아랍어 음성학』. 서울: 송산출판사. 1993.
──.『아랍교회에 부흥 있으라』. 서울: 예루살렘. 2000.
──.『이싸냐 예수냐(성경이냐 꾸란이냐)』.서울: 죠이출판부. 1997.
──.『이라크의 역사: 순니파 시아파 쿠르드족의 각축』.서울: 살림,
　　　2006.
──. "아랍인의 신 개념".《종교와 문화》. 서울대학교 종교 문제연구소, 2008
공일주 전완경.『북아프리카사』. 서울: 대한교과서, 1997.
그닐카, 요아힘.『성경과 꾸란』. 오희천 역. 서울: 중심, 2005.
김대옥. "이슬람의 성경변질론에 대한 비판적 고찰", 아세아연합신학대학교

석사학위 논문 2008

김삼환.『강해설교집 룻기』. 서울: 도서 출판 오직 주님, 1998.

김세윤.『복음이란 무엇인가』. 서울: 두란노, 2003.

김승호.『선교와 상황화』. 서울: 토라, 2007.

김요한.『무슬림 가운데 오신 예수』. 서울: 도서출판 인사이더스, 2008.

김용선.『코란의 이해』. 대우학술총서. 인문사회과학 42. 서울: 민음사,
    1990.

김의환.『기독교회사』. 서울: 성광문화사, 1982.

다이슨, 헨리 .『조직신학 강론』. 권혁봉 역. 서울: 생명의 말씀사, 1997.

라이리, 찰스 C.『평신도 신학 입문』. 이한규 역. 서울: 두란노, 2002.

류대영, 옥성득, 이만열.『대한 성서공회사 II』. 서울: 대한 성서공회,
    1994.

마시흐, 압둘.『무슬림과의 대화』. 이동주 역. 서울: CLC, 2001.

모우캐리, 쇼켓.『기독교와 이슬람의 대화』. 한국이슬람 연구소 역.
    서울: 예영 커뮤니케이션, 2003.

바이어하우스, 피터.『현대선교와 변증』. 이선민 역. 서울: CLC, 2004.

벌코프, 루이스.『조직신학』. 권수경, 이상원 역. 서울: 크리스천
    다이제스트, 2000.

보쉬, 데이비드.『세계를 향한 증거-선교의 신학적 이해』. 전재옥 역.
    서울: 두란노, 1992.

슈미트, 베르너 H.『구약성서 입문 I』. 차준희 채홍식 역. 서울: 대한
    기독교 서회, 2001.

아이라 M. 라피두스.『이슬람의 세계사』. 신연성 역. 서울: 이산, 2008.

이동주.『현대 선교 신학』. 서울: CLC, 1998.

이현모.『신학생과 선교 헌신자를 위한 현대 선교의 이해』. 대전: 침례

신학대학교 출판부, 2007.

이형기. 『세계교회사(1)』. 서울: 한국 장로교 출판사, 1994.

정흥호. 『복음주의 입장에서 본 상황화 신학』. 서울: 한국로고스연구원, 1996.

채드윅 헨리. 『초대교회사』. 서영일 역. 서울: CLC, 1983.

최영길. 『꾸란 해설』. 서울: 송산 출판사, 1988.

케논, 윌리엄 R. 『중세교회사』. 서영일 역. 서울: CLC, 1989.

파샬, 필. 『무슬림 전도의 새로운 방향』. 채슬기 역. 서울: 예루살렘, 2003.

한국일. 『세계를 품는 선교』. 서울: 장로회신학대학교출판부, 2004.

히버트, 폴. 『선교와 문화인류학』. 김동화, 이종도, 이현모, 정흥호 역. 서울: 죠이출판부, 1996.

———. 『인류학적 접근을 통한 선교 현장의 문화 이해』. 김영동 안영권 역 서울: 죠이 선교회 출판부, 1997.

『대한 성서공회사 I』. 서울: 대한 성서공회, 1993.

2. 영문서적

Abboudi Henry S. *Muʻjam al-Hadārāt al-Sāmiyyah*. Lebanon: Jarus press, 1988.

Abduh Sameer. *al-siriyyaniyyah- al-arabiyyah*. Dimashq: Dar alā al-din, 2000.

Abd al-Masih. *Who is Allāh in Islam*. Villach: Light of Life, 1999.

Ali, Abdullah Yusuf. The Holy Qurʻan. New York: Hafner

Publishing, 1946.

Armstrong Karen . *A History of God.* New York: Ballantine Books, 1993.

Ashitha, Odisho M. Gewargis. *Hilqa De Leshana Assyrian-Arabic Dictionary.* Baghdad: Matba'a ofset, 1997.

Aslan Reja . *No god But God.* Cox & wyman Ltd: Arrow Books, 2006.

Badr, Habib. et.al.. Christianity. *A History in the Middle East.* Beirut: Middle East Council of Churches, 2005.

Bailey Kenneth E. *Jesus Through Middle Eastern Eyes.* Downers grove: IVP press, 2008.

Baker Warren & Eugene Carpenter. *The Complete Word Study Dictionary. Old Testament.* Chattanooga: AMG Publishers, 2003.

Baldwin John R. et.al.. *Communication Theories for everyday life.* Boston: Pearson, 2004.

Banker Frederick William. *A Greek- English Lexicon of the New Testament and other Early Christian Literature.* Chicago: The University Chicago Press, 2000.

Bosch David J. *Transforming Mission.* New York: Orbis Books, 1999.

Brown Francis. The Brown-Driver-Briggs. *Hebrew and English Lexicon.* Massachusetts: Hendrickson Publishers, 2000.

Caner Ergun Lehmet & Emir Fethi Caner. *Unveiling Islam.* Kregel Publication, 2002.

Cate, Mary Ann & Karol Downey. *From Fear to Islam.* Pasadena: William Carey Library, 2002.

Dorman, Harry Gaylord. *Toward Understanding Islam.* New York:

Bureau of Publications, 1948.

Ernst Carl W. . *Sufism*. Boston: Shambhala, 1997.

Esposito John L.. *The Oxford Dictionary of Islam*. Oxford University Press, 2003.

Gauran, Johanni. *ACTS. Apologetical Chronological Theological Scriptural. Bible Stories for Evangelism*. Makati city: Foreign Mission Board, 1995.

Gibb, H. A. R. and J. H. Kramers. *Shorter Encyclopaedia of Islam*. Leiden: E. J. Brill, 1974.

Gibson, Margaret Dunlop ed. and Trans.. *An Arabic Version of the Acts of the Apostles and the Seven Catholic Epistles. from an Eighth or Ninth Century MS in the Convent of St.Catherine on Mount Sinai, with a Treatise 'On the Triune Nature of God'(Studia Sinaitica 7)*. London: C.J. Clay and Sons, 1899.

Gilchrist John. *The Christian Witness to the Muslim*. Benoni: Jesus to the Muslims, 1988.

Goldman David . *Islam and the Bible*. Chicago: Moody Publishing, 2004.

Graf, Georg. "*Die Schriften des Jacobiten Habib ibn Hidma Abu Rabita*". Louvain: Imprimerie Orientaliste, L. Durbecq, 1951.

Grudem Wayne. *Systemic Theology*. Grand Rapids: Zondervan Publishing House, 1994.

Hayek Michel(ed.). *Ammar al-Basri: Apologie et Controverses. Richerches ILOB. Nouvelle Serie B. Orient Chretien. 5*. Beirut: Dar al-Machreq, 1977.

Hesselgrave David J.. *Communicating Christ Cross-culturally.*
　　　Michigan: Zondervan Publishing House, 1991.
Hiebert, Paul G. *Cultural Differences and the Communication of*
　　　the Gospel. Perspectives on the World Christian Movement.
　　　Grand Rapids: Baker Book House, 1985.
Hitti Philip K . *History of the Arabs.* N.Y: ST. Martin's Press. Inc. 1970.
Horner Norman A. *A Guide Christian Churches in the Middle East.*
　　　Indiana: Mission Focus, 1989.
Izutsu Toshihiko. *God and Man in the Koran.* Tokyo: The Keio
　　　Institute of Cultural and Linguistic Studies, 1964.
―――. *Ethico-Religious Concepts in the Quran.* Montreal &
　　　Kingston: McGill-Queen's University press, 2002.
Jabbour, Nabeel T. *The Crescent Through the Eyes of the Cross.*
　　　Navpress, 2008.
Khan, Muhammad Muhsin. *Summarized sahih al-Bukhari.* al-
　　　Medina: Maktaba Dar Us-Salam, 1994.
Khan M. A. Muqtedar . *Debating Moderate Islam.* Salt Lake City:
　　　The University of Utah Press, 2006.
al-Khudrawi Deeb. *A Dictionary of Islamic Terms.* Beirut: Al-
　　　yamamah, 1995.
Love Rick. Muslims, *Magic and the Kingdom of God.* Pasadena:
　　　William Carey Library, 2000.
Love, Fran & Jeleta Eckheart. *Longing to Call Them Sisters.*
　　　Pasadena: William Carey Library 2002.
Maalouf, Tony. *Arabs in the Shadow of Israel.* Grand Rapids:

Kregel, 2003.

Matheny Tim. *Reaching the Arabs, A felt need approach*. Pasadena: William Carey Library, 1981.

Muller Roland. *Tools for Muslim Evangelism*. Ontario: Essence Publishing,2000.

─── . *Honor & Shame*. Xlibris Corporation, 2000.

Musk Bill . *The Unseen Face of Islam*. Owl Lodge: MARC, 1989.

─── . *A Passionate Believing*. Tunbridge Wells: Monarch Publications, 1992.

─── . *Touching the Soul of Islam*. Crowborough: MARC, 1995.

Parry Ken. et. al. *The Blackwell Dictionary of Eastern Christianity*. Oxford: Blackwell Publishers, 2001.

Parshall, Phil. *Bridges to Islam*. Grand Rapids: Baker Book House, 1983.

Peters, F. E. *Islam*. Princeton: Princeton University Press, 2003.

Rahman, Fazlur. *Major Themes of the Quran*. Kuala Lumpur: Islamic Book Trust, 1999.

Riddell Peter. *Islam and the Malay-Indonesian World*. Singapore: Horizon Books, 2001.

Riddell Peter G. & Peter Cotterell. *Islam in Context: Past, Present, and Future*. Grand Rapids: Baker Academic, 2003.

Ruark, Charles S. *The Koran Unveiled*. The state University of New york Press, 2006.

Samovar Larry A. *Intercultural Communication*. Thomson, 2003.

shehatah qanawati, George. *Al-Masīhiyyah wa- al-Hadārah Al-*

arabiyyah. Cairo: Dar al-Thaqafah, 1992.

Shorrosh Anis A. *Islam Revealed*. Thomas Nelson Publishers, 1998.

Singer Peter. *Hegel*. Oxford: Oxford University Press, 1983.

Smith, Jane Idleman and Yvomme Yazbeck Haddad. *Islamic Understanding of Death and Resurrection*. Oxford: Oxford University Press, 2002.

Sproul, R. C. and Abdul Saleeb. *The Dark side of Islam*. Wheaton: Crossway Books, 2003.

Staal Harvey. *Mt. Sinai Arabic Codex 151*. Louvain: Lovanii, 1985.

Strenghoff Jos M. *Gospel in the Air*. Zoetermeer: Boekencentrum, 2008.

Swartley Keith E. *Encountering the World of Islam*. Waynesboro: A Ministry of Caleb Project, 2005.

Walvoord John F. and Roy B. Zuck. *The Bible Knowledge Commentary*. Wheaton: Victor Books, 1984.

Winter, Ralph D and Steven C. Hawthorne. *Perspectives on the World Christian Movement*. Pasadena: William Carey Library, 2004.

Woodberry, J. Dudley. *Muslims and Christians on the Emmaus Road*. California: MARC, 1990.

Zeger, Frans J.L. *Is Allāh God?*. Lulu.com, 2008.

Zwemer Samuel M. *Heirs of the Prophets*. Chicago: The Moody Bible Institute, 1946.

──. *The Muslim Christ*. Edinburgh, 1912.

──. *The Moslem Doctrine of God*. Boston: American Tract

Society, 1905.

3. 논문 및 학술지

Bertaina, David. "An Arabic Account of Theodore Abu Qurra in Debate at the Court of Caliph al-Ma'mun: A Study in Early Christian and Muslim Literary Dialogues". Washington D.C: The Catholic University of America, 2007.

Imad N. Shehadeh. "A Comparison and a Contrast between the Prologue of John's Gospel and Quranic Surah 5". Dallas Theological Seminary, 1990.

Irsaneous, Daoud Riad. "Interpreting the Atonement of Christ for Muslims in an Arab Context". Fuller Theological Seminary, Ph. D. thesis, 1996.

Kachouh, Hikmat . "The Arabic Versions of the Gospels: A Case Study of John 1:1 and 1:18". The Bible in Arab Christianity, edited by David Thomas, Leiden, 2007.

Lewis Rebecca. "Sharing the Gospel through open networks". Mission Frontiers January-February 2006.

Martindale, Paul T. "Reaching Muslims in America with the Gospel". Gordon-Conwell theological Seminary, 2006.

Ministry in Islamic Contexts. Nicosia: Lausanne Committee for World Evangelization, 1995.

Richards, Donald R. "Suggested Models in Evangelizing Muslims". D. Miss. Illinois: Trinity Evangelical Divinity Seminary,

1988.

Santos Narry . "Honor and Shame in the First Century Mediterranean Culture and the Gospel of Mark". Asia Pacific Journal of Intercultural Studies, January, 2005 Vol.1 No.1, 107.

Sayuti Najmah . "The Concept of Allāh as the Highest God in Pre-Islamic Arabia". Montreal: McGill University, 1999.

Wilson, Franklin Wade "The Kingdom in Context: The Christian Community in an Islamic Culture". M.Div thesis, Tennessee: Emmanuel School of Religion, 1999.

Woodberry J. Dudley. "Contextualization among Muslims Reusing Common Pillars". International Journal of frontier Missions, Vol 13:4, 1996.

http://www.christianitytoday.com/ct/2007/february/26.108.html?start=2

http://en.wikipedia.org/wiki/Origin_and_development_of_the_Qur%27an

http://www.arabicbible.com/bible/codex151_article.htm

http://www.koreaislam.org/notice.do

http://en.wikipedia.org/wiki/Essence

http://en.wikipedia.org/wiki/Docetism

http://quran.al-islam.com/Tafseer/DispTafsser.asp?nType=1&bm=&nSeg=0&l=ar b&nSora=3&nAya=45&taf=TABARY&tashkeel=0

http://www.altafsir.com/FatawaList.asp?ispostback=true&ddlTopics=19&tbSearchText=&btnSearch0%2Ex=28&btnSearch0%2Ey=5&page=3

Gustafson Kim . "우리 개인의 삶과 내부자 사역을 위한 하나님 나라의 재발견". 제13차 한인 세계 선교사 대회 자료집, 2008.

Harlan, Mark. Insider Rethinking on Church & Church Planting. 제13차 한인 세계 선교사 대회 자료집, 2008.

강승삼. "한국교회 세계 선교 운동의 평가와 미래 25년의 전망". KWMC, 2008.

공일주. "신 개념을 접촉점으로 한 무슬림과 의사소통 연구". 아세아연합신학대학교 박사학위논문, 2008

김대옥. "이슬람의 성경변질론에 대한 비판적 고찰". 아세아연합신학대학교 석사학위 논문, 2008.

4. 아랍어 문헌

Abu al-Hasan al-ashari. *Maqalat al-Islamiyyin*. Istanbul: 1963.

Ahmad Hijazi al-saqa. *Al-arwah wa hayat al-Qubuur*. Maktabah al-Nafidhah, 2006.

Al-Haddad, Yusuf Dura. *Madkhal ila al-hiwar al-Islami al-masihi*. Beirut: al-maktabah al-bulisiyya, 1986.

al-Hasan, Rashīd Nājī, *Hadha Huwwa Al-Tasawwuf*, Homs: Matba'a al-Yamamah. 1996.

Husein al-'ūdāt. *al-Arab al-Nasārā*. Dimashiq: al-ahali, 1992.

Deeb Al-Khudrawi. *Qamus al-Alfaz al-Islamiyyah*. Al-Yamamah, 1995.

Ibn Hazm. *Al-Fisal fi al-milal wa-al-'ahwā' wa-al-Nihal(1)*. Beirut: Dar al-Kotob al-Ilmiyah, 1996.

Il Joo Kong. *Al-Talmadhah fi Al-Mujtama' al-'arabī(Discipleship in

Arab Community). Amman, 2004.

Il Joo Kong. *Sawtiyyāt al-lughah al-arabiyyah*. Amman: Jordan University Printing press, 2007.

al-Jatlawī al-Hadi . *al-ma'nā al-sahīh li-injīl al-masīh*. Beirut: dar alfarabi, 2008.

Kim Sam Whan. *sifr Rā'ūth*. Seoul: Shiloam, 2006.

MacDowell, Josh. *Thiqatī fī al-Tawrah wa al-Injīl*. Stuttgart: Call of Hope.

M. A. S. Abdel Haleem. *The Qur'an*. Oxford University Press, 2004.

Qādis Tharwat. *al-Kitāb al-Muqaddas fī al-Tārīkh al-Arabī al-Mu'āsir*. Cairo: Dār al-Thaqāfah, 1999.

Ramsis Awad. *al-Hartaqah fi al-gharb*. al-qahirah: Sina linnashr, 1997.

Rashid Said Kassab. *The Glorious Qur'an*. Amman: sharikat Kilani, 1994.

Qais Sadiq. St. *John of Damascus and Islam*. Amman: Ecumenical Studies Center, 1996.

Tharwat Qadis. *al-Kitāb al-muqaddas fi al-tārikh al-arabī al-mu'āsir*. al-qāhirah: dār al-thaqāfah, 1999.

Thawdhurus Abu Qurrah. *Maymar fi wujūd al-Khaliq wa Al-Din Al-Qawim*. Lebanon: Al-Maktabah Al-Bulusiyyah, 1982.

Yusuf Durrah al-Haddad. *al-Quran wa-al-Kitab*. Lebanon: al-maktabah al-bolisiyyah, 1982.

찾아보기

【ㄱ】

가현설 144-148, 172
공의회 30 각주 5, 33 각주 14, 44 각주 42, 54, 64, 132, 134, 139, 141, 141 각주 71, 152, 153 각주 14, 290, 291
기관 모델 248, 250, 292
길 11, 38, 43, 58, 63, 66 각주 116, 74, 86 각주 171, 92-95, 124, 126, 157, 162, 187, 191, 193, 199 각주 11, 204, 214, 227, 228, 232, 234, 240, 267, 278, 300, 302, 312, 318, 321, 323

【ㄴ】

나바뜨 31 각주 10, 32 각주 12, 38 각주 27, 40 각주 33, 48, 53, 54
나비 29, 30, 43, 242, 299
낙타 전도법 225
내부자(인사이더) 26, 27, 27 각주 38, 196 각주 6, 210, 212, 212 각주 33, 215, 217, 220, 229 각주 78, 252, 255, 292, 310, 322, 323,
네스토리우스 20, 49, 134, 134 각주 56, 137, 139-142
논증 112, 129, 152-154, 156, 157, 159, 163-165, 169, 179, 181, 183-185, 188, 189, 249, 257, 258-261, 291, 313
누가복음 102, 183 각주 88, 199, 199 각주 11, 211 각주 31, 222, 223, 269, 270, 273, 293
니케아 33 14, 54, 64, 132-135, 139, 142, 152

【ㄷ】

다신숭배 18
단일신 19, 19 각주 22, 38, 40, 40 각주 32, 41, 42, 45, 46, 48, 50, 54, 55, 64, 65, 67, 76, 77, 79, 80 각주 151, 101, 112, 161, 162, 185, 189, 190, 215 43, 284, 285, 288, 317
대결 모델 248
대화 15, 17 각주 16, 25, 46, 69, 86 각주 171, 149, 149 각주 1, 150, 151, 154, 156, 157, 161, 161 각주 39, 162, 162 각주 41, 164, 178, 179, 194, 195, 196 각주 6, 198, 200, 203 각주 20, 204, 208-210, 220, 225, 230, 249-251, 258, 260-262, 262 각주 32, 265 각주 36, 267, 268, 272 각주 45, 292, 293, 303, 312, 313, 326

도케티즘 144, 144 각주 80, 145, 172, 290

동방교회 65, 65 각주 113, 134 각주 56, 133-136, 153 각주 14, 248, 288

【ㅁ】

마나트 57, 57 각주 83, 58, 71

마르얌 12, 12 각주 2, 96-98, 97 각주 193, 130, 142-144, 143 각주 77, 165, 166, 173, 181 각주 84, 186, 187, 225 각주 72, 226, 226 각주 74, 231, 231 81-83, 239 각주 94, 241, 285, 290, 310

마시히 212 각주 34, 319, 321 각주 28

말키 30 각주 5, 137, 137 각주 62, 154-156, 158, 180

메디나 14, 44 각주 42, 45, 48, 49 각주 56, 51, 58, 186, 187, 211 각주 32, 298-301, 305, 307

메시아 12 각주 2,
　　132, 139-141,
　　146 각주 86, 147,
　　148, 180, 207,
　　208, 214, 216,
　　224, 237, 238,
　　238 각주 29, 239,
　　243, 248, 288,
　　290
메신저 12, 12 각주 2,
　　22, 37 각주 26,
　　47, 53 각주 68,
　　57 각주 79, 71,
　　72, 82, 82 각주
　　161, 88, 89, 110,
　　146, 165, 187,
　　217, 226, 227,
　　231, 232, 239 94,
　　286, 287, 299,
　　323
메카 14, 38, 38 각주
　　27, 41 각주 35,
　　42, 44 각주 42,

45, 47, 49, 49 56,
50, 51-54, 57-59,
70-73, 73 각주
137, 85, 85 각주
170, 87, 101, 143
77, 156, 185-187,
253, 284, 286,
298-301, 306,
307, 317,
명령 80, 80 각주 154,
　　84 각주 165, 136,
　　137, 176, 260
명예-수치 267, 268,
　　271, 275, 292
모델 24, 84, 202, 210,
　　247-252, 256,
　　257, 262, 267,
　　276, 287, 293,
　　294
무슬림 13 각주 6, 14-
　　28, 31, 35, 37
　　각주 26, 38, 39,
　　41 각주 35, 44,

47 각주 49, 50,
54-56, 57 각주
81, 56 78, 62-64,
67 각주 119-120,
66, 66 각주 116,
68, 70, 71, 74,
76-77, 80 각주
151, 82, 85, 84,
84 각주 165, 87,
86 171, 87, 89,
88, 91, 90, 90
각주 181, 92, 93,
94, 97 각주 191,
97 각주 193, 101,
109, 109 각주
16, 110-113, 126,
129-131, 139,
138, 144, 146,
149, 148, 148
각주 94, 151, 151
각주 5, 150, 150
각주 1, 153, 152,
154, 157, 157

각주 28, 156, 156
각주 24, 158-165,
171, 175-232,
183 각주 88, 189
각주 107, 195 5,
196 각주 6, 199
각주 9, 201 각주
13, 203 각주 20,
211 각주 32, 212
각주 34, 213 각주
39, 215 각주 43,
215 각주 45, 219
각주 54, 221 각주
62, 220 각주 57,
221 각주 62, 222
각주 65, 231 각주
82, 232 각주 83,
236, 237, 237
각주 87, 238,
240-246, 248-
281 ,254 각주
14, 283-287, 283
각주 1, 289-328

무으민 37 각주 26
무타칼리문 156, 156
　각주 24, 160
무함마드 압두흐 182
　각주 88, 184, 184
　각주 90, 190,
　305
문학적 대화 156, 161-
　163, 163 각주 46
미리암 12 각주 2, 97,
　310

【ㅂ】

베네딕토 17, 17 각주
　16, 149, 149 각주
　1, 150 각주 1
벤 다이크 66
변증 88 각주 176,
　152-157, 156
　각주 24, 159,
　163, 183, 188,
　249, 251, 257-

262, 290, 291,
326-328
변질론 182, 182 각주
88, 205, 223,
262
본성 38, 68, 73, 77,
-81, 128, 134,
139-141, 152,
158, 161, 162,
180, 199 각주 9,
203, 205, 258,
288, 290
본질 68, 68 각주 122,
76, 79, 98, 103,
113, 114, 119,
128, 128 44,
132-136, 136 59,
139, 148, 152,
161, 175, 190,
205, 208, 266,
284, 289, 298,
305, 311, 317
부라끄 85 각주 170

비스밀라히 53, 75
각주 142, 88, 88
각주 178

【ㅅ】

사다리 86 각주 171
사랑 19, 20, 43, 76,
83, 87, 114, 115,
117, 118, 122,
123, 128, 129,
131, 136 각주 59,
194, 197, 198,
199, 199 각주 9,
200, 203, 207,
209, 223, 236,
237, 254, 255,
258, 262 각주
32, 269, 277,
279, 281, 283
각주 1, 293, 294,
313, 318, 323-
325, 327
삼위일체 19 각주 22,

20, 64, 64 각주
111, 65, 67, 104,
107, 109, 115,
122, 123, 128,
129, 131, 132,
134, 136-139,
136 각주 59, 142,
144, 148, 149,
151, 152, 157,
159-163, 165,
179, 181, 182,
208, 231 83,
246, 284, 288,
290, 292, 310,
316, 317
상황화 111, 113, 196,
196 각주 6, 198,
213, 214, 216,
224, 248, 249,
251, 252, 253,
255, 256, 256
각주 18, 257,
292, 293, 311,
312, 314, 317-

321, 323, 328
서방교회 132-136,
248, 291
성품 78 각주 148,
103, 104, 106,
114, 120, 122,
123, 127, 243,
317
속성 18, 19, 68, 69,
69 129, 75, 76,
80, 80 각주 152,
105, 113-119
,114 각주 24,
121, 122, 124,
-131, 128 각주
44, 152, 159-161,
190, 197-199,
282 각주 1, 289,
316, 317, 319
수치 25 각주 33, 200,
201, 229, 233,
251, 267, 268,
270, 271, 271

각주 43, 273-275,
274 각주 50,51,
276, 292
수피 74, 82, 82 각주
163, 83, 85, 87,
88, 95, 175-178,
182, 254, 265,
266, 286
수피즘 77, 81, 83, 84,
328
슙비하 라홈 170, 174,
175
스토리텔링 203, 204,
208, 225, 293,
328
시리얀 29, 30, 30
각주 4, 5, 31-34,
31 각주 6, 9, 10,
33 각주 14, 44,
45, 48 각주 53,
55, 60, 66, 88
각주 176, 137
각주 62, 150,

155, 156 각주 23,
158, 160, 162
신성 30 각주 5, 44
각주 42, 80 각주
152, 98, 104,
106 9, 107, 108,
129, 130, 132-
134, 139, 140,
141 각주 71, 145,
146 각주 87, 147,
155 각주 21, 156,
162, 170, 172,
180, 189, 285,
288, 292, 323
인간 속성의 신 결부
78 각주 148, 80,
80 각주 152,
128, 131
십자군 30 각주 5, 32,
63, 66, 88, 88
176, 164, 181,
261, 291, 305
쌀라 30, 70, 85 각주

170, 109 각주 16

【ㅇ】

아도나이 103, 105-
107, 106 각주 9
아라비아 14, 19 각주
22, 20, 31 각주
10, 32 각주 12,
34, 38, 38 각주
27, 40, 42, 44-
51, 48 각주 59,
53, 5 4, 56 각주
79, 88 각주 176,
138, 139, 141,
142, 187, 189,
190, 197, 209,
264, 297, 301,
302, 314
아랍 29-34, 31 각주
10, 32 각주 10,
34 각주 19, 38
각주 27, 44, 45,

48, 49, 53 각주
68, 54, 55, 61,
64, 66, 66 118,
70, 88, 102, 111,
142, 151 각주 6,
202, 232 각주
83, 285, 310,
아리우스 20, 33 각주
14, 48, 64, 65
113, 132-134,
134 56, 139,
140, 142, 143,
188
아바 34 각주 19, 102,
200-202, 293
아부 꾸라 152, 154-
158, 154 각주
20, 162 각주 41
알무으타질라 68, 69,
79, 80, 80 각주
150, 153, 156,
159, 160, 188,
238
알아쉬아리 68, 69,

80
알웃자 44 각주 40,
45, 46, 57, 57
각주 83, 71
알따바리 87, 97, 98,
165, 166, 168,
168 56, 169-173,
175, 188, 225
75, 226 각주 73,
231 각주 82, 260
알라 13, 15-22, 16
각주 14, 19 각주
20, 29, 30, 33-
45, 37 각주 25,
26, 38 27, 41
각주 35, 47, 48,
50-59, 53 68, 59
각주 90, 62, 63,
67-97, 67 119,
73 각주 136, 77
각주 147, 78 148,
80 각주 151, 154
각주 81, 158, 83,

84 각주 165, 86
각주 171, 88 각주
176, 90 각주 181,
97 각주 191, 98,
101-103, 109-
113, 109 각주 16,
118-121, 124-
131, 138, 143,
147, 150, 152,
155- 157, 159,
161, 162, 165-
168, 170, 171,
174-182, 185-
187, 190, 197-
200, 197 각주 7,
199 각주 9, 203,
208, 211, 211
각주 31, 215-217,
215 각주 43, 219
각주 54, 222,
222 각주 65,
223, 225-230,
226 각주 73,
231 각주 82, 83,

232-235, 237-
239, 237 각주
87, 239 각주 94,
241-246, 249,
253, 254, 257-
260, 259 각주
27, 265 각주 36,
266-267, 274
각주 51, 275,
283 각주 1, 284-
290, 285 2, 301,
306-308, 310,
311, 316, 317,
319 각주 27, 323,
324
알라 아크바르 54
알라트 57, 57 각주
83, 58, 71
알라흐만 51-54, 72,
88, 89 각주 178
알랍브 67, 67 각주
119, 110, 284
알마스지드 15 각주 9,
85, 86
알마시흐 12, 12 각주
2, 18, 20, 63,
130, 143, 147,
156, 157, 167,
170, 173-180,
186, 187, 208,
223-225, 230,
231, 231 각주
81, 237, 237 94,
241-246, 257,
285, 289, 290,
292, 311, 316,
317, 321 각주 28
알악사 15 각주 9, 85,
86
알와합 190
엘로힘 67 각주 119,
103, 104, 107,
109
오끄눔 139
오마르 15 각주 9, 151,
151 각주 5, 237,
257, 302, 303

와라까 46-49, 46
각주 47, 61
요한 60, 61, 87 각주
172, 96-99, 97
193, 106, 117,
123, 127, 130,
141, 141 각주 71,
144, 150-156,
164, 187, 188,
199 각주 11, 209,
211 각주 31, 223,
239, 261, 273,
292,
운명 58 각주 84, 66
각주 116, 77 각주
147, 80 각주 154,
88-91, 90 각주
181, 151
운명의 신 38 각주 27,
58
움마 186, 187, 211
각주 32, 301,
314, 325

위격 76, 77, 115, 134,
        139-142, 289,
        290
유일성 115, 117, 205
유일신 19, 40, 40
        각주 32, 47, 52,
        53, 211 각주 32,
        107, 109, 128,
        151
의사소통 22-25, 28,
        36-37, 103, 114,
        128, 156, 163,
        193, 197-199,
        205, 221, 247,
        267, 271, 277,
        279, 281, 284,
        291-294, 318
이브라힘 20 각주 24,
        41, 41 각주 35,
        48, 49, 53 각주
        68, 59, 85 각주
        170, 86 각주
        171, 89, 102,

143 각주 77, 211,
        229, 284, 285,
        288, 306, 307
이븐 하즘 59, 165,
        179-183, 183
        각주 88, 289,
        291
이성주의 77, 79, 80,
        80 각주 150
이스티카라 89
이슬라미윤 15
이싸 12, 12 각주 2,
        20 24, 26, 28,
        35, 43, 53 각주
        68, 65, 66, 85
        각주 170, 86
        각주 171, 89, 94,
        97, 97 각주 193,
        98, 143, 144,
        146, 147, 155-
        157, 165-178,
        181 각주 84, 185,
        186, 196 각주 6,

199 각주 11, 207,
        208, 214, 216,
        217, 222 각주
        65, 224-228,
        225 각주 72, 226
        각주 72, 74, 230,
        231, 231 각주
        82, 83, 236-238,
        238 각주 90, 239
        각주 94, 242,
        243, 245, 255,
        257, 262 각주
        33, 285, 289,
        290, 292, 310,
        311, 321 각주 28,
        322, 323
인성 30 각주 5, 44
        각주 42, 130,
        134, 139, 140,
        155 각주 21, 156,
        170, 175, 180,
        189, 288, 317
인질 29, 180, 181,
        207, 207 각주

찾아보기 349

25, 208, 215, 221 각주 65, 222, 223, 225, 226, 230, 232, 240, 254
일곱 예언자 229

【ㅈ】

자원자 166, 168, 172
자힐리야 36, 42
잔나 50, 59 각주 90, 89, 89 각주 179, 129, 169, 225, 227, 228, 231, 239 각주 94,
전능 47, 67, 68, 69, 75, 80 각주 154, 89, 90, 105, 106, 106 각주 9, 114 각주 24, 118, 127, 128, 133, 198, 258, 266

전지 67, 75, 114 각주 24, 118, 119, 128, 198
전통주의 77, 78, 80, 84, 87
존 트라비스 27, 27 각주 37, 28, 195, 196, 196 각주 6, 213, 214, 218 각주 52, 254
진(Jinn) 36, 71, 265, 272

【ㅊ】

초월성 258, 284

【ㅋ】

카아바 41, 41 각주 35, 42, 53, 53 각주 69, 54, 57-59 58 86, 85 각주 170,

101, 110, 286
칼케돈 30 각주 5, 44 각주 42, 66 각주 116, 134, 137, 137 62, 152, 153 각주 14, 155, 290, 291

【ㅌ】

타끄와 37 각주 25, 219 각주 24
타브시르 217 각주 51
타우히드 51, 67, 77, 186, 190, 191, 284
탈 서구 205, 293
탕자 25, 293, 199, 201, 202
토라 209, 221 각주 62, 222 각주 63, 236

【ㅍ】

파라다이스 50, 89,
　　169, 225, 227,
파트와 25
페러다임 210, 247,
　　248, 251, 267,
　　269, 271-273,
　　275, 276, 292,
　　296, 308
페시따 33, 60
폴 히버트 255, 255
　　각주 17
표적 37, 88 각주 178,
　　187, 199 각주 11,
　　227, 229, 230,
　　232, 234, 235,
　　236, 241, 242,
　　274 각주 51
필요 중심 251, 262,
　　267

【ㅎ】

하나님 나라 26, 27,
　　27 각주 38, 198,
　　210, 211, 211
　　각주 31, 32, 212,
　　212 36, 213, 217,
　　219, 220, 229
　　각주 78, 252,
　　270, 273, 320
하니프 41, 48-51, 59,
　　102, 284, 285,
　　288
후르 아인 59, 59 각주
　　90
히즈라 211 각주 32

무슬림과 의사소통을 위한 새 패러다임
A New Paradigm for Communication with Muslims

2009년 7월 1일 초판 발행

지은이 | 공 일 주

펴낸곳 | 사) 기독교문서선교회
등록 | 제16~25호(1980. 1. 18)
주소 | 서울시 서초구 방배동 983-2
전화 | 02) 586-8761~3(본사) 031) 923-8762~3(영업부)
팩스 | 02) 523-0131(본사) 031) 923-8761(영업부)
홈페이지 | www.clcbook.com
이메일 | clckor@gmail.com
온라인 | 기업은행 073-000308-04-020,국민은행 043-01-0379-646
　　　　　예금주: 사)기독교문서선교회

ISBN 978-89-341-1040-8(93230)

* 낙장 · 파본은 교환해 드립니다.